U0137706

剑桥实用主义研究

周靖◎著

华东师范大学出版社
·上海·

图书在版编目（CIP）数据

剑桥实用主义研究/周靖著. 一上海：华东师范
大学出版社,2023
ISBN 978-7-5760-4313-6

Ⅰ.①剑… Ⅱ.①周… Ⅲ.①实用主义—研究 Ⅳ.
①B087

中国国家版本馆 CIP 数据核字(2023)第 229191 号

剑桥实用主义研究

著　者　周　靖
责任编辑　朱华华
特约审读　蔡添阳
责任校对　张佳妮　时东明
装帧设计　郝　钰

出版发行　华东师范大学出版社
社　　址　上海市中山北路 3663 号　邮编 200062
网　　址　www.ecnupress.com.cn
电　　话　021-60821666　行政传真 021-62572105
客服电话　021-62865537　门市(邮购)电话 021-62869887
地　　址　上海市中山北路 3663 号华东师范大学校内先锋路口
网　　店　http://hdsdcbs.tmall.com

印　刷　者　上海锦佳印刷有限公司
开　　本　890 毫米×1240 毫米　1/32
印　　张　13.5
字　　数　333 千字
版　　次　2023 年 12 月第 1 版
印　　次　2023 年 12 月第 1 次
书　　号　ISBN 978-7-5760-4313-6
定　　价　78.00 元

出版人　王　焰

(如发现本版图书有印订质量问题,请寄回本社客服中心调换或电话 021-62865537 联系)

目 录

导　论

实用主义的三重绳索

我完全预想得到，实用主义的真理观要经历一种理论发展必经的各种典型阶段。大家知道，一种新的理论开始总会受到攻击，被斥为荒谬；然后，人们承认它是真的了，但仍旧被认为是肤浅的不重要的；最后它才被认为非常重要，连原来反对它的人也声称这个理论是他们自己发现的。

——詹姆士《实用主义》①

我们曾确信，消逝于显像的小路/能引领我们远行？/不，图像在涨起的水中撞击，/错乱的句法犹如灰烬，/很快，甚至图像也不复存在，/书不复存在，世界的身躯温暖而庞大，/不再被我们欲望的手臂搂紧。

——博纳富瓦《在词语的圈套中》②

---

① 詹姆士：《实用主义》，李步楼译，商务印书馆 2012 年版，第 110 页。
② 博纳富瓦：《弯曲的船板》，秦三澍译，人民文学出版社 2019 年版，第 86 页。

一、实用主义疑云

如果将皮尔士（Charles S. Peirce，1839—1914）发表在 1878 年《大众科学月刊》上的《如何澄清观念》一文视为实用主义诞生的标志的话——在该文中，皮尔士提出了众所周知的实用主义原理，"试考察我们所设想的概念的对象有哪些可想见的实践效果。那么，此类效果的概念，就是这一对象的整个概念"[①]——那么，实用主义已经有了近一个半世纪的历史。其间诞生了一批重要的实用主义哲学家，例如詹姆斯[②]（William James，1842—1910）、杜威（John Dewey，1859—1952）、刘易斯（Clarence I. Lewis，1883—1964）、罗蒂（Richard Rorty，1931—2007）、普特南（Hilary Putnam，1926—2016），以及布兰顿（Robert Brandom，1950—）等人。然而，就"什么是实用主义？"这一问题而言，答案仍然莫衷一是。这一问题难以回答，或许主要源于如下几点原因：

首先，实用主义究竟只是一种哲学方法，还是一种哲学理论，这是有待商榷的。皮尔士和詹姆斯都曾确认实用主义仅是一种哲学方法。皮尔士指出："实用主义是哲学中的一种方法。哲学是实证科学的分支之一……它不做观察，但自足于每一个人在其生命每一个瞬间所具有的汪洋般的经验。因而，哲学研究的工作在于反思，实用主义便是一种反思的方法……实用主义不是一种世界观，而是

---

① 皮尔士：《皮尔士论符号》，胡普斯编，徐鹏译，上海译文出版社 2016 年版，第 215 页。
② 詹姆斯又译为詹姆士。本书在正文中统一译为"詹姆斯"，在注释和参考文献中保留引文出处的原译法。

一种具有使得概念变得清楚这一目的的反思方法。"① 詹姆斯也认为，"实用主义并不代表任何具体的结果，它不过是一种方法"②。如果实用主义仅是一种哲学方法的话，那么似乎我们应该将它视为归纳法、演绎法那般，作为一种理论中立的工具，它不附带对任何理论立场上的承诺。然而，实际的情况却是，**实用主义者对其方法的阐释是以提出一种"实用主义理论"的方式进行的**。詹姆斯指出，实用主义的方法意味着一种哲学"气质"上的变化，它将"能够像理性主义那样保持有宗教性，但同时又能像经验主义那样保持与事实最为丰富的密切关系"，从而使我们不至于仅仅有着热衷于抽象和永恒原则的"理性主义"的"刚毅"气质，也不至于仅仅有着喜爱各种各样纯粹事实的"经验主义"的"柔和"气质。③ 尽管他在《实用主义》(1907)④ 的序中特别说明"就我所理解的实用主义同我最近提出的'彻底的经验主义'(radical empiricism) 的理论，二者之间并没有逻辑的联系。后一种理论是一个独立的思想体

---

① CP 5.13 n.1. 本书采用国际皮尔士研究所采用的常见引用形式，CP 指 Peirce, C. S. *The Collected Papers of Charles Sanders Peirce*, vols. 1–6, C. Hartshorne & P. Weiss (Eds.), with vol. 7–8, W. Burks (Ed.), Harvard University Press, 1931—1935, 1958。引用时采用卷数加段落编码格式，例如 1.324 指第一卷第 324 段。EP 指 *The Essential Peirce: Selected Philosophical Writings*, vol. 1 (1867—1893), vol. 2 (1893—1913) the Peirce Edition Project (Ed.), Bloomington：Indiana University Press, 1998。引用时采用 EP 加卷数再加页数格式。W 指 *Writings of Charles S. Peirce: A chronological edition*, Edward C. Moore, Max H. Fisch, etal. (Eds.), Bloomington：Indiana University Press, 引用时采用卷数加页码格式。NEM 指 *The New Elements of Mathematics*, vol. 3&4, C. Eisele (Ed.), The Hague：Mouton Publishers, 1976。引用时采用卷数加页数格式。MS 指未发表的手稿, *The Charles S. Peirce Papers*, *microfilm edition*. Cambridge：Harvard University Photographic Service. With the reference numbers by Richard Robin, *Annotated Vatalogue of the papers of Charles S. Peirce*. Amherst, MA：University of Massachusetts Press, 1967。
② 詹姆士：《实用主义》，李步楼译，商务印书馆 2012 年版，第 31 页。
③ 参见詹姆士：《实用主义》，李步楼译，商务印书馆 2012 年版，第 31、21、7—9 页。
④ 本书中，书名或文章名后标注的年代为该书或该文最初出版、发表年代。

系。一个人尽可以完全不接受它，但仍然可以是一个实用主义者"①，然而，无疑的是，只有结合了对詹姆斯的意识理论、彻底的经验主义理论的理解，我们方能领会他为何认为实用主义将能带来哲学气质上的变化，才能正确领会他的实用主义真理观，从而不至于为他的如下口号所误导：真理就是有用。

如果把杜威的工具论（instrumentalism）或探究逻辑视为一种实用主义方法的话，那么我们同样可以看到这些方法背后他关于"哲学的改造"的思想：他拒斥传统的心、物二元分离的问题场景，认为应该在生物性的机体活动和蕴生了"意义"的过程之间建立起连续性，**"探究"是一种调节我们的语言性存在与物质性"情境"之间关系的方法**。"生物学的"和"文化的"存在均是杜威式探究的"母体"。② 我们从中也可以看出，在杜威那里，方法与理论亦密不可分。

皮尔士在《实用主义是什么》（1905）中将实用主义的英文词更名为 Pragmaticism，他用添加额外后缀的方式来对实用主义的意义做出限制，使得它仅指一种思维方法，而非席勒（Ferdinand Canning Scott Schiller，1864—1937）、詹姆斯、杜威、罗伊斯（Josiah Royce，1855—1916）等人在宽泛意义上使用 Pragmatism 一词时所指的一种哲学系统或理论学说。③ 皮尔士试图指出，他所谓的实用主义仅是"物理学中的一种实验方法"，它不是"一种关于事物的真理学说；它仅是一种发现硬语词（hard words）和硬概念（hard

① 詹姆士：《实用主义》，李步楼译，商务印书馆 2012 年版，第 3 页。
② 参见杜威：《逻辑：探究的理论》，《杜威全集·晚期著作》第十二卷，邵强进、张留华、高来源等译，华东师范大学出版社 2015 年版，第 19—45 页。
③ See CP 8.205－6.

concepts，因为概念是一种心理符号）的方法"①，但是，发现这些硬语词是什么——我们将在第一章对皮尔士思想的讨论中看到，语词同外在的硬事实（hard facts）有关——涉及我们关于心灵与世界之间关系的理解，也恰是基于这样的理解，我们才能够领会实用主义的方法究竟意味着什么。实用主义将无可避免地发展为一种哲学理论。

总而言之，在实用主义是一种哲学方法，还是一种哲学理论的问题上，在笔者看来，答案是确信无疑的。**"哲学方法本身也是一种哲学论题"**②，实用主义首先是一种理论学说，从这种学说中衍生出了它的方法论；作为方法论的实用主义，它决然不是一种纯粹的方法，它有着丰实的理论设定。

其次，即便我们承认实用主义是一种理论学说，而非纯粹的方法，实用主义者观点间的差别使得我们仍然很难回答"什么是实用主义"这一问题。就皮尔士、詹姆斯和杜威这些古典实用主义者而言，已有的研究大都聚焦于他们思想间的相同之处，然而，如若我们聚焦于探查他们思想间的差别，那么将不难发现实用主义者内部实际上存在非常大的立场分歧。例如，皮尔士哲学有着深厚的科学底色，他是一名极强的实在论者和可知论者；詹姆斯的"彻底的经验主义"则有着神秘主义的色彩；杜威关于生物的存在和文化的存在之间连续性论题的讨论，吸纳了达尔文和黑格尔的思想特质。我们将在本书的讨论中适当详述他们（主要是皮尔士和詹姆斯）之间的思想之别，在此我们仅需看到，他们思想间的差别为以清晰的方式界定实用主义的内蕴这一任务设置了障碍。经历过语言转向后的

---

① MS 322：7-8.

② Richard Rorty, *The Linguistic Turn: Essays in Philosophical Method*, Chicago & London：The University of Chicago Press, 1992, p.1.

"新实用主义"又呈现了极为不同的思想风貌，这也为实用主义的谱系研究带来了更进一步的困难。

再次，或许由于实用主义本身缺乏一个清晰的理论边界或谱系，对"实用主义者"的范围界定也因此是模糊的。除诸如皮尔士、詹姆斯、杜威、罗蒂、布兰顿、普特南、普莱斯（Huw Price，1953—）、米萨克（Cheryl Misak，1961—）、哈克（Susan Haack，1945—）、韦斯特（Cornel West，1953—）等公认或自称为实用主义者的一批哲学家外，罗蒂和布兰顿也将早期海德格尔（Martin Heidegger，1889—1976）（指《存在与时间》的作者）、后期维特根斯坦（Ludwig Wittgenstein，1889—1951）（指《哲学研究》的作者），以及库恩（Thomas Kuhn，1922—1996）等人纳入实用主义阵营。[1] 此外，罗蒂也将戴维森（Donald Davidson，1917—2003）视为一名实用主义者，尽管后者本人并不同意。[2] 米萨克也将兰姆赛（Frank Ramsey，1903—1930）视为一名重要的实用主义者。[3]

最后，在笔者看来，"实用主义者"范围的模糊乃是因为实用主义本身不是沿着单一的问题脉络发展的，实际上，我们可以至少区分出如下三股交织在一起的发展线索：经验实用主义、分析实用主义，以及剑桥实用主义。如若想要为"什么是实用主义"这一问题提供一个较为完善的回答，乃至基于这一回答构建一个实用主义谱系，笔者认为，我们需要对实用主义的这三股绳索做出深入的研究。

---

[1] 参见罗蒂：《实用主义哲学》，林南译，上海译文出版社 2016 年版，第 2 页；Robert Brandom, *Perspectives on Pragmatism: Classical, Recent and Contemporary*, Cambridge, Mass.: Harvard University Press, 2011, p.9 等。

[2] 参见罗蒂：《实用主义哲学》，林南译，上海译文出版社 2016 年版，第 10 页。

[3] See Cheryl Misak, *Cambridge Pragmatism: From Peirce and James to Ramsey to Wittgenstein*, Oxford: Oxford University Press, 2016, chapter 6.

接下来的讨论中，我们将稍微具体地讨论每一股绳索中的思路，并就本书的研究主题"剑桥实用主义"的论题以及研究范围做出初步交代。我们也将看到，如若仅囿限于经验实用主义或分析实用主义线索的讨论，那么我们将会遇到一些难以避开的理论困难，其最为主要的困难体现为：以经验为核心概念的经验实用主义（古典实用主义）和以语言为核心概念的分析实用主义（新实用主义）分别凸显了世界和语言关系中的"世界"和"语言"一面，从而至少在实用主义谱系内部带来了诸如如何理解语言和世界的关系、概念空间和自然空间的关系等难以回答的问题。在相关的意义上，剑桥实用主义线索能够在一定程度上帮助我们克服这些困难，此外它还能够起到勾连起经验实用主义和分析实用主义的作用。

二、经验实用主义

陈亚军在其《超越经验主义与理性主义》（2014）一书中指出：

> "经验"是古典实用主义的核心概念，可以说，实用主义的全部秘密就隐藏在这一概念之中……近代经验主义者们虽然将经验定位为知识的来源，但它仍然要受到理性的宰制，仍然是一种清晰的、固定不变的知识材料。这是一幅经典的哲学图画：经验提供材料，理性加以整理。实用主义者将这种传统哲学的经验概念看作是一种由理论反思而得出的关于经验应该是什么的结论，而不是真正的、第一级的经验之所是……①

改造经验观念，重构心灵与世界之间的关系，这是实用主义者在反叛近代经验主义思想时做出的一项重要理论工作。可以说，古典实

① 陈亚军：《超越经验主义与理性主义：实用主义叙事的当代转换及效应》，江苏人民出版社2014年版，第22页。

用主义的真理观和意义理论均根植于它的经验理论。

实际上，在对经验概念的分析中，我们一般是在谈论下述两类经验：一是外部性的经验，即外部世界施加给我们的影响；二是心理性的经验，即那些影响在心灵内产生的印象。严格的经验主义者要求心理印象能够再现（represent，表象）外部影响，从而揭露出外部世界的样式——这也是表征论者（representationalist，表象论者）最为基本的理论诉求。

我们可以借助古普塔（Anil Gupta，1949—）区分经验主义的下述三种标准来解释近代经验主义理论上的困难：

> **存在性**（所予的存在性）：在经验中，有些东西是被给予的（the given）；也就是说，每一个单独的经验都为知识提供了理性上的贡献。
>
> **等值性**（关于主观上同一的经验在认识论上的等值性）：主观上同一的经验在认识论上有着同一的效果。更准确地说，如果经验 e 和 e' 对于某人而言在主观上是同一的，那么经验 e 中包含的所予和 e' 中的相同。
>
> **可靠性**（所有经验的可靠性）：经验中的所予成分不会导致任何错误；尤其是，它不会导致任何假命题。[1]

这三个标准对经验所起到的认识论作用有着不同程度上的要求。存在性标准要求较低，它仅要求经验与知识存在理性关联，要求知识之于世界有着应答性（责任，answerability）。如果我们的知识终究是关于世界的知识的话，那么符合存在性标准的经验主义将是一种最低限度的经验主义。等值性标准提出了稍高一些的要求，它要求主观上起到相同认识论作用的经验有着相同的内容，这便要求存在

---

① Anil Gupta, *Empiricism and Experience*, New York: Oxford University Press, 2006, pp.19 - 27.

一个客观的经验内容，它构成了审定个体的主观经验内容是否正确的标准，这里涉及根据主观标准来确定客观内容的问题。相比之下，可靠性标准提出了最强的要求，这一标准坚持了经验作为知识基础的可靠性，经验中的所予本身不仅实存，它还以一种无错的方式予我们以刺激，故而透过命题来把握对象本身，这是不成问题的。

上述三个标准均可为大多数的经验主义版本所容纳，这些标准共同铺就了这样的一条理论思路：外在于心灵的独立对象有着权威，以之为起点的因果刺激构成了知识的来源和基础，对知识的证成须诉诸受经验支持的辨明，真之知识必须是关于对象本身的，人们任何主观上的理性构建均需对事物之所是负责。这些标准也在经验和理性之间设置了泾渭分明的界限，经验之于理性具有优先性，而问题在于，知识最终仅能以理性的方式被表达出来，如何联通经验的范围和理性的范围，这成为经验主义者所需解决的棘手问题。康德早已指出了这一问题的根源：

> 就一种形而上学的知识的源泉而言，它的概念就已经说明，这些源泉不可能是经验性的。因此，形而上学知识的诸般原则（不仅包括它的原理，而且也包括它的基本概念）必然不是取自经验的；因为它不应当是物理学的知识，而应当是物理学之后的知识，也就是说在经验彼岸的知识。因此，无论是构成真正物理学之源泉的外部知识，还是构成经验性心理学之基础的内部经验，在它这里都不能作为基础。①

在康德看来，近代经验主义的深层矛盾在于，经验主义者试图保障彼岸的形而上学的知识，但他们的出发点却是此岸的经验探究：局

---

① 康德：《未来形而上学导论》，《康德著作全集》第 4 卷，李秋零主编，中国人民大学出版社 2005 年版，第 266 页。

限在经验领域内，经验主义者将始终无法完成从此岸向彼岸的过渡。要实现这一过渡，经验主义者需要在经验中提炼出理性的材质，以架构一道通向彼岸的桥梁，经验主义者却在这一建构桥梁的任务上失败了。

面对近代经验主义的棘手问题，实用主义者的一般策略是，反对经验和理性的分裂，认为经验的范围和理性的范围有着连续性。皮尔士、詹姆斯和杜威均强调：

（1）在实践活动中理解经验概念，从而对经验概念的分析需要考虑到使用这一概念的相关实践情境；

（2）从而诸如感觉或知觉的概念不是孤立的，我们应该在能够导致具体行动的习惯或意向活动（intentional action）中理解它们；

（3）知识因此产生于某一共同体成员之间的合作行为中，而非产生于纯粹的理性活动或经验活动中。

上述（1—3）体现了这样的一道思路：关于世界的经验不是一项单纯被动的事件，在涉身世界的具体实践活动中，我们建制起了自然与心灵之间的直接关系，这种关系进一步在人类共同体内主体间的交往活动中被固定下来，被赋予更为清晰和稳定的意义。从而，在古典实用主义者那里，经验并非把我们幽禁于单纯的物理世界中，而是体现了自然世界向我们呈现的具体方式。用杜威的话说：

> 经验既是属于自然的，也是发生在自然以内的（experience is of as well as in nature）。被经验到的并不是经验而是自然——岩石、树木、动物、疾病、健康、温度、电力等等。在一定方式之下相互作用的事物就是经验，它们就是被经验的东西。当它们以另一些方式和另一种自然对象——人的机体——相联系时，事物也就是如何被经验到的方式。因此，经验深入到了自

然的内部，它具有了深度。它也有宽度而且可大可小。它伸张着，这种伸张的过程就是推论。[①]

在杜威看来，被经验的事物（what）与它是怎样（how）被经验到（语言如何显示它）的过程是连续的，[②] 故而，"经验"同时将作为思想或判断"内容"的事物，以及如何获知该内容的方式带给了我们。进一步地说，"获知内容的方式"将在共同体的维度内接受审查，我们将更新和完善与事物接触的方式，同时也将更新和完善对事物的理解。语言便是共同体所使用的工具，再度用杜威的话说，

> 假使承认语言乃是社会合作和共同参与的工具，那么便在自然的事件（动物的声音、呼叫等）和意义的发生和发展之间建立了它们的连续性。心灵被视为社会交往的一种功能，而且被视为自然的事情在彼此之间达到了最广泛和最复杂的交相作用的阶段上所具有的真正特性。[③]

从而，语言和心灵均是在与自然的接触中直接产生的。这种理解无疑消除了近代哲学蕴含的心、物二元论的思维范式。根据这里体现的实用主义立场，认识论的任务不再是"擦亮"我们借以反映世界的"心灵之镜"。透过事物呈现在心灵中的现象，我们能够达到事物本身，根本而言，不存在隐藏在语言之外的事物本身，世界和语言是同时生成的。对此，罗蒂评论道：

> 对于杜威来说，具有语言、因此也具有思想，这一点并不意味着穿透表面现象进入现实之真正本性，而毋宁是允许对种种新的现实进行社会性的建构。对于他来说，语言不是表象的媒介，而是调整人类活动以扩大人类可能性范围的一种方式。

---

① 杜威：《经验与自然》，傅统先译，华东师范大学出版社 2019 年版，第 5 页。
② 参见杜威：《经验与自然》，傅统先译，华东师范大学出版社 2019 年版，第 33 页。
③ 杜威：《经验与自然》，傅统先译，华东师范大学出版社 2019 年版，第 13 页。

这些调整或扩大的过程——它们构成了文化进化——并没有一个被称作至善或至真的预定终点,这就像生物进化没有一个被称作理想生命形式的预定终点一样。杜威的意象总是关于不断增长着的新奇性的,而不是关于会聚(convergence)的。[①]

笔者认为,只有建基在实用主义的经验观之上,我们方能理解皮尔士的"实用主义原理"以及詹姆斯的"真理就是有用"这类口号。由于心灵与世界在经验的过程中有着连续性,我们才能够根据对象在实践中产生的效果来理解它,这些真实的效果将在共同体的范围内接受进一步的审查,我们根据它是否起到现实的效用来审定它的真、假和意义,从而"真理就是有用"。然而,这里的真理并非某种符合于某种超越论意义上"事物本身"的终极真理(Truth),而是可现实获得的诸多"真相"(truths)。实用主义的真理观是可错论的真理观,真理将在开放的经验活动中得到进一步的检验、修改和完善。

实用主义的经验观在重构心灵与世界的关系时,同时强调了外在自然和人类自身的作用。在我们以实践的方式在自然中"谋划"之前,我们如同动物那般直接"沉浸"在自然之中,当我们在自身的活动中反思作为内容的自然时,自然才呈现为我们的世界。如杜威指出的那般,"'经验'是詹姆斯所谓具有'双重意义'的字眼。……它之所以具有'双重意义',这是由于它在其原初的整体中不承认在动作与材料、主观与客观之间的区别,而认为在一个不可分析的统一体中包含这两个方面"[②]。这个"不可分析的统一体"即詹姆斯所说的"彻底的经验","只有在后来的经验取代了现时

① 罗蒂:《实用主义哲学》,林南译,上海译文出版社 2016 年版,第 14—15 页。
② 杜威:《经验与自然》,傅统先译,华东师范大学出版社 2019 年版,第 12 页。

的经验时，这种朴素的直接性才在回顾上被劈分为两个部分：'意识'和意识的'内容'，而内容才得到改正或证实"①。只有在反思的态度中，我们才将意识的主观方面和客观方面区分开来。

实用主义的经验观在20世纪的哲学发展中，进一步与奎因（Willard Van Orman Quine, 1908—2000）对"经验主义两个教条"的批判，塞拉斯（Wilfrid Sellars, 1912—1989）对"所予神话"（the myth of the given）的批评，罗蒂对表征论的"镜喻哲学"的批判，以及戴维森对"概念图式/内容"二分的经验主义的第三个教条的批判②汇合在一处，这使得实用主义经验观的影响延伸至当代哲学。布兰顿将实用主义的上述思想称为基要实用主义（fundamental pragmatism），基要实用主义蕴含着"实践优先性"论题，即"人们应该将知道—什么（命题性知识，knowing *that*）理解为一种知道—如何（能力之知，knowing *how*）……也就是说，根据我们做（do）某事的实践能力来理解为什么相信（that）事物是如此这般的"③。如若能对命题内容做出判断，那么我们便有着知道如何应对相关意向内容的实践能力，这便意味着判断活动直接对那些应对内容的实践活动负责，内容"是"什么直接呈现于判断之中。

然而，需要指出的是，古典实用主义者们对经验这一关键概念实际上有着非常不同的理解。在皮尔士那里，它可能指与

---

① 詹姆斯：《彻底的经验主义》，庞景仁译，上海世纪出版集团2006年版，第51页。

② See W. V. O. Quine, *From a Logical Point of View*, New York: Harper & Row, 1963, pp.20‑46; Wilfrid Sellars, *Science, Perception, and Reality*, Atascadero: Ridgeview Publishing Company, 1963, pp.127‑196; Donald Davidson, "On the Very Idea of Conceptual Scheme", in *The Essential Davidson*, Oxford: Oxford University Press, 2006, pp.196‑208; 以及罗蒂：《哲学和自然之镜》，李幼蒸译，商务印书馆2003年版，第155—200页。

③ Robert Brandom, *Perspectives on Pragmatism: Classical, Recent and Contemporary*, Cambridge, Mass.: Harvard University Press, 2011, p.9.

外物接触中产生的现象性经验，皮尔士的用词是"知觉统"（percipuum）；① 在詹姆斯那里，可能指个体的心理经验；在杜威那里，则可能指可为其他主体观察到的外部行为。这些理解上的巨大差别警醒我们，在进行相关的问题讨论时，须做出必要的澄清，从而避免将"经验"或"实践"用作宽泛且模糊的概念。

尽管古典实用主义者们在不同的意义上理解经验概念，但他们均承诺了布兰顿所谓的基要实用主义。基要实用主义是实用主义大厦的根基，然而，布兰顿不满于古典实用主义缺乏对实践或经验概念的反思这一现象，具体来说，古典实用主义未能进一步就如何从实践意向性发展至社会规范性做出细致的讨论。他批评古典实用主义仅根据实践的默会的"做"来理解意义，缺乏将内隐于实践层次的规范清晰"说"出来的方法。② 在笔者看来，布兰顿的批评一针见血，如若缺乏对于从"自然的"演化为"文化的"这一过程的具体解释或描述，那么传统实用主义的经验观至少会显得有些空泛——"实践"将会作为一切观点的基础，它将具有非常宽泛的解释力，一切分歧和争议回到"实践"即可。布兰顿的这一批评披露了经验实用主义的缺陷，对这一缺陷的克服则体现了分析实用主义的特质。

三、分析实用主义

分析实用主义是布兰顿首先使用的一个术语，旨在以分析哲学

---

① See CP 7.629, 7.675 – 7, etal.
② 参见周靖、陈亚军：《布兰顿，何种实用主义者?》，载《世界哲学》2020 年第 6 期，第108—117 页。

的方式或精神来考察后期维特根斯坦式的实用主义，[1] 这种实用主义在经验实用主义探究的"经验"概念的上游处，即共同体内人际的探究活动中，通过探查语词的公共用法来获知意义以及语词所关涉的内容。借助分析哲学的方法，分析实用主义发展出了一种融合语用学和语义学的实用主义方案。

不同于将感性触摸的外部世界和渗透理性省察的内部心灵结合起来的一般哲学诉求，布兰顿明确强调哲学事业应该从感性与理性的断裂处开始，即从人所独具的使用概念的智识能力（sapience）出发。杜威也曾表达过类似的观点，"具有回应意义和运用意义的能力，而不是仅仅回应物理性的接触，这构成了人与其他动物之间的区别"[2]。然而，布兰顿不同于杜威的地方在于，他将语力（linguistic force）可以附着其上的次语句表达式（包括单称词项和谓述）或判断（而非感性刺激）视为哲学探究的起点。尽管布兰顿也同意自然和心灵之间有着连续性这种杜威式的观点，但他认为，关于连续性的逻辑或结构的具体探究是认知科学家们而非哲学家的工作。[3]

以概念性（the conceptual）为起点，布兰顿认为这是可从康德那里获得的一个基本洞识，"具有心灵的生物和无心的生物之间的区别并不体现在本体论上（ontological）（即是否有心素（mind-stuff）），而体现为规范道义（deontological）上的区别。康德认为心灵有着规范特征"[4]。"道义"限定着人们应当如何行事，在此意

① See Robert Brandom, *Between Saying & Doing: Towards an Analytic Pragmatism*, Oxford: Oxford University Press, 2008, p.xii.
② 杜威：《经验与自然》，傅统先译，华东师范大学出版社 2019 年版，第 13 页。
③ 参见布兰顿：《在理由空间之内：推论主义、规范实用主义和元语言表达主义》，孙宁、周靖、黄远帆、文杰译，上海人民出版社 2019 年版，第 4、44 页。
④ Robert Brandom, *Reason in Philosophy: Animating Ideas*, Cambridge, Mass.: Harvard University Press, 2009, pp.32－33.

义上，我们人类主体根据规范来理解自身的行为。沿着这一思路，布兰顿发展出的语义推论主义从弗雷格（Gottlob Frege，1848—1925）和塞拉斯那里承袭了这样的思想：我们仅能通过次语句表达式或判断在人际展开的推理活动中起到的作用或功能来理解它们关涉的内容，"使一种反应具有概念内容，也就是使它在做出断言与给出和索取理由的推论游戏中起到一种作用"①。概念内容只有在社会维度内展开的推理活动中才能被具体锚定。布兰顿的这一理解驳斥了认为语言和世界之间存在分裂的传统二元论思维，他将哲学探究的实际起点设置在语言之内，其根据行动规范来理解行动所关涉的内容的做法开启了"规范转向"。在布兰顿看来，后期维特根斯坦那里也有着类似的转向。布兰顿将后期维特根斯坦视为一名重要的实用主义者的主要原因在于，维特根斯坦尤为强调在人际的语言游戏中，通过考察语词的实际用法来理解其意义。

分析实用主义发展了实用主义对共同体探究活动的强调。经过第二次语言转向，分析哲学的论题和方法与实用主义哲学结合起来，实用主义的核心概念由"经验"转变为"语言"，对心灵与自然关系的思考转变为对语言与世界关系的思考，实用主义的核心论题也由对经验的改造转变为对语言的使用者如何获得意义以及关于世界的知识的讨论。由此看来，分析实用主义与经验实用主义有着非常不同的理论关切和特征。

然而，分析实用主义的线索并非第二次语言转向后新掘出的新线索，我们可以在皮尔士、刘易斯那里发现这条线索的早期形态。皮尔士用符号（sign）的三元性构建起了外在事物施加给我们的蛮力或效果（第一性，firstness）、我们对这些效果的反应（第二性，

---

① 布兰顿：《阐明理由：推论主义导论》，陈亚军译，复旦大学出版社 2020 年版，第 43 页。

secondness），以及我们就符号所做的阐释（第三性，thirdness）之间的结构关系，三元位素是符号的一体三面，它们互不可分。皮尔士指出：

> 符号本身有着三类指称：首先，它是指向阐释它的某种思想的符号；其次，它是思想所等同为的对象的符号；第三，它是这样的一种符号，其某些方面或属性同对象有着关联。

> （符号）代表的东西是对象；它传达的是意义；它带来的观念是解释项（interpretant）。①

其中，第三性进入了我们解释者主动的理解范围之内，"符号只不过是交流的中介，交流的中介是一类中介，而中介是第三项的一个类别"②。主体间的社会交流将呈现符号的解释项维度，从而我们也将借以阐明符号的对象和意义维度。

刘易斯发展了皮尔士的上述思想，他将自己的实用主义版本称为"概念实用主义"（conceptual pragmatism），指出只有经过对经验的阐释，我们才能理解世界，才能获得知识。他比塞拉斯更早地对所予神话提出批评，这种神话认为，世界本身带给我们的材料为我们的知识奠基。刘易斯认为："构成哲学反思材料的是关于事物世界的厚经验，而非直接所予这种薄经验。我们看到的不是色块，而是树木和房屋；我们听到的不是不可分辨的声音，而是音乐琴声。……未经过分析，便不存在理解。"③ 我们自身的"分析"提供了关于世界的理解，**我们用于梳理世界中内容的"范畴"是我们在一起行动、一起思考的需求中创造出来的产物**，"实际上，我们

---

① W2：223. CP 1.339.

② EP 2：390.

③ C. I. Lewis, *Mind and the World-order: Outline of a Theory of Knowledge*, New York：Dover Publications, Inc., 1929, p.54. 引文强调部分为笔者所加。

的范畴和语言一样，基本上是一种社会产物"①。刘易斯与布兰顿一样，将对经验的概念分析视为知识的起点，我们在共同体内的社会互动对理解世界而言有着首要的意义。

然而，分析实用主义也与经验实用主义一样，有其"阿喀琉斯之踵"。典型的批评是笔者在其他地方曾称之为语义学之幕的问题：在使用语言的判断活动或语义交往活动中将会出现一种以推论为方式、以概念为原材料织就的"语义学之幕"，它替代了近代哲学中横陈于心灵与世界之间的由因果关系织成的"因果性之幕"，这样一来，原先"何以基于因果性构建关于世界的知识"的问题变为"何以刺破语义学之幕而达至世界本身"的问题。换言之，分析实用主义试图在使用语言的主体间的交往活动中锚定概念的内容，批评者们认为，成功的语义交往至多只能保证相关的判断就其语义内容而言是真的，这种语义内容是否真实为外部世界中的内容，这仍然是令人存疑的。② 简言之，分析实用主义面临着语义探究何以能够实质关涉（materially of/about）外部世界的问题。

分析实用主义者——布兰顿是其典型代表——认为，如基要实用主义论题体现的那样，形式的（formal）语义探究是以实质的（material）语用探究为基础的，杜威在类似的意义上指出："经验材料所具有的这些特性，与太阳和电子的特性一样真实。它们是被发现出来的，被经验到的，而不是利用某种逻辑的把戏探究出来的。"③ 从而，在以语言的方式将语言表达式关涉的内容"说"出

---

① See C. I. Lewis, *Mind and the World-order: Outline of a Theory of Knowledge*, New York: Dover Publications, Inc., 1929, p.21.

② 参见周靖：《论语言在开显世界中的规范建制功能——基于布兰顿语言哲学的阐释》，载《哲学研究》2021年第5期，第119—126页。

③ 杜威：《经验与自然》，傅统先译，华东师范大学出版社2019年版，第6页。引文中强调为原文所有，下文中，除非强调为笔者所加，将不再次说明。

来时，说出的内容必然是我们在"做"的实践活动中切中的世界中的内容。然而，语义学之幕的问题仍然是真实的，因为分析实用主义认为：（1）探究的起点是概念性的，（2）对概念内容的阐明是在共同体内的语义交往活动中进行的，那么，我们有理由怀疑分析实用主义是否承诺了（3）内容就是我们可以在共同体内对之真、假进行判断的任何之物，这种"任何之物"有着相对于偶然个体的客观性——因为它是在主体间的话语实践（商谈实践，discursive practice）中被锚定的。

在回应语义学之幕问题时，布兰顿直言不讳地指出，世界是由一些事实（facts）而非事物（things）构成的，事实就是我们能对之做出或真或假的断言的任何对象，表征（representation）也应在此意义上来理解。事实具有稳定性，我们可以对之做出可靠的、有差异的反应，它具有可被断言性（claimable），即可以作为我们判断的内容，从而在认知的范围之内。[①] 在此意义上，**分析实用主义的任务主要在于，使得事实清晰地被呈现给我们，而非借助事实走向更遥远的事物，例如物自体。**杜威、刘易斯都曾做过类似的表述：

> 语言作为非纯粹的有机体活动及其结果之存在和传递的必要条件，且最终具有充分条件的重要性基于下述事实：一方面，它是一种完全生物性的行为方式，产生于先前有机体活动的自然连续性；另一方面，它迫使个体对其他个体持有某种立场，从一种不是严格个人的、对它们而言是共同的立场去发现或探求共同事业的参与者或"同行者"。它也许会受某种物理存在的指导并朝向它。但它首先涉及某个（或某些）其他人，

---

① See Brandom, Robert. "Facts, norms, and normative facts: A reply to Habermas." *European Journal of Philosophy* 8.3 (2000): 365.

并与之建立起交流——把事物变成共同的。我要说，在那一程度上，其所指变成了普遍而"客观"的。①

　　所实现了的东西就是经验，能实现的东西就是客观的实在事实。②

这些表述使得我们易于认为，"世界"是由语义阐明的"事实"构成的，从而这类世界可以是一种纯粹的语言性构造。为了避免这种"失去世界"的危险，笔者认为，**只有扎根于经验实用主义，分析实用主义才能解决它面临的语义学之幕问题**。以"经验"概念为核心的古典实用主义和以"语言"概念为核心的新实用主义须融合在一处，从而在经验上游处的语义探究和在经验下游处的语用探究才能够真实地互相支持。

　　经验实用主义和分析实用主义构成了实用主义最为有力的两股思想绳索，然而，长久以来，实用主义的研究忽略了它的第三股绳索：剑桥实用主义。对剑桥实用主义的探究将既能披露经验实用主义和分析实用主义的矛盾，也能在展现这些矛盾的同时帮助我们发现缝合两者的契机。

四、剑桥实用主义

　　一般认为，实用主义是发轫和发展于美国的哲学思想。经验实用主义（在一定程度上可视同为古典实用主义）和分析实用主义（在一定程度上可视同为新实用主义）分别以经验和语言为其核心概念，实用主义谱系的建构往往围绕这两类实用主义叙事的

① 杜威：《逻辑：探究的理论》，《杜威全集·晚期著作》第十二卷，邵强进、张留华、高来源等译，华东师范大学出版社 2015 年版，第 35 页。
② 刘易斯：《对知识和评价的分析》，江传月译，社会科学文献出版社 2016 年版，第 20 页。

连续性和矛盾性展开。然而，实际上，实用主义甫一落地便传入英国哲学界，产生了以威尔比夫人（Lady Victoria Welby, 1837—1912）、奥格登（Charles Kay Ogden, 1889—1957），以及席勒等人为代表的英国早期实用主义者，他（她）们强调经验有着首要作用的思想，这与当时以摩尔（George Edward Moore, 1837—1958）、罗素（Bertrand Russell, 1872—1970）为代表，强调理想语言建构的分析哲学直接相抵牾。经验和语言的矛盾线索随后成为推动兰姆赛、后期维特根斯坦思想转变的力量，并延续地体现在时今剑桥哲学界布莱克本（Simon Blackburn, 1944—）和普莱斯的争论，以及哈克、米萨克对罗蒂的批评之中。

笔者认为，实用主义研究存在着一道长期被忽视的第三条线索：英国实用主义。该线索有着如下三点特征：（1）它体现出实用主义与英国分析哲学的直接遭遇、互动，以及融合，在此意义上，英国实用主义更能直接呈现经验实用主义和分析实用主义之间的关联，这是最为关键的一点特征；（2）皮尔士哲学在该线索中发挥着更大的作用，这使得该线索的论域更广地包含了对实在、真理、意义、语言与世界的关系、符号、逻辑，以及科学等诸多论题的讨论；（3）该线索的主要代表人物奥格登、罗素、兰姆赛、后期维特根斯坦、布莱克本、普莱斯、米萨克、哈克等人均在剑桥大学学习、任教或兼职，故而可将该线索称为剑桥实用主义。

普莱斯和米萨克是"剑桥实用主义"的主要提出者和倡导者。2011 年，普莱斯接任布莱克本在剑桥大学的罗素哲学讲席教授职位。在其就职演讲中，普莱斯提出了"剑桥实用主义"这一概念，他将"概念的独特作用是什么——我们如何拥有概念，概念在我们的生活中有着怎样的作用，等等"视为剑桥实用主义的核心论题。

这一论题体现着根据"语词的用法来理解其意义"的实用主义洞察。普莱斯同时指出，我们可以在诸如兰姆赛、维特根斯坦、梅勒（Dov Hugh Mellor，1938—2020）、安斯康姆、冯·赖特（von Wright，1916—2003）、布莱克本等曾在剑桥大学任教或求学的哲学家们那里找到关于该论题的讨论。[1]

米萨克的《剑桥实用主义》（2016）[2] 一书是鲜有的直接以剑桥实用主义为论题的著作，该书中的"剑桥"既指哈佛大学的所在地马萨诸塞州的剑桥（Cambridge，Massachusetts），也指剑桥大学的所在地英国的剑桥（Cambridge，UK），从而米萨克的著作既包括了对曾求学于或任教于哈佛大学的皮尔士和詹姆斯思想的讨论，也包括了对曾求学于或任教于剑桥大学的奥格登、席勒、罗素、兰姆赛、维特根斯坦等人思想的讨论。米萨克细致地勾绘了"剑桥"实用主义的思想谱系，然而，笔者的研究与她的著作有着如下四点重要的不同：

（a）米萨克的研究止步于维特根斯坦，笔者则拟将剑桥实用主义的谱系进一步推进至当代剑桥哲学家；

（b）笔者主要聚焦于英国的剑桥实用主义者，仅对美国的剑桥实用主义者思想做出必要的讨论；

（c）在对兰姆赛和维特根斯坦的关键解读上，笔者反对米萨克强行在两位先哲的思想中挖掘实用主义思想的论述策略，笔者旨在从兰姆赛和维特根斯坦哲学"本身"挖掘出实用主义，从而建构出有其独特特征的剑桥实用主义谱系，该谱系中包括了**兰姆赛式的实**

---

[1] Price, Huw. "Wilfrid Sellars Meets Cambridge Pragmatism", in *Wilfrid Sellars and Contemporary Philosophy*, London and New York: Routledge, 2016, p.123.

[2] Cheryl Misak, *Cambridge Pragmatism: From Peirce and James to Ramsey to Wittgenstein*, Oxford: Oxford University Press, 2016.

用主义，维特根斯坦式的实用主义等；

（d）笔者还将对当代剑桥实用主义和美国新实用主义的思想交流做出讨论，从而理清剑桥实用主义在整个实用主义谱系中的相对位置。

质言之，本书拟建构一种其思想更为独立、丰满的剑桥实用主义谱系，这种谱系将拓展和重拾我们关于实用主义的现有理解。由于下一节"本书章节安排"将结合剑桥实用主义的发展线索对本书的具体内容做出具体讨论，本节不拟赘言叙述剑桥实用主义的理论内质，具体留待下文交代。

五、本书章节安排

经验实用主义强调的"经验"和分析实用主义强调的"语言"两股脉络织成了一道贯穿剑桥实用主义谱系的线索，在此意义上，剑桥实用主义不存在美国实用主义发展中以"经验"为其核心概念的古典实用主义和以"语言"为其核心概念的新实用主义之间的"断裂"问题。"语言和世界的关系"这道线索串联起了哲学中的诸多重要问题：心灵与世界、意识与经验、意义与行动、真理与实在、规范性等。围绕这道线索，我们既能展现剑桥实用主义谱系的内蕴和特征，也能缓和经验实用主义与分析实用主义间的紧张关系。

本书第一章将讨论剑桥实用主义汲取的美国古典实用主义的思想资源，笔者将主要讨论皮尔士和詹姆斯这两位"美国剑桥实用主义者"的思想，并对两者的"实用主义"做出比较，试图理清他们立场间的不同。第二章将讨论剑桥实用主义的"前奏"时期，该时期的第一代剑桥实用主义者主要以威尔比夫人、奥格登，以及席勒等人为代表，这一时期的剑桥实用主义既体现出它受到了美国古典实用主义的很大影响，也体现出实用主义在 20 世纪初传入英国后，与当时占据英国哲学界主流位置的分析哲学有着种种矛盾，这些矛盾主要体现为"要语言，还是要经验"的争议。第三章将讨论第二代或成熟时期的剑桥实用主义思想，这一时期主要以后期兰姆赛和后期维特根斯坦为主要代表。后期兰姆赛的实用主义主要体现了皮尔士的影响，而后期维特根斯坦则发展出了自身版本的实用主义，即"维特根斯坦的实用主义"。第四章将讨论第三代或当代剑桥实用主义思想，这一阶段主要以布莱克本、普莱斯、哈克，以及米萨克为主要代表。我们将会看到，当代剑桥实用主义有着明确的问题线索，也有着与美国实用主义（包括新、老实用主义）不同的理论特征。在第五章，笔者将试图勾绘实用主义三种重要的叙事线索，即罗蒂强调使用语言的共同体重要作用的历史主义叙事、米萨克强调对外部世界仍然负有认知责任的认识论叙事，以及布兰顿兼纳罗蒂式和米萨克式考量的"语言—认知（世界）""双轨"叙事。通过对这些叙事线索的讨论，该章既旨在阐释实用主义在英、美学界的不同发展所体现的不同特征，也旨在勾绘较为完整的实用主义谱系，从而同时能够理清剑桥实用主义在整个实用主义谱系中的理论位置。

具体而言，**第一章"围绕经验线索展开的美国'剑桥'实用主义"** 主要阐释美国的"剑桥"实用主义思想，即皮尔士和詹姆斯的实用主义，以及两者内核间的差别。讨论皮尔士和詹姆斯的思想，这不仅是因为地名（"剑桥"）上的巧合，或皮尔士和詹姆斯曾在位于美国剑桥市的哈佛大学求学或任教，更是因为他们对英国的剑桥实用主义哲学的发展产生了直接且深远的影响。皮尔士的符号哲学影响到了威尔比夫人、奥格登等人，行动哲学影响到了后期兰姆赛，经院实在论（Scholastic realism）则影响到了哈克。席勒则受到了詹姆斯的影响，罗素和后期维特根斯坦也通过詹姆斯的著作了解到实用主义的主要思想。

第一章主要围绕"经验"线索展开讨论。我们将会发现，皮尔士和詹姆斯实际上对"经验"这一概念有着十分不同的理解。简言之，皮尔士将经验视为某种外物施加给我们的影响（他对该"影响"做出了现象学描述，笔者将借助对皮尔士"符号哲学"的讨论来披露其中的现象学结构），以及这些影响在实践中产生的效果。具体而言，皮尔士有着如下基本立场：

（1）承诺实在论，认为不仅外物实在，而且

（2）存在实在的法则，外物以合乎法则的方式对我们施加影响，从而

（3）这些影响呈现于实践中的后果因此也是实在的；因此

（4）**实用主义原理**：可以根据实践效果来理解关于对象的整个概念；进一步地说，

（5）**方法论的实用主义**：实用主义是一种根据实践效果来揭示外物和法则的方法；由于外物和法则是实在的，因此

（6）**实用主义真理论**：在探究的理想终点处，我们将能获得真理，它反映了知识和实在间的理想关系。

相比之下，詹姆斯没有基于（1）—（3）来理解（4），进而他也不会承诺（5）和（6）。詹姆斯经验性的起点起初（在《心理学原理》中）是个体性的"意识"，笔者在第一章中将试图通过对意识、宗教经验，以及彻底经验这些詹姆斯哲学中的关键概念的讨论来勾绘詹姆斯哲学的发展轨迹，试图将詹姆斯刻画为一名存在主义的实用主义者。粗略而言，詹姆斯哲学发展中贯穿着一条这样的思想轨迹：在消解心灵与世界间本体论界限的努力中，试图在获得的心灵与世界有着连续性的图景中"去人称化"，从而"彻底的经

验"是未经人的概念或理性切割的存在领域，"人"后来被抛入到这一领域中，"世界"在反思的态度中呈现。

第一章最后将会具体讨论皮尔士和詹姆斯对实用主义理解上的差别，但在那之前，笔者将讨论胡克威从皮尔士文本中辨认出的关于实用主义的四种表述，进而指出，皮尔士对其实用主义定义或理解上的更新既是为了消除他早期阐释中的心理主义成分，也是为了与詹姆斯式的实用主义划清界限。

第二章"语言和经验的撞击：20世纪初英国实用主义和分析哲学的遭遇"将讨论主要以威尔比夫人、奥格登、席勒为主要代表的早期剑桥实用主义的思想，以及他（她）们与美国古典实用主义者间的思想关联。威尔比夫人开创的意义学（表意学，Significs）与皮尔士的符号学均强调了符号的三元结构、经验世界的直接性，以及对心、物二元论的反驳；受威尔比夫人影响，奥格登接触到了皮尔士哲学以及符号学思想。然而，我们将在第二章的讨论中发现，他（她）们的思想间存在一些明显的不同之处。席勒则受詹姆斯影响颇深，其"人本实用主义"（Humanistic Pragmatism）凸显了詹姆斯对人之"意志"的强调，但是，他过于凸显了个体的目的和兴趣的作用，认为对科学、真理、实在、自由、上帝等问题的一切解释均需诉诸个体的目的和兴趣来进行。席勒的这种极端立场引致了包括詹姆斯、皮尔士等人在内的诸多哲学家的不满。

美国古典实用主义和英国早期分析哲学分别以"经验"和"语言"作为其思想内核，由于它们有着截然不同的理论旨趣，它们在20世纪初甫一遭遇，便引发了诸多冲突，这尤为体现在英国早期剑桥实用主义者对分析哲学的批判中。第二章在勾绘英国剑桥实用主义的早期思想地貌的同时，也将试图呈现早期剑桥实用主义和当时的分析哲学的冲突所在：实用主义强调关于外部世界的现实经验的重要作用，分析哲学则试图通过对命题形式的阐明来披露世界的结构。尽管分析哲学与实用主义在剑桥实用主义后来的进一步发展中实现了融合，但这一冲突体现了现代哲学中难以摆脱的"语言/世界"的二元思维范式，我们将会在后续的讨论中持续看到这种难以摆脱的二元论式幽影。

第三章"语言和经验的合流：兰姆赛和维特根斯坦的实用主义"将讨论成熟时期的剑桥实用主义思想。不同于早期剑桥实用主义者仍然强调"经验"的重要作用的做法——其中，"经验"主要指外部世界施加给我们的影响，以及这些影响在心灵内造成的心理效果——后期兰姆赛和后期维特根斯坦更为凸显在世界中的"行动"这一概念："行动"既包含了涉身世界的直接性，也包含了以语言方式开显和理解世界的主动过程。

从兰姆赛短暂生命最后四年（1926—1929）发表的文章中，我们看到其思想中重要的"实用主义转向"，这一变化主要源于他早前对皮尔士《偶然、爱与逻辑》（1923）一书，以及《为实效主义申辩序》（1906）一文的阅读和吸收。皮尔士对兰姆赛的影响主要体现在，使得兰姆赛突破其早期逻辑原子论思想的桎梏，转而强调现实行动的重要作用，在具体的行动中理解主观信念度与客观或然性之间的动态关系，借以建立起了关于主观信念和客观世界关系的理解。兰姆赛的真理论、知识论，以及对科学的理解均与皮尔士有着诸多共通之处。

米萨克认为，兰姆赛对后期维特根斯坦产生了重要影响，这主要体现在将实用主义带给了维特根斯坦。笔者对米萨克的判断持怀疑态度。在第三章中，笔者将讨论维特根斯坦的哲学发展，通过对其早期（以《逻辑哲学论》为主要代表）、中期（以其现象学的思考为主），以及后期（以《哲学研究》《论确定性》为主要代表）思想的阐释，尝试为如下几个基本论题做辩护：（a）维特根斯坦一生均反对表征论论题；（b）维特根斯坦各阶段的思考以及观点上的变化有其连续性以及内在的逻辑，从而，"数数有几个维特根斯坦"① 的做法甚为不妥；（c）很难认为维特根斯坦因为受到兰姆赛、詹姆斯等人的影响，从而在其思想的后期发展提出了某种实用主义或类似于实用主义的立场；（d）认为维特根斯坦独立发展出了具有自身特色的实用主义版本，我们可以称之为"维特根斯坦的实用主义"；（e）维特根斯坦的实用主义与美国古典实用主义仅具有表面上的相似性，这两个实用主义的版本间有着重要的实质差别；（f）维特根斯坦的实用主义与新实用主义有着更为直接和真实的思想关联。

维特根斯坦的实用主义主要体现在其遵守规则、反私人语言、语言游戏、生活形式等一系列重要论题中；在反基础主义、工具论、关于意义的证实论，以及对社会维度的强调等立场上，它与古典实用主义有着"家族相似性"，但细究之下，维特根斯坦的实用主义强调对语言与世界的关系、意义的来源和基础，规范或规则产生的原因和机制等问题的反思。维特根斯坦的实用主义既构成了剑桥实用主义的核心，也影响了当代剑桥实用主义者（乃至包括塞拉斯、罗蒂、麦克道威尔、布兰顿等人在内的美国新实用主义者）的思想。

第四章"在语言与世界之际：剑桥实用主义的当代发展"将主要讨论布莱克本、普莱斯，以及哈克的相关思想。至于米萨克这位不容忽视的代表人物，笔者留待第五章中再议。在语言与世界的关

---

① 例如，沙罗科（Moyal-Sharrock）等人提出"第三个维特根斯坦"（the third Wittgenstein）的概念，认为《逻辑哲学论》《哲学研究》中已经有了"两个"维特根斯坦，同时，我们还可以在《论确定性》中发现"第三个"维特根斯坦。这种"数数维特根斯坦"的做法实际上割裂开了维特根斯坦思想的发展。相关的具体讨论请参见本书第三章第三节内容。

系上，所有实用主义者均反对在二元论的前提下，谈论表征论的事业。然而，是否保留某种语言表达范围外的"实在"，实用主义者们的观点则莫衷一是。

布莱克本保留了对外部世界的实在论直觉，但他却未直接承诺外部世界的实在，其提出的"准实在论"（quasi-realism）立场认为，存在实在，它予以我们真实的作用；但我们无法直接认知它，而仅能通过实在施加给我们的效果（包括情感、态度和习惯）等来"投射"实在。布莱克本"准实在论+投射主义"的策略发展了休谟思想。然而，普莱斯和罗蒂均抵制这种半心半意的做法，他们认为可以直接从反表征论论题（认为语言性的陈述不是表征外部世界的）跨向全局表达主义论题（认为语言表达的范围构成了我们的理解和"世界"的全部范围）。相比之下，布莱克本的立场可称为"区域表达主义"，因为他依然承诺在语言表达的范围外存在某种对我们有着制约力量的"实在"。哈克对罗蒂的立场提出了严厉批评，基于对皮尔士经院实在论思想的承袭，哈克提出的"基础融贯论"（foundherentism）和"天真实在论"（innocent realism）立场认为，我们不仅可以比布莱克本更为大方地承诺实在，同时也能切实地讨论实在的合法性。

在第四章的讨论中，我们将能更为清晰地看到"语言和经验"之间的张力，同时，笔者也将讨论兰姆赛和维特根斯坦对布莱克本和普莱斯的影响。需要强调的一点是，哈克强调了皮尔士哲学的重要性。实际上，如笔者将会在正文中指出的那样，诸多重要的实用主义者，包括布莱克本、普莱斯、普特南、罗蒂等人，均未予皮尔士以应有的重视，同时，他们也在一些关键论题上对皮尔士哲学有所误解，从而忽略或遗忘了皮尔士哲学在实用主义发展中的关键作用。在笔者构建的"剑桥实用主义"谱系中，皮尔士有着比詹姆斯更为重要的地位，这主要体现在皮尔士对兰姆赛、哈克，以及米萨克的重要影响上。

以皮尔士为思想之父的实用主义与以詹姆斯和杜威为家长的实用主义，它们之间有着非常不同的特征。在**第五章"当代剑桥实用主义与美国新实用主义的元叙事"**中，笔者拟从对实用主义的现有讨论中挖掘出三道具有典型特征的元叙事。第一种是罗蒂式的社会实用主义叙事。罗蒂式的叙事将语言和共同体放在首要的位置，完全弃置了经验的重要作用，从而，他也在实用主义内去除了获得关于外部世界知识的"认知"任务。第二种是米萨克式的认识论的实用主义叙事。与哈克一样，米萨克忠实地将皮尔士视为实用主义之父。米萨克以皮尔士的实用主义视角来审查和重构实用主义谱系，认为正确地认知事物不仅可能，也仍然是实用主义者的一项重要任务。

罗蒂和米萨克的叙事实际上分别凸显了实用主义对在共同体范围内使用语言的话语实践（discursive practice, *saying*）和认知外部世界的探究性的语用实践（pragmatic inquiry, *doing*）的强调。罗蒂和米萨克的叙事直接相抵牾，（语言性的）共同体和（经验性的）认知活动似乎构成了不可调和的两个轴向。针对此问题，笔者尝试从布兰顿哲学中构建出兼纳这两个轴向的"双轨叙事"。布兰顿的关键论题在于，认为语言的首要功能在于开显世界，并且在开显世界的层次上便有着语言和世界间认知性的规范关系以及主体间社会性的规范关系两个维度上的规范建制活动，这两个维度的规范互相制约，协同发展。

通过对实用主义三条叙事线索的讨论，我们将既能对实用主义的一般地貌或谱系有着较为完整的理解，也能把握剑桥实用主义在实用主义哲学中的相对位置。除此之外，我们也可借以窥探未来实用主义的可能发展。

最后，**结语**部分对全书讨论做出了简单总结，基于这些总结，笔者也对实用主义未来的可能发展做出了三点预测，认为未来实用主义会更为紧密地结合认知哲学，更为凸显和吸纳黑格尔哲学的价值，以及皮尔士哲学将会得到更为充分的探查和利用。

通过本书的讨论，笔者希望能够实现如下三点具体的理论任务：一是阐述国内尚少有研究的第一代剑桥实用主义者的思想，即威尔比夫人、奥格登，以及席勒的实用主义，同时，通过对他（她）们与当时的分析哲学家们思想间分歧的讨论，理清实用主义与分析哲学间最初的基本差别，这一差别为后来两者的融合搭建起了问题框架；二是阐释兰姆赛的实用主义，以及维特根斯坦的实用主义，尝试挖掘兰姆赛和皮尔士之间的思想关联，建构维特根斯坦独立发展出的实用主义版本，即"维特根斯坦的实用主义"；三是讨论剑桥实用主义的当代发展，讨论维特根斯坦思想的影响，并基于对当代剑桥实用主义者与美国新实用主义者之间争论的讨论，在一幅更大的实用主义谱系内界定剑桥实用主义的相对位置和特征。总体而言，笔者希望实现如下几点一般性的理论任务：一是成功地建构起剑桥实用主义谱系；二是揭示剑桥实用主义谱系本身能够有助于我们对实用主义整幅图景的理解；三是通过对相关具体问题的讨论，呈现分析哲学和实用主义在百年来的哲学发展中实现融合的线索。

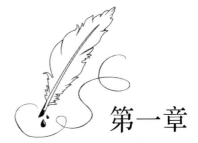

第一章

围绕经验线索展开的
美国"剑桥"实用主义

一切发生事件（Geschehen）的解释性特征。并没有自在的事件（Ereigniß an sich）。发生的东西，就是由某个解释者所挑选和概括的一组现象。

　　进入意识的一切东西不外乎是一个链条的最后环节，是一个结束。一个思想或许径直是另一个思想的原因，这一点完全是表面上的。真正结合起来的事件在我们的意识下面（自行）发生：情感、思想等等前后相继的出现秩序乃是真正的事件的征兆！

　　　　　　　　——尼采《权力意志》，1［115］，1［61］①

---

① 尼采：《权力意志》（上卷），孙周兴译，商务印书馆 2007 年版，第37、23 页。

"实用主义"得名于 1867 年在美国马萨诸塞州剑桥市"形而上学俱乐部"的一次讨论，皮尔士和詹姆斯均参与了这场讨论。借用地名上的巧合，米萨克在她的《剑桥实用主义》（2016）中指出："实用主义不仅是在马萨诸塞州的剑桥的话题，也是英国剑桥的话题。"① 本书第一章也以讨论"马萨诸塞州的剑桥实用主义者"皮尔士和詹姆斯的思想开始，这种做法虽然有着承袭米萨克的意味，但如导论中已经指出的那样，笔者的探究将更加聚焦于对作为"英国实用主义"的剑桥实用主义的探究。不同于美国古典实用主义，剑桥实用主义更多是在心灵和世界、语言和实在的关系这类思维范式下展开讨论的，它更为直接地体现了实用主义哲学与分析哲学的冲突与融合的线索。然而，由于皮尔士和詹姆斯哲学的确对剑桥实用主义产生了直接且重要的影响，因而，我们确有必要首先对他们两人的思想进行一番阐述。

　　本章第一节将在皮尔士符号哲学的视野下对符号哲学认识论做出初步探讨，这一讨论既是对皮尔士符号哲学价值的挖掘，也将为我们提供一幅由经验、实在、真理、意义等基本论题绘就的理论图景。实际上，如笔者将在本章第三节中指出的那样，皮尔士在其晚期才开始通过符号哲学来阐释其实用主义。然而，第一节中对皮尔士哲学的探讨将会有意忽略其不同时期文献中蕴含的思想变化，仅试图谈论一种"皮尔士一般"（Peirce *in general*）或成熟时期的皮尔士思想。第一节中的另一个理论目的还在于，试图挖掘皮尔士理论在当代知识论中的可能应用，从而初步揭示其理论的当代价值。②

----

① Cheryl Misak, *Cambridge Pragmatism: From Peirce and James to Ramsey to Wittgenstein*, Oxford：Oxford University Press, 2016, p.1.

② 笔者将在当代哲学语境中给出讨论皮尔士哲学的问题场景，采用这种"异常"做法有两个原因，一是笔者认为，从我们更为熟悉的当代哲学问题出发，能够更为清晰地阐明皮尔士的立场——如若从皮尔士哲学直接出发，那么我们势必会受困于对皮尔士诸多有着自身特色的概念的界定和阐明，从而难以进一步理清问题；二是笔者也认为，皮尔士哲学仍能为当代哲学的讨论提供许多有益思路乃至解决方案，笔者有意在本章中做出一番尝试。

第二节将以"经验"为线索，探讨詹姆斯哲学的发展，试图呈现詹姆斯哲学中"实用主义作为一种世界观"的思想特征。尽管皮尔士和詹姆斯有着诸多相同的立场，但我们将会发现他们之间不仅有着哲学"气质"上的不同——至少在笔者看来，詹姆斯哲学的"气质"更为柔和，他为实用主义提供了"精神风貌"；相比之下，皮尔士哲学则显得尤为艰涩和刚毅，他为实用主义奠定了坚实的哲学地基——他们之间还有着实质的立场差别。第三节将简要讨论他们二人对"实用主义"的不同理解。在已有的研究中，皮尔士和詹姆斯之间的思想差别往往被忽视或轻视了，通过第三节的讨论，我们将发现他们实际上持有两种非常不同的实用主义。

在本书接下来的讨论中，我们也将发现剑桥实用主义实际上从皮尔士的而非詹姆斯的实用主义论题和立场中受益更多。

一、对皮尔士式符号哲学认识论的初步构建

1839 年 9 月 10 日，皮尔士生于马萨诸塞州的剑桥，其父亲本杰明（Benjamin Peirce, 1809—1880）是一名数学家，在哈佛大学任教约半个世纪，其间，他在天体力学、统计学、数论，以及数学哲学等方面取得了一定的成就。本杰明对皮尔士产生了很大的影响，这尤为体现在他对皮尔士数学和逻辑学方面的训练，对专注力的培养，以及否认三位一体的"一位论教义的"（Unitarian）宗教精神的培育。[①]

1855 年，时年 16 岁的皮尔士进入哈佛大学学习，他当时痴迷

① See Murray Murphey, *The Development of Peirce's Philosophy*, Cambridge, Mass.: Harvard University Press, 1961, pp.9 - 19.

于阅读康德的《纯粹理性批判》，尤其是康德的先验分析论思想。如艾耶尔（Alfred Jules Ayer，1910—1989）指出的那样，邓斯·司各脱的经院实在论和将知识与人类心灵相关联的康德思想对皮尔士产生了很大影响。① 在这两类思想的影响下，皮尔士试图走出一条从实在出发，但从对实在予以我们的现实效果的"解释"开始哲学讨论的道路。我们将在下文的讨论中试图辨认出皮尔士哲学中"实在"和"解释"这两条线索，以期在当代哲学的语境中呈现皮尔士思想，从而发现它在当代哲学中仍然可能具有的价值。

关于外部世界的知识何以可能？皮尔士十分关心这一康德式的认识论问题。然而，将知识视为关于外在且独立于心灵的实在的可靠、有效的认知，这种传统知识论图景如今备受质疑。围绕经验是否可以作为知识的基础，知识在经验之前还是经验依然优先，知识是否具有语境性，知识是否受实践影响等问题，当代知识论展开了诸多琐细的争论。② 本节将首先简要刻画知识和经验、心灵与世界在当代知识论中的分裂这一关键问题，然后尝试运用皮尔士的相关讨论来重审乃至消解当代知识论面临的问题。在本节对皮尔士立场的讨论中，笔者将试图勾绘一幅从外部世界到内在心灵，从自我到共同体，从意见到知识再到真理的连续性图景，这幅图景能够兼容**仍将经验视为限制知识的力量，但同时将知识视为实际的探究起点**这两种看似难以调和的立场。我们也能基于皮尔士的这一立场初步建构出一种"符号哲学认识论"，这种认识论方案既有益于当代知识论，也能为剑桥实用主义研究提供一个可作为"参照系"的理论框架。

---

① A. J. Ayer, *The Origins of Pragmatism: Studies in the Philosophy of Charles Sanders Peirce and William James*, London: Macmillan, 1968, p.15.

② 参见施托伊普、图里、索萨编：《知识论当代论争》，王师、温媛媛译，曹剑波校，上海译文出版社 2020 年版。

（一）知识和经验在当代知识论中的分裂

20世纪中后期，围绕着心灵与世界的关系问题，塞拉斯、奎因、戴维森等人对传统经验主义展开了连续的攻击，这些攻击迫使人们认识到，我们无法诉诸源自外部世界的纯粹经验或因果刺激来证成关于外部世界的知识，如塞拉斯揭示的那般，其中的根由在于"推论某物是这样和……看到它是这样之间存在差别"①，"推论"是知识呈现的方式，推知某物是什么意味着该物已经在我们的概念空间内占据了一席之地，我们能够为之提供理由，从而它有着概念性的（conceptual）身份，相比之下，"看到"则是一种感性呈现的方式，看到某物是什么，体现的是该物非概念性的（non-conceptual）身份；概念性和非概念性是两种不可兼得的身份，故而，根据外部世界予以心灵的因果刺激，"自下而上"地构建知识，这种思路的困难在于，试图将这两种相抵牾的身份同时赋予感性刺激。

从感性刺激到概念，这种"自下而上"的解释进路的破灭使得我们在世界中的行动重新变得可疑，这进一步造就了知识和经验之间的割裂问题。如威廉姆森（Timothy Williamson，1955—）指出的那样，"知识和行动是心灵与世界之间的核心关系。在行动中，世界要适应心灵。在知识中，心灵要适应世界。当世界不适应心灵时，就徒留愿望。当心灵不适应世界时，就徒留信念"②。然而，心灵对世界进行合理化的规整的"行动"中，如若外部世界就我们的知识而言无法提供直接的证成性，那么就知识而言，我们至少需为

①　塞拉斯：《经验主义与心灵哲学》，王玮译，复旦大学出版社2017年版，第12页。引文强调部分为笔者所加。

②　威廉姆森：《知识及其限度》，刘占峰、陈丽译，陈波校，人民出版社2013年版，第1页。

它另寻基础，或重新调整知识和关于世界的经验之间的关系，从而平息因为信念和愿望的失衡而带来的种种问题。

威廉姆森的策略是，强调知识的优先性，认为知识是一个不可被进一步分析和拆解的基础单元。他将构成知识的"证据"的"认知可通达性标准建立在一个可实现的层次上，知识就能满足这个标准"①，其中，"证据"——无论它是否是我们关于外部世界的心灵状态——是我们已知的事实，而非某种尚待认知的经验基础，"在将数学、生物科学以及历史描述为受证据支持的学科时，无疑我们没有将某种根本的基础主义归派给它们。具体地诉诸证据、实验和文献记录，这当然是可对之提出疑问的。哲学亦是如此"②。在此意义上，哲学家提出的证据如科学中的证据那般，它已经是关于确定事实的、具有真值的判断，因而我们是在知识而非经验的层次上来理解证据或确证，事实便是真命题所断定的内容，世界就是由这样的事实构成的。③

在威廉姆森看来，以知识本身作为知识的起点或一个基本的单位，这种理解是十分自然的。既然感性刺激不再可能作为知识的可靠起点，同时，个体主体关于世界的主观心理状态也无法作为知识的基础，那么我们便可以直接将获得的证据视为知识。如此一来，对知识的确证既不需要诉诸个体的心理状态，也不需要将关于事实的陈述还原至不再可靠的经验层次。

然而，如果知识优先，那么如何理解经验？根据威廉姆森的观点，构成世界的单位是我们可以对之做出真、假判断的事实。那

---

① 威廉姆森：《知识及其限度》，刘占峰、陈丽译，陈波校，人民出版社 2013 年版，第 18 页。
② Timothy Williamson, *The Philosophy of Philosophy*, Oxford：Blackwell Publishing, 2007, p.208.
③ See Timothy Williamson, *The Philosophy of Philosophy*, Oxford：Blackwell Publishing, 2007, p.209.

么，这类事实与经验中呈现的事实究竟有何关联？此处我们无需陷入"知识优先，还是经验优先"的争论，笔者在此仅旨在呈现这样一个状况：当代知识论中，经验不再理所当然地被视为知识的来源和基础，经验和知识之间已经产生了裂隙。

塞拉斯的拥趸布兰顿的立场有助于我们进一步辨明经验和知识之间的分裂。与"自下而上"的解释顺序相反，布兰顿承袭了青年弗雷格的语境原则和推论的方法论，即"不是从指称观念而是从推论观念"开始语义学的探究，"内容被推论所决定，表达的推论将清晰地表达任何一种内容"①。换言之，布兰顿试图根据涉身世界的实质（material）语用活动中纳入的那些内容在人际具体展开的形式（formal）语义推论活动中所起到的作用来"自上而下"地理解内容是什么。这里承诺了一种"自上而下"的解释顺序。简言之，例如某一主体 S 在其实践中对世界中的内容 C 做出了承诺，如若他想有资格持有关于 C 的断言，那么他须在主体间的语义交往活动中接受他者的询问，为他关于 C 的断言给出理由。随着你来我往的给出和索取理由的语义实践的展开，人们所做出的"断言"将在人际的话语活动中受到进一步的审查，内容 C"是"什么将随之得到愈发明晰的阐明，在此意义上，**经验内容只有在社会滤镜下才能得到清晰的呈现和锚定**。尽管布兰顿秉承了实用主义的洞见，认为 C 是在直接应对世界的活动中获得的实质内容，② 但是，反对者们仍然质疑道，这种"自上而下"的解释顺序终究将证成的过程放置在主体间展开的理由的空间之内，语义阐明的对象因此至多是一种语义对象而非关于外部世界的经验内容，就此而言，"自上而下"的阐释如何保证知识

---

① 布兰顿：《阐明理由：推论主义导论》，陈亚军译，复旦大学出版社 2020 年版，第 53 页。

② See Robert Brandom, *Perspectives on Pragmatism: Classical, Recent and Contemporary*, Cambridge, Mass.: Harvard University Press, 2011, p.9.

是关于外部世界的，这一点是可疑的。①

我们在此同样不涉及关于布兰顿立场的进一步争论，本书第五章将以"表征论"为题眼，对相关问题做出进一步的探究。② 基于现有的讨论，我们足以能清楚地认识到知识和经验在当代知识论中已然分裂这一事实及其成因。对于威廉姆森和布兰顿的支持者和反对者而言，消除他们立场间分歧的理想方案似乎是：既保证知识的优先性，也同时承诺经验仍然是限制知识所"是"的力量，甚至仍能谈论实在和"理想的"真理。皮尔士哲学恰能够为我们提供这样一种方案。

（二）符号哲学语汇表述下的知识和经验分裂问题

存在外在的世界，并且这一世界对于我们的知识，乃至"自我意识"的形成施加着影响，这一点在皮尔士看来是毋庸置疑的：

> 我们不断地撞击到"硬事实"（hard fact）……我们在逐渐意识到非我（not self）的意义上逐渐意识到我们自身。觉醒的状态体现的是对反应（reaction）的意识；意识本身有着两面性，所以它有两种变体，即行动和知觉，在行动中我们对其他事物的修改更胜于它们对我们的作用；在知觉中其他事物对我们的影响压倒性地更胜于我们对它们的影响。③

皮尔士的这段文字蕴含着十分丰富的思想，我们至少可以从中解读出如下三个相关要点：

---

① See Michael Kremer, "Representation or Inference: Must We Choose? Should We?", in *Reading Brandom: On Making It Explicit*, Weiss, B. & Jeremy, W. (Eds.), London and New York: Routledge, 2010, p.234; Bob Hale & Crispin Wright, "Assertibilist Truth and Objective Content: Still Inexplicit?", in *Reading Brandom: On Making It Explicit*, Weiss, B. & Jeremy, W. (Eds.), London and New York: Routledge, 2010, pp.277-278.

② 笔者也在《表征论的多副面孔：当代英美哲学语境下的探究》（上海人民出版社 2021 年版）中做出过详细讨论。

③ CP 1.324.

首先,"硬事实"意味着存在外在的事物,它顽固地抵抗着我们的意识,独立于"无论你或我,或任何人,或人类将会做出怎样的思考,或已经如何思考,我在相对于心灵的意义上称之为外在的"①。

其次,对这种外在的硬事实的"撞击"体现了我们在经验中遭遇到外在事物的直接性和被动性。我们是通过它们予以我们的直接影响来思考它们的,其中不存在任何中介性的环节。另一方面,在关于事物的知觉经验中,尽管我"努力"地主动把握事物,但事物"抵抗"着我的意志,这里体现着我们在知觉上的"被动性","在我们熟悉的行动中,经验有着两种形式,即积极的努力的形式,以及被动的惊异的形式"②。当在知觉中感受到事物的未知方面从而产生"惊异"的感觉时,我们会被迫调整自身的行动,以新的方式把握事物。就此而言,经验是知识不可消除的原因。

第三,尤为重要的一点是,尽管知觉中对事物的把握是被动的,但是,只有经过我们在行动中对事物的主动阐释,事物(thing)才会呈现为我们的对象(object)。用皮尔士的话说,"经验意味着活生生的总体的认知结果,这包含了对感觉的阐释。……撇开阐释性的工作,我们从未能抓住事物本身"③。胡克威(Christopher Hookway,1949—)指出:"早在19世纪80年代,皮尔士就已经开始坚持认为我们在经验中遭遇到了外在事物:我们直接经验着它们,我们根据它们在经验中所起到的作用来思考它们。然而,经验并不向我们呈现事实,毋宁说,我们运用自身的探究方法提炼出了关于我们所经验的事物的事实。"④ 简言之,**关于外部事**

---

① CP 8.327.

② EP 2:383.

③ CP 7.538. 引文强调部分为笔者所加。

④ Christopher Hookway, *Truth, Rationality, and Pragmatism: Themes from Peirce*, Oxford: Clarendon Press, 2002, p.91.

物的经验是直接的，但相关的知识是间接的；作为直接经验的知觉表象（percept）不是知识的基础，我们通过知觉判断（perceptual judgment）来理解觉知。在此意义上，我们似乎可以认为，尽管知识受到关于外在事物的影响，但脱离了我们知性的阐释活动，我们便无法抓住任何事物；更甚之，所把握的事实源自我们运用自身探究方法对经验的提炼，"我们从未抓住事物本身"，从而，我们似乎可以在皮尔士这里找到支持知识优先性论题的理由。

如果关于外在事物的知觉中既有着对该物的直接经验，也有着行动中对该物的反应，还有着对该物施加给我们的影响的规范阐释，那么我们惯常使用的用于指称对象的"概念"将无法呈现出"事物—反应—阐释"间的三项关系，"概念—对象"间的指称关系是二项的。皮尔士的用语是"符号"，它"本身有着三类指称：首先，它是指向阐释它的某种思想的符号；其次，它是思想所等同为的对象的符号；第三，它是这样的一种符号，其某些方面或属性同对象有着关联"[1]。

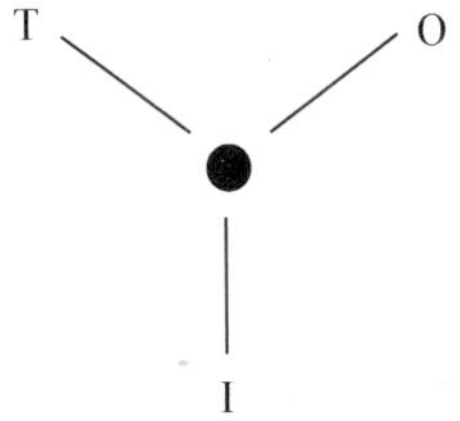

图 1.1：符号的三元结构

我们可以用"图 1.1"来表示符号的结构：其中，中心的黑点代表符号 S，T 指的是直接经验到的事物（Thing），[2] O 指的是行动中所应对的对象（Object），I 指的是该符

---

① W2: 223.

② 准确地说，皮尔士符号三元项中的第一项是"表象载体"（representamen）而非"事物"，表象载体是指，通过对事物的属性或事物与事物之间的关系的解释性"假设"而在心灵中获得的第一性的范畴或观念，而非指 T。笔者的做法似乎因此是不合适的，或至少需要就为何能够用 T 代替 R 提供理由。这将把我们带到更为繁复的讨论之中，笔者将在正在进行的《符号哲学认识论引论》这项研究的成果中给出详细理由，在此仅给出简单的解释：皮尔士反对康德的物自体概念，尽管 T 独立于心灵，但它可被认知，因而 T 和 R 之间有着连续的直接关系，随着符号活动的展开，T 和 R 之间的界限将会越来越小，从而达到关于 T 的知识。就本章的讨论而言，笔者为了在当代哲学语境以及知识论语境中的讨论便宜，将 R 直接限定为 T。

号所具有的思想或诠释项。从"范畴"上说，皮尔士将与 TOI 对应的范畴分别称为第一性、第二性和第三性。①

TOI 构成了不可互相还原的一个整体，这是符号结构具有的最为基本的一个特征。当符号 S 发生时——此时已经意味着一个符号活动（semiosis）的发生，即 TOI 三元间的相互作用②——其三元项均无法独立存在。对任意一项的理解均无法脱离其他两项。与本章论题密切相关的是 TOI 之间的如下关系：只有根据诠释项 I 才能将 T 理解为 O，也就是说，只有根据某种阐释才能将外在事物理解为我们的对象。如迪利（John Deely，1942—2017）指出的那样，"诠释项的实质在于调和客观存在和物理存在的差别"③，即 O 与 T 之间的差别。④ 更进一步地说，事物予以我们的"初始的感觉'材料'不是'原子式'的……严格来说，它是符号性的；在认知活动中已经形成了感性的初始综合"⑤。在有着 TOI 三元结构的符号整体中，可理解的外在事物一开始便进入了有着阐释特征的符号活动之中。

在皮尔士看来，经验中的外在事物最初只可能是由诠释项所表象的内容，即对象，"撇开阐释性的工作，我们从未能抓住事物本身"，但在探究的过程中，我们对外在事物的表象活动是无限进行的，这便意味着我们必然会对已有的诠释项进行进一步的阐释活动。⑥ 在这样的一种活动中，原有的诠释项将作为一种在另一个符

① See EP 1：248，CP 1.356 – 357，CP 3.422，etal.

② See EP 2：411.

③ 迪利：《符号学基础》，张祖建译，中国人民大学出版社 2012 年版，第 31 页。

④ 迪利在"主体间"的意义上理解"客观的"，它超越于个体主观理解的偶然性；物理的则是外在的，它超越于主体间性，独立于任何人或共同体对之的理解。根据这种区分，我们根据诠释项将事物理解为的对象是客观的。See John Deely, *Purely Objective Reality*, Berlin：Mouton de Gruyter, 2009, p.17.

⑤ John Deely, *Introducing Semiotic：Its history and doctrine*, Bloomington：Indiana University Press, 1982, p.97.

⑥ See CP 1.339.

号中被阐释的表象载体（representamen）而"与第二个第三性（亦即其对象），另一个可能的表象载体（亦即其诠释项），有着对应关系的东西，它不必然是实在的，但它们均与相同的对象相符合。它因此包含了一个可能的无限序列"①。

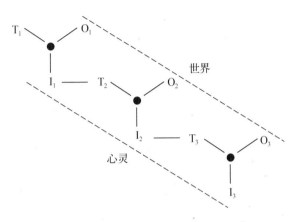

图 1.2：符号活动中呈现的心灵与世界②

如"图 1.2"所示，符号发展的过程中，I_1-I_2-I_3-…I_n序列构成了一个阐释的空间，我们根据 I 序列中诸诠释项间的理性关联对 O 做出更为丰富和精致的勾绘。心灵与世界也是在符号活动中生成的，在皮尔士看来，符号并不是对心灵的表达，因为并不存在某种本质性的心灵，毋宁说，心灵是符号发展过程的一个结果；③ 另一方面，"经验体现着生命的进程。世界就是经验向我们灌输的一切"④。在此意义上，世界是依存于心灵的，依存于我们关于外在事物的解释。

① MS：1147.
② 图片参考自 Floyd Merrell, *Peirce, Signs, and Meaning*, Toronto：University of Toronto Press, 1997, p.15。
③ See CP 5.313；Vincent Colapietro, *Peirce's Approach to the Self: A Semiotic Perspective on Human Subjectivity*, New York：State University of New York Press, 1989, p.6.
④ CP 1.426.

图 1.2 中，心灵与世界之间的关系有着连续性，笔者认为，我们可以根据它很好地理解麦克道威尔（John McDowell，1942—）式的知识论图景。麦克道威尔试图取消心灵与世界之间的界限，认为"思维无边界"，思维的范围就是世界的范围，其理据恰在于，认为经验过程中同时兼纳了对经验内容的感性接受性和赋予经验内容以可理解的形式的理性自发性这两种能力，[①] 这样一来，世界直接呈现于心灵，关于世界的知识因此也是直接的。

然而，问题的关键在于 T 维度，在麦克道威尔与布兰顿等人看来，不存在 T 施加给我们的外在的、非概念化的经验"效果"，[②] 例如，物自体予以我们的"感性杂多"——这种效果既构成了我们知识的来源，也是推动我们的心灵和关于世界的理解产生变化的原因。就知识与经验在当代知识论的分裂这一问题而言，遭受质疑的也恰是 T 施加给我们的效果是否具有认识论作用。换言之，这里的"效果"如何既是源于 T 的因果性的材料，又是吸纳了 I 的概念性的材料？

回答这一疑问要求我们直接澄清皮尔士式的符号思维。在符号思维中，我们分析的基本单位是"符号"，它有着 TOI 的结构，因而 T 尽管是外在的，但仍然是可以理解的。这一晦涩立场蕴含的奥义集中体现在对"第一性"的理解中，在于直接应对 T 的感性活动中，知觉已经为我们提供了可感的对象，并且这些对象必然契合于我们进而能够感知到的"周遭世界"（环境界，Umwelt）：基于我们生物性的需求和利益（needs and interests），周遭世界的结构已经嵌

---

① 参见麦克道威尔：《心灵与世界》，韩林合译，中国人民大学出版社 2014 年版，第 29—31 页。

② See John McDowell, *Having the World in View: Essays on Kant, Hegel, and Sellars*, Cambridge, Mass.: Harvard University Press, 2009, p.17; Robert Brandom, "Facts, norms, and normative facts: A reply to Habermas." *European Journal of Philosophy 8.3* (2000): 365.

有生物性机体所能接纳的认知结构。此时，"对象"仅在生物性机体层面上得到构成，它尚未包含任何后来可能得到明确表达的概念规范或法则。需要强调的另一要点是，这里的对象与认知结构也必然能够为我们所进一步理解，用迪利的话说，"第一性"为我们提供的是"现成的在手之物"（ready-to-handedness）[1]，我们别无选择地被抛入到这"第一性"中（在最为原初的第一性中，"选择"尚未出现），进而被卷入到无限展开的符号活动中。尽管在后继展开的成熟的符号活动中，我们能够更为主动和自由地构建 I，但我们（无论作为单纯的生物，还是理性主体）无法构建自身无法理解的世界（包括生物层次的环境界和文化层次的生活世界（Lebenswelt）），更无法超越于符号活动本身来理解世界。在此意义上，符号哲学思维完全抵制试图将 T 施加给我们的经验效果割裂为因果的一面和概念的一面，进而追问这两种向度之间关系的二元论思维，在皮尔士式的符号哲学中，不可以单独提出非概念化的感性刺激何以被概念化的问题，理解某种经验刺激，已经包含了一个解释活动，以及一个对象的产生。

在符号活动中，对事物 T 的表达的确是至关重要的维度。如"图 1.3"所示，诠释项对事物做出了迭代的解释，以 T_4 为例，我们不仅根据 I_4 来理解它，还根据同样阐释它的 I_3，以及阐释 I_3 的 I_1，I_2 来阐释它；I 序列的无限增进将会拉近 O 与 T 之间的距离。在一切符号与一切符号的普遍关联中，诠释项的无限序列将构成一种塞拉斯意义上的"理由的逻辑空间"，在这样的空间里，我们可以就为何将事物 T 理解为某物 O 提供理由；由对象构成的无限序列则体现着我们所理解的事物之间的理性关系，它们构成了塞拉斯意义上

① See John Deely, *Four Ages of Understanding: The First Postmodern Survey of Philosophy from Ancient Times to the Turn of the Twenty-first Century*, Toronto：University of Toronto Press, 2001, p.651.

的"自然的逻辑空间"。① 更进一步的问题在于，理由空间的无限生长能否将自然空间披露为由事物 T 构成的那类空间——用上文论及的布兰顿的反对者的话说，I 序列渗透了人的阐释，O 终究是人自身探究的结果，这类结果何以可能是外在事物 T？换句话说，**解释项 I 中具有的关于 T 和 O 关系的"阐释"是如何获得的？**与此同时，"知识优先性"论题的支持者可能会快速摒除掉"图 1.3"中的 T 维度，满足于"图 1.2"中心灵与世界协同演化的图景。

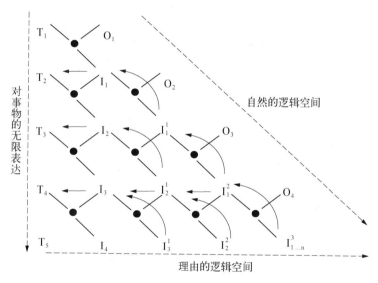

图 1.3：符号活动中对事物的无限表达②

① 参见塞拉斯：《经验主义与心灵哲学》，王玮译，复旦大学出版社 2017 年版，第 36 节。根据塞拉斯的阐释，在理由的逻辑空间内，我们可以就关于某一内容的判断以提供理由的方式做出证成，该空间内的对象受到规范的限制；自然的逻辑空间内的对象则指科学所探究的对象，它们受到法则性的限制。此处笔者将 O 序列而非 T 序列视为自然的逻辑空间，这种解读可能会遭受质疑。但如塞拉斯所言，科学探究的图像中已经有了一幅人的图景，即渗透了人的理解（See Wilfrid Sellars, "Philosophy and the Scientific Image of Man", in *In the Space of Reasons: Selected Essays of Wilfrid Sellars*, Scharp, K. and Brandom, R. (Eds.), Cambridge, Mass.: Harvard University Press, 2007, p.373.)，在此意义上，O 序列无疑更为贴合科学探究的对象。
② 图片参考自 Floyd Merrell, *Peirce, Signs, and Meaning*, Toronto: University of Toronto Press, 1997, p.19。

就这一更进一步的问题而言，我们从已有的讨论中可得到的答案是，在皮尔士那里，心灵与世界均是在符号活动中出现的结果，心灵内呈现的对象必然既是客观的 O，也是物理的、外在的 T，其原因在于，TOI 是符号不可拆分的三个要素，I 与 O 的增长必然带来对 T 更为清晰的认知。至于 O 和 T 之间的界限能否得到最终的彻底消除这一问题，皮尔士给出了肯定的答案，这意味着在探究的终点处，我们的认识活动终将实现关于 T 的完备表达。为了理解这一点，我们必须进入到关于皮尔士实在论和真理观的讨论，这些讨论将既能澄清 O 和 T 之间的界限为何必将消除，也能解释为何必然能够获得一种"阐释"，同时，这些讨论也将为我们提供一道消解经验与知识分裂问题的方案。

（三）实在、真理与共同体的联动发展

"我们在探究的终点处能够获得什么"意味着"我们能够知道什么"，在皮尔士看来，"实在是信息和推理迟早会导致的东西，因此它独立于你的或我的奇想。因此，实在这一概念的起源揭示着，这一概念本质上包含着共同体的概念，它没有确定的界限，并且能够无限增加知识。……但是，实际上，实在论者所说的实在并不高深，它只不过是在真的表象中被表象出来的东西"①。需要辨明的是，"实在"不同于"外在"，"外在则是无关于任何人思考、感觉或行动的东西……外在的必然是实在的，但实在的可能是也可能不是外在的"②。例如硬事实是"外在的"，无论思考它与否，乃至无论心灵存在与否，它均存在；相比之下，"实在的"仅意味着它不

① CP 5.311 – 312.

② CP 8.191.

取决于我们的意见，但可为推理所表达，并最终呈现为"真的命题所表象的任何东西"①。

就本小分节的讨论而言，如果"经验优先"，我们似乎应该更为关心外在事物的存在，关心它能否对我们的认识施加真实的影响。但如果"知识优先"，我们则应保证关于实在事物的知识。根据皮尔士的界定，"外在的"是"实在的"一个子集，那么即便外在事物存在且有着认识论作用，这也无法证成实在事物的认识论作用。为消除这一问题，笔者建议，**我们可以转换对经验概念的传统理解，将它的内涵扩展及"实在"而非仅仅是"外在"施加给我们的效果**，我们将会看到，这将为我们带来丰厚的理论收益。

笔者认为，皮尔士对实在的界定至少蕴含着三个关键维度：（1）它施加于主体的强制性，（2）通过知觉判断理解实在的规范性，以及（3）作为认知目标的目的性。

就实在的强制性而言，实在独立于所有有限的个体心灵，它是强制地被给予主体的，主体无从选择（被迫）地接受来自实在（包括外在事物）的效果。与此相关，皮尔士指出，"有实在之物，其特点完全独立于我们关于它们的意见；那些实在性按照固有规律影响我们的感官……通过感知规律的运用，我们就可以借助推理而确定事物实际上如何……"② 我们从中可以发现一个关键要点：**实在在施予主体以强制性的影响时，它不是任意而是遵循规律地影响着我们**。恰是因为这一特征，我们应对实在的行动才必然是遵从规范的，这种规范才不会是一种任意的、符合人类主观效用的，或展

---

① NEM 3: 773.
② 皮尔士：《皮尔士论符号》，胡普斯编，徐鹏译，上海译文出版社2016年版，第198页。

现为融贯体系的观点。也恰是因为这一特征，符号活动中才会出现某种体现在解释项 I 那里的"阐释"，这种"阐释"尽管可能有着属人的特征，但随着符号活动、表象过程，以及科学探究活动（它们实际上是相同的过程）的展开，"阐释"将会在揭露这些规律的过程中逐渐独立于个体的主观心灵。

规范的阐释必须对这一规律负责，规范受到实在的限制，规范的更迭和演变受到实在规律的指引。知性的阐释活动体现为关于外在事物施加给我们的"效果"的知觉判断，皮尔士将知觉判断定义为"以命题形式对直接呈现给心灵的知觉表象特征的呈现"①，基于上一小节中的讨论，我们能够理解皮尔士的如下断言：构成我们推理基础的是知觉判断，它是关于知觉表象的基本判断。知觉判断构成了我们推理活动的起点，是知识范围内的事实。② 相比之下，知觉表象是"我被迫接受的，在这个过程中，我完全无法控制自己，也因而无法做出批评"③，在此意义上，它仅相当于单纯的属性，体现在外在事物的限制性作用以及"第一性"中，它仅仅予以我的思维积极的刺激而本身无理由支撑且不作为支撑其他事物的理由。④

知觉判断则是具有向真性（truth-aptness）的命题，关于它的阐释是在共同体的探究活动中进行的。"个体人类的研究不是科学，科学……涉及范围更广的交流的共同体。"⑤ 如伯格曼（Mats Bergman）指出的那样，主体间的合作和对实践结果的分享体现了

---

① CP 5.54.

② See C. S. Peirce, "Perceptual Judgments", in *Philosophical Writings of Peirce*, Buchler, J. (Sd. and Ed.), New York: Dover Publications, Inc., 1955, pp.308–309.

③ C. S. Peirce, "Perceptual Judgments", in *Philosophical Writings of Peirce*, Buchler, J. (Sd. and Ed.), New York: Dover Publications, Inc., 1955, p.303.

④ See CP 7.662.

⑤ MS 1334: 12–13.

科学探究有着社会本性，而这种探究不是某种神秘的东西，它是所有人类在基本的活动中均具有的能力。[①] 对实在最为基本层次上的阐释活动或探究活动也已经渗透了共同体维度的运作。

对实在的认知必然同时会推动共同体自身的发展。与之相关，皮尔士指出的另一个要点是，如果实在是所有认知在未来最终指向和实现的东西，那么实在将会构成当下具体认知活动的目的，这种目的构成了牵引当下探究活动以及共同体演进的实际动力。目的性是理解实在的第三个关键轴度。[②] 随着目的的最终实现，探究过程最终凝结出的果实便是实在，共同体也随之发展为理想的共同体，它将排除个体意见具有的偶然性。

共同体的完善将会平息个体间的意见分歧，我们也将同时获得真理，"长久地看，人类意见倾向于变得确定，即变为真理。如果可以让人类有着足够的信息，努力回答任何问题，那么结果便是，

---

① See Mats Bergman, *Peirce's Philosophy of Communication: The Rhetorical Underpinnings of the Theory of Signs*, London: Bloomsbury Publishing, 2009, pp.11 - 12.

② 奥列斯基（Mateusz Olesky）指出，皮尔士关于普遍项或规律的实在性的学说经过了三个发展阶段，"（1）他根据关系和操作来做出解释，从而消除掉质性的本质（或实料形式）；（2）他根据'共同的最终因'来解释自然类……；（3）他声称所有实在的普遍项（例如所有的法则、类型，以及类别）在包含了不确定的可能性的意义上都是连续的"（See Mateusz Olesky, *Realism and Individualism: Charles S. Peirce and the Threat of Modern Nominalism*, Amsterdam: John Benjamins Publishing Company, 2015, p.20）。从而，此处的讨论似乎还需进展到对皮尔士连续论（synechism）和偶成论（tychism）思想的讨论。如墨菲（Murray Murphey, 1928—2018）所言，皮尔士以康德哲学为基础，建立了他第一个哲学思想体系，但在随后的思想发展中，他经历了三次变化，因而可将皮尔士的哲学发展划分为四个阶段（See Murray Murphey, *The Development of Peirce's Philosophy*, Cambridge, Mass.: Harvard University Press, 1961）。实际上，大部分哲学家一生的思想发展难以避免发生变化，笔者的讨论仅将皮尔士（以及詹姆斯等人）视为一个有着统一"思想肖像"的哲学家，对之做出融贯的阐释。对皮尔士的连续论和偶成论思想感兴趣的读者可参见 Paul Forster, *Peirce and the Threat of Nominalism*, Cambridge: Cambridge University Press, 2011, chapters 9 - 10; Susan Haack, "Pragmatism and Ontology: Peirce and James." *Revue internationale de philosophie*（1977）: 387 - 388。笔者将在正在进行的"符号哲学认识论"研究中做出自己的讨论。

他将最终获得某种确定的结论，而在同样充分的情境下，其他心灵也会达到这样的结论"①。我们发现，实在、真理和共同体的发展是紧密联系在一处的。

不那么准确地说，强制性和规范性两个轴度分别对应于经验优先性和知识优先性两个论题。强制性显示了实在展现自身的经验维度，规范性则显示了将实在呈现于人类理性视域的概念性维度。在两个轴度间充满张力的双向活动之中，实在将会得到越来越丰富和精确的呈现：**实在不仅包含外在事物，皮尔士还将规律、共相等视为实在**，因为它们均独立于我们关于它们的意见，并对我们的认识施加强制且非任意的影响。在此意义上，皮尔士的实在论是一种强实在论，它远远超出了对外在事物的承诺。

也恰在此意义上，笔者建议根据皮尔士的知识论图景转换对经验概念的传统理解，将它的内涵延展及"实在"而非仅仅是"外在"施加给我们的因果效果，这为我们带来的理论收益在于，如果在实在施加给我们的效果的意义上来理解经验的话，那么知识的范围将与经验的范围一致，经验在发生学意义上的优先性，以及知识在探究方法论上的优先性将同时得到支持；我们也将会得到更为丰富的由符号活动拓展而来的世界。

然而，关于实在概念，许多学者认为，皮尔士式的实在只不过暗示了一种理想，它相对于现实的知觉判断而言有着理想的超越性，因而不能作为现实的证成基础。但是，如果实在在每一知觉中均有着现实的效用，如果还有可被称为知识的认识，如果我们的信念和习惯没有把我们引到怀疑论的草原上任由我们恣意而为的话，那么渐进的知识的增长无论在任何节点上都不会变成空想，习惯从

---

① CP 8.12.

来就是实在的习惯（a Real Habit）。①理想性只不过预示了认识过程的漫长，以及实在向我们的不断敞开。在这样的图景下，最初的知觉判断甫一被给予心灵，它便以一种可为心灵认知的方式被接收，我们自身已然参与到对实在的认知事业之中。在这样的事业里，皮尔士强调以科学的方式确定信念，如胡克威总结的那样，"存在独立于我们的实在事物；它们以系统的方式与我们的感觉互动；通过探寻知觉的法则，我们能够发现那些事物有着怎样实在的、独立于心灵的属性。科学的方法试图通过为我们的经验提供最佳解释而使得我们的意见趋同"②。

支撑这里观点的是皮尔士十分重要的一个立场，即**将形而上学奠基在逻辑学的基础上**。皮尔士指出："除非自然界中一直有某种逻辑过程，借此能产生那些自然法则。……由此可以推出：我们一定得希望，在自然界中是可以发现这样一种有关法则进化的逻辑过程的，而且我们科学人的职责就是要寻找到此种过程。"③**逻辑是万物运行所遵循的轨道，外在事物恰在这样的轨道上运行才能合乎规律地施予我们影响**，科学的任务恰是将"万物逻辑"揭露为科学规律，受制于规律、法则或逻辑的科学探究必然在终点处结出一个"实在"的果实来。④

总结而言，在皮尔士看来，实在以合乎规律的方式向我们施加影响，我们关于这类实在的探究是在遵循规范的共同体内进行的；

---

① 参见张留华：《皮尔士哲学的逻辑面向》，上海人民出版社 2012 年版，第 240—241 页。
② Christopher Hookway, *Truth, Rationality, and Pragmatism: Themes from Peirce*, Oxford: Clarendon Press, 2002, p.79.
③ 皮尔士：《推理及万物逻辑：皮尔士1898 年剑桥讲坛系列演讲》，凯特纳编，张留华译，复旦大学出版社 2020 年版，第 249 页。
④ 参见皮尔士：《推理及万物逻辑：皮尔士1898 年剑桥讲坛系列演讲》，凯特纳编，张留华译，复旦大学出版社 2020 年版，第 267 页。

获得实在最终的真理意味着在符号活动过程中，I 序列的理想生长终能消除 O 和 T 之间的界限，从而最终达到关于 T 所"是"的知识。

（四）对皮尔士式真理论的澄清

上文中的有些表述，例如，"探究必然在终点处结出一个'实在'的果实"，以及皮尔士本人的"如果给定了足够长的时间，付出了足够多的努力，那么我们就能发现真理"[1] 这类表述，易于让人得出一种并非我们（笔者与皮尔士）所愿承诺的"皮尔士式的真理"。根据赖特（Crispin Wright, 1942—）的解释——他实际上是从普特南等人那里得到了这样的误读——这种"皮尔士式的真理"意味着在探究的理想终点处，我们将从经验探究中获得关于实在的一切信息，从而获得关于实在终极完备的知识，此时我们也将获得一种终极的形而上的真理。[2] 我们将在第四章中看到，布莱克本批驳的也恰是这种皮尔士式的真理。对皮尔士式真理观做出澄清，这是十分必要的。

胡克威指出："幸运的是，皮尔士式的真理不是皮尔士的观点。"[3] 因为，赖特视野下的真理观与皮尔士哲学根本不相容。如若存在形而上的终极真理，那么我们将难以理解皮尔士同样承诺的可错论（fallibilism）立场：

> 请允许我提醒你们注意这一原则（指连续性原则——笔者注）和可错论这一学说之间的自然亲和性。连续性原则能够容

---

[1] CP 7.87.

[2] See Crispin Wright, *Truth and Objectivity*, Cambridge, Mass.: Harvard University Press, 1992, p.45.

[3] Christopher Hookway, *Truth, Rationality, and Pragmatism: Themes from Peirce*, Oxford: Clarendon Press, 2002, p.48.

纳客观的可错论。因为，可错论是这样的一种学说：我们的知识从不是绝对的，而总是遨游在由不明确性和不确定性（uncertainty and indeterminacy）构成的连续统（continuum）的海洋中。①

　　因此，宇宙不仅仅是盲目地遵循法则运行的机械结果。……正是所有经验的事实向我们展示了这样的宇宙。但是，让我们看到这些事实的是可错论原则。②

在探究的过程中，皮尔士容纳"犯错"的可能性，对"错误"的经验有着积极的意义，它将带给我们关于这个宇宙更多的知识。如若真理仅是某种终极性的东西，那么我们在当下的探究中从未获得真理，我们因此也不可能犯错——因为缺乏可对现有的判断进行衡量的标准。实际上，我们拥有的只是"意见"，永远无法摆脱怀疑的状态，我们将对稳定的信念或终极的知识充满恒常的渴求。

　　另一方面，我们在上文中看到，对真理的探究是在共同体的维度内进行的，这类探究无论在何种意义上均是一种后验性的探究，它有着偶然性。如若承诺形而上的真理，那么我们必然会被迫承诺存在某个时间的"终点"，那时一切信息均已经具备而不会再有新的信息出现，我们可以基于对实在的完备知识进行一项"本体论之跃"，从偶然的此岸世界跳跃至永恒的彼岸世界。这些无疑均不是皮尔士承诺的观点。

　　那么，如何理解皮尔士那些易于让人得出"皮尔士式真理"的表述呢？笔者认为，在将真理表述为一种探究理想的意义上，皮尔士是在将"真理"表述为一种"社会希望"：通过共同体一段时间的探究和努力，我们终将获得某种知识。**这种希望不是一种形而上**

---

① CP 1.171.

② CP 1.162－163.

的希望，而是一种现实中可实现的希望，[①] 其根据在于，宇宙的发展存在逻辑可循，外部世界以合乎规律的方式施加给我们影响，从而通过对这些影响的探究，我们终将能够实现关于这类规律的认识，获得相应的真理。在真理必然是关于那类逻辑和规律的意义上，真理的确是在某种"客观的"意义上对当下的探究过程起到了制约和引导作用。

我们需要辨明的是，在皮尔士那里，

> 探究过程的理想终点＝获得了关于外部世界或规律的确定知识≠时间的终点

因而，获得真理是可能的，我们已经真实地拥有很多"真理"或真相（truths）。根据这些真理，我们获得了关于世界的信念，同时，我们也有了借以发现"错误"的可能——在关于世界的新探究中，那些与已有经验不融贯的部分将会促使我们更新关于世界的理解以及真理观。

胡克威提供的例子能够帮助我们理解这里的观点。[②] 假设存在着这样的关于概率的客观事实：如果某人肝脏受损，那么他的死亡概率是75%。那么，在成功的探究的过程中，我们将获得这样的推论：

> X 肝脏受损，所以 X 会死亡；这在 75% 的情形中是真的。

皮尔士指出：

> 随着我们在一类推论中做出一个又一个具体的推论，在最

---

① 笔者在本书第四章第二节中进一步将这种求"真"的"希望"发展为一种第三类规范。
② See Christopher Hookway, *Truth*, *Rationality*, *and Pragmatism: Themes from Peirce*, Oxford: Clarendon Press, 2002, p.49.

初几十个或几百个推论中，成功的推论占比可能会非常波动；但是，当我们做出成千上万的推论时，这些波动就会越来越小；如果我们持续做出足够长时间的推论，比率将会达到一个近似固定的界限。①

这一"界限"就是理想探究的终点，新信息的增加也不会促使我们修改已有的结论。这一界限，以及相关的真理（体现为稳定的结论），无疑不似普特南、赖特、布莱克本等人理解的那样。笔者同意胡克威的观点，认为："皮尔士的立场从未要求我们能够达到或理解某种'完美状态'。它仅要求我们达到这样的一种状态，即不再有进一步的证据来扰乱我们已经获得的信念。"② 这恰是皮尔士最初在《信念的确定》（1877）一文中想要实现的目的："为了消除怀疑，就有必要找到一种方法，以此方法，信念便绝不可能由带有人类性情的东西，而是由某种外在的永恒之物——由某种绝对不受我们的思维所影响的东西所产生。"③ 这种方法就是科学的探究方法，运用这种方法我们将能现实地获得许多客观的、实在的真理，而这不要求我们永恒等待，直至时间的终点降临。

（五）重审经验与知识的分裂

上文胡克威给出的例子中，75%这一概率代表着一种客观属性，在类似的意义上，威廉姆森指出，"知识优先的知识论将某人证据的全体等同于此人知识的全体，这自然就把证据概率引入了认

---

① CP 2.650.

② Christopher Hookway, *Truth*, *Rationality*, *and Pragmatism: Themes from Peirce*, Oxford: Clarendon Press, 2002, p.49.

③ 皮尔士：《皮尔士论符号》，胡普斯编，徐鹏译，上海译文出版社 2016 年版，第 198 页。

知逻辑的模型之中"①，与主观信念度不同，概率是某种客观属性，我们可以运用数学的方法建立模型，这类模型的有效性范围可延伸至对可能世界的探究，我们因而无需诉诸源自现实世界的经验。然而，如若我们追问世界为何呈现那种客观概率，那么皮尔士的答案是：外在事物以合乎规律的方式影响着我们，其规律又以自然运行的逻辑为基础。如果继续追问宇宙中（包括这个现实世界以及其他可能世界）为何必然有某种逻辑进程，那么皮尔士的答案是：信仰。如果这个自然宇宙是有意义的，其中的一切进程不是虚无空洞的，那么仅能预设这样的一种信仰。在笔者看来，这是知识优先和经验优先论题的支持者们均不会否认的根本信仰。

威廉姆森批判经验优先论题的一个目的在于，摆脱传统知识论框架的限制，从而为知识敞开更为宽广的领域。这一宽广领域实际上最终与皮尔士式的包含了外在事物、规律，乃至共相的实在领域有着叠合的范围。如此一来，关于经验与世界的关系问题，存在着如下三种可能的情况：

（1）如果我们更新对经验概念的理解而将实在施加给我们的一切影响均视为经验，那么从发生学的次序上来说，经验依然优先。然而，对这些经验的领会是以我们关于它们的阐释为起点的，从方法论上来说，知识优先。就此而言，经验与知识之间没有分裂，它们仅是有着不同意义上的优先性。

（2）如果仍在狭义上将外在事物施加给我们的因果影响视为经验，那么在缩减知识范围的意义上——此时，仅将知识理解为关于外在而非实在的知识——上述结论不变。如迪利所言，"'外部世界

---

① 威廉姆森：《知识优先》，载施托伊普、图里、索萨编：《知识论当代争论》，王师、温媛媛译，曹剑波校，上海译文出版社 2020 年版，第 15 页。

的问题'仅仅涉及我们对物理的存在所知晓的程度，而不是后者的可能性"①。

（3）如果在狭义上理解经验，而在广义上将知识理解为关于实在的知识，那么知识将溢出经验的范围，此时仅能支持知识优先论题。

上述三种情况中，无疑（1）是受皮尔士支持的最优方案，此时我们能够避开经验与知识分裂的问题，然而，原先对经验的信任将由我们在共同体内担负起的证成责任所取代。皮尔士指出：

> 存在三种存在范畴：感觉的观念，反应性的行为，以及习惯。习惯既是关于感觉观念的习惯，也是关于反应性的行为的习惯。关于感觉观念的所有习惯，总体上构成了一个大的习惯，即世界；关于反应性的行为的所有习惯，总体上构成了另一个大的习惯，即另一个世界。前一种世界是内世界，是柏拉图式的理念世界。另一个世界则是外世界，或实存（existence）的宇宙。人类的心灵适应于存在的实在（reality）。**相应地说，观念之间的联结有着两种模式：内部的联结，它以内世界的习惯为基础；以及外部的联结，它以宇宙习惯为基础。**②

因而，人的"习惯"并不单纯是重复某种行动的倾向，人的行动本身便体现为一种符号活动的发展，在此意义上，"只要我们在思考，我们便意识到某种感觉、图像，或其他表象，它们起到符号的作用"，"恰是人所使用的语词符号代表了人自身。因为，每一个思想均是一个符号这一事实与生命是思维组成的列车这一事实一起证明了，人是一种符号；从而，每一种思想是一种外部符号，这证

---

① 迪利：《符号学基础》，张祖建译，中国人民大学出版社 2012 年版，第 217 页。
② CP 4.157. 黑体为笔者所加。

明了人也是一种外部符号"①。将人也视为一种符号，这既意味着人对世界的探究是直接深入世界之内的，也意味着在此过程中，人也塑造了自身的思想以及对于自身的理解。

（六）反心理主义

最后还有需要指明的一个要点，即皮尔士坚持反心理主义的立场。我们将会看到，这一立场既区分开了他与詹姆斯、奥格登、席勒等人对实用主义的理解，也体现了兰姆赛、维特根斯坦、普莱斯等人与皮尔士思想一致的地方。实际上，从上文对阐释、规范、共同体等概念的强调中，我们不难推测出皮尔士必然持有反心理主义的立场。

胡克威指出："贯穿其整个生涯，从他在 19 世纪 60 年代最初发表的文章直至他 1914 年去世前写下的手稿中，皮尔士都坚持认为从心理学以及其他自然科学那里获得的信息都与逻辑研究无关。"② 这里的"逻辑"既指狭义上形式化的、可借以做出有效推理的逻辑，也指广义上合乎理性的行动所遵循的实质逻辑。在皮尔士那里，逻辑始终是一种规范科学，它抵制如下的心理主义命题：

（P）我们需根据个体的心理状态或感觉来分析和理解个体行为的规范特征。

皮尔士认为，如果承诺了（P），我们将会得到"推理没有好坏之别"的结论，基于皮尔士的文本，胡克威理清了如下的推导过程：③

---

① CP 5.283, CP 5.314.

② Christopher Hookway, "Normative Logic and Psychology：Peirce's Rejection of Psychologism", in *The Pragmatic Maxim: Essays on Peirce and Pragmatism*, Oxford：Oxford University Press, 2012, p.81.

③ Christopher Hookway, "Normative Logic and Psychology：Peirce's Rejection of Psychologism", in *The Pragmatic Maxim: Essays on Peirce and Pragmatism*, Oxford：Oxford University Press, 2012, pp.92 - 93.

（1）每一推理活动都发生在某个心灵内；

（2）这便意味着只有在满足心灵有着某种逻辑性的感觉（feeling of logicality）的前提下，心灵内才有推理活动；

（3）如此一来，在对推理活动进行批评时，我们并未获得更多的东西，因为我们仅具有推理者心灵内的逻辑性感觉，而无其他可能符号可依；

（4）因为，仅能以做出其他推理的方式批评某一推理，而反过来说，推理活动却因为其满足于推理者的逻辑性感觉而是可接受的，不然便会被批评从而进行更进一步的推理活动；

（5）推理者无法做出无尽的推理；

（6）因此，他最终必须采用某种推理，从而满足于其心中的逻辑性感觉，若不然的话，所有的推理活动均将是无意义的；

（7）从而，既然每一种推理活动都满足一种逻辑性感觉，那么，每一种推理都是一样好的；

（8）也就是说，推理没有好坏之别。

我们可以用更为简单的方式总结胡克威的论述：我们无法根据心理感觉来理解推理的"好/坏"之别，因为"好/坏"之别仅能根据超出个体心理主观性的规范推理活动得到理解。皮尔士的立场实际上是，我们仅能将心理感觉理解为对推理的客观有效性做出的反应，而不能将之视为推理活动的构成因素。上文的讨论已足以能让我们理解皮尔士这里的思想，笔者在此仅概述之：我的推理决定着我的判断，同时也决定着评估行动正确性的标准，即我应当如何行动。在此意义上，逻辑性的感觉或关于"应该做什么是正确的"之感觉均伴随着我的判断，故而，**我的一切判断均伴随有推理性的意识或感觉**，但需要注意的是，恰是基于那些一般化的规则、标准，或规范，我才能够明白相关的感觉是怎么回事。简言之，我们根据推理遵循的规范来理解感觉，而非相反。从而，我们不是根据心理感觉来理解推理活动的。下文论及对皮尔士实用主义的四个表述时，我们将会看到他如何一步一步地避免其实用主义表述中的心理主义成分。

总结而言，本节试图通过皮尔士符号哲学的思想来理解他的认识论思想，从中我们可以初步构建一种符号哲学认识论，获得他在实在、真理等关键论题上的理解，以及他的反心理主义立场。其中，符号哲学认识论以符号的三元结构为基础，进一步的细节有待展开。关于皮尔士对"实用主义"的直接理解，笔者将在第三节中同样基于他的符号哲学思想来进行阐释，同时将之与詹姆斯对"实用主义"的理解做出对比研究。

二、从"意识"到"彻底经验"：詹姆斯哲学中的存在论线索

关于詹姆斯，其生活经历似乎能解释其哲学具有的特征。詹姆斯一生经历了数次事业上的抉择（从放弃钟爱的绘画，到转向生理学研究，再到从事哲学研究）、精神危机，以及他羸弱的身体，这些因素或许促使其哲学思想和表达方式有着明显的感性特征。詹姆斯抵制将哲学视为一种理智的静观，他也无意于像当时英国盛行的分析哲学那般，雕琢概念和论述的细节。从某种意义上说，詹姆斯更多的是在宣扬一种实践的人生观，"人"能够以行动的方式具体参与到对世界的谋划，在这种谋划中，我们既获得了关于世界的理解，也获得了人生的意义。

本节的讨论旨在刻画詹姆斯哲学中的"存在论"线索，笔者试图在这里的阐述中勾绘一种实用主义的"经验世界观"或实用主义

式的存在主义哲学，恰是基于这样的世界观，我们才能够进而正确理解詹姆斯的实用主义思想，也能够以此为基础避免詹姆斯带来的一些关于实用主义的误解。艾耶尔曾指出过詹姆斯哲学与存在主义思想的关联：

> 对于詹姆斯而言，理智主义是可疑的，这是因为他将理智主义视同为抽象的思考，黑格尔的哲学体系便是这类思考的硕果。部分因为对理智主义的反对，也部分因为他相信思辨性的思维无法公允地对待我们的经验所具有的连续性，于是，他迈向了非理性主义。这使得他从柏格森那里汲取了些养分，也使得他与存在主义者产生共鸣。追随柏格森，他开始相信"我们无法使用概念对实在做出解释，概念摧毁了实在的灵性"。他认为，哲学应该寻求一种"关于实在的运动的活生生的理解"①。

笔者认为，詹姆斯的这一哲学特质早在 1890 年发表的《心理学原理》一书中便已初现端倪，并持续地体现在他的哲学发展中。《心理学原理》对"意识"概念的重新阐发为詹姆斯哲学的存在论转向奠定了基础。在 20 世纪初，詹姆斯由于种种原因开始弃用"意识"概念，转而使用"彻底经验"这一概念，但转化概念的道路并非气决泉达，实际上，尤其在《一个纯粹经验的世界》（1904）、《意识的概念》（1905）等一些关键文章中，② 詹姆斯虽然开始明确放弃使用意识概念并对这一概念进行批判，但行文中总有暧昧不明

---

① A. J. Ayer, *The Origins of Pragmatism: Studies in the Philosophy of Charles Sanders Peirce and William James*, London: Macmillan, 1968, p.15.

② 兰伯斯（David Lamberth）认为，1904 年至 1905 年间是詹姆斯思想发展的关键时期，此时詹姆斯开始对自己的哲学工作进行形而上的反思，之后形成了较为成熟和清晰的哲学思想。See David Lamberth, *William James and the Metaphysics of Experience*, Cambridge: Cambridge University Press, 1999, p.4.

的表述。① 笔者认为，直到 1909 年出版的《多元的宇宙》②，詹姆斯才最终完成自己的转向，扫清遗留在其理论发展征途上的障碍，并最终厘清作为存在论底蕴的彻底经验的内涵。

（一）对心理学中"意识"概念的批判

在"笛卡尔剧场"中，近代哲学的主要剧目以二元论为线索，以意识与物质、概念与对象、心灵与世界等为主角，它们之间分分合合的桥段也影响到心理学这一小剧场上幕景的架设。但众口难调，总有怏怏不乐的观众，詹姆斯就是其中一员。詹姆斯坦率地承认，"自从我认真研究心理学以来，物质和思维这个老的二元论，两种本质的这种被认为是绝对的异质性，总是给我提出一些困难"③。如果物质和思维是异质、二元的，那么如何在意识中呈现物质予以我们的刺激，这会带来诸多问题。与二元论相对，在詹姆斯看来，意识和感觉是同质的，即便对于想象、记忆或抽象的表象功能这些更为复杂的事实来说，我们也同样能够得到同质性，于是，我们可以拒绝意识和感觉之间的二元性。进一步地说，詹姆斯也防范人们退回到意识内部，仅通过纯粹内省（例如，借助先天范畴来审查和规整感性杂多）的方式来获得外部世界的知识的做法。根本而言，詹姆斯认为，**意识不是一种实体**。

意识和感觉是同质的，这何以可能？我们可以暂时先基于两个简单的理由对意识和感觉做出区分，一个是"直觉的理由"，例如

---

① 参见陈亚军：《超越经验主义与理性主义：实用主义叙事的当代转换及效应》，江苏人民出版社 2014 年版，第 87—89 页。

② 詹姆斯 1908 年在牛津的曼彻斯特学院进行讲演，翌年，他把讲演稿编成《多元的宇宙》并出版。

③ 詹姆斯：《彻底的经验主义》，庞景仁译，上海世纪出版集团 2006 年版，第 146 页。

对一个水杯的知觉中，我们感知到水杯是一个外在于我的对象，而意识则是一种内省的状态；另一个是"分析的理由"，同样在对一个水杯的知觉中，我们感知到水杯的形状、颜色等感觉属性，我们对这些感觉属性同样具有意识，然后我们做理性的"加法"，把所有这些较为低级的意识形式合并（统觉）为更高级的意识形式——关于"杯子"的意识。根据这两个理由，我们很自然地认为意识和感觉是异质的。然而，詹姆斯针锋相对地指出，"实在就是统觉本身"①，杯子本身就包含着形状、颜色等概念化了的内容，在此意义上，杯子是心理要素和物理要素的统一，是主观与客观的统一。运用詹姆斯的观点，我们可以对直觉的理由做出这样的修改：我们必须用意识的绳索来把实在拉入"身体的大地"，我们只有在意识中才能呈现关于世界的内容，内心的世界和实存的世界实际上是同一个世界，这样一来，关于水杯的意识和作为水杯的对象其实是一，而不是二。

修葺后的观点同样是合乎直觉的，因为我们在直觉上也很难把简单事实和关于简单事实的意识分离开。但第二个"分析的理由"有什么错误呢？② 詹姆斯指出，水（H_2O）虽然是由 H_2 和 O 构成的，但当化学家们把水唤作 H_2O 时，他们做的只是简略化的陈述，他们想陈述的复杂事实是："H_2 和 O，不是分开，而是靠拢，例如处于 H–O–H 的位置时，它们对于**周遭的物体**就有不同的影响：它们就弄湿我们的皮肤，使糖融化，灭火等等。H_2 和 O 处于它们早先的位置时，就做不到这些。'水'不过是我们给予起那些奇怪作用的东西的名称罢了。但是，如果没有皮肤、糖和火的话，作见

---

① 詹姆斯：《彻底的经验主义》，庞景仁译，上海世纪出版集团 2006 年版，第 146 页。

② "分析的理由"其实运用了詹姆斯早期承认的"组合原理"，后来詹姆斯放弃了这一原理。参见詹姆士：《多元的宇宙》，吴棠译，商务印书馆 1999 年版，第 100—102 页。

证的人就不会提到水。"① 所以，在水杯的例子中，当水杯作为一个意识对象出现时，它与我们"意识到"它的方式有关，我们只有在意识的功能性作用下，在实用的情境下，才能获得作为对象的水杯。当我们把水杯分解为形状、颜色等物理属性时，我们所做的实际上是反省的分析，这是后继的思维步骤；我们从物理视角分析水杯的物质要素，从心灵视角分析水杯的观念要素；在反省分析的阶段才会出现这两类要素的分离。事实上，"人们似乎并不是首先发明字母，并用字母造出音节，然后再用音节造成词，再用词造成句子；——实际的次序正好相反"②。最先出现的是整体，而非部分。故而在直觉中，**在前反思的状态中，意识和感觉是同一枚硬币的两面，它们构成了同一个不可拆分的整体**。

然而，上述的分析似乎只适用于像水杯、桌子等这样的简单事实，当我们谈及记忆、想象或抽象的表象功能时，我们并不是根据外在事物直接获得某种表象，这一事实似乎允许人们单纯地借助内省，在意识中给出表象内容为空的观念（如金山、独角兽、千边形），根据这种理解，意识可能是一种精神实体，或是一种纯粹的精神活动，它无需以广延的形式展现自身。詹姆斯对这种观点同样持否定态度。举梦为例，某人梦见一座金山，金山不仅在实在的序列中不是实存，梦本身就是一种非物理的状态。但詹姆斯分析道，金山诚然在梦之内，但是"金"和"山"以及作为整体的金山完全是物理的，因为它们是以物理的方式呈现给我们的，换句话说，我们对它们的理解是基于其物理存在的。在此意义上，梦这种意识状态中仍然勾连着外部事实。再者，当我

---

① 詹姆士：《多元的宇宙》，吴棠译，商务印书馆 1999 年版，第 101—102 页。

② 詹姆士：《多元的宇宙》，吴棠译，商务印书馆 1999 年版，第 104 页。

从玄武湖边漫步归来，心情惬意而勾起回忆时，我的回忆并不是波澜不惊的，而是泛着垂柳、樱花、奔跑的孩子、游人脸上的笑容等细节的涟漪，这些涟漪就是实存的要素，是意识的内容。詹姆斯清楚地指出："当人们把内容同这些物理的媒介分开，把它连结到一个新的组合里去，这个组合的成员使它进入我的精神生活，比如它在我的心里唤起来的情绪，我对它付出的注意，我刚才把它激起来作为记忆的观念等，那么这些东西，归根到底，难道不就是拿出内容本身的那些回顾方式吗？"① 对于同一个事实，当我们在精神上对之进行组合时，我们得到的是意识（思维），当我们在物理上对之进行组合时，我们得到的仍然是客观的事实。故而，先前被当作实体的意识并不纯粹，这种意识中仍然具备意识和感觉两种要素。

上述的分析推动詹姆斯得出如下结论，"尽管存在着一种实际的二元论，因为影像同对象有区别，代替对象并且引我们到对象上去，但却不能说两者有本质上的差别。思维和现实是用同一材料做成的，这种材料就是一般经验的材料"②。传统心理学意义上的意识和感觉都不存在，它们实际上共同组成了同一种一般的经验。当我们分别用"意识"和"感觉"这两种不同的名称时，我们仅是在指整体性的经验所起到的不同功能。

（二）"意识"的结构

那么，否定了对意识的传统理解，詹姆斯是如何理解意识的呢？在《意识流》一文中，詹姆斯给出了意识的如下四个特征：

---

① 詹姆斯：《彻底的经验主义》，庞景仁译，上海世纪出版集团 2006 年版，第 148 页。
② 詹姆斯：《彻底的经验主义》，庞景仁译，上海世纪出版集团 2006 年版，第 149 页。

1. 每个"状态"都是人的意识的一部分。

2. 在每个人的意识内，状态总是变化着的。

3. 每个人的意识在感觉上都是连续着的。

4. 它对于对象的某些部分感兴趣而将另一些部分排除在外，并总是在欢迎或拒绝——总之，在它们中间进行选择。①

根据第一个特征，意识总是属人的（personal）意识。根据第二个特征，意识是一个持续变化的流，持续意味着没有中断、分裂和跳跃，即使在有时间间隙的地方，意识也能平缓地流过；持续性还意味着心灵的"实质"状态（如思想中清晰呈现的对象）和"过渡"状态（如思想中对象之间的关系）同样实在。根据第三个特征，观念序列与对应的实存序列——它们作为意识的两面，都是持续变化的，"如果有感觉这种东西存在的话，那么同样确定的是，对象之间的关系也存在于事物的本性中，同样并更加确定的是，感觉是存在的，这些关系就是被它所认识的"②。这一特征可以从上一小节的讨论中推出。第四个特征尤为重要，我们将会看到，恰是因为意识总有选择性，所以意识之流才具有方向性（指向性）。

但是，意识缘何具有方向性呢？詹姆斯的回答是，因为注意力的习惯。③ 当我们的注意力朝向某一具体时刻的意识时，这一时刻的意识便凸显出来，凸显出的意识就是明亮化了的世界。由于意识具有持续性，凸显出来的意识周边环绕的意识并不是阴暗不明的，

---

① 詹姆斯：《詹姆斯文选》，万俊人、陈亚军编，万俊人、陈亚军等译，社会科学文献出版社2007年版，第64页。

② 詹姆斯：《詹姆斯文选》，万俊人、陈亚军编，万俊人、陈亚军等译，社会科学文献出版社2007年版，第72页。

③ 詹姆斯：《詹姆斯文选》，万俊人、陈亚军编，万俊人、陈亚军等译，社会科学文献出版社2007年版，第79页。

它们构成明亮的凸显意识周边的晦暗的穗边（fringe），离凸显的意识愈远，则意识愈流向沉默的黑暗之中。① 凸显的意识也在变化，也在流动，我们的世界因此连续地敞开。

然而，进一步的问题是，注意力的习惯是如何形成的呢？我们可以这样简略概括詹姆斯的回答：（a）感觉官能具有自己的倾向，例如包含了一套自然习惯动作的动觉，它在先地决定了我们部分的选择倾向；（b）在实践领域，我们在功能上选择符合自己兴趣的部分；（c）在审美领域，艺术家选择与自己心意相合的特征；（d）在伦理学领域，我们会选择具有伦理性质的行为。上述四点是习惯形成的一些具体体现。

詹姆斯笔下的意识是活生生的意识，我们前反思地经历着它，然后在功能性的活动中使之清晰，然而一旦从某一视角侵入意识，对意识的成分进行反思性的分析，该意识便会失去其所有的方向和可能性，而成为确定的事实。

（三）从"意识"到"彻底经验"

詹姆斯在 1904 年公开抛弃了意识这一概念，"过去的 20 年里，我一直不相信作为一种实体的'意识'；在前七八年里，我一直向我的学生主张它的非存在性，并尝试在经验的实在性中给出它们的实用主义等价物。现在，我认为，公开并普遍地摒弃它的时机已经成熟"②。詹姆斯为何要抛弃意识这一概念？詹姆斯何时开始了这一

---

① 这些逐渐晦暗不明，直至完全沉没于黑暗中的意识部分后来构成了詹姆斯所谓的"神域"，当有道光芒照射进这隐暗的部分，隐暗的部分又恰恰与那清晰的部分相协，前者补充了后者的失衡时，"神启"便发生了。在此意义上，笔者认为詹姆斯的心理学理论和他的宗教经验理论是连续的。

② 詹姆斯：《詹姆斯文选》，万俊人、陈亚军编，万俊人、陈亚军等译，社会科学文献出版社2007 年版，第102 页。

转向？我们知道此后詹姆斯转向了对彻底经验的谈论，但这一转向是否一帆风顺？对这些问题的回答，将会让我们看到詹姆斯思想连续发展的线索。

詹姆斯放弃意识概念的理由大致有如下几点：首先，意识作为一个老旧的心理学概念，人们仍然容易在反思的情境下根据二元论的思维范式来解读它，对意识中的要素进行拆解分析，这将使得原先活生生的意识变为僵死的意识，故而，詹姆斯需要用一个新的词来做出区分；其次，自我和意识的关系存在着理解上的困难。与之相关，陈亚军指出，**意识流的属人特征与它作为前反思的存在性之间存在矛盾**，在前一种意义上，意识总是某人的意识，在后一种意义上，意识在"进行着"，意识流从自身中流出，而不是从"我"之中流出。那么，就二者之间的关系而言，唯一可能的逻辑顺序是，先有意识流，然后意识流附着于"我"之上。但是，"我"并不存在于意识之中，"我"是意识之外的一种异质存在，意识流如何能附着于"我"之上呢？这同样是一个难以解释的矛盾，陈亚军指出：

> 我认为，詹姆斯在此确实难以自圆其说。这种矛盾，反映出他的心理学立场和哲学立场的冲突。作为心理学家，他当然应该从"我"的或"你"的意识出发，把意识理解为人的属性；但作为一个哲学家，他又不能允许"我"处于意识之外，不能允许自己从一个需要用其他科学进一步加以说明的出发点开始。这种矛盾，最终以他转向哲学，放弃意识的人格化原则而告终。当詹姆斯后来转向哲学时，意识流的第一点特征，就不再有任何影响了。①

---

① 陈亚军：《超越经验主义与理性主义：实用主义叙事的当代转换及效应》，江苏人民出版社2014年版，第71—72页。

詹姆斯在哲学上面临的困难逼迫他放弃意识这一概念。最后，笔者认为詹姆斯持之以恒的哲学思索使得他有转向彻底经验的契机，我们可以对此进行一些探查。

在笔者看来，早在 1902 年出版的《宗教经验种种》一书中，詹姆斯便已经开始对使用"意识"一词感到犹豫，他更多地使用"经验"这一概念，而非"意识"概念，但此时，"彻底的经验"这一概念虽然已经出场（詹姆斯早在 1896 年便已经开始使用"彻底的经验"这一概念①），但其内涵尚未得到清晰的界定。尽管如此，《宗教经验种种》主要是一本探究宗教心理学的书（它不是探究宗教理论的著作），詹姆斯在该书中仍主要使用心理描述的方法。然而，如若将詹姆斯的意识流理论和宗教理论进行对比（见"表1.1"），我们就会发现（1）意识和宗教经验都是属人的；（2）意识流和宗教经验都是原初的；（1）和（2）一起仍然可能构成上文陈亚军所指出的困难。然而，（3）作为穗边的实在意识和作为神域的"还有"（MORE）是不同的；前者是认识的潜在素材，意识在反思中被阐明为知识；而后者则是个人存在的潜在领域，当我们在清晰的认识领域，生活经验处于不安的状态时，经验会指向"还有"——"还有"意味着摆脱当下糟糕的状态，迈向更好的自我的诸种可能性，这种"还有"在詹姆斯那里构成了神域，即神启发生，我们得到救赎的领域，与神域的接触将使得我们的生活重获平衡。"上帝"在此过程中起到某种作用，我们也恰是根据祂的这些作用或功能来理解"上帝"。

① See David Lamberth, *William James and the Metaphysics of Experience*, Cambridge：Cambridge University Press, 1999, p.13.

表 1.1：詹姆斯意识流理论和宗教经验理论对比

意识流理论	宗教经验理论
意识是属人的意识	宗教经验是属人的经验①
意识流是连续不断地流动的，并且自己给出自身	在宗教生活中，人们应该随着生命之流展开自己的存在②
意识流是活生生的	个人的宗教是活的宗教③
意识是主客观的统一	我们的经验世界由主观部分和客观部分组成④
我们从功能性角度在现实中给出意识的实用主义的等价物	假如上帝证明自己是有用的，宗教意识也就别无他求了⑤
意识具有穗边，凸显的意识为其他意识所围绕	解决不安，获得神启的方式是同"还有"（MORE）接触，"还有"就是我们的意识的生活向潜意识的延续⑥
围绕凸显的意识的意识同样是实在的	凡能产生效果的必是实在的；上帝产生了效果，所以上帝是实在的；"还有"是神域⑦

虽然经验仍然是个体性的经验，是情感式的呈现，个体经验仍然会延伸至潜意识领域，但《宗教经验种种》一书中给出的诸多实例表明，皈依发生的过程是一个自我实现的过程，"运用个人的意志，就是停留在原来的生活领域，依然最注重最不完全的

① 詹姆斯："最好的局面是：每个人留在自己的经验里，无论那是什么经验，而且其他人宽容地允许他待在那里。……宗教思想是以个人的方式展开的。"参见詹姆斯：《宗教经验种种》，尚新建译，华夏出版社 2012 年版，第 360—361 页。
② 詹姆斯："生活的知识是一回事，有效地在生活中占据一席之地，随着生命之流展开你的存在，则是完全不同的另一回事。"参见詹姆斯：《宗教经验种种》，尚新建译，华夏出版社 2012 年版，第 360 页。
③ 詹姆斯："宗教科学不可以代替活的宗教。"詹姆斯试图反对科学的宗教，"遗俗"的宗教。参见詹姆斯：《宗教经验种种》，尚新建译，华夏出版社 2012 年版，第 361 页。
④ 詹姆斯：《宗教经验种种》，尚新建译，华夏出版社 2012 年版，第 363—364 页。
⑤ 詹姆斯：《宗教经验种种》，尚新建译，华夏出版社 2012 年版，第 367—368 页。
⑥ 詹姆斯：《宗教经验种种》，尚新建译，华夏出版社 2012 年版，第 369—370 页。
⑦ 詹姆斯：《宗教经验种种》，尚新建译，华夏出版社 2012 年版，第 371 页。

自我。相反，在潜意识力统辖的领域，则更可能有比较完善的自我指挥行动。因此，这个自我并非追求的目标，需要笨拙而模糊地从外部加以寻求，它本身就是组织的中心"[1]。按照这种理解，在宗教领域，神域、潜意识和"还有"是自我的基础，它们可以充实和修改时下的自我，并且是真正自我的源泉——因而，现实的自我是被现实的生活限定的自我，而真实的自我则是某种隐藏着的存在，隐暗的部分不时被照亮，修葺已狼狈不堪、等待救赎的那个"我"。在此意义上，自我和意识难以融合这一老问题在此便消失不见了。

我们从上述论题（3）中可以看出詹姆斯式存在论思想的端倪。这一时期的詹姆斯尚未频繁使用"彻底经验"这一概念，他仍然常用"经验"这一概念；詹姆斯也未能清晰地勾勒出"还有"的结构。笔者认为，直到1909年出版的《多元的宇宙》，詹姆斯对彻底经验才有成熟的描述，才真正克服了思想上的原有矛盾。

（四）"彻底经验"的内涵与结构

那么，我们进而需要讨论的问题是，意识和彻底经验有什么不同？彻底经验具有怎样的结构？对于这些问题，詹姆斯经历了很长一段时间的思考，詹姆斯本人曾这样说道："我现在必须勇于己任，不可畏葸不前，因为我认为这个困难或许正是目前哲学现状的症结所在，而且我想象，目前时机成熟，或者差不多成熟了，可以认真地考虑这个问题的解决了。"[2]

在意识和彻底经验的关系上，人们可以很容易发现，彻底经验

① 詹姆斯：《宗教经验种种》，尚新建译，华夏出版社2012年版，第154页。
② 詹姆士：《多元的宇宙》，吴棠译，商务印书馆1999年版，第100页。

也是直接的，它持久变化地流动，它是一种前反思的状态。然而，笔者认为，意识和彻底经验存在以下两个主要差别，这两个差别能够帮助我们定位彻底经验的独特性，帮助我们进一步勾画彻底经验的结构。

首先，不难看出，詹姆斯强调意识是属人的意识，而在谈论彻底经验时，詹姆斯指出："'纯粹经验'是我给予生活的直接之流的名称。它为我们以后反思的材料提供纯粹经验的概念范畴。……经验好像是通过形容词、名词、介词和连词的弹射而流动的。经验的纯粹性只是一个相对的词语，意思是指这个词语仍旧包孕未曾用言语表达的感觉之相称的分量。"① 实际上，詹姆斯承认我们"需要一个稳定的概念系统，概念之间稳定地相互关联，来掌握我们的经验，并且把我们的经验统统协调起来。……但是所有这一切抽象概念只像是采集在一起的鲜花，这些抽象概念只是从时间之流里汲取出来的瞬息……"② 诚然，用概念来表达纯粹经验并不是詹姆斯实际倡导的做法，因为概念之网编织得无论多么密集，总有些实在状态从这张网中漏出来，运用概念的语义解释方式是一种不完全的解释，但我们的确是在使用语词，而非自我的反思，来网住纯粹经验。语词是可以公共使用的，而非仅仅是"你的"或"我的"语词。此时，"自我"在对彻底经验的谈论中消失了，彻底的经验不是"你的"或"我的"。就此而言，詹姆斯写道：

> 我思想上多年以来不能解决的理智主义的困难是，我不能理解"你的"经验和"我的"经验，根据定义，这两者"本身"是不能相互意识到的，怎么能够同时是一个世界—经验的

---

① 詹姆士：《多元的宇宙》，吴棠译，商务印书馆1999年版，第191页。

② 詹姆士：《多元的宇宙》，吴棠译，商务印书馆1999年版，第127—128页。

诸多部分，所谓世界—经验被明确地解释为它的所有部分都是可以共同意识到的，或者一起被认知的。①

如果两个心灵能够知道同一个对象，我们必然要消解掉"属人"这一特征，消解掉各种人称之间或主体间的隔阂，从而将主体间或共同体的要素引入理论图景。

意识和彻底经验还有一个十分重要的区别。我们只有将另一个意识加入一个孤立、静止的纯粹意识点才能形成一个意识流，意识从孤立状态到意识流状态意味着孤立的意识已经选定了一个倾向或方向，而选择则是依据"我的"注意力习惯——当然这种解释涉及"我"与意识流之间难以解释的关系问题，然而此时更为严重的问题是，一旦取消了"属人"这一特征，彻底经验如何具有指向性？詹姆斯的做法是把指向性直接放入彻底经验之内。较之于意识"穗边"之类的较为模糊的表述，詹姆斯明确指出，彻底经验在时间上有着双向指向性："我已经提醒过你们，'瞬息即逝的'片刻是个最小限度的事实，这个片刻的外面和里面都出现'差异的幻影'。如果我们感觉不到同一个感觉场里的过去和现在，我们就根本感觉不到过去和现在。"②"我们向前生活，但是我们向后理解。向后理解，必须承认这是哲学家们……常有的弱点。只有彻底经验主义才强调即使是理解也要向前，并且拒绝用静止的理解概念来代替我们运动着的生活中的过渡。"③ 因此，彻底经验的最小单位有着时间和理解上的双向指向性。

基于上述理解，我们现在可以对彻底经验的结构做出一般性的

---

① 詹姆士：《多元的宇宙》，吴棠译，商务印书馆 1999 年版，第 120—121 页。引文强调部分为笔者所加。
② 詹姆士：《多元的宇宙》，吴棠译，商务印书馆 1999 年版，第 153 页。
③ 詹姆斯：《彻底的经验主义》，庞景仁译，上海世纪出版集团 2006 年版，第 164 页。

描述：由于彻底经验的最小事实具有双向指向性，在无限短的时间内比邻的其他众多最小现实处于被指向的（从而被激活的）活跃状态；因为最小事实有着无数的潜在指向对象，故而最小事实有无数的指向方向，每一个方向都会在反思的过程中构成一个事实；但在前反思的状态中，最小的事实沿着自己的边缘冲向其他最小事实，冲开一道经验，它"在黑暗中经过黎明而进入光明"，"我们感觉到光明就是已经完成的黎明，在这种连续当中，我们的经验作为一个变化而出现"①。进入光明之中的经验具体构成了我们的现实世界。

彻底的经验如川流不息的河水，概念的网只能网住我们兴趣所在的游鱼。不通过"我"，不通过语词和概念，不通过语言，我们如何直接能掌握纯粹经验呢？詹姆斯指出，如果"把你自己放在这个事物的内部活动（doing）的观点上，那么这些回顾既往，而且相互冲突的概念作用就和谐地在你的掌握之中了"②。"我们"不是外在于彻底经验活动的某种纯粹心灵，而是直接在经验之中，从而直接拥有那些彻底经验，或者说"凡是在我们找到任何事物正在进行的地方，我们就禁不住要对于活动加以肯定。对某个正在进行的事物的任何理解，在最广泛的意义上，就是活动的一种经验"③。

当陈亚军同情地理解詹姆斯那里存在着的两种彻底经验——减去经验状态、完全混沌未开的纯粹经验和渗透概念的纯粹经验——之间的矛盾，并把混沌未开的经验理解为一种"做"的活动，一种人与环境打交道的前语言活动的直接生活之流时，④ 我们可以在詹

---

① 詹姆斯：《多元的宇宙》，吴棠译，商务印书馆 1999 年版，第 153 页。
② 詹姆斯：《多元的宇宙》，吴棠译，商务印书馆 1999 年版，第 143 页。
③ 詹姆斯：《多元的宇宙》，吴棠译，商务印书馆 1999 年版，第 211 页。
④ 参见陈亚军：《超越经验主义与理性主义：实用主义叙事的当代转换及效应》，江苏人民出版社 2014 年版，第 85—90 页。

姆斯那里找到支持陈亚军这一解读的文本依据。詹姆斯不仅如上述引文表明的那样，把彻底经验理解为一种"做"的活动，把正在进行的东西理解为活动的经验；詹姆斯还把活动连接在实用主义的后果之上。"**真实的活动是谁的？** 这个问题简直等于问：**实际的结果将是什么？**"① 詹姆斯通过实际的后果来分析实际的活动，来理解实际的"做"，原先混沌未开的纯粹经验在"做"的结果中变得清晰化了。

虽然我们不能用理性的方法，不能通过概念来分析纯粹经验，但是，詹姆斯的纯粹经验中不仅渗透着概念，纯粹经验与概念之间还有着互动性，詹姆斯生动地描述了它们之间的互动过程：

> 就在我借以感觉到这个正在流逝的片刻是我的生活的一个新脉冲的行动里，我感觉到旧的生活持续到新的生活之中，而且持续的感觉对于一个新鲜事物之同时发生的感觉绝不产生不协调的影响。这两个感觉也是协调地相互渗透。介词、系词和连词，"是"、"不是"、"那么"、"在……之前"、"在……之中"、"在……之上"、"在……之旁"、"在……之间"、"（时间上）下一次"、"像"、"不像"、"如"、"但"都从纯粹经验之流里流出。纯粹经验之流是具体事物之流，或者感觉之流，像名词和形容词那样自然地流出。我们把形容词和名词运用到一股新的经验之流时，形容词和名词就又流畅地融入经验之流。②

关系词钩住的是经验中的跳跃部分，名词和形容词钩住的是经验中的实在部分。语言在彻底的经验中进进出出（输入和输出经验材料），语言和彻底的经验都在不断地变化和生成。在此意义上，我

---

① 詹姆士：《多元的宇宙》，吴棠译，商务印书馆 1999 年版，第 221 页。
② 詹姆士：《多元的宇宙》，吴棠译，商务印书馆 1999 年版，第 192 页。

们在语言中构筑的是关于世界的直接理解。

（五）"彻底经验"的存在论底蕴

彻底经验超出了属人的领域，凸显了真正的实在之流，克服了世界之于我们的异质性，把我们带回世界之内，乃至也把我们带回到上帝面前——"上帝有一个环境，他存在于时间里，并且和我们一样在努力完成一部历史。上帝摆脱了静止、永恒、完美的绝对之一切不合人性的异质性"①，彻底经验是最真实的、未经理性的切割机粉碎的、向我们呈现的直接事实。在此意义上，彻底经验为我们奠定了一个真实、无缝的，未经理性破坏的存在论基础或世界观。

我们通过"做"而浸染于纯粹经验之流，虽然语言在彻底经验中"进进出出"，将世界呈现给我们，但詹姆斯着重强调的是，我们只能通过概念系统对纯粹经验做出不完整的解释。于是，语言的"家"和纯粹经验的"家"并不是同一个"家"，纯粹经验的"家"更为饱满和幸福，但这幸福家庭的成员来自何处，具体身份为何，则是隐晦不明或偶然的。在詹姆斯的后继者杜威看来，"凡我们视为对象所具有的性质，应该是以我们自己经验它们的方式为依归的，而我们经验它们的方式又是由于交往和习俗的力量所导致的。这个发现标志着一种解放，它纯洁和改造了我们直接的或原始的经验对象"②。一方面，杜威用交往和习俗使得经验的概念变得厚实化了；另一方面，交往和习俗都是可用语言谈论的，于是，在"做"的基础上，我们可以"说"出来了。然而，这种可"说"出来的东西多多少少脱离了詹姆斯式的直接经验的世界而成为我们明

① 詹姆士：《多元的宇宙》，吴棠译，商务印书馆 1999 年版，第 173 页。
② 杜威：《经验与自然》，傅统先译，华东师范大学出版社 2019 年版，第 14 页。

晰打开的世界或教化性的"第二自然"（second nature）的一部分。

三、皮尔士和詹姆斯的实用主义思想之别

从前两节的讨论中我们可以看到，皮尔士和詹姆斯实际上有着十分不同的思想，我们可以预见到他们关于实用主义的理解也必然存在很大的差别。

皮尔士在《如何澄清观念》（1878）中的如下表述常被视为对"实用主义"的定义："试考察我们所设想的概念的对象有哪些可想见的实践效果。那么，此类效果的概念，就是这一对象的整个概念。"[①] 虽然学界对后来詹姆斯的解读存疑，但他的解释却塑形了人们对实用主义的一般印象：我们只有根据事物在实践中施加给我们的效果，才能够获得关于事物的理解。在詹姆斯看来，这里所谓的实践主要指"每一种见解的实际后果"或"行为中的效果"[②]。"有用即是真理"这种简明却极易造成误解的观点便源于此处。然而，众所周知的是，皮尔士后来不满于詹姆斯式的实用主义，他在 1905 年弃用了 pragmatism 这一语汇而转用 pragmaticism 这一丑陋却可免于遭人"绑架"的语汇。[③] 撇开詹姆斯对皮尔士实用主义的解读，或避开透过詹姆斯式实用主义的透镜来理解皮尔士的立场，我们需"还原"皮尔士的实用主义思想本身。我们将会看到，皮尔士一生数次关于实用主义的重新界定，其目标之一便是摆脱詹姆斯式（在皮尔士看来）渗透心理主义成分的理解。

---

① 皮尔士：《皮尔士论符号》，胡普斯编，徐鹏译，上海译文出版社 2016 年版，第 215 页。
② 詹姆士：《实用主义》，李步楼译，商务印书馆 2012 年版，第 27—28 页。
③ See CP 5.414.

（一）皮尔士的符号实用主义

佩里（Ralph Perry，1876—1957）曾评论道："众所周知的现代实用主义运动在很大程度上是詹姆士对皮尔士误解的结果。"① 这一评论从侧面反映出作为实用主义之父的皮尔士，其思想常被误解，理清皮尔士的实用主义也是一项常被忽略的工作。笔者认为，透过符号哲学视角，我们能够很好地还原皮尔士实用主义的思想原义，我们可谓之"符号实用主义"（semiotic pragmatism）。透过符号实用主义，我们也能理出一种实用主义的认识论，即符号认识论。

在《如何澄清观念》一文中，皮尔士表达了这样的实用主义原理："试考察我们所设想的概念的对象有哪些可想见的实践效果。那么，此类效果的概念，就是这一对象的整个概念。"② 误解产生的主要原因在于，对"实践效果"（practical bearing）这一表述有着理解上的分歧。詹姆斯在《实用主义》一书中解释道："这篇文章首先指出我们的信念实际上都是行动的准则，然后说，要说明一种思想的意义，我们只需要确定它适合于产生什么样的行为：那种行为对于我们来说就是这思想的唯一意义。"③ 詹姆斯的解释塑造了人们对实用主义的一般印象：我们只有根据事物在实践中施加给我们的效果，才能够获得对于事物的理解。在詹姆斯看来，这里所谓的实践主要是指"每一种见解的实际后果"或"行为中的效果"④。但是，德瓦尔（Cornelis de Waal，1962—）一针见血地指出了皮尔

---

① 转引自布伦特：《皮尔士传》，邵强进译，上海人民出版社 2008 年版，第 119 页。
② 皮尔士：《皮尔士论符号》，胡普斯编，徐鹏译，上海译文出版社 2016 年版，第 215 页。
③ 詹姆士：《实用主义》，李步楼译，商务印书馆 2012 年版，第 28 页。
④ 詹姆士：《实用主义》，李步楼译，商务印书馆 2012 年版，第 27—28 页。

士和詹姆斯对实用主义理解上的不同之处："皮尔士将实践效果理解为由真之信念所导致的（*the belief being true*），但詹姆斯则将实践效果理解为由相信为真的信念所导致的（*the belief being believed to be true*）。"① "相信为真"体现了詹姆斯对"信仰的意志"（1896）的强调，而"真之信念"则表达了关于世界的知识有确定的真假可言。如我们在上文讨论皮尔士的实在论时指出的那样，对于皮尔士而言，只有在探究的终点处，我们才能获得关于实在的真理。相较之下，詹姆斯则认为：

> 如果我们居然达到了绝对终极的经验，在这些经验上我们大家都达到了同意，这些经验没有新的继续下去的经验来改正它们、取代它们，那么它们也不会是真的，它们是实在的，它们仅仅在着，而其实是全部实在的边角、制轮闸，而其他任何事物的真理都停止于其上。只有通过一些令人满意的连接而被引导到这些经验上去的这些其他事物才可以说是"真的"。"真理"一词所指的唯一意思就是某种东西像这样一些终点的满意的联结。②

可以看出，詹姆斯似乎认为存在皮尔士意义上的"真理"，但他是根据"令人满意"（felt satisfaction）这种心理效果来理解是"真的"——"大家都同意"仅意味着经验带给我们的东西是实在的或现实的，而非真的，"真的"是相对于我们的"满意"态度做出的判断。

詹姆斯的阐述无疑误解了皮尔士的本意。在 1900 年后，皮尔士开始思考实用主义并对他先前的表述进行修正，这些表述主要集中在 1903 年的"哈佛实用主义讲座"，以及 1905—1907 年的

---

① Cornelis de Waal, *On Pragmatism*, Belmont: Wadsworth, 2005, p.21.
② 詹姆斯：《彻底的经验主义》，庞景仁译，上海世纪出版集团 2006 年版，第 141 页。

"一元论者系列论文"中。通过对分散在这些文本中的表述的分析，笔者认为，皮尔士的符号实用主义由下述一些融贯的具体立场构成：

（1）皮尔士仍然承认**根据概念（conception）的效果来理解概念的意义**，"实效主义认为，任何概念的意指体现于它对我们的行为产生的可理解的效果之中"。（EP 2：358）但是，

（2）皮尔士同时明确道，这种**"效果"绝不能在个体心理的意义上来理解**，"我不认为将这种基础的事物还原为心理上的事实是令人满意的"。（EP2：140）

（3）实际上，**皮尔士思考的对象不是具体的个体对象，而是一般类别（general kinds）**，"不要忽略下述事实：实效主义原理没有对单个实验或单个试验性现象作出判断（因为，在未来亦为真的条件句不可能是单称的），它谈论的仅是一般类别的试验性现象。它坚持不要在认为一般对象也是实在的这种观点上怯懦，因为所有的真都表征了某种实在。而现在我们说的是，自然法则是真的。"（EP2：340）

（4）结合（1）和（3），因此"效果"中包含着某种普遍性的法则，对这类法则的探究意味着**"实用主义"在皮尔士那里作为一种科学的探究方法**。科学的探究在推理上表现为条件句形式，它是一种普遍判断的形式，"推理必须能够指向未来……内省完全是一个推论问题"。"所有的实用主义者都会进一步赞成，他们探查语词和概念的意义的方法只不过是一种实验的方法，所有成功的科学……都获得了一定程度上的确定性，个别科学今天仍然适用；——这种科学的方法别无他意，仅实质是对旧的逻辑规则的具体运用"，"实用主义是这样的一种原则，认为每一种以有着陈述语气的语句表述出来的理论判断均体现了一种模糊的思维形式，其唯一的意义（如果有的话）体现在它的如下倾向中，即强制相应的实践原理以条件句

的形式表述出来，其中，条件句的归结子句（apodosis）有着祈使语气"。(EP2: 141, 359, 400-401, 134-135) 立场 (4) 支持了 (2)，同时，我们也可以得出 (5)：

（5）根据皮尔士的实用主义，行动因此不是一种任意的活动，而是受到"信念"支持的，体现为"习惯"的活动。**主观**方面关于事物以及事物与事物之间关系的信念程度（**信念度**）和**客观**方面的科学探究中获得的判断具有的**或然性**是直接相关的。"实用主义显然在很大程度上是与或然性相关的问题"，"习惯（habit）不同于倾向（disposition）之处在于，它是根据原则而获得的……拥有某种习惯，意味着在未来相似的情景下也会以类似的方式行事。此外，还有一个要点，即人们对自身的合宜控制体现在对他们自身习惯的修缮之中"。(EP2: 141, 359, 413)

（6）从认识论的视角看，皮尔士也**反驳将知识奠基于纯粹的感觉**的做法，认为恰是诉诸对规则的运用，我们根据事物看上去的样子（显像）做出假设，才有了探究的开端，"一般性实际上是实在不可或缺的要素；因为缺乏规律性的个体实存性或现实性的任何之物均是空洞的。混乱无序意味着空无"，"我所谓的实用主义与感觉的质性无关，这允许我认为，对这种属性的预测仅需根据它似乎如何（what it seems）即可，而与其他东西无关。……在我的理解中，实效主义在任何层次上均不谈论纯粹的感觉属性……属性的实在本身仅体现于它似乎如何"。(EP2: 343, 401)

（7）立场 (6) 隐藏着皮尔士**根据符号哲学重塑实用主义**的思路，以"实用主义"为方法的科学探究，其探究的是可根据第一性、第二性和第三性这三个范畴得到分析的"显像"，因而探究的起点"不仅仅包括纯粹的感觉，那么它必然也包含了某种努力。它必然包含了某种我现在可以模糊称之为'思维'的东西。我将这三种阐释项称为'情感'（emotional）、'活力'（energetic）以及'逻辑'（logic）阐释项"。（EP2：409）从而，"就每一个通过知觉之门进入逻辑思维的概念而言，其所有要素均会走出渗透目的的行动之门；如果在这两道门口无法提供通行证，那么这些要素便会被理性逮捕，被视为非法的要素"（EP2：241）。我们通过符号而思维，于是，皮尔士的实用主义"承认理性的认知和理性的目的之间有着不可分的联系"。（EP2：333）

关于（3），杜威早就认识到，"皮尔士更强调实践（或行为），而较少强调独特性；实际上，他把强调的重点转移到普遍性（general）"，"真实的事物所拥有的效果就是产生信念；而信念就是基于真理这个一般术语一种'理性的宗旨'。根据科学方法的假定，真实对象的独特特征必须在于，它倾向于产生一种普遍接受的单一的信念"①。

关于（4）和（5），胡克威对皮尔士实用主义的阐释强调将"实践效果"理解为一种"假设性的试验"，这种实验需能够识别感性的效果是什么；但是，"感性的效果"并非像实证主义者认为的那般，可以直接作为证据；实用主义探查的是，对象在不同的"经验情境下"将会（would be）产生怎样的效果；理性的逻辑形式是"条件句"，它适用于普遍的情形。② 个体的感觉无疑不可作为判决条件句真假与否的标准，即（2）。

关于（6）和（7），笔者根据这两个立场将皮尔士的实用主义称为符号实用主义。我们可以从中看出，概念的意义不在于个体的

① 杜威：《1916年至1917年间的期刊文章、论文及杂记》，《杜威全集·中期著作》第十卷，王成兵、林建武译，华东师范大学出版社2012年版，第57、59页。

② Christopher Hookway, *The Pragmatic Maxim: Essays on Peirce and Pragmatism*, Oxford：Oxford University Press, 2012, pp.168－174.

反应（例如，个体的心理感觉），而在于个体的反应对意义的发展所起到的作用，进一步地说，我们仅能在一个符号以及符号活动中来分析这种作用。波特指出，这是因为：

> 概念引起这种反应以实现思维的最终目的。换句话说，皮尔士在实用主义原理中引入了规范功能。实用主义原理是一种根据普遍性而认识到的关于对象的普遍性观念。而普遍性的观念"制约着"行动，它们实际上是增长的法则，它们实际上是最终因；它们实际上是规范的。[①]

我们可以重新回顾一下 1878 年版本的实用主义原理，"试考察我们所设想的概念的对象有哪些可想见的实践效果。那么，此类效果的概念，就是这一对象的整个概念"。从符号哲学视角看，我们现在可以有这样的解读："效果"不单是活动和反应（action-reaction）间的二项关系（如果是单纯的二项关系，我们的确可以通过 reaction 来直接理解事物予以我们的 action，从而概念直接是关于对象的），而是活动—反应—阐释（action-reaction-interpretation）的三项关系，根本而言，实践是一种符号活动，我们需要根据第三性中蕴含的法则来对"反应"做出科学的探究，进而将"效果"中蕴含的逻辑结构揭示出来。根据这种理解，符号实用主义是一种共同体共同参与的规范的科学。在笔者看来，这才是皮尔士实用主义思想的真实蕴意，这种理解既没有詹姆斯式的对个体心理的强调，也没有席勒式的个体人本主义情怀。[②] 我们也将会在下文的讨论中看到，兰姆赛吸收的也恰是皮尔士的实用主义。

---

① Vincent Potter, *Peirce's Philosophical Perspectives*, Vincent Colapietro（Ed.），New York：Fordham University Press, 1996, pp.82 - 83. 引文强调部分为笔者所加。
② 我们将在下一章中讨论席勒的实用主义。

（二）皮尔士与詹姆斯对实用主义的不同理解

尽管詹姆斯与皮尔士对实用主义有着实质不同的理解，然而，两人表面上类似的是，詹姆斯同样根据经验的过程来理解"后果"。关于"有用即是真理"这一论断，詹姆斯解释道："观念变成了真的，是事件使它为真的。它的真实性实际上是一个事件，一个过程：也就是它证实它自身的过程，它的证实活动。它的有效性就是使之生效的活动过程。"① 实践行动的过程为理性能动者带来了真实性的依据，"实际的后果"或"行为"并非孤立、无源的现象，它们是以与环境的具体互动，以及意义生成的丰富过程为依归的。因而，在詹姆斯那里，证成的过程和认知的过程是同一个过程，是同一种"彻底的经验"。用詹姆斯本人的话说，"知者和所知是同一件经验，它在两个不同的结构里被计算了两次"②。但这两次计算只有结构（表达形式）上的不同，从而被呈现为"两面"，它们之间没有质的分野。从而，证成的结构（知者）可以直接从在实践活动中形成的感性结构（所知）中获得依据。有用的效果与这种隐于活动中的证成依据直接相关，从而能够作为真理的权宜标准。但是，这里体现了皮尔士和詹姆斯思想的另一点不同之处：詹姆斯承诺了"彻底经验"的本体论地位，它是个体直接沉入其中的存在论领域，而皮尔士无疑没有做出这类理论承诺。

除了上述两点不同外——皮尔士反对根据心理状态理解实践后果，并进一步根据这样的后果来理解真理，以及皮尔士未将认

---

① 詹姆士：《实用主义》，李步楼译，商务印书馆 2012 年版，第 112 页。
② 詹姆斯：《彻底的经验主义》，庞景仁译，上海世纪出版集团 2006 年版，第 36 页。

知的过程视为直接提供证成的过程——詹姆斯提出实用主义主要还旨在反对追寻诸如"第一事物、原则、范畴，以及假定的必然性"的理性主义哲学，他指出实用主义仅是一种确定态度的方法，它要求我们"注意最后的事物、成果、结果、事实"①。如果这些"事物、成果、结果、事实"是真的，即真实地反映了关于事物本身的信息，那么它们必然会让我们感到满意，在此意义上，"是真的"和"感到满意"是互相支撑的，其依据仍然在于彻底的经验主义：在知者求知（knowing）的活动中，我们根据"感到满意"来理解一个经验过程，而就所知（known）的事物而言，它将在同样的经验过程中真实地向我们呈现。只有基于这里的理解，我们才能正确领会"真理就是有用"这类口号的蕴意。进一步地说，詹姆斯指出："实用主义的范围是这样的：第一，是一种方法；第二，是一种真理的发生论。"② 在此意义上，詹姆斯无疑也不会认可求知的探究活动最终会带来皮尔士所承诺的某种独立于我们的范畴或实在。在此意义上，普特南提醒我们认识到：

> 对于詹姆斯和杜威来说，并不存在"自然本身的语言"这种东西；我们制造语言，并通过我们的兴趣、理想以及我们自身所处的具体"问题情境"（杜威的说法）来指引语言。可以肯定，杜威同意皮尔士将真界定为无限持续的探究最终汇聚而成的东西，而且詹姆斯也认为此种意义上的真是"范导性的"（a regulative notion）：但是他们两人都不认为探究最终汇聚而成的东西独立于我们，独立于我们所具有的兴趣和理想以及这些兴趣理想所促使我们提出的那些问题。这些兴趣和理想（以

---

① 参见詹姆士：《实用主义》，李步楼译，商务印书馆 2012 年版，第 32—33 页。
② 詹姆士：《实用主义》，李步楼译，商务印书馆 2012 年版，第 39 页。

及我们所处的问题情境）塑造了我们所拥有的那些范畴；对于詹姆斯和杜威来说，根本不存在什么所谓发现自然本身的范畴。而对于皮尔士来说，自然具有一组"交合点"，任何一群坚定不移的探究者如果能够持续足够长时间进行探究都会到达那里；在纯科学中，与实际生活中不同，我们的语言最终受实在之结构所控制，而不受我们的兴趣……控制。[1]

当然，皮尔士和詹姆斯思想还有着其他不同之处，例如，哈克指出，两人有着不同的本体论观点，皮尔士认为普遍项是实在的，但它不可被还原为殊项，而詹姆斯认为实在的普遍项可被还原为殊项；德瓦尔认为，詹姆斯是一名唯名论者，而皮尔士是一名经院实在论者。[2] 就两者哲学的根本特征而言，迪利指出皮尔士哲学仍然有着理论哲学的特征，詹姆斯则更为强调经验性的实践。[3] 展开对这些判断的分析，将会把我们的讨论引向更远的地方。就本书的论题而言，已有的讨论已经足够了。

可以看出，皮尔士和詹姆斯的哲学立场间有着巨大差别。如若引入对杜威的讨论，那么我们将发现杜威哲学也有着与皮尔士和詹姆斯哲学十分不同的特质。古典实用主义三大家之间哲学立场的差别如此之大，这不禁让人怀疑，我们究竟在何种意义上理解"实用主义"这一统一性的标签。或许，这是缘于他们均在反对传统二元论的基础上，共同倡导心灵与世界的连续性立场，认为仅可以根据

---

① 普特南：《讲稿评注》，载皮尔士：《推理及万物逻辑：皮尔士1898年剑桥讲坛系列演讲》，凯特纳编，张留华译，复旦大学出版社2020年版，第84页。

② See Susan Haack, "Pragmatism and Ontology: Peirce and James." *Revue internationale de philosophie* (1977): 393; Cornelis de Waal, *On Pragmatism*, Belmont: Wadsworth, 2005, p.91, p.101, p.104.

③ John Deely, *Four Ages of Understanding: The First Postmodern Survey of Philosophy from Ancient Times to the Turn of the Twenty-first Century*, Toronto: University of Toronto Press, 2001, p.621.

实践中的"效果"来理解对象。但在如何理解"效果"以及根据该效果理解的是怎样的"对象"的问题上，却各有其理解。皮尔士认为对"效果"的探究是一种科学探究，我们据此可以获得关于外部世界的知识和真理。从本章对其符号哲学的讨论中，我们可以看到，皮尔士仍对实在论做出了承诺。相比之下，詹姆斯更为关注对个体意识以及存在状态的分析，他对"效果"的理解更基于个体的心理状态或意志。根据詹姆斯的"彻底的经验主义"立场，经验是一种在时间中延展开的、结构化的统一体，这种理解打破了休谟式的传统理解，即将经验理解为关于某种外部事物间的关系，或外在的感性印象与内在心灵的关系。杜威则更为强调共同体在推进实践活动中的重要作用。实用主义内部存在思想上的差别，这实际上是一个很好的现象，该现象表明实用主义者们在共同的论题上做出了不同的努力。

皮尔士和詹姆斯对剑桥实用主义者威尔比夫人、席勒、兰姆赛、后期维特根斯坦，以及哈克等人产生了重要影响，我们也能从他们带来的影响中进一步领会两人思想间的差别。

第二章

语言和经验的撞击：20 世纪初英国
实用主义和分析哲学的遭遇

风格是对一切的回答——
一种靠近呆板或危险事物
的新鲜方式。
做一件有风格的呆板的事
比做一件没有风格的危险的事
更胜一筹。

——布考斯基《风格》①

---

① 布考斯基:《这才是布考斯基:布考斯基精选诗集》,伊沙译,四川文艺出版社 2020 年版,第 83 页。

1900 年前后，美国与英国学界分别兴起了对"经验"概念进行改造的实用主义哲学，以及建构理想"语言"，强调形式探究的分析哲学，这两条研究进路由于有着十分不同的理论特征而在遭遇之初便产生了尖锐的矛盾。实用主义者延续了对近代哲学问题的思考，对传统的"经验"概念进行了改造。改造后的"经验"概念凸显了人在世界中实践的直接性，以及心灵与世界之间的连续性，在此意义上，关于外部世界的现实经验对于实用主义者而言有着首要意义。相比之下，英国早期分析哲学强调语言一方的工作，他们的基本承诺在于，语言与世界有着同构性，逻辑的形式结构能够揭示世界的实质结构，因而我们可以仅通过对语言（或逻辑）结构的分析得出关于世界的知识，对语言（或逻辑）的分析因此有着首要的意义。实用主义与分析哲学之间的矛盾不仅体现了哲学方法论上的分歧，还暗含着在心灵与世界之间究竟有何关系这一基本哲学问题上的立场差别。

本章主要有如下两项具体的理论任务：首先，英国 19 世纪末至 20 世纪初的哲学沃土上成长起了一批以威尔比夫人、奥格登，以及席勒为代表的本土实用主义者，国内目前鲜有关于他们思想的讨论，因而本章的第一项任务在于，尝试勾绘一幅英国早期实用主义的思想地貌。其次，讨论英国早期实用主义者与当时的分析哲学家间的分歧，进而在更为一般的意义上展现 20 世纪初实用主义与分析哲学遭遇时的矛盾所在。两者最初遭遇时，分析哲学的主要理论形态是罗素和早期维特根斯坦提出的逻辑原子论。罗素的逻辑原子论思想在 1918 年的讲座稿《逻辑原子主义哲学》[1] 中达到了顶峰，而后他开始转向了对心灵哲学问题的探究。在此意义上，我们可将

---

[1] Bertrand Russell, *The Philosophy of Logical Atomism*, London and New York：Routledge, 1972.

本章所说的"20 世纪初的英国分析哲学"界定为 1918 年前的分析哲学,其主要代表为摩尔、罗素,以及早期维特根斯坦。本章关于"冲突"部分的讨论将会主要围绕英国实用主义者和摩尔、罗素之间的思想差别。关于早期维特根斯坦思想的讨论,我们留待下一章阐释其《逻辑哲学论》时再议。

一、威尔比夫人的意义学

威尔比夫人从未接受过任何正式教育,她在子女已经长大离家后方才开始自学。她起初从事解经学研究,其成果体现在《纽带与线索》(1881)[1] 一书中,而后转向哲学研究。1903 年时,她出版了第一本哲学著作《什么是意义?意义的发展研究》。[2] 威尔比夫人在阅读了皮尔士为巴德文(James Mark Baldwin, 1861—1934)主编的《哲学和心理学词典》[3] 撰写的词条后,相信皮尔士能够理解和接受她的"意义学"(表意学,Significs),于是将《什么是意义?意义的发展研究》一书寄赠给皮尔士。[4] 皮尔士曾在《国家》(*The Nation*)杂志上发表了肯定性的书评。威尔比夫人由此和皮尔士开启了长达九年(1903—1911 年)的书信往来。皮尔士对"符号分类"的讨论主要见诸他写给威尔比夫人的信中。

---

① Victoria Welby, *Links and Clues*, London: Macmillan & Co., Limited, 1881.

② Victoria Welby, *What Is Meaning? Studies in the Development of Significance*, London: Macmillan & Co., Limited, 1903.

③ James Baldwin (Ed.), *Dictionary of Philosophy and Psychology*, Volume II, New York: The MacMillan Company, 1902.

④ See Gerard Deledalle, "Victoria Lady Welby and Charles Sanders Peirce: Meaning and Signification", in *Essays on Significs: Papers Presented on the Occasion of the 150th Anniversary of the Birth of Victoria Lady Welby (1837—1912)*, Schmitz, H. (Ed.), Amsterdam: John Benjamins Publishing Company, 1990, p.133.

通过威尔比夫人，皮尔士哲学开始为英国哲学界所知。1910年，威尔比夫人建立起了与奥格登的通信，我们可以在后者的著作中发现威尔比夫人和皮尔士的思想印记。通过奥格登的《意义的意义》（1923）① 一书，皮尔士哲学进一步为兰姆赛、维特根斯坦、罗素、摩尔等人所知晓。威尔比夫人还与詹姆斯，以及詹姆斯在英国的拥趸席勒建立起了书信联系。可以说，威尔比夫人主要有着两项贡献，一是她在《什么是意义？意义的发展研究》以及 1911 年出版的第二本哲学专著《意义学和语言：我们表达和阐释源泉的清晰形式》② 中提出了"意义学"，二是她在美国实用主义和当时分析哲学统治下的英国哲学之间架设起了沟通的桥梁，这间接或直接地对奥格登、兰姆赛，以及后期维特根斯坦等人的思想发展产生了一定程度上的影响。

（一）意义学的定义

根据威尔比夫人的定义，"意义学可以简要且暂时地被定义为对意义的所有形式和关系的探究，因此也是关于它在人类兴趣和目的所有可能领域内工作的探究"③。威尔比夫人在 19 世纪 90 年代引入了这一术语，该术语体现出她对语言学的一项标志性贡献。然而，究竟什么是威尔比夫人所谓的"意义"？

实际上，威尔比夫人曾对"意义"做出过诸多区分，但较为稳定的界定是，她将"意义"区分为 sense，meaning，以及 significance。

---

① C. K. Ogden & I. A. Richards, *The Meaning of Meaning: A Study of the Influence of Language Upon Thought and of the Science of Symbolism*, Mansfield Center: Martino Publishing, 2013.

② Victoria Welby, *Significs and Language: The Articulate Form of Our Expressive and Interpretative Resources*, London: Macmillan & Co., Limited, 1911.

③ Victoria Welby, *Significs and Language: The Articulate Form of Our Expressive and Interpretative Resources*, London: Macmillan & Co., Limited, 1911, p.vii.

在《什么是意义？意义的发展研究》中，威尔比夫人对这三类意义做了如下"质"的而非"量"上的界定和区分：

（1）Sense：Sense 与"对环境的有机反应相关，与所有经验中本质性的表达成分相关"；

（2）Meaning：Sense 中没有意图性或目的性，而 meaning 则是"所留存下来的具体 sense 旨在传达的意义"；

（3）Significance：Sense 和 meaning 均仅关于某一事件或经验本身，而 significance 则表达事件或经验的后果。①

根据上述区分和界定，笔者建议将 sense 译为"感觉意义"，它是同物理世界相接触时留下的"当下感觉"，是所有经验中的感觉"内核"。meaning 是经验作为一个整体所传达的意义，它是一种指示义或象征义（indication），它与人的意志或意图有关，在此意义上，它与我们日常使用的"意义"一词含义相近，因此笔者建议将 meaning 译为"蕴意"。相比之下，significance 在威尔比夫人那里指的是经验过程整体所覆盖或蕴含的更为深远的后果、最终的结果或影响，我们不妨姑且将它译作"后义"。然而，这些译法无疑十分差强人意，甚至不能让笔者本人感到满意，故而在下文的相关讨论中将仍然使用英文原词。

通过意义的 sense、meaning 和 significance 的三元结构，威尔比夫人阐释了"经验与意义的一般关系"。② 可以看出，这种一般关系

---

① See Gerard Deledalle, "Victoria Lady Welby and Charles Sanders Peirce: Meaning and Signification", in *Essays on Significs: Papers Presented on the Occasion of the 150th Anniversary of the Birth of Victoria Lady Welby (1837—1912)*, Schmitz, H. (Ed.), Amsterdam: John Benjamins Publishing Company, 1990, p.140; Victoria Welby, *What Is Meaning? Studies in the Development of Significance*, London: Macmillan & Co., Limited, 1903, p.87.

② Cheryl Misak, *Cambridge Pragmatism: From Peirce and James to Ramsey to Wittgenstein*, Oxford: Oxford University Press, 2016, p.82.

根植于同世界的感性接触中，这种感性接触"最初体现为活生生的有机体不得不做的事情……它们必须能够阐释（interpret）刺激，因此能够区分诸如食物和危险。缺乏这种能力的后果便是被灭绝"①。在 meaning 和 significance 的层次上，阐释均渗透其中，"'阐释'的过程可能包含了注意、区分、知觉、兴趣、推论，以及判断等，但它也和这些要素不同，也和它们一样重要"②。正是因为阐释，在感性的层次，有机体才能存活下来，关于世界的经验才能向我们呈现意义。

在笔者看来，威尔比夫人的意义学有着幽邃的思想，她不仅阐释了我们与世界的关系，更将我们带到了宇宙学层次的最为"一般"或"普遍"的"大道"（the Way）。我们可以从下文对她思想的进一步阐释中看出这一点。

（二）"经验"对世界的原初开显

如上所叙，"经验"在威尔比夫人那里是同外部世界直接相关的朴素经验，而非经由语言中介化的"概念化的经验"。我们可以从两种意义上理解"概念化的经验"，一种是（我们不妨称之为）语言本质论的观点，即认为语言有着自成一类（sui generis）的结构或本质，我们使用这类语言来认知世界，因而我们面临着一项将使用语言表达的世界和世界本身相对照的认知工作；另一种是（笔者称之为）"不审慎的"实用主义观点，即认为关于世界的经验已经渗透了语言化的理解，"语言是打开世界的方式"。笔者称这种观

---

① Victoria Welby, "Sense, Meaning and Interpretation", in *Signifying and Understanding: Reading the Works of Victoria Welby and the Signific Movement. Vol. 2*, Susan Petrilli（Auth. & Ed.）, Berlin: Walter de Gruyter, 2009, p.430.

② Victoria Welby, "Sense, Meaning and Interpretation", in *Signifying and Understanding: Reading the Works of Victoria Welby and the Signific Movement. Vol. 2*, Susan Petrilli（Auth. & Ed.）, Berlin: Walter de Gruyter, 2009, p.430.

点是"不审慎的",不是因为这种立场本身藏有问题,而是因为部分持有这种立场的人不审慎地将渗透于世界中的"语言"理解为前一种语言本质论意义上的语言,从而在狭隘的意义上仅将语言理解为一种成熟、完善的语言。语言本质论易于蕴含承诺了普遍主义的逻辑主义立场,这种立场认为逻辑命题的形式关系具有普遍性(其中,数学具有最高的普遍性),语言便是关于这种形式的逻辑关系的表达。这种立场无疑与强调经验和语言有着直接关系的实用主义立场直接相悖。在实用主义立场中,语言不必总是发展成熟的语言,语言有着逐渐发展成熟的历史。

不审慎的后果是,人们不仅会重新引入语言本质论的观点,而且会消解反思语言表达的世界和世界本身之间关系的认知或语义责任,这进而使得"不审慎的"实用主义观点变为一种不负责且缺乏慎思的立场。

威尔比夫人的立场在相对于"不审慎"的意义上体现出了"审慎性",在她那里,经验起初是纯粹的,直到我们在关于世界的体验"出错"的情况下,感受到来自世界的抵抗,此时我们方才试图使得世界变得更为明晰:

> 经验的伟大踪迹——无论是直接的还是间接的——尚未有有序的语汇或标记法(notation)……就如自然事实的伟大领域仍然没有认知性和名称一般,直到人类几乎是突然间发现了他沿着错误的方向且运用了错误的方法来探查世界中的事物(whats)和原因(whys)。……必然是这里的认知活动和对方法的使用,一种心理过程和习惯,使得我们能够觉知真理的珍贵,以及实在的蕴意……①

---

① Victoria Welby, *Significs and Language: The Articulate Form of Our Expressive and Interpretative Resources*, London: Macmillan & Co., Limited, 1911, pp.3 - 4.

在威尔比夫人那里，以行动的"how"模式体知世界的层次上，人与动物是不分的，[1] 只有在人经验到来自世界的"抵抗"从而知道继续从事以往那般的活动是"错误"的情况下，才会出现对行动的"why"模式的解释，"宇宙的进程是连续的，我们经历着它，打断它的方式是对它做出阐释"[2]。在阐释世界，探究原因的过程中，人直接赋予经验和世界以人的价值。

> （1）从生物到逻辑的每一层次中均有着"sense"或 sense-power；（2）其意图有意且渐渐变得确定化和理性化，我们将之称为"meaning"；（3）significance 弥散于所有其他宇宙事实之中，或者说关于其他宇宙事实的解释均有着 significance。[3]

需要强调的是，这里所谓的"逻辑"并非形式逻辑学中所指的可以形式化的规则，而是万物运行所遵循的尺度，即逻格斯（logos）。经验的"直接性"意味着世界在经验中向我们直接表达自身，因此经验体现了宇宙万物的运行之道（Way），人因此在经验中既能"觉知真理的珍贵"，也能觉知"实在的蕴意"。我们不难发现威尔比夫人这里的思想与皮尔士思想间的关联：两者均承诺了外部世界对我们施加了强制的"作用"，强调了"阐释"的作用，以及承诺了实在论。

在1911年5月15日写给奥格登的一封信中，威尔比夫人也谈到了宇宙施于我们的作用的可信性，"宇宙中的力（force），它使得

---

① See Victoria Welby, *What Is Meaning? Studies in the Development of Significance*, London：Macmillan & Co., Limited, 1903, p.198.

② See Victoria Welby, *What Is Meaning? Studies in the Development of Significance*, London：Macmillan & Co., Limited, 1903, p.207.

③ See Gerard Deledalle, "Victoria Lady Welby and Charles Sanders Peirce：Meaning and Signification", in *Essays on Significs: Papers Presented on the Occasion of the 150th Anniversary of the Birth of Victoria Lady Welby (1837—1912)*, Schmitz, H. (Ed.), Amsterdam：John Benjamins Publishing Company, 1990, p.142.

我们诉诸的科学形象（scientific Man）是可信的，因为我们永远可以信任它：这便是实验的特征和科学的可信性之所在"①。恰是因为这个宇宙真实地运行着，并施加给我们真实的作用，我们的理性活动才是真实可信的。这一点体现出她与皮尔士思想的另一点共通之处，即探究活动是一种真实可信的科学探究活动。

最后，从上述分析中我们还可以得出威尔比夫人与皮尔士共同持有"连续论"的思想，即认为原始人类感知世界的思维方式与如今我们拥有的理性形式之间有着连续性。"连续论"抵制认为认知世界的过程中发生一种"突变"的假说，这种假说将人类的理性或心灵视为突然出现的东西。威尔比夫人认为，原始人的心灵不但不是一块"白板"，相反，他们的心灵上已经刻有对环境做出的反应，"而不是从原生质时期和在原生动物温床中继承固有的正确反应或回应的倾向，这种倾向只要在发展的每一个全新阶段都必然会得到延续和使用"②。因而，"理性"或"心灵"不是事先存在或突然出现的东西，而是在对环境做出反应的活动中慢慢连续生成的东西。

（三）类推法与对心、物二元论的驳斥

"体知世界的直接性和连续性"这一立场在威尔比夫人那里进一步体现为对心、物（内、外）二元论的反对。威尔比夫人指出："正如我们已经看到的那样，使用内部和外部、内在和外在、之内和之外、在里面和在外面，来描述心灵与身体、意识和自然、心理

---

① See Susan Petrilli, *Signifying and Understanding: Reading the Works of Victoria Welby and the Significance Movement*, Vol. 2, Berlin: Walter de Gruyter, 2009, p.778.

② See Susan Petrilli, *Signifying and Understanding: Reading the Works of Victoria Welby and the Significance Movement*, Vol. 2, Berlin: Walter de Gruyter, 2009, p.221.转引自佩特丽莉：《维尔比夫人与表意学：符号学的形成》，宋文、薛晨译，四川大学出版社 2019 年版，第 101 页。

的和物理的，以及思维和实在之间的对立特征，这决然是误导人心的。"①"How"的行动模式和"Why"的理由模式之间的界限并没有我们可能认为的那般巨大。②

然而，即便不受哲学中占据长久统治地位的二元论思维的误导，我们持有日常思维的人也有着这样的感觉：分明有一个外部世界在那里（out there），我们对它有着正确或错误的感觉与认知，外物构成了衡量判断正确与否的标准。就此而言，威尔比夫人需要解释的问题是，心灵与世界如何建立起直接的联系？

我们可以从威尔比夫人对图像（imagery）思维和对类推（analogy）方法的阐释中解读出她对如下立场的承诺：心灵与世界直接的关系是连续的。关于这幅连续性图景，威尔比夫人指出：

> 如果我们将物理世界视为关于心理世界的一种复杂隐喻，那么将两个世界均视为关于某种共同自然的表达，这将会是有用的。假定在宽泛的意义上使用"语言"，就如诗人和语言学家均知道和教导过我们的那样。如果接受了这样的假定，那么我们的眼睛将会调转外在对象的位置，而大脑必须能够还原它……实际上，自然以一种准确无误的方式用合适的隐喻和可靠的类比这类语言和我们说话，"她"只是在行其事：通过我们所谓的"感觉"，而在她的活动中将自身展现给我们。③

故而，在威尔比夫人那里，自然不是被动地外在于那里，等待为我们"沉思"和揭露。**自然不会刻意向我们隐藏自身**，相反，她的运

---

① Victoria Welby, *Signifies and Language: The Articulate Form of Our Expressive and Interpretative Resources*, London: Macmillan & Co., Limited, 1911, p.26.

② See Victoria Welby, *What Is Meaning? Studies in the Development of Significance*, London: Macmillan & Co., Limited, 1903, pp.200 - 201.

③ Victoria Welby, *Signifies and Language: The Articulate Form of Our Expressive and Interpretative Resources*, London: Macmillan & Co., Limited, 1911, p.45.

行通过我们关于她的感觉直接将自身展现给我们。在这种自然向我们直接展现的经验过程中，如若我们学习使用图像思维，形成了一种形象的习惯（figurative habit），那么我们便进入了一种新的精神世界（mental world）。获得关于世界的图像的方法则是类推法。在运用类推的过程中，例如我们将某种液体视为"类似于"水，从而"认为它是"水，我们因此不仅判定该液体是清澈透明无味的、能灭火、可以饮用，还知道如果该液体的确是水，那么它将在普遍的意义下具有类似属性（用皮尔士的话说，因此"习惯"中包含有普遍性的推论）。我们对作为水的液体分析得愈多，水的内涵也将呈现得越多。这种分析主要是一种"实践分析"而非理性演绎，如果遇到例外情形（例如，饮用的液体有着咸味）因而心中产生困惑，我们将会追问所做的类推是否超出了应有的限度，此时我们将会调整已有的类推，同时我们也将更新我们对现实和精神世界的理解，以及相应的行动上的习惯。[1] 这让我们想到皮尔士所谓的推论性的习惯，在他那里，行动也有着类似的"形象的习惯"。

上述阐释体现了类推法的第一个层次，即**物与物之间的相似性**；类推法的第二个层次则体现为**心灵与他心之间的类似性**。威尔比夫人指出，心灵间的类似性是我们无法证明，但必须被设定的，如不然我们将无法理解彼此。[2] 类推法的第二个层次将带来人类的会话世界或社会维度，"正确的类推——我们凭直觉设定我的心灵和你的心灵之间有着类推关系——将会带来那种可以使得我们

① See Victoria Welby, *Signifies and Language: The Articulate Form of Our Expressive and Interpretative Resources*, London: Macmillan & Co., Limited, 1911, pp.31－33.

② See Victoria Welby, *What Is Meaning? Studies in the Development of Significance*, London: Macmillan & Co., Limited, 1903, pp.24－25, p.35.

成为人的东西，并产生人类的会话世界或社会"①。威尔比夫人的表述易于让人想到戴维森的"宽容原则"（principle of charity），即为了使得交流和理解成为可能，必须设定他者是同我类似的理性能动者，从而我与他者（"我们"）共同构成了一道理解（understanding）的"社会基线"。②

在笔者看来，类推法还有着第三个值得关注的层次，即语境（Context）和环境（Environment）之间的关系，这一层次体现了第二个层次和第一个层次之间的类推关系，它在有机体置身于的环境和已经建立起的社会性的话语世界之间建立起了互动关系。③

类推法的三个层次建立起了从外部世界到人类社会的立体的三维立体结构。在这一立体结构中，威尔比夫人的类推法与传统逻辑中的归纳法无疑迥然有别。类推将带给我们关于世界的图像，这幅图像包含了世界的"思维布局"，这幅布局将在进一步的实践活动中接受检验和修正，因而我们关于世界布局的理解是可错的。类推体现为一种与世界直接接触的行动。在此意义上，威尔比夫人的类推逻辑类似于杜威式的工具论的探究逻辑。就此而言，威尔比夫人研究专家佩特丽莉（Susan Petrilli，1954—）做出了很好的总结：

> 威尔比首先根据生物性生命中的"互相依存性"来描绘社会性，而后超越这一层次达到了集体（collective）行动、思维和表达的层次。社会性是通过集体性和个体性的辩证的问答关系而获得的。实际上，只有建立在集体性的关系基础上，才能

---

① Victoria Welby, *What Is Meaning? Studies in the Development of Significance*, London: Macmillan & Co., Limited, 1903, p.36.

② 参见林从一：《思想、语言、社会、世界：戴维森的诠释理论》，允晨文化实业股份有限公司 2004 年版，第 52—60 页。

③ See Victoria Welby, *What Is Meaning? Studies in the Development of Significance*, London: Macmillan & Co., Limited, 1903, p.40.

获得个体性或单独性……教育的价值体现为，使得人们获得解放并承认交流的系统，因此也使得人们从社会的和语言的异化中解放出来。语言、表达和交流必须服务于人道的社会和人道的人性。[1]

可以看出，类推法的三个层次和意义的三个层次是对应的，这三个层次间的连续性使得意义学的探究是关于"一切经验"意义的探究变得名副其实。

（四）直接实在论

值得注意的是，威尔比夫人的上述思想中蕴含着一种直接的或朴素的实在论思想：自然向我们披露其自身，我们与自然的直接接触中没有犯错的可能。[2] 在关于自然的经验心理过程和由此养成的习惯中，我们能够"觉知真理的珍贵，以及实在的蕴意"。然而，当我们试图将自然以符号乃至成熟语言的形式清晰表达出来时，错误便有可能产生。但是，在只有人类试图做出某种符号性判断时才会产生错误的意义上，**错误是属于人类的**，我们不能因为人类的错误而否定自然的实在。

在犯错的情形下，我们需要更新和发展所使用的符号或语言。由于自然在经验中直接向我们呈现，我们关于自然的表达因此也有了揭示自然或外部世界之所"是"的力量。"根据光、引力……等，我们思考宇宙间万物交流的方法"，透过万物联系，我们洞察宇宙奥秘。[3] 在

---

① Susan Petrilli, *Signifying and Understanding: Reading the Works of Victoria Welby and the Signific Movement*, Vol. 2, Berlin: Walter de Gruyter, 2009, p.263.

② See Victoria Welby, *Significs and Language: The Articulate Form of Our Expressive and Interpretative Resources*, London: Macmillan & Co., Limited, 1911, pp.92 – 93.

③ See Victoria Welby, *What Is Meaning? Studies in the Development of Significance*, London: Macmillan & Co., Limited, 1903, p.93.

此意义上，威尔比夫人没有将语言视为一种纯粹的人类约定的产物，而将之视为与人、世界一道发展起来的理性力量，在人类认知世界的征途上，"语言必须被更新。它必须被重新理解并重生，必须成长至光荣的高度。……我们认识到，真正的语词（true Word）不仅仅是约定的声音或涂鸦或标志；它是逻格斯，是理性。它甚至更甚其上。通过语词我们方能说'我是'：它披露了从真理至生命的大道"①。

（五）威尔比夫人与罗素

威尔比夫人虽然自学成才，但她没有脱离与哲学学术界的联系——令人感到十分诧异的是，她与超过460名哲学家们和其他文化名流建立起了密切的联系。② 这460多人里，包括皮尔士、威廉·詹姆斯、亨利·詹姆斯、当时《心灵》（Mind）杂志的主编斯托特（George Frederick Stout，1860—1944）、意大利分析哲学家和实用主义者瓦拉提（Giovanni Vailati，1863—1909）③、席勒、奥格登、罗素，以及柏格森等当时诸多一流的学者。

在1904年2月1日写给罗素的第一封信中，威尔比夫人表达了对罗素以及他的《数学原则》（*The Principles of Mathematics*，1903）的赞许之情，认为罗素的工作有着她欣赏的清晰性，能够使用纯粹数学的方法清楚阐明人类其他领域内的问题。此外，威尔比夫人认为她同罗素从事着相同的工作，即对意义的探究。④ 然而，

① Victoria Welby, *Significs and Language: The Articulate Form of Our Expressive and Interpretative Resources*, London：Macmillan & Co., Limited, 1911, p.85.

② See Susan Petrilli, *Signifying and Understanding: Reading the Works of Victoria Welby and the Signific Movement*, Vol. 2, Berlin：Walter de Gruyter, 2009, p.737.

③ 瓦拉提也恰是通过威尔比夫人了解到皮尔士的思想，进而成为意大利一名重要的皮尔士哲学的阐释者和传播者。

④ See Susan Petrilli, *Signifying and Understanding: Reading the Works of Victoria Welby and the Signific Movement*, Vol. 2, Berlin：Walter de Gruyter, 2009, pp.310 – 312.

随着通信的进行，威尔比夫人和罗素之间的分歧日渐显明，我们最终看到他（她）们两人有着实质不同的理论关切和立场。

简单地说，罗素关心的是诸如"2＋2＝4"这类纯形式的意义（meaning）的问题，而非与感觉（sense）相关的意义。实际上，在1904年2月5日威尔比夫人写给罗素的信中，她便质疑道，罗素讨论的是意义和意义（sense and meaning）之间的关系问题，而非感觉和意义的问题（sensation and meaning）。[①] 威尔比夫人试图通过对自己的意义学以及皮尔士哲学的阐释敦促罗素认识到经验性的意义，即意义三元结构中的第一个要素 sense 的重要性。借用罗素的"当今法国国王是秃头"这一著名例子，在威尔比夫人看来，我们根据说话者的意图来判定这一陈述是胡说（nonsense），但这种"胡说"恰是这一表述的意义（meaning）。相比之下，罗素最终在1905年11月25日写给威尔比夫人的信中确认道："当我谈及意义时，我是在逻辑讨论中谈论的，……我并不意在讨论某种意图，而是想要讨论某种逻辑的东西；我并不知道如何解释我所意在的东西……"[②] 与此相关，威尔比夫人则赞成我们将在本章第三节中论及的席勒的观点，即形式逻辑学家们不应不加反思地使用形式化的**基本概念**。威尔比夫人指出：

> 当形式逻辑学家们在使用诸如外延、内涵、包含、指示这样的专业术语时，他必须就他在何种意义上使用这些语词做出仔细且确定的分析……像命题、结论、假设、等于这些概念，就像实在、言语、肯定的、否定的、相关的、简单的、复杂的

① See Susan Petrilli, *Signifying and Understanding: Reading the Works of Victoria Welby and the Signific Movement*, Vol. 2, Berlin: Walter de Gruyter, 2009, p.313.

② Susan Petrilli, *Signifying and Understanding: Reading the Works of Victoria Welby and the Signific Movement*, Vol. 2, Berlin: Walter de Gruyter, 2009, p.322.

这些概念一样，都是从日常会话中形成的。[1]

　　针对威尔比夫人的质疑，罗素感到她并未领会自己的思想。实际上，威尔比夫人的确误解了罗素。罗素指的语言仅是逻辑语言，意义仅是逻辑意义，故而他觉得没有必要回应威尔比夫人的下述要求：考虑诸如意图之类的相关感觉，以及就形式逻辑的基本概念做出解释。

　　相比之下，在威尔比夫人那里，语言是由符号构成的——"一切事物均以符号的形式存在，我们仅需阅读符号"，意义在更为一般的意义上包含了三个层次上的 sense、meaning 和 significance 的结构。实际上，罗素同样未能领会威尔比夫人"一切事物均以符号的形式存在，我们仅需阅读符号"这一表述的意思。罗素对皮尔士第一性、第二性、第三性的理解也表明，他也未能领会符号哲学的真实蕴意。[2] 这让威尔比夫人在 1905 年 2 月 12 日的信中表示她感到自己是在"自说自话"（Our talk was in fact my talk!），而罗素则在 1909 年 6 月 24 日的信中指出："在我看来，你所谈论的问题是完全

---

① Victoria Welby, "Sense, Meaning and Interpretation", in *Signifying and Understanding: Reading the Works of Victoria Welby and the Signific Movement. Vol. 2*, Susan Petrilli (Auth. & Ed.), Berlin: Walter de Gruyter, 2009, p.430.

② See Susan Petrilli, *Signifying and Understanding: Reading the Works of Victoria Welby and the Signific Movement, Vol. 2*, Berlin: Walter de Gruyter, 2009, pp.315-319. 罗素在 1904 年 11 月 27 日写给威尔比夫人的信中认为，除了皮尔士所指的第一性、第二性和第三性外，还存在着第四性。他的理由是，某些第三性是可以还原为第二性或等值于第二性的。他举 f (x, y, z) 为例，其中 x, y, z 是三个函项，但是这一表达式可以被还原为具有两个函项的表达式同时不改变相关的真值，其方式是，认为 y 和 z 之间的关系整体构成一个同 x 处在关系 f 中的函项。罗素将 x, y, z 类比为第一性、第二性和第三性，从而认为在纯粹形式分析的意义上便可以消除掉第三性。根据我们在第一章中关于皮尔士符号哲学认识论的讨论，罗素的这一讨论至少让笔者感到无法理解；另一方面，笔者也不明白他所谓的"第四性"究竟指什么。

无意义的，因为那只是心理学的问题。"① 尽管无法从佩特丽莉整理的威尔比夫人的通信中明确辨认出罗素做出这一评价的语境，我们已经可以从中看到威尔比夫人和罗素思想之间存在着尖锐的矛盾：前者强调经验的作用，后者则更为注重对形式化的语言或逻辑的分析。

然而，如果认为罗素完全否定经验的作用，这是一种不恰当的观点。罗素浸染于英国经验主义传统中，在其哲学发展的各个阶段，他均强调我们获得的知识是关于外部世界的，只是在其试图将逻辑视为数学基础的早期阶段，他更为强调使用逻辑的方法构筑对世界的理解。我们将会在下一章第二节的讨论中看到，罗素恰是因为对外部世界的承诺而将早期维特根斯坦的《逻辑哲学论》视为一项认识论著作，也恰在此意义上，罗素和早期维特根斯坦之间有着巨大的思想差别。

（六）威尔比夫人与皮尔士

在威尔比夫人与皮尔士之间的通信中，两人就符号学进行了许多讨论。威尔比夫人的意义学同样有着三元特征：

表 2.1：意义的三元项②

sense	meaning	significance
本能（instinct）：关于环境的有机反应	知觉（perception）：这一反应旨在传达的具体意义	概念（conception）：理想价值
地球的（planetary）	太阳的（solar）	宇宙的（universe）
线	面	体

威尔比夫人有时用"本能"来指关于环境的有机反应的 sense，

---

① Susan Petrilli, *Signifying and Understanding: Reading the Works of Victoria Welby and the Signific Movement*, Vol. 2, Berlin：Walter de Gruyter, 2009, p.318, p.324.

② See Susan Petrilli, *Signifying and Understanding: Reading the Works of Victoria Welby and the Signific Movement*, Vol. 2, Berlin：Walter de Gruyter, 2009, pp.948 – 949.

用知觉来指有机反应旨在传达的 meaning，相关的概念体现 meaning 的理想价值，即 significance。地球的、太阳的、宇宙的则代表人类心理过程发展的不同阶段，同时也意味着其意义学探究范围的普遍性。线、面、体则指意识发展的三个层次。

在皮尔士看来，上述威尔比夫人意义学的三元划分对应于他哲学中的直接解释项（immediate interpretant）、动态解释项（dynamical interpretant），以及最终解释项（final interpretant）的划分。在 1909 年 3 月 14 日写给威尔比夫人的信中，皮尔士这样写道：

> 让我们看看我们有什么一致意见。最不一致的地方似乎在于，我所谓的动态解释项与你所说的 meaning 类似。根据我对 meaning 的理解，它体现在说话者（无论是通过说出来或写出来）意在用符号对解释者的心灵产生效果之上。我所说的动态解释项则体现在符号对于对它做出解释的解释者所产生的实际的直接效果上。Meaning 和动态解释项一致的地方是，它们均体现在符号之于个体心灵所具有的效果。……我认为我所说的最终解释项与你所说的 significance 完全一样，它们都指符号最终在情境允许的情况下对所有心灵均能产生的效果。我认为我所说的直接解释项非常接近于（尽管这么说不太贴切）你所说的 sense。因为，根据我的理解，前者是一种符号所产生的完全不可分析的效果……**但我没有注意到你是如何界定 sense 一词的**。①

尽管皮尔士将威尔比夫人的意义学同他的三类解释项相对应，但他认为威尔比夫人的意义学仅是其符号学的一部分，意义学关注的更多是符号与解释项之间的关系。皮尔士在 1908 年的一封信中这样写道："对我来说，'表意学'的范围相比符号学小一些，因为'表意'

---

① See Petrilli, S. "Sign, meaning, and understanding in Victoria Welby and Charles S. Peirce." *Signs and Society* 3.1（2015）：73-74.引文中的黑体为笔者所加。

（signification）仅仅是符号的两个主要功能之一……因此表意学似乎局限于符号与其解释项之关系的研究之上，我假定你就是这样限定的。"① 皮尔士未能看到威尔比对感觉（sense）的分析（"我没有注意到你是如何界定 sense 一词的"），从而未能仅将意义学理解为关于其符号学中动态解释项和最终解释项，或第二性与第三性关系的探究。

那么，威尔比夫人接受皮尔士的理解吗？皮尔士符号学和威尔比夫人的意义学之间有何具体差别？我们可以接受威尔比夫人的观点，认为意义学和符号学是可以互补的两个学科吗？这些问题要求我们深入到更为细节的讨论之中，这将超出本书的论题范围。在此，笔者仅拟指出如下两点：

首先，如佩特丽莉曾指出的那样，皮尔士常被视为当代符号学之父，威尔比夫人则被视为符号学之母，他（她）们的思想均在对符号和语言的研究中起到了奠基性的作用。从宏观的理论思路和立场来说，他（她）们均将包含了意义、理解、符号、说话者、听众等交流要素的过程视为一个符号发展的过程，在这一过程中，符号的意义和价值在主体间的社会交往活动中出现。② 皮尔士和威尔比夫人共有的观点也体现了实用主义的基本思想。

其次，尽管两人思想之间存在诸多相同之处，尽管两人也有着频繁的思想交流，但是他（她）们之间的差别仍是不容忽视的。令人生疑的一个问题是，威尔比夫人在多大程度上真实领会了皮尔士哲学"本身"？在阅读威尔比夫人写给皮尔士的信件中，至少笔者更多读到的是她在礼貌地提出问题，或做出一些无关痛痒，乃至不相关的评论。这至少让笔者很难揣度威尔比夫人究竟对皮尔士哲学有着怎样

---

① CP 8.378.

② See S. Petrilli. "Sign, meaning, and understanding in Victoria Welby and Charles S. Peirce." *Signs and Society* 3.1（2015）：71－74.

的具体观点。幸运却也无可奈何的是，本书暂不需要具体探查他（她）们思想间的具体关联，从而可以对前述的难题避而不谈。

二、奥格登论"意义"的意义

1908 年，奥格登开始在剑桥大学莫德林学院（Magdalene College）学习希腊语，或许自那时起他对语言问题产生了兴趣，这也或许促使他后来发明"基本英语"（Basic English）。基本英语是一种人工语言，是英语的简化版，人们能够在短期内学会它。在大学二年级的时候，奥格登创立了"异教者"（Heretics）协会，该协会旨在为人们自由地讨论宗教问题提供一个场地，也正是在这个时期（1910年11月至1912年1月），奥格登开始与威尔比夫人通信。[①] 威尔比夫人向奥格登提供了一些她与皮尔士的通信文件，后来奥格登又将这些文件提供给了兰姆赛。受到威尔比夫人和皮尔士的影响，奥格登对"意义"问题产生了兴趣，虽然我们在他与理查兹（Ivor Armstrong Richards，1893—1979）合著的《意义的意义》一书的正文中似乎仅能看到一些皮尔士思想的"蛛丝马迹"。理查兹在 1911 年至 1915 年间在剑桥大学求学，在 1915 年时获得伦理学学士学位，当时奥格登正在本科和硕士求学的阶段。两人合著的《意义的意义》一书影响广泛，该书包含了包括语言学、心理学、社会学，以及哲学等诸多主题的讨论。限于本书目的，笔者将仅聚焦于该书中的哲学思想。

《意义的意义》一书的附录部分[②]概述了皮尔士的符号哲学的

---

① See Susan Petrilli, *Signifying and Understanding: Reading the Works of Victoria Welby and the Signific Movement*, Vol. 2, Berlin: Walter de Gruyter, 2009, pp.731 – 747.

② See C. K. Ogden & I. A. Richards, *The Meaning of Meaning: A Study of the Influence of Language Upon Thought and of the Science of Symbolism*, Mansfield Center: Martino Publishing, 2013, pp.279 – 290.

主要思想，长期以来，这是英国学界了解皮尔士哲学最为直接的文献。此外，由科恩（Morris Raphael Cohen，1880—1947）主编的《偶然、爱与逻辑》（1923）[①] 也经由奥格登之手在英国出版。该书被收录进奥格登主编的《心理学、哲学与科学方法国际文库》丛书。值得一提的是，这套丛书还包含了维特根斯坦的《逻辑哲学论》、罗素的《物的分析》、摩尔的《哲学研究》，以及布赫勒（Justus Buchler，1914—1991）的两本皮尔士研究著作《皮尔士的经验论》（1939）和《皮尔士哲学》（1940）等。[②]

（一）语义三角

在《意义的意义》一书出版大概 60 年后，理查兹对该书的理论任务做了如下总结：

> 首先且最为重要的是，我们想要抵制既有的且广为接受的对意义一词的实践……其次，我们试图阐明这种行为有何可悲、不可信，以及危险之处，其方式是解释语言的不同功能之间的关系……第三，……我们试图对关于原因的那些复杂讨论进行一点梳理。[③]

简言之，《意义的意义》一书在哲学领域内的工作主要是，试图通过对语言功能的分析来阐释意义。

按照日常的理解，我们通常认为语词和世界中的对象之间存在着直接的指称关系，例如用"桌子"一词指称房间里的那一家具。然而，

---

① C. S. Peirce, *Chance, Love and Logic*, Morris Cohen（Ed.），Lincoln & London：University of Nebraska Press, 1998.

② See Cheryl Misak, *Cambridge Pragmatism: From Peirce and James to Ramsey to Wittgenstein*, Oxford：Oxford University Press, 2016, p.85.

③ Terrence Gordon, "The semiotics of C. K. Ogden", in *The Semiotic Web 1990: Recent Developments in Theory and History*, De Gruyter Mouton, 2019, p.119.

这种观点并未解释语词和对象为何有着这种直接的指称关系，用奥格登和理查兹的话说，这里存在着某种"语词魔法"（word-magic）。奥格登和理查兹指出："语言对思维的影响有着至关重要的意义。符号论便是对这种影响的研究。"① 《意义的意义》一书的一项基本工作在于，祛除日常语言中的"语词魔法"，对符号的本质进行澄清。

在奥格登和理查兹看来，符号的作用在于，展现语词与世界中指称项之间的关系。但是，与承诺"使用概念阐明的思维的布局与外部世界的布局有着同构性"的做法不同，在奥格登那里，符号与指称项（referent）之间的关系不是直接同构的，它们之间的关系经过了思维或指称（reference）的中介；符号、思维和指称项之间有着如下图（图2.1）所示的"语义三角"关系：②

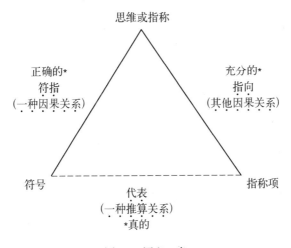

图2.1：语义三角

① C. K. Ogden & I. A. Richards, *The Meaning of Meaning: A Study of the Influence of Language Upon Thought and of the Science of Symbolism*, Mansfield Center：Martino Publishing, 2013, p. 243.

② C. K. Ogden & I. A. Richards, *The Meaning of Meaning: A Study of the Influence of Language Upon Thought and of the Science of Symbolism*, Mansfield Center：Martino Publishing, 2013, p.11.

可以看出，符号不是直接"代表"指称项的。如果忽视了对作为中介的思维的分析，那么就会容易陷入"语词魔法"。

那么，如何理解中介性的"思维"？我们可以从该图中发现值得注意的一点：符号和思想之间只有一种因果关系（a causal relation），而思想和指称项之间却有着诸多其他因果关系（other causal relations）。我们可以将上述语义三角图示以平面形式展开为下述图示（图 2.2）：

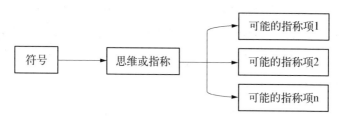

图 2.2：平面化的语义三角

进一步的问题在于，为什么思想和指称项之间的因果关系要比符号和思想之间的因果关系更多？这或许与对"思维"的理解有关。奥格登强调符号同其指称之间有着情境（situation，contextual）关系，情境中包含着将亲眼所见记录下来的指称项（record-eye-witness-referent）的语词历史（word-historian）的维度。[1] 这样一来，指称项不是以单一的线索而是以多股可能的线索同思维以及作为思维对象的指称相联系。西比奥克（Thomas Sebeok，1920—2001）和德尼西（Marcel Danesi，1946—）指出："奥格登和理查兹进一步提出，人类表征是一个高度可塑的过程。就像理解自然时所涉及的不确定性一样，所指的确切本质在任何客观的意义上都是不确定的，

---

[1] See C. K. Ogden & I. A. Richards, *The Meaning of Meaning: A Study of the Influence of Language Upon Thought and of the Science of Symbolism*, Mansfield Center：Martino Publishing, 2013, p.11.

因为对它的阐释受到情景、语境、历史过程以及其他各种外在于符号活动的因素的影响。"[1] 思维中的对象（指称）有着单一的意义，这是因为它已经是某一符号的确定意义，但是，就符号"代表"了怎样的指称项而言，这需要我们进行具体的考察，以具体确定可能的指称项具体是什么。就此而言，如佩特丽莉指出的那样，对于奥格登和理查兹而言，"对自己和他者加以阐释，需要探究语义三角右侧的边，即词汇与外界世界之间的关系，而并非仅仅探究左侧的边，即词汇与概念之间的关系"[2]。简言之，"语词魔法"的消除恰是源于对语词和外部世界关系的思考，通过这样的思考，才会带来中介性的"思维"。

我们可以从语义三角中看出的另一点是，符号与事物之间的关系实际上是估算出来的（imputed）间接关系，而非是日常理解中的直接关系。对这种间接关系的考察体现在包含着对语词和外部世界关系进行"阐释"的具体经验活动之中。进一步地说，同皮尔士和威尔比夫人一样，奥格登将这里的经验理解为整个生命的全部历程，将符号视为理解世界的基本单位，"几乎在整个的生命历程之中，我们都将事物视为符号。所有的经验——尽可能广义上使用的这一术语，要么被感受，要么被阐释（即被视为一枚符号），要么两者兼而有之，很少有经验能逃脱某一程度的阐释。因此，阐述阐释过程乃是理解符号情境的关键所在"[3]。

① 西比奥克、德尼西：《意义的形式：建模系统理论与符号学分析》，余红兵译，四川大学出版社 2016 年版，第 7 页。
② 佩特丽莉：《符号、语言与倾听——伦理符号学视角》，贾洪伟译，四川大学出版社 2020 年版，第 122 页。
③ 佩特丽莉：《符号、语言与倾听——伦理符号学视角》，贾洪伟译，四川大学出版社 2020 年版，第 121 页。引文强调部分为笔者所加。

（二）逻辑意义的经验维度

同威尔比夫人以及我们将在下一节中论及的席勒一样，奥格登指出，逻辑学很少就意义的来源问题做出交代。以"如果 A 大于 B，B 大于 C，那么 A 大于 C"这一表述为例，在逻辑学中，这一表述仅根据其形式的"真"便可以获得意义，但逻辑学家们并未就这一表述为何具有意义给出过解释。罗素认识到："据我所知，逻辑学家们就解释'意义'的本性而言做的工作微乎其微，但他们并不需为此承担指责，因为这一问题实质上是心理学需要应对的问题。"① 罗素也在《我们关于外间世界的知识》（1914）中写道："在一切推论中，唯有形式是具有本质重要性的，推论的特殊对象除了可以保证前提的真实性之外，是无关紧要的。逻辑形式之所以具有极大的重要性，这是一个原因。"②

然而，威尔比夫人、奥格登，以及席勒均不赞成这种罗素式的观点，奥格登指出："哲学不同于科学，'每一个事实都被视为关于某一意义的表达，而非某种先前原因的结果'。科学必然在哲学之前——'我们无法知道事实的意义是什么，直到我们知道事实是什么；我们无法对事实做出解释，直到我们能够对事实进行描述'。"③ 任何形式的意义均需参照关于事实的分析，以及我们对这些事实的心理上的反应，"我们对所有符号的阐释均体现着我们对它的心理反应，它是由我们过去类似情境下的经验，以及当下经验

---

① Cf. McElvenny, James. "'Ogden and Richards' The Meaning of Meaning and early analytic philosophy." *Language Sciences* 41 (2014)：218.
② 罗素：《我们关于外间世界的知识》，陈启伟译，上海译文出版社 2018 年版，第 40—41 页。
③ C. K. Ogden & I. A. Richards, *The Meaning of Meaning: A Study of the Influence of Language Upon Thought and of the Science of Symbolism*, Mansfield Center：Martino Publishing, 2013, p.174.

所决定的"①。

与此相关，与早期分析哲学家们不同的是，威尔比夫人、奥格登，以及席勒均否认存在纯粹逻辑的或形而上的意义或固定的意义（fixed meaning），认为知觉的意义必然有着情境化的图像或感觉，它根植于感性的经验之中。这体现出一种实用主义的逻辑观，用杜威的话说，

> 在形成文化环境的复合体中，语言占据了特别重要的位置，而且发挥了特别重要的功能。从某种观点看，它自身是一种文化习俗，而且是许多这样的习俗之一。但它是：（1）其他习俗和获得的习惯被传承的载体，且（2）它把所有其他的文化活动的形式和内容都充实了。进而，（3）它有自己独特的结构，可以抽象为一种形式。当这一结构被抽象为一种形式时，就对逻辑理论的形成产生一种历史的决定性影响；适用于语言形式的符号，作为探究的载体（区别于其原本的功能而作为交流的媒介），与逻辑理论仍特别地相关。因此，进一步的讨论将把广阔的文化环境视为当然，并将其限于语言在促进生物性转变为理智的或潜在的逻辑时的特殊功能。②

在实用主义者看来，逻辑形式仅是语言的形式之一，它是在文化环境的发展中被固定下来的一种特殊形式（这种形式体现了符号与事物之间的间接关系），但它绝无任何形而上的本性。

（三）对摩尔的批判

与"不存在纯形式的意义"这一立场相关的是奥格登对摩尔伦

① C. K. Ogden & I. A. Richards, *The Meaning of Meaning: A Study of the Influence of Language Upon Thought and of the Science of Symbolism*, Mansfield Center: Martino Publishing, 2013, p.244.

② 杜威:《逻辑:探究的理论》,《杜威全集·晚期著作》第十二卷,邵强进、张留华、高来源等译,华东师范大学出版社 2015 年版,第 34 页。

理学的批判。摩尔将"好"或者"善"视为基本的伦理属性，他认为如果仍然能够根据其他属性来分析"善"的话，那么我们将只能将"善"翻译为非伦理的术语，例如通过"引起愉悦""感到满足"来理解善，这在摩尔看来，将会犯下"自然主义谬误"，即试图从对事实"是然"（is）的描述推测出伦理规范的"应然"（should）。就此而言，摩尔指出：

> 我们的首要问题就是：什么是善，什么是恶？并且，我们把对于这一问题（或者这一类问题）的讨论称作伦理学，因为这门学科无论如何必须包括该问题。

> 我的回答是：善就是善，答案到此为止。或者如果我被问到"如何定义善？"我的回答是：善不可定义，关于善我只能说这些。……我的观点是，就和"黄"是一个简单概念一样，"善"也是一个简单概念，也即，正如你不管用什么办法都没法向一个事先并不知道什么是黄的人解释什么是黄一样，你也不能解释什么是善。[①]

显而易见，摩尔的观点与奥格登、理查兹的观点相悖，前者的伦理学中没有心理学的一席之地，而后两者则强调个体的心理感觉在探究意义的过程中有着重要作用。奥格登和理查兹注意到了摩尔的论述。[②] 与摩尔相反，他们认为"善是一种情感符号"[③]。为此，他们区分了语词的符号（指称）的用法和语词的情绪（非指

---

① 摩尔：《伦理学原理》，陈德中译，商务印书馆 2018 年版，第 9、13 页。
② See C. K. Ogden & I. A. Richards, *The Meaning of Meaning: A Study of the Influence of Language Upon Thought and of the Science of Symbolism*, Mansfield Center：Martino Publishing，2013, p.175, note1.
③ C. K. Ogden & I. A. Richards, *The Meaning of Meaning: A Study of the Influence of Language Upon Thought and of the Science of Symbolism*, Mansfield Center：Martino Publishing，2013, p.125.

称）的用法，认为对"善"的使用属于后一类用法：①

> 所谓的"善"意味着一种独特且不可分析的概念。据说这种概念是伦理学的主题。我们认为，这种对"善"的特殊的伦理用法（ethical use）是一种纯粹的情感用法（emotive use）。当这么使用时，"善"不代表着什么，并且没有符号的功能。因此，当我们在诸如"这是善的"这样的语句中使用它时，我们仅是在指"这"，而额外的"是善的"就我们所指的事物而言不起任何作用。另一方面，当我们说"这是红色的"时候，额外的"是红色的"则指"这"，它有着作为我们指称外延的符号的功能……但是，"是善的"没有任何符号功能；它仅是一种情感符号，表达着我们对"这"的态度……②

在此意义上，我们可以认为奥格登和理查兹开拓了一条情感主义伦理学的理路。这种对心理性情感的强调或许可为詹姆斯式的实用主义所容纳，而皮尔士式的实用主义则无疑反对其中的心理主义因素。

（四）奥格登与威尔比夫人

根据上述对奥格登思想的阐释，我们似乎很难从中直接看到他与威尔比夫人的联系。这或许既是因为奥格登后来未将自己视为威尔比夫人思想的追随者或阐释者，也是因为他还受到理查兹、索绪尔（Ferdinand de Saussure，1857—1913）等持有其他符号学思想的人物的影响，从而渐渐与威尔比夫人有了不同的理论关注点，并最

---

① See Cheryl Misak, *Cambridge Pragmatism: From Peirce and James to Ramsey to Wittgenstein*, Oxford: Oxford University Press, 2016, p.87.

② C. K. Ogden & I. A. Richards, *The Meaning of Meaning: A Study of the Influence of Language Upon Thought and of the Science of Symbolism*, Mansfield Center: Martino Publishing, 2013, p.125.

终产生了一些实质的思想差别。

在 1910 年 11 月 15 日，当时还是本科三年级学生的奥格登在写给威尔比夫人的第一封信中恳请她就 1903 年以来的意义学发展做一些概括。1903 年时，威尔比夫人在她出版的《什么是意义？意义的发展研究》一书的"前言"中提到，该书仅是对意义学的初步构想。奥格登在信中写道，他已经阅读过西季威克（Henry Sidgwick，1838—1900）、斯托特、席勒、贝克莱、罗素等人的著作，但就"什么是意义"这一论题而言，他仅在威尔比夫人的研究中找到了一条出路。奥格登在写给威尔比夫人的信中表现出了传播"意义学"的热忱，他在 1910 年 12 月 13 日的信中不仅给出了在哲学史内界定威尔比夫人哲学的位置的研究大纲，还积极地表示"最棒的事情就是使得这个词（即意义学——笔者注）流行起来，而后让著作……言说自身。这是我能够做的事情"①。我们也可以在奥格登未出版的手稿《意义学的进程》《关于定义的意义学》中读到他对意义学的肯定。② 或许因为感受到了奥格登的热忱以及因此对自身哲学研究的肯定，威尔比夫人曾两次邀请他登门做客，并积极地分享她与其他一些重要哲学家的通信打印稿。③

威尔比夫人和奥格登两人的确有着一些相同的思想，例如对"意义"论题的关注，对诸如"存在先天固有意义"立场的批判。然而，无可否认的是，奥格登与威尔比夫人彼此思想间有着实质的差别。

① Susan Petrilli, *Signifying and Understanding: Reading the Works of Victoria Welby and the Signific Movement*, Vol. 2, Berlin: Walter de Gruyter, 2009, p.769.

② See Susan Petrilli, *Signifying and Understanding: Reading the Works of Victoria Welby and the Signific Movement*, Vol. 2, Berlin: Walter de Gruyter, 2009, p.734.

③ See Susan Petrilli, *Signifying and Understanding: Reading the Works of Victoria Welby and the Signific Movement*, Vol. 2, Berlin: Walter de Gruyter, 2009, pp.767 – 769.

在《意义的意义》的"附录"中，奥格登阐释了威尔比夫人与皮尔士思想的相同之处，他引述了皮尔士在 1909 年 3 月 14 日写给威尔比夫人的信中的如下内容：

> 我坦认……我还没有读过你发表在《大英百科全书》（Encyclopaedia Britannica）上的文章，所以不大清楚你所说的 Sense，Meaning，以及 Significance 的三元性究竟是什么意思。……我现在发现我（对三类解释项的分类）同你的分类类似。[①]

从上一小节关于威尔比夫人和皮尔士思想关系的简要讨论中，我们看到，皮尔士认为，威尔比夫人仅关注到了他的三元组"解释项"这一维度。相较于皮尔士理解中的威尔比夫人，奥格登进一步将对意义探究的范围缩减至符号和指称项之间的关系，在此意义上，我们可以看出，奥格登的"语义三角"实际上仍然是在讨论符号和事物间的两项关系，而非如皮尔士和威尔比夫人那般发展出了符号的三项关系。奥格登相信，必须做出这种限制才能避开意义学所面临的潜在威胁，即意义学会变成过分宽泛化的对意义的研究，[②] 这体现了奥格登与皮尔士、威尔比夫人哲学思想上的实质不同。

我们可以从奥格登和威尔比夫人的通信中看出，奥格登经常在阐释意义学遇到困难时向威尔比夫人求助，威尔比夫人在世时予以奥格登诸多的解释和支持，然而，这些解释和支持在威尔比夫人离世后便无法维系了。奥格登后来也想要发展出自己的思想，这些原因——包括两者间思想的实质不同、思想交流的中断，以及奥格登

[①] C. K. Ogden & I. A. Richards, *The Meaning of Meaning: A Study of the Influence of Language Upon Thought and of the Science of Symbolism*, Mansfield Center: Martino Publishing, 2013, p.287.

[②] Terrence Gordon, "Significs and C. K. Ogden: The Influence of Lady Welby", in *Essays on Significs*, Amsterdam: John Benjamins Publishing Company, 1990, p.187.

发展自身理论的诉求——或许均是促使奥格登在《意义的意义》一书中似乎有意拉开自身与威尔比夫人间思想距离的重要因素。

（五）罗素和维特根斯坦对奥格登的评价

尽管《意义的意义》一书产生了广泛的影响，但似乎罗素和维特根斯坦对该书均评价不高。上文提及，奥格登曾作为罗素的《物的分析》的出版编辑，并在促成维特根斯坦《逻辑哲学论》一书的翻译和出版工作上付出过巨大努力。《意义的意义》一书出版后，奥格登曾把该书寄给罗素和维特根斯坦。兰姆赛曾在1924年2月20日写给维特根斯坦的一封信中透露道，罗素不认为《意义的意义》是一本重要的著作，他为该书写书评仅是为了帮助提高该书的知名度从而提高销量。① 维特根斯坦在1923年4月7日写给罗素的信中则直言不讳、毫不留情地这样说道："不久前我刚收到《意义的意义》一书。毫无疑问，你也收到了这本书。难道这不是一本糟糕的书吗?! 是的，无疑是的! 做哲学没有那么容易! 但这本书真实地向我们展示了写一本厚书是多么容易的一件事情。"②

罗素和维特根斯坦为何对《意义的意义》评价甚低呢? 除了该书并不是一本纯粹的哲学论著这一原因外，笔者认为，其中的实质原因或许还在于，奥格登同他们有着实质的思想差别。我们从上一节就罗素和威尔比夫人间争论的讨论中可以看到，奥格登同威尔比夫人一样关注于感性的经验维度，并且奥格登甚至比威尔比夫人更为强调心理学研究对思考哲学问题的重要作用。在此

---

① See Brian McGuinness (Ed.), *Wittgenstein in Cambridge: Letters and Documents 1911—1951*, New York: John Wiley & Sons, 2012, pp.147-148.

② Brian McGuinness (Ed.), *Wittgenstein in Cambridge: Letters and Documents 1911—1951*, New York: John Wiley & Sons, 2012, p.137.

意义上，强调形式分析的罗素和早期维特根斯坦的基本立场与奥格登十分不同，这或许是他们对《意义的意义》评价不高的主要原因。

三、席勒的人本实用主义

提及席勒，人们一般会联想到德国诗人弗里德里希·席勒（Friedrich von Schiller，1759—1805），乃至奥地利画家埃贡·席勒（Egon Schiele，1890—1918），而非斯科特·席勒。斯科特·席勒出生于当时德意志联邦的阿尔托纳（该城当时由丹麦治理，现为位于德国北部的一座港口城市），求学于牛津大学贝列尔学院，先后曾在伊顿公学、牛津大学，以及康奈尔大学任教。斯科特·席勒逝世后，其思想逐渐被主流哲学家和学者们所忘却，如今似乎鲜有人关注他的思想。席勒思想被遗忘，或许主要源于两个原因：一是他的思想过于激进，我们将会看到他过于强调人的兴趣、目的、情绪等要素在理解逻辑、真理、实在等问题上的首要作用；二是他的思想与当时分析哲学的发展主流背道而驰，如罗素评价的那样，"我总是觉得席勒非常享受为其他牛津哲学家所憎恨"[1]。席勒哲学的研究者阿贝尔（Reuben Abel）的评价是："席勒一生的特征在于，他总是在与哲学主流背道而驰。……他相信上帝不是万能的，但试图发展对上帝的理解；认为真理不是绝对的，而仅是一种渐增获得的数据；认为思想不是'纯粹的'，而只是一种个体的个人行为。"[2]

---

[1] See Reuben Abel, *The Pragmatic Humanism of F. C.S. Schiller*, New York：King's Crown Press，1955, p.5.

[2] See Reuben Abel, *The Pragmatic Humanism of F. C.S. Schiller*, New York：King's Crown Press，1955, pp.4 – 5.

（一）对形式逻辑的批判

席勒的核心思想体现在他这样的信念上：所有的行为和思维均是人类个体的产物，因而无可避免地染上了人类需求、欲望，以及目的之色彩。席勒甚至进而提出普罗泰戈拉式的断言：人是衡量所有事物以及一切经验世界的尺度。[①] 乍看之下，这一断言十分激进，然而，当我们对他的思想进行具体阐释之后，或许能在消除这种表面上的"激进"之感的同时，领会他的一些洞察，尤其是他对形式逻辑的批判。

在席勒看来，传统的形式逻辑——实际上，当时乃至时今盛行的仅强调形式分析的哲学方法是他更为确切的批判对象——与实际的生活毫无关联，它脱离了对具体的个体性语境、目的，以及动机等的思考。我们使用形式逻辑进行推理活动，但是我们本身具有的活生生的兴趣、目的、情绪，以及在认知或推理过程中获得的满足感，[②] 这一切对于形式逻辑而言均无足紧要。在席勒看来，形式逻辑的致命错误在于，将判断和做出判断的具体情境相分离。[③]

席勒对形式逻辑的批评几乎是全方位展开的，我们可以抓住他在几个关键方面的批判以领会之。

首先，关于"意义"，就形式逻辑而言，像"如果 A 大于 B，B 大于 C，那么 A 大于 C"这种推理的意义是自明的，它似乎纯粹、直接地发生在我们的心灵之中。然而，席勒指出，意义体现的是心灵对现实的实践过程的反应，现实的意义因此总是一种心理事实，因而受到个体的兴趣、目的等因素的影响。就此而言，不仅是

---

① See F. C. S. Schiller, *Humanism: Philosophical Essays*, 2nd ed., London: Macmillan, 1912, p. xxi.

② See F. C. S. Schiller, *Studies in Humanism*, London and New York: Macmillan, 1907, p.81.

③ See F. C. S. Schiller, *Studies in Humanism*, London and New York: Macmillan, 1907, p.72.

意义,诸如形式、可靠性、必然性、同一性等构成形式逻辑的基础概念均是有问题的,逻辑学家们没有向我们解释这些基本概念从何而来。席勒同样认为,逻辑学中的这些基本概念实际上均体现着心理事实,体现着心理情感。[1]

其次,从上述批评中我们可以得出席勒对形式逻辑的另一点批评,即不存在完全脱离于与人相关的情境的纯粹形式或法则,诸如范畴、同一律、排中律、矛盾律等,在席勒看来,它们均与个体使用它们的目的有关。举例来说,专名的用法与人类使用它的目的相关,在形式上对它们做出分类从而得出范畴,这也与个体的使用目的相关。就同一律、排中律、矛盾律这样的思维法则或原理而言,席勒认为它们起初仅是我们的一些"假设",设定它们的目的在于,使得我们的经验变得和谐。这种设定仅是实验性的,它们在经验中并不总是能够得到成功;如果遭遇到了错误,我们将会修缮这些假设以及相关的理解。至于为何做出这种设定,席勒解释道,这是缘于我们的实践需求,我们需要用这类"逻辑"做事从而对经验做出规制、调整和价值衡量。[2]

再次,席勒也对传统逻辑中的三段论推理做出了批判,在他看来,三段论设定了:(1)前提是真的;(2)推理过程必须受制于固定的形式,从而保证结论必然为真;(3)增加新的知识。我们可以借助如下三段论推理进行分析:

S:所有人都是会死的
M:苏格拉底是人
P:苏格拉底会死

---

[1] See F. C. S. Schiller, *Studies in Humanism*, London and New York: Macmillan, 1907, p.83, p.95.
[2] See F. C. S. Schiller, *Logic for Use*, London: G. Bell, 1929, p.339.

席勒质疑道，将某一命题 S 作为真的前提的依据是什么？另外，选择某一命题 M 作为中项的依据又是什么？在笔者看来，席勒在此指出了甚为关键的一点：因为 M 同 S 处在特定的关系 R 中，所以得出 P，然而，M 同时也可能与 S'（例如，所有人都有一个脑袋）处在特定的关系 R'（例如，"……有一个脑袋"）中，从而我们会得出不同的理解或结论 P'（例如，苏格拉底有一个脑袋），那么，为何选定 S 而非 S' 来在一个三段论中分析它与 M 的关系，这本身是有待解释的。席勒的意思是，在现实的实践中，对 M 的理解是丰富的，三段论推论仅是出于某种实践的需求或目的从而选择了丰富现实的一个"切片"进行表达；如若形式逻辑仅专注于做出判断的形式，而忽略判断背后的情境，那么形式逻辑将会因为失去了对情境的考量而是不可接受的，它将沦为与人无关的、乏味的理智游戏。

最后，席勒指出，包括三段论推理在内的形式逻辑无法扩展我们知识的范围，究其原因，形式逻辑分离开了纯粹形式的（formal）探究和关涉世界的实质的（material）科学探究，仅试图推演形式推理的有效性，由于它忽略了对实质情境和内容的考量，从而不会将我们带到新的知识领地。

总结而言，"席勒对传统逻辑的批判要旨体现为这样的命题：所有现实的认知活动实际上都是个体的认知活动，体现的是个人的人性目的"①。在对人类理性活动的抽象中，传统逻辑的"抽象"活动忽略了做出推理活动的个体在应对实质内容以及具体的语境时具有的心理学意义上的诸如兴趣、目的、情绪、（认知过程中获得

---

① Reuben Abel, *The Pragmatic Humanism of F. C. S. Schiller*, New York: King's Crown Press, 1955, p.26.

的）满足感等要素所起到的作用，最终获得了单一、纯粹的形式。如席勒所言，"我们所说的'一'通常是'多'"①。

（二）人本实用主义

如果认为即便是形式逻辑的基本概念和原理也渗透了个体的目的和兴趣，那么席勒需要回答的问题是，这些看似根本经验无涉的概念和原理，何以从渗透人的心理因素的经验活动中卓然而出？在笔者看来，席勒对科学、真理、实在、自由、上帝等问题的解释均与他对形式逻辑的批判，以及对这一问题的回答有着一致的理路。

席勒指出，诸如物理对象和规律起初均只是我们的假设，如上所言，"假设"旨在"使得我们的经验变得和谐"，对象和规律是在我们经验中常常取得成功的东西，但它们决然不是先天或固有的。**在认知的过程中(knowing)，我们创造(making) 出了认知的对象(being known)。**关于这一表述，我们需要做出三点澄清：

首先，就"创造"一词来说，席勒的意思是，我们像是从木头中"创造"椅子一般"创造"出诸如对象、规律、真理和实在等；因而"创造"并不意味着无中生有——我们的确面临着一个客观世界，但"创造"也不意味着一个发现外在于心灵的某种固有本质的过程，因为，对于席勒而言，认知活动始终受到人的兴趣和目的之主导，因而对诸如"实在"的塑造始终渗透着人的因素。② 在类似的意义上，詹姆斯指出：

> 既然包含着人的因素的不是实在的存在，而是我们关于实在的信念，但只有在有什么东西可以认识这个意义上，这些人

---

① F. C. S. Schiller, *Studies in Humanism*, London and New York：Macmillan, 1907, p.90.

② See F. C. S. Schiller, *Humanism: Philosophical Essays*, 2nd ed., London：Macmillan, 1912, p. 146, p.131.

的因素才会认识那些非人的因素。就像问到"河流与堤岸,是河流造成堤岸,还是堤岸造成河流?一个人走路,主要是用右腿还是左腿?"其实,这两者都不可能分开,正如在我们的认识经验增长的过程中不可能把实在因素和人的因素分开一样。①

在此意义上,作为詹姆斯的拥趸,席勒有时将自己的思想称为"人本主义"。对于强调存在本质性的理念世界的柏拉图哲学和强调"人是衡量一切价值的尺度"的普罗泰戈拉哲学,席勒偏向于后者。

其次,席勒认为,从来没有科学假设被完全证明;实际上,长久来看,所有科学假设似乎都会被证伪。但这并不意味着科学假设是没有价值的,提出假设的价值在于,能够将单纯被给予我们的东西变得有意义。于是,科学在整理我们关于世界的经验的同时,也为经验带来了秩序和意义。

最后,这样一来,对于席勒而言,自然法则同形式逻辑的原理一样,始终同人的目的和兴趣有关。

(三) 对诸种真理观的批评

席勒认为,既然不存在某种纯粹独立于人的因素的客观实在以及先天真理,那么(1)真理不可能是关于实在的理解,或对实在对象的指向;(2)真理不是纯粹的形式判断和命题的属性;(3)真理不是某种外在的、但对我们的思维过程起到限制作用的东西;(4)不存在我们可以直觉到的终极真理;(5)真理不是我们的认识与实在的符合关系;(6)真理也不意指我们的认识和某种独立的观念的符合;(7)即便科学的发展使得概念系统变得无穷融贯,进而

---

① 詹姆士:《实用主义》,李步楼译,商务印书馆2012年版,第141页。

我们便能无限接近真理，这也是一种错误的理解。①

席勒对上述七种真理论的批评基于这样的基本判断：不存在客观的实在或先天真理，实在和真理均是在渗透个体心理因素的活动中"创造"出来的，它们体现了个体归派给事物和经验的价值。② 故而，我们不能仅从"形式"上来把握真理和实在，关于它们的理解必须同现实的人类思维活动联系起来，从而根据人类的探究兴趣和目的来界定真和假；同时，我们对之做出真、假判断的对象构成了我们所"创造"出的实在。在此意义上，不存在绝对的真理，也不存在固定不变的实在。如德瓦尔总结的那样，"我们创造真理，如同我们创造错误一般"③。

（四）席勒与美国实用主义

那么，判定真、假的标准是什么呢？席勒在回答这一问题时既体现出了他的实用主义思想，也体现出了他与皮尔士、詹姆斯，以及杜威思想之间的不同之处。席勒晚年在南加州大学工作期间，曾在1933年和1934年两度开设实用主义课程，根据他的课程讲稿，我们可以从中看出他对实用主义的理解。

首先，席勒赞成詹姆斯式的而非皮尔士式的实用主义。④ 席勒对皮尔士的一个批判是，认为他所发明的"实用主义"（pragmatism）一词内涵模糊且有着错误的表达形式。该词之所以模糊，是因为乍看之下它不但没有精确的意义，还可能误导人心。该

---

① See Reuben Abel, *The Pragmatic Humanism of F. C. S. Schiller*, New York：King's Crown Press, 1955, pp.94 - 95.

② See F. C. S. Schiller, *Logic for Use*, London：G. Bell, 1929, p.449.

③ Cornelis de Waal, *On Pragmatism*, Belmont：Wadsworth, 2005, p.60.

④ See Mark Porrovecchio, "F. C. S. Schiller's Last Pragmatism Course." *Transactions of the Charles S. Peirce Society: A Quarterly Journal in American Philosophy* 51.1 (2015)：58.

词有着错误的表达形式，这在席勒看来是因为皮尔士在使用该词时似乎在暗示它与实践（practice）一词有着直接的关联，practice 源于希腊词 *pragma*，意指行动和实践；但是，该词还与 *praxis* 有着相同的词源，该词意指事情或所完成的事情。① 这种将重点落于"事情"而非"人"上的实用主义理解无疑不同于席勒的立场。或许可以这么认为，"经验"可能是指（1）在应对世界的实践活动中完成的事情，也可能是指（2）个体在实践活动中伴随着的心理感觉。席勒更为在（2）的意义上强调实用主义"人本"的一面。

其次，席勒对詹姆斯式的实用主义的理解主要体现在他对詹姆斯《心理学原理》（1890）、《信仰的意志》（1896）、《宗教经验种种》（1902）等著作的接受上，他从这些著作中解读出了同自身立场联系在一起的一个重要观点：实用主义凸显了人的意志（will）的重要性，例如詹姆斯所说的信仰的意志——在席勒看来——意味着（a）就我们对事物诸如接受或拒斥的心理倾向或所形成的相关信念而言，我们并不是纯然被动地接受来自外部世界的刺激，我们的意志在认知的过程中能够发挥积极、能动的作用；（b）在此意义上，席勒将普罗泰戈拉视为实用主义第一人，将"人是衡量万物的尺度"视为实用的人本主义（pragmatic humanism）的口号；并且，（c）"意志"带来的不是某种心理上的偏见——在此意义上，个体间可以有着不同的意志——心理事实不仅仅是事实性的（*de facto*），还是法理性的（*de jure*），在法理的意义上，心理事实可能成为孕育诸如形式逻辑的基本概念和规律的基床。②

---

① See Mark Porrovecchio, "F. C. S. Schiller's Last Pragmatism Course." *Transactions of the Charles S. Peirce Society: A Quarterly Journal in American Philosophy* 51.1（2015）：60–61.

② See Mark Porrovecchio "F. C. S. Schiller's Last Pragmatism Course." *Transactions of the Charles S. Peirce Society: A Quarterly Journal in American Philosophy* 51.1（2015）：71, 86.

可以看出，席勒将詹姆斯的实用主义视为自身强调个体的兴趣和目的在一切人类活动中有着重要作用这一理论的依据。席勒指出："如果个体和社会的行为是有价值的话，那么我们必须诉诸兴趣这种心理刺激……它是衡量人类灵魂的诸种活动的伟大尺度，没有它的话，便无法完成任何事情，无法思考和感受任何事物。"① 席勒凸显的是个体而非社会的心理维度，就此而言，他对强调社会维度在追寻知识和意义中有着重要意义的杜威式的实用主义也感到十分不满。②

在这一点上，根据皮尔士的反心理主义立场，皮尔士无疑不会赞成席勒对实用主义的阐释。即便对于詹姆斯而言，詹姆斯也指出，席勒过分夸大了意志或兴趣的作用，他对"意志"的强调仅是在经验主义的意义上强调心灵并非单纯、被动地接受感觉印象。詹姆斯一针见血地指出：

> 席勒的宇宙是最小的，实质上是心理的宇宙。他从某种可对之做出真之判断的事物开始讨论，但这最终将引向那些判断所断定的独立的客观事实……而我的宇宙实质上是认识论的。我从两类事物开始，即客观事实和主张（claims），如果关于外在于那里的事实做出了成功的主张的话，那么……便有了真之主张。③

可以看出，詹姆斯认识到，席勒是从个体的心理宇宙走向外部事实，而他则承诺了独立于个体心理状态的客观事实的存在，我们可就这类事实做出真、假判断。根据上一章的讨论，我们看到詹姆斯

---

① Mark Porrovecchio, "F. C. S. Schiller's Last Pragmatism Course." *Transactions of the Charles S. Peirce Society: A Quarterly Journal in American Philosophy* 51.1（2015）：75.

② See Kenneth Winetrout, *F. C. S. Schiller and the Dimensions of Pragmatism*, Columbus：Ohio State University Press, 1967, pp.48－49.

③ William James, *The Meaning of Truth*, Cambridge, Mass.：Harvard University Press, 1975, p.9.

第二章 1 3 1

的宇宙是"多元的宇宙"，在关于这类宇宙的"彻底经验"中，"我"的属人要素最终被消除了。

不仅詹姆斯对席勒的观点持保守态度，席勒也在真理论上怀疑詹姆斯的观点。同实用主义者一样，席勒认为，真理的标志便是"有用"，然而，席勒仅是根据有用性来理解真理，而没有将两个概念等同起来，这意味着，"有用性"构成了"是真的"的必要不充分条件，"是真的"必然有用，反之则不然；换句话说，有用性是真理的一个特征而非真理本身。在席勒看来，詹姆斯将真理等同为有用："是真的"必然有用，同时，有用必然是真的。席勒批评詹姆斯的理由在于，他认为真理是那些已经得到确认的判断，但我们有些有用的判断仅是在提出主张或做出假设，尚未得到确认，因此不能算作真理。[①]

在笔者看来，席勒的这一区分让人感到难以理解，因为，在他那里，即便是得到确认的"真理"也是可错的或可废弃的，而废弃的标准只能是在经验中不再"有用"——有用性构成了衡量真、假的唯一现实标准。在詹姆斯那里，他从皮尔士的实用主义原理中得出"有用即是真理"这一简明的表述，该表述旨在阐明这样的思想：**理论上的差别只有在实践中有所显示，才是可信的和可理解的**。这里所谓的实践主要指"每一种见解的实际后果"或"行为中的效果"，[②] 亦即在现实的经验活动中是否"有用"，从而"有用性"在詹姆斯那里构成了衡量真理的标准。由此看来，席勒对有用性和真理性的区分似乎并不必要。

关于席勒对实用主义的理解，皮尔士毫不客气地指出，他似

---

① See Mark Porrovecchio, "F. C. S. Schiller's Last Pragmatism Course." *Transactions of the Charles S. Peirce Society: A Quarterly Journal in American Philosophy* 51.1 (2015)：96–97.

② 詹姆士：《实用主义》，李步楼译，商务印书馆2012年版，第27—28页。

乎不懂实用主义。① 席勒对皮尔士的真理观也多有批评，他认为我们不需要皮尔士所承诺的"终极真理"，即在探究的终点处必然达到的某种东西。在席勒看来，只要经验进一步展开，真理和实在就会进一步发展。与之相关，皮尔士在写给詹姆斯的信中这样评论道："实用主义的人本主义要素的确是真实、重要且令人印象深刻的……但是，对我来说，你和席勒将实用主义发展得太远了。我不想夸大实用主义，而仅想把它保留在受证据支持的范围内。"②

此外，皮尔士还不满于席勒不尊重"硬事实"的立场，不满于席勒认为诸如事实和真理均与人的目的和兴趣相关这种观点。我们可以根据上一章中皮尔士和詹姆斯关于实用主义的不同理解来领会皮尔士对席勒感到不满的原因。威尔比夫人同皮尔士站在一道，在1907年3月15日和17日写给席勒的一封信中，她直言自己不赞成席勒的人本主义过于强调自我而忽略外部世界施加给我们的感性作用的立场；③ 在1900年6月22日的信中，威尔比夫人对詹姆斯做出了这样的评论："我几乎阅读了他所写的所有著作，并做了笔记；但是，我总是感到他是有着某种危险性的作家，我发现他根本不能让人信服。然而，他悦耳的言之凿凿的话至少充满生命和勇气。"④ 面对威尔比夫人对詹姆斯的指责，席勒在回信中回应道，将人本主义理解为一种唯我论，这是一种误解；人本主义将关于外部

---

① See Reuben Abel, *The Pragmatic Humanism of F. C.S. Schiller*, New York：King's Crown Press, 1955, p.9.

② CP 8.258. 引文强调部分为笔者所加。

③ See Susan Petrilli, *Signifying and Understanding: Reading the Works of Victoria Welby and the Signific Movement*, Vol. 2, Berlin：Walter de Gruyter, 2009, pp. 630 - 631.

④ Susan Petrilli, *Signifying and Understanding: Reading the Works of Victoria Welby and the Signific Movement*, Vol. 2, Berlin：Walter de Gruyter, 2009, p.618.

世界的实存视为一种常识性的信念。① 真理和实在的属人特征在席勒那里，意味着仅能通过人来理解世界以及关于世界的知识。我们的确仅可以通过人来理解这个世界，但是这并不意味着人的意志是唯一的知性力量，皮尔士和威尔比夫人想要指出的仅是，在人之外的世界有着不为主观意志所左右的客观的认知对象和价值。

在笔者看来，皮尔士和席勒的观点间有着深层次的差别，在皮尔士那里，对"终极真理"的承诺意味着探究的过程是一个客观过程，只要这一过程持续进行下去，那么必然会达至不由人的主观因素（例如，席勒所强调的个体的心理"兴趣"）决定的"某处"，"有用或无用"将会推进探究的发展，在此意义上，实用主义不仅仅是一种哲学方法，更是一种严肃的哲学形而上学或科学的哲学；相比之下，席勒则强调个体的心理要素的重要作用，对他而言，真理论和实在论均是主观的。有趣的是，席勒批评实用主义的另一点在于，认为实用主义仅止步于作为一种方法，而他将实用主义向前推进了一步，发展出了倡导人是衡量一切的尺度的"人本主义"的哲学理论。

（五）对席勒的简要评论

根据上文的讨论，我们可以看出席勒的观点的确有些激进，这尤其体现在他对人的目的和兴趣这类心理因素作用的过度强调。实际上，同皮尔士、詹姆斯、杜威这样的实用主义者一样，席勒也强调社会维度的重要性，认为"真理，如果要是真正安全的而非仅仅是个体的价值衡量，那么它还需要赢得社会承认……社会维度的有

---

① See Susan Petrilli, *Signifying and Understanding: Reading the Works of Victoria Welby and the Signific Movement*, Vol. 2, Berlin: Walter de Gruyter, 2009, p.631.

用性确定了终极的'真理'"，"认知有着社会本性，这是一项尝试，所有实用主义者都理所当然地接受了这一点"①。然而，席勒对个体维度的过分强调既冲淡了他对社会维度的强调，也让人怀疑社会维度在他的哲学体系中究竟能够发挥怎样的积极作用。

除此之外，就对形式逻辑的批判而言，阿贝尔一针见血地指出，席勒模糊了纯粹数学和经验知识系统之间的关系，前者的确与现实世界无关；对经验的抽象程度加大，也不能得出前者系统中的分析性；从而，席勒未能认识到并非所有的活动都是现实的实践活动，从而能够进一步诉诸个体的心理要素进行分析。② 从另一视角看，席勒就形式逻辑和心理学之间的关联也未能提供令人满意的解释。在此意义上，在席勒去世后，杜威在一篇纪念性文章上大致表达了这样的意思：席勒对形式逻辑的批判是破坏性的，但他只留下了这个烂摊子，而未做任何修缮性的重构工作。③

四、英国早期分析哲学对实用主义的批评和接受

威尔比夫人、奥格登，以及席勒三人的实用主义思想虽各有其特征，但他（她）们均强调关于外部世界的现实经验的重要作用，外部世界在实用主义者那里不是经过语言的镜面被反映出来的，而是一个活生生被直接经历的某种东西。与之相对，20 世纪初，摩尔、罗素等人试图通过对命题实在论、逻辑原子论，以及理想语言

---

① See Reuben Abel, *The Pragmatic Humanism of F. C.S. Schiller*, New York: King's Crown Press, 1955, p.107.

② See Reuben Abel, *The Pragmatic Humanism of F. C.S. Schiller*, New York: King's Crown Press, 1955, pp.81–83.

③ See John Dewey, "F. C. S. Schiller: An Unpublished Memorial by John Dewey" (28 November 1937), Allan Shields (Ed.), *Transactions of the Charles S. Peirce Society* 3 (1967): 52.

的辩护和建构来发展关于世界的理解，早期维特根斯坦则试图通过"逻辑的脚手架"来构筑世界。虽然 20 世纪初的分析哲学自身也经历着一些实质的发展和变化，例如摩尔和罗素放弃命题实在论而转向逻辑原子论，但这一进路始终坚守着一种不变的理论承诺：正确的命题和相应的事实之间的关系仅能通过逻辑形式表达出来，而不能根据经验来阐明或说出它们之间的关系，用早期维特根斯坦的话说，经验的阐明是对"当今肤浅的心理学中所理解的那种心灵"① 的阐明。从上文中对实用主义（包括皮尔士、詹姆斯，以及英国早期实用主义）的讨论中，我们看到实用主义者并非总是在个体心理学的意义上来谈论经验。然而，他们对经验作用的强调的确与分析哲学家们的基本理论态度相冲突，我们可以看到，由于两条研究进路有着根本的差别，当它们遭遇时便产生了巨大的矛盾，这是可以预见的。

要语言，还是要经验，这在 20 世纪初的实用主义者和分析哲学家们那里似乎是不可兼得的选项。两条研究进路近乎水火不容，这可能是因为他们均将各自的理论承诺推向了极端。詹姆斯在 1908 年写给罗素的信中告诫他："如果你想保持与现实实在的关系的话，那便和数理逻辑说再见吧！"罗素在写给逻辑学家乔丹（Philip Jourdain）的信中这样回应道："在两者之间，我宁可保持与符号逻辑的关系。"② 然而，随着分析哲学在英国的发展，分析哲学的重镇从强调纯粹形式分析的剑桥学派转向强调日常语言分析的牛津学派，在此过程中出现了诸如后期维特根斯坦、艾耶尔、赖尔（Gilbert Ryle，1900—1976）、奥斯汀（John Langshaw Austin，

---

① 维特根斯坦：《逻辑哲学论》，韩林合编译，商务印书馆 2019 年版，第 5.5421 节。
② See Cheryl Misak, *Cambridge Pragmatism: From Peirce and James to Ramsey to Wittgenstein*, Oxford: Oxford University Press, 2016, p.104.

1911—1960)、斯特劳森（Peter Frederick Strawson，1919—2006）等强调对语言的日常用法进行分析的哲学家，分析哲学的这一发展虽未彻底颠覆自身，从而放弃语言的形式分析的方法，但这至少体现了分析哲学对实用主义哲学的接受。与此同时，我们将在兰姆赛和维特根斯坦那里看到，他们以对实用主义的正确理解为基础，将实用主义纳入自身的思想内核之内，从而真正开启了实现实用主义和分析哲学融合的剑桥实用主义哲学。

（一）摩尔对詹姆斯的批评

摩尔主要在《詹姆斯教授的“实用主义”》（1907—1908）一文中批评詹姆斯在《实用主义》一书第六讲“实用主义的真理观”中提出的真理观。摩尔的质疑主要基于将“真理”和“有用性”等同起来的这种“伪”詹姆斯观点。摩尔的解读体现了一种常见的误解，我们将会看到，这种误解也体现在罗素的理解中。笔者认为，这种误解可能源于詹姆斯的如下表述：

> 真观念就是我们能够吸收、能够生效、能够确认、能够证实的那些观念。假观念就是不能这样做的那些观念。
>
> 既可以说“它因为真所以有用”，也可以说“它因为有用所以真”。这两句话说的恰恰是一回事，那就是：这里有一个观念得到实现了，能够证实了。①

从而，人们易于从詹姆斯那里得出“真理就是有用”这种简明却容易带来误解的口号。摩尔对詹姆斯的真理观做了如下三点解读：

> （1）首先，詹姆斯清楚地（plainly）认为真理与“证实”或“有用性”有着某种关系。我们的真观念……在能够被

---

① 詹姆士：《实用主义》，李步楼译，商务印书馆 2012 年版，第 112、114 页。

“证成”或“有用”的意义上，是行之有效的。

（2）其次，詹姆斯似乎反对将真理视为某种“静止”或“不变”的东西的观点。他认为真理在某种意义上是“可变”的。

（3）第三，他认为“在某种不能确定的限度上，我们的真理是人造物”。①

乍看之下，摩尔的解读似乎并无问题，然而，他对詹姆斯真理观的具体阐述体现了一种十足的误解。摩尔继而将詹姆斯的观点分列为如下四种观点，然后以详细探查例外情形的方式各个击破：

（a）我们能够证实我们的所有观念，只要这些观念是真的。

（b）就观念而言，只要我们能证实它，便是真的。

（c）我们所有的真观念都是有用的。

（d）就观念而言，只要有用，便是真的。②

摩尔的反驳十分细碎，例如，在反驳（b）时，他指出，有些真观念是尚未得到证实的；甚至有些真观念永远无法得到证实。摩尔以历史学家为例，认为他们有着可能永远无法证实的真观念。再如，在反驳（c）时，他指出，有些观念是真的，但是无用的：我们频繁地注意到诸多琐碎的“小事情”（如“墙角有一朵野花”“地上有一些灰尘”之类的小事情），我们有着关于它们的真观念，但这些观念无疑是无用的。摩尔在逐条反驳詹姆斯的“观点”后，进而试图“善意”地理解詹姆斯的观点，诸如将詹姆斯的观点修改为

---

① G. E. Moore, "Prof. James' Pragmatism." *Proceedings of the Aristotelian Society*, 1907—1908, New Series, Vol. 9 (1907—1908): 33.

② G. E. Moore, "Prof. James' Pragmatism." *Proceedings of the Aristotelian Society*, 1907—1908, New Series, Vol. 9 (1907—1908): 35.

"有些真观念是有用的"，但他最终仍然得出了否定詹姆斯立场的结论。

面对摩尔式的批评，詹姆斯直言不讳地指出，这类批评是不值得回复的，因为这些批评在詹姆斯看来，是一些"近乎可悲的无能之作，他们仅把实用主义论题理解为他们想要拒斥的论题"①。如普特南提醒我们的那样，就像如果根据"意义即用法"来将"意义"理解为"用法"便会误解后期维特根斯坦一样，如果根据"有用即是真理"而将"真理"理解为"有用性"也将误解詹姆斯。② 我们已经在第一章中阐明詹姆斯真理论的真实蕴意，它显然有别于摩尔的理解，在此笔者也同詹姆斯对待摩尔的态度那般，不作赘议。

（二）罗素对实用主义的批评与接受

罗素对待实用主义的态度经历了从完全否定到部分接受的转变过程。罗素起初对詹姆斯多有恶评，他对詹姆斯的批评同样集中在后者的真理观上，但从《心的分析》（1921）之后，他对詹姆斯的"彻底的经验主义"（罗素将之称为"中立一元论"）开始有所接受。

在《西方哲学史》（下卷，1945）中，罗素指出，詹姆斯的兴趣主要集中在科学和宗教两个方面，"1890年出版的他在心理学方面的著作优秀无比。不过，这本书是科学上的贡献而不是哲学上的贡献，所以我不准备讨论"③。就此而言，罗素大体忽略了詹姆斯关于心理学的讨论，虽然我们知道《心理学原理》实际上包含着非常

① William James, *The Meaning of Truth*, Cambridge, Mass.: Harvard University Press, 1975, p.10.
② See Hilary Putnam, *Pragmatism: An Open Question*, Oxford: Blackwell Publishing, 1995, p.9.
③ 罗素：《西方哲学史（下卷）》，《罗素文集》第 8 卷，马元德译，商务印书馆 2012 年版，第 433 页。

丰富的哲学思想。

罗素在《飞跃大西洋的真理论》（1908）[①] 一文中对詹姆斯的实用主义思想进行了诸多阐释和批评，在笔者看来，这些批评主要集中在对詹姆斯真理观如下五点递进的批评上：[②]

首先，罗素质疑从效用来理解信念真、假的做法。同摩尔一样，在罗素的解读中，同样将真理视为有用。罗素质疑道，如何衡量信念的有用性？例如，就某一具体信念而言，它可能部分"好"，部分"坏"，也可能对一些人而言是好的，对另一些人而言是坏的，这样一来，如何平衡信念这两相矛盾的属性，最终得出它有着统一性的后果（pay），这首先便是一个问题。

其次，罗素指出，如果将真理理解为有用性的话，那么如下两种表达式将会是可互相替换的：

(ⅰ) It is true that other people exist. (他人存在是真的)

(ⅱ) It is useful to believe that other people exist. (相信他人存在是有用的)

在罗素看来，（ⅰ）和（ⅱ）无疑是不能互相替换的，因为（ⅱ）中的"useful to believe"不能构成"true"的充分条件。作为一名分析哲学家，罗素认为"true"有着至高的地位，它是逻辑分析最不容置疑的透明的初始概念，而根据"相信"这种心理状态得来的"有用性"显然无法作为"是真的"之基础或充分条件。

---

① "Transatlantic Truth" (1908)，原载于 *Albany Review* 1 月刊，后以《威廉·詹姆斯的真理观》（William James's Conception of Truth）为题转载于 Doris Olin（Ed.）, *William James: Pragmatism in Focus*, London: Routledge, 1992, pp.127 – 148。

② See Bertrand Russell, "William James's Conception of Truth", in *William James: Pragmatism in Focus*, Doris Olin（Ed.）, London: Routledge, 1992, pp.136 – 140.

第三，沿着第二点，罗素进一步指出，詹姆斯未能区分对经验的证实标准（verification criterion）和意义（meaning）。在分析哲学中，意义和真之间的关系是一个经典问题，在罗素看来，如果将真理等同为有用性，并进一步根据效用来理解语词的意义，那么语词在经验中的有用性将构成确定语词意义的标准。然而，从这种意义上说，经验标准是偶然的，但在罗素看来，语词同其意义有着确定且清晰的关系。进而，罗素也无法接受詹姆斯将经验的证实标准直接视为意义的立场。

第四，同前面几点相关，罗素指出，如果过于强调经验性的证实或有用性的话，那么詹姆斯实际上并未提出任何真理观，因为此时实践上的重要性有着至高地位，它将取代对"真、假"的追寻。

最后，那么，失去了对真、假的追寻，詹姆斯追求的"事实"将失去客观性，它将仅是某种人造的事实（the making of reality），这在罗素看来，也是不可接受的。

不同于对待摩尔批评的态度，詹姆斯这样评价罗素的文章："伯特兰·罗素先生题为《飞跃大西洋的真理论》一文有着清晰，以及辩证的微妙性，该文是从他笔尖流出的智慧，然而，却完全未能正确击中我们的立场。"[①] 詹姆斯将罗素的理解视为一种典型误解进行回应，持有这种误解的人"忘记了我们是在人类生活中对'真'所意指的事物进行具体的阐明……然而，大多数反对实用主义的批评者将'真'视为某种绝对的东西"[②]。

在笔者看来，詹姆斯的回应的确抓住了诸如摩尔、罗素这类批

---

① William James, "The Meaning of Truth", in *William James Writings*, *1902—1910*, New York: Literary Classics of the United States, Inc., 1987, p.962.

② William James, "The Meaning of Truth", in *William James Writings*, *1902—1910*, New York: Literary Classics of the United States, Inc., 1987, p.963.

评者所忽略的实用主义中重要的一个方面，即实用主义的实践观。在实用主义者看来，我们与现实世界有着实际、有效的互动，信念、真理均源自这一互动的过程，因而信念和真理从不会缺乏证实它们的标准。但是，实用主义者从未将这类证实标准，以及意义和真理视为某种完全透明或固定不变，乃至作为某种先天存在的东西。我们容易从罗素的批评中看出他对确定的真理和意义的寻求。

罗素对詹姆斯真理观的阐释似乎长期未有变化，在《西方哲学史》（下卷，1945）中，他仍然认为："在这个学说中，我发觉依理智来讲有若干重大的困难之点。这学说假定一个信念的效果若是好的，它就是'真理'。"① 在《论亲知的性质》（1914）中将"有用性"理解为对"欲望的满足"，认为詹姆斯式的实用主义者持有一种"对科学的天真态度"②。

有所改观的是罗素对詹姆斯经验论的态度，这种转变伴随着他自身思想的转变。促使他的态度发生转变的部分原因或许在于，罗素认识到了他以逻辑原子论为代表的早期思想存在着难以克服的困难：如果专注于形式分析的探究终究是关于具体"现实实在"的探究的话，那么它便需要回答逻辑的阐明何以可能带来关于外部世界的知识这一传统的认识论问题。罗素在晚年认识到，逻辑实证主义中关于命题和事实之间关系的观点隐含着某种逻辑神秘主义，③ 即奥格登所谓的"语词魔法"：它未能解释命题和事实之间为何必然关联，从而可以仅需根据对命题的形式分析，通过对语言结构的阐

① 罗素：《西方哲学史（下卷）》，《罗素文集》第8卷，马元德译，商务印书馆2012年版，第440页。
② 参见罗素：《论亲知的性质（1914）》，载《逻辑与知识》，《罗素文集》第10卷，苑莉均译，张家龙校，商务印书馆2012年版，第190—191页。
③ 参见罗素：《我的哲学的发展》，《罗素文集》第12卷，温锡增译，商务印书馆2012年版，第113页。

明来披露世界的结构。

　　或许也恰是因为对认识论和语言问题的更多思考（这部分受到早期维特根斯坦的推动），罗素在 20 世纪 20 年代前后开始重新思考实用主义以及他对詹姆斯原先的批驳态度："我一九一八年认识到的事情之中有一件是，我对'意义'和一些语言上的问题总的说来注意得不够。正是在那个时候我开始意识到字和事物之间的关系的许多问题。""在一九一四年的《一元论者》学报中发表的《论认识的性质》这一长篇文章中，我批评了并且否定了詹姆斯的意见。……但是直到十四年以后我才相信它是正确的。"[1] 与此同时，罗素开始"不相信有证明事物存在的十足先验的方法"。"有些近代哲学家主张关于语言我们知道得很多，但是对于别的任何东西则一无所知。这种见解忘记了语言也是一种经验现象……"[2]

　　在《心的分析》（1921）中，罗素更为直接地吸收了詹姆斯的"彻底的经验主义"理论：

　　　　在我看来调和了心理学的唯物论倾向和物理学的反唯物论倾向的观点，是威廉·詹姆士与美国实在论者的观点。根据这种观点，世界的"材料"既非精神的，亦非物质的，而是从中构造出来的一种"中立的材料"。

　　　　在我看来，我们的经验世界由以组成的材料，既非心灵，亦非物质，而是比二者都更基本的某种东西。心灵和物质似乎都是复合的，而且它们的组成材料在一种意义上介于二者之间，在一种意义上处于二者之上——就像一个共同的祖先。[3]

---

① 罗素：《我的哲学的发展》，《罗素文集》第 12 卷，温锡增译，商务印书馆 2012 年版，第 130、132—133 页。

② 罗素：《我的哲学的发展》，《罗素文集》第 12 卷，温锡增译，商务印书馆 2012 年版，第 130 页。

③ 罗素：《心的分析》，《罗素文集》第 4 卷，贾可春译，商务印书馆 2012 年版，第 6—7、9 页。

尽管罗素在《心的分析》中更多的是借助当时经验科学研究的成果来承认"经验"在哲学中的重要位置，指出我们所有的基本材料都是综合了心理分析和逻辑构造的结果，这种理解实际上与詹姆斯的"彻底的经验主义"有着很大差别，但这至少明确体现了罗素改变了他在诸如《我们关于外间世界的知识》（1914）中的立场，即物理对象是由感觉材料综合而成的，它体现的是感觉材料的序列，而这种序列有着类似于数学结构的逻辑结构，因而我们可以专注于纯粹的形式分析以披露世界的结构。罗素自身立场的变化体现了他对经验分析的接受，由此他也对詹姆斯的哲学立场做出了重审。

相较于对詹姆斯的评价，罗素对杜威的评价似乎更高，他写道："杜威是个品性高洁无比的人，他在见解上是自由主义的，在待人接物方面宽宏而亲切，在工作当中孜孜不倦。他有很多意见我几乎完全赞同。"[1] 但是，基于类似于他在批判詹姆斯真理论时给出的理由，罗素反对杜威的"探究逻辑"。"探究逻辑"的立场认为，探究的过程体现了有机体同它的环境之间互相调节的过程，从中我们可以获得信念和知识。罗素这样批驳道："杜威把探究当作逻辑的要素，不拿真理或知识当作逻辑的要素。""头一个问题是：哪种东西是'真的'或'假的'呢？最简单不过的答案就是：句子。"[2] 可以看出，罗素将逻辑探究理解为对句子的意义和真理的探究，这是一类形式（formal）探究；相比之下，杜威所谓的探究逻辑更加是一种强调涉身世界的实践的实质（material）探究，这无疑会遭受来自罗素的批评。

① 罗素：《西方哲学史（下卷）》，《罗素文集》第 8 卷，马元德译，商务印书馆 2012 年版，第 445 页。

② 罗素：《西方哲学史（下卷）》，《罗素文集》第 8 卷，马元德译，商务印书馆 2012 年版，第 450、447 页。

罗素和杜威的思想差异还体现在民主、教育，乃至关于中国问题的理解上，限于本书主旨，在此不作多议。

以威尔比夫人、奥格登、席勒等人为主要代表的英国早期实用主义，其成员思想间有着一些差别，并且也与美国实用主义有所不同。威尔比夫人和奥格登受到皮尔士符号哲学的影响，但他（她）们对符号有着不同的理解。席勒受到詹姆斯哲学的影响，却过分强调了个体意志的重要作用。威尔比夫人、奥格登，以及席勒均强调经验在哲学探究中有着重要的作用。然而，相比之下，威尔比夫人和奥格登更为强调在涉身外部世界的实践活动中理解经验以及相关的心理感觉，席勒则凸显乃至过于激进地强调个体主观的兴趣或心理状态的重要性。实用主义者一般反对在席勒的意义上理解经验，而更多是将经验理解为调和主观理解与客观世界关系的一个动态的实践过程。

英国早期实用主义甫一产生，就与当时占据英国哲学界主流的分析哲学发生了冲突，这主要是因为两者有着非常不同的理论关切：实用主义者强调实质的、经验性的实践活动的重要性，而早期分析哲学家们则强调形式的、纯粹语义分析的重要性。然而，随着实用主义思想在英国的传播，罗素转变了对待实用主义的态度并在一定程度上接受了诸如詹姆斯的思想。实用主义和分析哲学的融合更为实质地体现在兰姆赛和后期维特根斯坦的思想中，由此形成了"实用主义化的分析哲学""分析实用主义"或剑桥实用主义。

笔者认为，实用主义和分析哲学能够融合的深层原因在于，在它们初次遭遇产生的矛盾中，双方攻击的都是彼此的"虚假形象"：分析哲学家将实用主义者强调的经验概念误解为心理学概念；实用主义者则仅将分析哲学家视为一些玩弄形式逻辑而不关心现实世界的人，忽略了至少有一部分分析哲学家也有着试图保证形式化的构造的确关涉实质世界的诉求。实用主义和分析哲学的融合体现了两类"世界观"的融合：强调纯粹形式分析的哲学暗示着一种逻辑的、形而上学的、纯粹的理想世界观，而实用主义的世界观是一种经验的、心理的、现实的、活生生的世界观；融合后的世界观则摒除了分析的世界中的"形而上学"，在实用主义的世界观中重新思考"语言"的本质。在讨论了作为剑桥实用主义"前奏"的英国早期实用主义思想后，下一章将会讨论剑桥实用主义成熟时期的思想，即兰姆赛和后期维特根斯坦的实用主义，我们将会在那里的讨论中直接探讨实用主义和分析哲学具体融合在一处的路径。

第三章

语言和经验的合流：兰姆赛和
维特根斯坦的实用主义

哲学必然有着某种用处，我们必须严肃对待之；它必须能够理清我们的思想，引导我们行动。不然，它便是我们必须加以检验的倾向，发现问题是如此这般的探究；换言之，哲学的关键命题是"哲学是无意义的（nonsense）"。此时，我们便需要严肃地对待这种"无意义"，而不能像维特根斯坦那样假装它是一种重要的无意义！

——兰姆赛《论哲学》①

哲学的目标是思想的逻辑澄清。哲学不是任何理论，而是一种活动。一部哲学著作本质上说来是由说明构成的。哲学的结果不是"哲学命题"，而是命题的澄清。哲学应该使思想变得清楚，应该清晰地划出思想的界限，否则，它们可以说是混浊的、模糊的。

——维特根斯坦《逻辑哲学论》②

① Frank Ramsey, "Philosophy", in *F. P. Ramsey: Philosophical Papers*, D. H. Mellor（Ed.），Cambridge：Cambridge University Press, 1990, p.1.
② 维特根斯坦：《逻辑哲学论》，韩林合编译，商务印书馆 2019 年版，第 4.112 节。

实用主义和英国分析哲学在 20 世纪初的遭遇中，皮尔士《偶然、爱与逻辑》（1923）[①] 一书的出版或许是缓和两者矛盾的一个重要契机。该书直接影响到了兰姆赛哲学的发展。兰姆赛生于 1903 年 2 月 22 日，但在 1930 年 1 月 19 日，他便因治疗慢性肝疾接受了腹部手术，术后并发黄疸而英年早逝。兰姆赛在其不足 27 年的短暂一生里，在数学、哲学、经济学等方面做出了诸多卓越贡献，他还在一定程度上影响了凯恩斯（John Maynard Keynes，1883—1946）、早期维特根斯坦等人的思想发展。仅就哲学领域而言，真之紧缩论、成功语义学、主观信念度理论、决策论、可靠主义知识论等一系列理论都可在兰姆赛那里溯及源头。或许因为兰姆赛有着非常多的原创思想，也或许是因为他的一生过于短促，从而未能充分阐明自己理论的蕴意，这使得后世的阐释者可从诸多不同的方向，乃至出于不同的理论目的提出对兰姆赛哲学的理解，有诸多学者声称在兰姆赛那里找到了其思想的来源，戴维森将此现象称为"兰姆赛效应"[②]。这一效应督促我们对兰姆赛哲学本身进行直接的研究，尝试恢复其思想面貌。

在哲学领域，兰姆赛主要受到了早期维特根斯坦和皮尔士的影响。我们可以从他在其生命最后四年（1926—1929 年）发表的文章中看到其思想中经历着一次重要的"实用主义转向"，这次思想变化或许主要源于他早前对皮尔士《偶然、爱与逻辑》一书，以及《为实效主义申辩序》一文[③]的阅读和吸收。本章第一节将参照兰姆赛与皮尔士的思想关联来阐释其实用主义思想。具

[①] C. S. Peirce, *Chance, Love and Logic*, Morris Cohen（Ed.），Lincoln & London: University of Nebraska Press, 1998.

[②] See Lewis Hahn, *The Philosophy of Donald Davidson*, Library of Living Philosophers, vol. xxvii, Chicago: Open Court, 1999, p.32.

[③] C. S. Peirce, "Prolegomena to an apology for pragmaticism." *The Monist* 16.4（1906）: 492 - 546.

体而言，在"世界中事件发生的客观或然性"和"相信这些事件发生的主观信念程度"的关系上，兰姆赛吸收了皮尔士的实用主义，将信念持有者视为在世界中行动的能动者，认为事件发生的客观"概率"仅是人们基于对经验的归纳提出的"假设"，这一假设是指导行动的信念依据，从而主观信念度和事件的客观或然性是直接相关的，主观信念度也因此有着客观属性。笔者认为，我们同样需要结合兰姆赛哲学中的实用主义思想来理解他的可靠主义知识论。

兰姆赛的另一项重要工作是翻译第一版早期维特根斯坦的《逻辑哲学论》，本章第二节将主要以表征论为理论视角，试图阐明《逻辑哲学论》中的反表征论工作，认为早期维特根斯坦并未承诺命题形式上的逻辑阐明是关于某种外在事物的表征（表象，再现，representation）。相比之下，罗素和兰姆赛则在表征论的意义上来理解《逻辑哲学论》，相关的"误解"体现了两人思想上的不同。

维特根斯坦的实用主义更多地体现在其后期著作中，然而，笔者认为，如果参照其早期著作来理解其后期著作，我们将能够更好地理解维特根斯坦的哲学深意，进而我们将不仅讨论《逻辑哲学论》，也会在第三节中首先讨论"中期维特根斯坦"的思想。笔者将会指出，维特根斯坦的实用主义思想主要体现在他的反表征论论题、反私人语言论证、论遵守规则、生活形式，以及其哲学观等方面；然而，笔者也将试图清楚地指出如下重要的一点：**维特根斯坦的实用主义并非源于美国古典实用主义，毋宁说，维特根斯坦自身提出了实用主义的一个版本，即"维特根斯坦的实用主义"，它构成了剑桥实用主义的理论核心**，同时，维特根斯坦的实用主义既为新一代的剑桥实用主义者（布莱克本和普莱斯），也为美国新实用主义者（例如罗蒂和布兰顿）所承袭和发展。

一、兰姆赛的实用主义与皮尔士

兰姆赛的实用主义思想主要体现在他对行动概念的强调，以及根据客观的行动来理解信念所具有的主观或然性的做法。信念具有意义，因此需要根据它在我们的行动中引起的效果来进行理解。兰姆赛的这些思想受到了皮尔士的直接影响，我们从《偶然、爱与逻辑》一书第一部分的目录中便可看出他与皮尔士之间可能的思想关联：

第一部分　偶然与逻辑（关于科学逻辑的阐明）
1. 信念的确定
2. 如何澄清观念
3. 关于偶然性的学说
4. 归纳的或然性
5. 自然的秩序
6. 演绎、归纳和假设

本节将围绕兰姆赛和皮尔士的思想关联，尝试勾绘一幅完整的兰姆赛实用主义理论图景。在此过程中，笔者也将力图指出，兰姆赛的真之紧缩论（更为确切地说，兰姆赛持有的是一种符合论的真理观）、成功主义语义学、可靠主义的知识论等影响后世哲学的立场与其思想中的实用主义特质密不可分。

（一）主观信念度和行动

如何在充满偶然性的世界中行动，我们在行动中有着多大程度上的信念，以及如何确定或理解陈述那些信念的命题的真和意义，这些是兰姆赛实用主义回答的主要问题。在《真与或然性》（1926）中，兰姆赛以对凯恩斯的或然性理论（theory of probability）的批评开篇，凯恩斯认为：

（1）我们使用命题做出的或然推理有着客观性，并且

（2）客观或然性构成了我们主观对命题持有的信念度的证成基础。[①]

基于（1）—（2），我们必须诉诸相关命题陈述之间的客观逻辑关系来解释或衡量主观地在多大程度上持有某一信念。兰姆赛指出，从（1）和（2）中我们可以推出凯恩斯理论必然蕴含有如下第三个理论承诺：

（3）客观的或然性关系和它们所能证成的信念度之间有着一一对应的关系。[②]

在兰姆赛看来，（1）—（3）均是难以理解的，因为这些立场脱离了人们的现实生活而空谈客观的或然性，即命题之间的某种客观逻辑关系。在他看来，我们必须诉诸主体拥有的"如此那般"的信念度才能够理解客观或然性意味着什么。[③] 继而，兰姆赛尝试建构一种衡量主观信念度的理论。

关于主观信念度，兰姆赛并不把它理解为主体的某种信念感或感受的"浓度"，因为我们不仅无法在公共维度内观察到主体的这类私人感觉，并且我们诸多的信念是不伴随有某种感觉的。兰姆赛

---

① See Frank Ramsey, "Truth and Probability", in *The Foundation of Mathematics and Other Logic Essays*, R. B. Braithwaite (Ed.), London: K. Paul, Trench, Trubner & Company, Limited, 1931, p.160.

② See Frank Ramsey, "Truth and Probability", in *The Foundation of Mathematics and Other Logic Essays*, R. B. Braithwaite (Ed.), London: K. Paul, Trench, Trubner & Company, Limited, 1931, pp.160 – 161.

③ See Frank Ramsey, "Truth and Probability", in *The Foundation of Mathematics and Other Logic Essays*, R. B. Braithwaite (Ed.), London: K. Paul, Trench, Trubner & Company, Limited, 1931, pp.163 – 166.

这里的立场与皮尔士的反心理主义立场一致。相较之下，兰姆赛提出将主观信念度理解为某种客观属性，它"模糊地表达了在何种程度上我们准备基于它而行动"①。我们将从对兰姆赛这一蕴含丰富思想的观点的澄清中进一步看到他对皮尔士思想的承袭或与皮尔士的共同之处。

首先，兰姆赛指出，当把主观信念度理解为某种客观属性时，我们仅是在做出某种"假设"或"打赌"，"认为"在某种合宜的情境下会在多大"或然性"上导致某种"后果"，例如"电闪"在100次情形中会有99次随之伴随着"雷鸣"，那么我们关于"如果电闪，那么雷鸣"这一命题的主观信念度便是0.99。兰姆赛用0—1的范围来衡量信念度，这种量化的方式比信念感觉的"浓度"更为精准，因而也更能够有效地作为行动的基础。此外，由于后果是可在公共维度得到衡量的，**主观信念度因此并不"主观"**，这是蕴含深意的一点，我们将在下文中继续阐明。

我们"根据后果理解信念度"，这与皮尔士在收录于《偶然、爱与逻辑》的《如何澄清观念》一文中提出的"实用主义原理"异曲同工："试考察我们所设想的概念的对象有哪些可想见的实践效果。那么，此类效果的概念，就是这一对象的整个概念。"② 兰姆赛也明确指出，他在这里提出的是一种实用主义，"我们是根据心灵的习惯是否发挥作用来对那些习惯做出判断的，即它们所带来的意见是否大部分是真的，或是否比其他习惯带来的信念更为真实。

① Frank Ramsey, "Truth and Probability", in *The Foundation of Mathematics and Other Logic Essays*, R. B. Braithwaite (Ed.), London: K. Paul, Trench, Trubner & Company, Limited, 1931, p.169.

② C. S. Peirce, *Chance, Love and Logic*, Morris Cohen (Ed.), Lincoln & London: University of Nebraska Press, 1998, p.45.

归纳法就是这样的一种有用的习惯"①。

其次，兰姆赛关于归纳法的理解十分关键，这体现了他从皮尔士那里承袭而来的另一个重要观点。在兰姆赛看来，我们需要将逻辑理解为两个部分，一个是狭隘意义上的逻辑，这是一种有着连贯性的逻辑（logic of consistency）或形式逻辑，另一种是更为宽泛意义上的逻辑，这是一种发现的逻辑（logic of discovery）或归纳逻辑。根据前一种逻辑（如演绎逻辑），我们基于已有的前提，做出形式上可靠的推论，所得出的推论或结论被包含在前提的范围之内；然而，同样在皮尔士那里，兰姆赛看到了第二种类型的逻辑或论述方式，这是一种"扩大性的、综合的，或（宽泛地说）归纳的"逻辑，是一种"人类的逻辑"（human logic），我们不应该试图将这种逻辑还原为狭义上的形式逻辑。②

兰姆赛对这种"人类的逻辑"深以为然，恰是基于归纳逻辑，我们对过往的经验做出了整理和归纳，并以此为基础对发生在世界中的事件之间的逻辑关系做出某种"假设"。在此意义上，归纳提供了作为行动或习惯基础的信念度。"习惯"的养成在皮尔士那里同样意味着信念的养成和怀疑的平息，从而可以坚定地行动。③

再次，因而习惯的养成并不意味着主观的某种信念感觉"浓度"的增加，兰姆赛与皮尔士思想相通的另一点是，他指出，

---

① Frank Ramsey, "Truth and Probability", in *The Foundation of Mathematics and Other Logic Essays*, R. B. Braithwaite (Ed.), London: K. Paul, Trench, Trubner & Company, Limited, 1931, pp.197-198. 引文强调部分为笔者所加。

② See Frank Ramsey, "Truth and Probability", in *The Foundation of Mathematics and Other Logic Essays*, R. B. Braithwaite (Ed.), London: K. Paul, Trench, Trubner & Company, Limited, 1931, p.186, p.193.

③ 参见皮尔士:《皮尔士论符号》，胡普斯编，徐鹏译，上海译文出版社 2016 年版，第 112 页。严格来说，这里兰姆赛应该指的是皮尔士的"溯因推理"（abduction），而非归纳。

每当我做出某一推论时，我是根据某些原则或习惯做出
的。推论不是某种当我们被给定了前提和结论，就能直接做出
的东西；我们还需要根据推论来理解前提和结论之间的关系。
心灵是通过一般法则做到这一点的；因此，如果我们能够从 p
推出 q，那么，从一般的意义上说，这是因为 q 是函项 Φx 的
一个示例，p 是函项 φx 的一个示例，并且我们总是可以从 φx
中推出 Φx。①

从而，我们的"习惯"不但不是主观任意的，它还包含着普遍有效
的推论，因而它所蕴含的主观信念度实际上是一种客观的属性——
**主观性仅体现在信念是"我"的信念，客观性则体现在主观的行动
受到习惯所包含的推论的制约。**

　　依旧以"如果电闪，那么雷鸣"为例，如果在 100 次情形
中，我们观察到 99 次情形均是如此，即该命题在 99% 的情况下
为真，那么，主观的关于"从电闪推出雷鸣"这一信念的程度
（0.99）将足以促使我们养成这样的习惯：在第 100 次电闪时，我
们将期待着雷鸣。个体具有的习惯因此包含有普遍性的推论。兰
姆赛借用皮尔士在《为实效主义申辩序》中就"殊型和类型"
（token/type）所做的区分——殊型指单个具体的对象，例如具体
的一支铅笔，类型则指所有铅笔构成的一个类别"铅笔"——指
出"如果电闪，那么雷鸣"这一推理是一种类型化的推论，其
中，"电闪"和"雷鸣"成为诸多具体殊型（如 p 和 q）的一个
类型（如 φx 和 Φx）。② 在此意义上，**我们根据更具普遍性的类型
化的推论关系来理解命题所断定的事件的或然性以及主观信念**

---

① Frank Ramsey, "Truth and Probability", in *The Foundation of Mathematics and Other Logic Essays*, R. B. Braithwaite (Ed.), London: K. Paul, Trench, Trubner & Company, Limited, 1931, p.195.

② See C. S. Peirce, "Prolegomena to an apology for pragmaticism." *The Monist* 16.4 (1906): 506.

度。皮尔士也直接指出，"或然性的一个首要特征毫无疑问是，它包含某些推论"。[①]

这里似乎存在着一个矛盾，即这些推论关系起初仅是我们基于对经验的归纳提出的"假设"，它随后却具有了制约行动的客观作用，我们甚至需借助它才能理解或然性和主观信念度。这一矛盾实际上体现了这样的一种问题：我们最初提出的假设完全是主观的，这种主观假设何以最终获得了客观性（我们将会明白，这实际上是一种以错误方式提出的虚假问题，因为提出的假设始终是一种可引导行动的客观假设）？对这一矛盾的思考让我们认识到兰姆赛哲学中至关重要的一点：主观信念度和事态的客观或然性之间存在着一个动态的回环，即"基于主观信念度的假设—行动—修改假设和主观信念度—进一步的行动"，这一"信念—行动"间的回环意味着**主观信念度不仅是一种客观属性，它还体现着我们关于世界动态的、逐步深化的直接认知**。与之相关，兰姆赛指出：

> 我们发现，部分信念（partial belief）这一概念指向了假设的或理想的频率（frequency）；设定益品（goods）是可以累加的，那么 m/n 这个信念度便是一种能够导致如下行动的信念：最好认为如果重复了 n 次，命题便有 m 次是真的。……恰是部分信念和频率有着这样的关系，我们才能够将对频率的计算作为对融贯的部分信念的计算。在此意义上，我们可以认为，这是关于相同的内在意义的客观和主观方面的两种阐释。[②]

[①] C. S. Peirce, *Chance, Love and Logic*, Morris Cohen (Ed.), Lincoln & London: University of Nebraska Press, 1998, p.66.

[②] Frank Ramsey, "Truth and Probability", in *The Foundation of Mathematics and Other Logic Essays*, R. B. Braithwaite (Ed.), London: K. Paul, Trench, Trubner & Company, Limited, 1931, p.188. 引文强调部分为笔者所加。

因而，在我们主观思维领域的信念度的结构与客观行动领域内所包含的推论的结构有着同构性，我们基于信念而养成某种习惯，我们基于对推论的理解而行动，因此我们的主观习惯也将必然导向某种客观的行动。兰姆赛从皮尔士关于习惯的讨论中，得出了这样的一个等式："合理的信念度＝习惯能够带来真理的情形的比率。"[1] 如胡克威指出的那样，兰姆赛和皮尔士在对信念的阐释上，均认为关于外部事态的信念有着某种逻辑结构，这种结构与行动中推论的结构一致，这进一步使得行动成为信念持有者（believer）的一种"习惯性的行动"，其主观信念度因此与成功行动的频率相关。[2] 简言之，我们的信念、行动、习惯是胶着在一起的。

在笔者看来，这一认识有着极为重要的意义，恰是因为此，主观的信念度才有客观的属性，我们也能因此认为，**信念的内容、行动的内容（意向的内容），以及推论关系所表达的命题内容均是关于同一内容的表达**。这一观点是构成下文中将讨论到的兰姆赛的真理论和可靠主义知识论的基本理由之一。

就当前的讨论而言，还需指出的是，"信念—行动"回环能够增加我们关于世界的知识。即便我们对"如果电闪，那么雷鸣"有0.99的信念度，但在第100次"电闪"时，对"雷鸣"的期待依然可能落空，然而，我们不应该遗忘兰姆赛强调到，主观信念度最初仅作为一种客观假设而起到作为行动基础的作用，兰姆赛认为，我们生活中所有的行动多多少少都有着"打赌"的性质。当我们在

① Frank Ramsey, "Reasonable degree of belief", in *F. P. Ramsey: Philosophical Papers*, D. H. Mellor (Ed.), Cambridge: Cambridge University Press, 1990, p.97.

② See Christopher Hookway, "Ramsey and Pragmatism: The Influence of Peirce", in *F. P. Ramsey: Critical Reassessments*, María J. Fráplìi (Ed.), New York: Continuum, 2005, p.186.

行动中总是取得符合主观信念度的成功时，便会逐渐形成稳定的习惯，相应的由归纳得出的推理也将逐渐稳定，以至"普遍化"。然而，当行动的效果总是不符合期待，乃至失败时，那么我们便会修改假设，调整行动，从而形成新的主观信念度，步入新的"信念—行动"的回环。这一回环在皮尔士那里体现为探究的过程。借助探究，我们将会扩大关于世界的理解，兰姆赛引用皮尔士的话说，"推理的目标在于，从对我们已经知道的事物的思考，来发现某些我们尚不知道的东西"①。失败的行动带来的偶然性促发我们调整关于世界的认知以及我们相应的信念度，也恰是这类行动将我们引向了世界更深、更远的地方。

我们可以对兰姆赛的上述思路和论点做出如下梳理：

（a）首先，我们根据对旧往经验的归纳得出命题的或然性以及主观信念度；

（b）而后，我们根据主观信念度采取某种行动，并且

（c）行动包含着有着普遍性的推论结构，该结构与信念结构一致；

（d）继而，行动的成功意味着我们的信念度得到（直接的）证成；

（e）行动的失败意味着促发了"信念—行动"回环的运作，我们调整旧有的假设和信念度，采取新的行动。

关于（a），或许有人会质疑，我们为什么要相信归纳逻辑？兰姆赛的回答是：

我们都相信归纳论证，并且我们的信念是合理的，这是因

---

① Frank Ramsey, "Truth and Probability", in *The Foundation of Mathematics and Other Logic Essays*, R. B. Braithwaite (Ed.), London: K. Paul, Trench, Trubner & Company, Limited, 1931, p.156.

为世界是如此建构出来的：归纳论证大致会引向真的意见。因此，我们无法帮助人们去相信归纳，也无法提供为什么相信归纳的理由，因为我们相信归纳论证是一个可靠的过程。①

如若我们怀疑这个归纳而来的"起点"，那么我们将陷入无尽的怀疑论中。在类似的意义上，皮尔士指出，"怀疑的刺激是努力达到信念的唯一直接动机"，思维的首要工作便是平息怀疑引发的焦虑而获得确定的信念，"信念指导我们的欲求并塑造我们的行动"，我们不会像某些哲学家（如皮尔士所理解的笛卡尔）那样，以普遍的怀疑开始，我们"必须有一种真实的、活生生的怀疑，舍此一切论述都是无聊的胡扯"②。简言之，如果这个世界是真实的，那么我们经由怀疑达到的信念（归纳的理由）是我们必须相信的理由，论题（a）是想要在这个世界进行有效的行动必须接受的论题。在此意义上，归纳的过程也必然是可靠的。兰姆赛进而将"可靠性"视为知识构成的一个必要条件，关于这一点，我们留待本节第三小分节中再行讨论。

（二）符合论的真理观与命题指称

兰姆赛常被视为真之紧缩论的提出者，紧缩论的真理观认为，"p是真的"仅意味着"p"，其中，"是真的"没有任何语义上的作用，它只起到修辞的效果。我们可以在《事实与命题》（1927）中找到支持这种真理观的直接表述：

① Frank Ramsey, "Truth and Probability", in *The Foundation of Mathematics and Other Logic Essays*, R. B. Braithwaite（Ed.）, London: K. Paul, Trench, Trubner & Company, Limited, 1931, p.197. 引文强调部分为笔者所加。

② 参见皮尔士：《皮尔士论符号》，胡普斯编，徐鹏译，上海译文出版社2016年版，第189—192页。

但在进一步思考"判断"之前，我们有必要讨论一下真、假的问题，从而能够揭示出，不存在独立的真之问题，有的仅是语言上的泥淖。真和假是初始便被归派给命题的东西。对于被归派了真或假的命题而言，它们或明确是被给予真或假的属性的，或被做出或真或假的描述。假设起初明确给予命题真或假的性质；那么，显而易见的是"凯撒被谋杀了是真的"仅意味着凯撒被谋杀了，而"凯撒被谋杀了是假的"仅意味着凯撒没有被谋杀。这些短语仅是我们有时出于强调或写作风格上的考量，或阐明我们论述中的立场而使用的。所以，我们也可以说"他被谋杀了是一个事实"或"他被谋杀了与事实相反"。①

在《论真理》（1927—1929）中，兰姆赛也提及将"是真的"视为一种修辞风格。② 萨林（Nils-Eric Sahlin）将兰姆赛那里的"真"具体解释为对信念的修饰："'真'作为副词性的修饰语，它表达的是信念度，而非真理的程度。因此，'p 当然是真的'='我当然相信 p 是真的'='我对 p 有着全然的信念'；相比之下，'p 可能是真的'='我相信 p 可能是真的'='我对 p 有着一定程度上的信念'。"③ 根据这种理解以及上一小分节中关于主观信念度和行动之间关系的阐释，"真"因此也意味着对行动的修饰：如果信念是真的，那么意味着我们也将根据信念而行动，并且，行动将会是成功的。在此意义上，紧缩论的真理观有时被理解为某种"成功主义的真理论"（successful theory of truth）。就此而言，兰姆赛指

① Frank Ramsey, "Facts and Propositions", in *The Foundation of Mathematics and Other Logic Essays*, R. B. Braithwaite (Ed.), London: K. Paul, Trench, Trubner & Company, Limited, 1931, p.142.

② See Frank Ramsey, *On Truth*, N. Rescher & U. Majer (Eds.), Dordrecht: Kluwer, 1991, p.11.

③ Nils-Eric Sahlin, *The Philosophy of F. P. Ramsey*, Cambridge: Cambridge University Press, 1990, p.63.

出："如果信念 A 是 B 是真的，这意味着……该信念是有用的，当且仅当 A 是 B；也就是说，如果该信念是真的，那么它是真的，当且仅当它是有用的。"① 从而，我们可以根据信念的"有用性"来理解"真"，我们可以从中再度看到兰姆赛思想中的实用主义要素。

兰姆赛在《事实与命题》一文中关于"小鸡信念"（chicken belief）的如下著名表述也常被解读为对实用主义的直接认可：

> （信念的心理要素的——笔者注）本质取决于我们在何种意义上使用信念这一有着模糊意义的语汇：例如，我们有可能说小鸡相信某种毛毛虫是有毒的，这仅意味着小鸡可根据与毛毛虫相关的不愉快的经验而不吃毛毛虫。这里的心理要素构成了小鸡的行为，该心理要素也在一定程度上同客观的要素（同毛毛虫以及有毒相关的要素）相关。对这种关系进行确切的分析是十分困难的，但是，就这种信念而言，我们也可以认为实用主义的观点是正确的，即就小鸡的行为和客观要素的关系而言，以如此这般的方式行动是有用的，当且仅当毛毛虫的确有毒。因此，就任何系列的行动而言，如果其有用性 p 构成了可被视为信念 p 的充分必要条件，那么我们也可以这么认为，p 是真的，当且仅当它们是有用的。②

根据客观的有用性来理解信念的真，这种实用主义的观点进一步指出，"行动"具体给出了理解有用性的条件，这种有用性条件便是"成真条件"，在此意义上，"是真的"没有起到任何实质的额外作用。兰姆赛认为，"实用主义思想的本质在于，语句的意义可以参照断定该语句或所导向的行动来界定，或更为模糊地说，可以通过

---

① Frank Ramsey, *On Truth*, N. Rescher & U. Majer (Eds.), Dordrecht: Kluwer, 1991, p.91.

② Frank Ramsey, "Facts and Propositions", in *The Foundation of Mathematics and Other Logic Essays*, R. B. Braithwaite (Ed.), London: K. Paul, Trench, Trubner & Company, Limited, 1931, p.144.

其可能的原因和效果来界定"①。他为"小鸡信念"这段文字添加的脚注更为直接地阐明了其立场，"相信 aRb 是有用的，即意味着做某事是有用的，当且仅当 aRb；这便等同于 aRb"②。这意味着，**如果依据某一信念而取得了成功，那么信念的内容就直接意味着对某种客观事实的判断**，我们将在下文的阐释中看到，实际上，兰姆赛为某种符合论的真理观做辩护，"符合"便是对这种直接的客观事实的符合，兰姆赛将这类事实称为"命题指称"（propositional reference）。

　　将兰姆赛的真理论理解为一种真之紧缩论，并在将"真"视为在修饰"信念"的意义上导向了实用主义哲学，这种理解虽然无过，但并不确切。1982 年，在雷舍尔（Nicholas Rescher，1928—）的介绍下，兰姆赛的女儿简（Jane Burch）将兰姆赛的手稿捐赠给匹兹堡大学。1991 年，根据这些手稿，兰姆赛尚未完成的著作《论真理》得以面世。在笔者看来，兰姆赛在该书中为"符合论的真理观"做辩护，但这种"符合"并不是命题与某种外在事实的符合，这是因为兰姆赛从未承认存在与命题相对应的外部事实，例如，如果"我相信地球是圆的"，这不意味着存在"地球是圆的"这一超出于所有个体判断的事实。③ 关于命题与事实的关系，我们留待第二节论述兰姆赛和罗素、早期维特根斯坦的思想关联时再来讨论。

①　Frank Ramsey, "Facts and Propositions", in *The Foundation of Mathematics and Other Logic Essays*, R. B. Braithwaite（Ed.）, London：K. Paul, Trench, Trubner & Company, Limited, 1931, p.155.

②　Frank Ramsey, "Facts and Propositions", in *The Foundation of Mathematics and Other Logic Essays*, R. B. Braithwaite（Ed.）, London：K. Paul, Trench, Trubner & Company, Limited, 1931, p.144.

③　See Frank Ramsey, *On Truth*, N. Rescher & U. Majer（Eds.）, Dordrecht：Kluwer, 1991, p.55.

那么，这里的问题是，命题符合于"什么"？兰姆赛为此提出了"命题指称"这一概念，认为信念必然是认为某种东西或其他东西是如此这般的，而这"如此这般"便是命题指称，例如，"相信地球是平的"（believe "that earth is flat"）的命题指称便是"地球是平的"（being "that earth is flat"）。对于不同程度的信念或用不同语言系统进行表述的信念而言，它们表达的是相同的命题指称；反过来说，只要命题指称是相同的，那么我们便有着相同的信念。此外，命题指称也不单适用于对信念的表述，它还适用于对知识和意见等的表述，例如下列表述均有着相同的命题指称：①

- 希望明天天晴；
- 怀疑明天是否天晴；
- 相信明天会天晴。

确定无疑的是，我们不能将命题指称理解为某种外在的独立事实。然而，究竟如何获得这类命题指称，以及究竟如何理解之于这种命题指称的"符合"关系？我们可以从兰姆赛对真之融贯论和詹姆斯式的实用主义真理论的批评，以及对皮尔士式的实用主义真理论的接受中获得这些问题的答案。

就真之融贯论而言，这种理论反对根据观念与实在的关系来理解真理的符合论立场，认为我们无法超脱于自身的信念和意见的范围之外，以某种超越论的视角来审查观念与外部实在的关系；从而我们仅能考察自身做出的判断的属性；此外，我们观察到，相同的语句对于不同的人或不同的语境而言，将会有不同的意义，从而融贯论者认为，我们不能脱离语境来理解单个语句或判断（single

---

① See Frank Ramsey, *On Truth*, N. Rescher & U. Majer（Eds.）, Dordrecht：Kluwer, 1991, pp.7‑8.

judgment）的意义，我们需根据做出该单个判断的整个判断系统来理解那一判断。[①] 真之融贯论因此承诺：我们所有的信念和判断构成了一个融贯的系统整体，对单个信念和判断的理解需诉诸对其他信念和判断的理解，并最终以系统整体为依托。

在反驳真之融贯论的观点时，兰姆赛最为关键的理由在于，他指出相同的语句就不同的人和语境而言，将会有不同的意义，从而我们需要根据判断所属的整个系统来确定单个判断的意义，这听上去似乎非常有道理，然而，细究之下真之融贯论者混淆了单个判断的两种用法。[②] 第一种用法体现的是具体的思维片段，例如"琼斯先生在上午 10 点时心中所想的事情"；此时，琼斯先生可能是在喃喃自语道："不，不会的。"如果是这样的话，兰姆赛认为，我们可以认为"不，不会的"这一陈述表象了某种心理过程，此时，我们不应当认为需根据该陈述所在的整个系统来理解它的意义，因为该陈述是片段化的。在兰姆赛看来，这一喃喃自语显然有着"孤立的意义"（meaning "in isolation"），该陈述根据其命题指称（即那时的心理过程）而是真的或假的。此外，我们也发现，琼斯先生这种孤立的、片段化的陈述也无法构成融贯系统的一部分，但这并不意味着这类陈述是没有意义的。

单个判断的第二种用法体现在作为判断系统中的一个具体判断，但此时判断的命题指称有着普遍性——因为我们是根据同一个系统来理解同一个判断的——无论是谁做出了"人必有一死"的判断，该判断的意义和命题指称均是相同的。然而，如此一来，兰姆赛指出：

---

① See Frank Ramsey, *On Truth*, N. Rescher & U. Majer（Eds.），Dordrecht：Kluwer, 1991, p.55.

② See Frank Ramsey, *On Truth*, N. Rescher & U. Majer（Eds.），Dordrecht：Kluwer, 1991, pp.26 – 27.

如果单个判断没有确定的意义，那么谈论甚至像是"人必有一死"这样的判断的确定意义将是胡说（nonsense）。"判断的系统"必然意味着判断的意义也是系统化的，然而，如果判断自身没有意义的话，意义的系统化这种说法将会是一种十足的胡说。①

从而，兰姆赛认为，单个判断是有其自身的意义的，这种意义无需诉诸整个融贯的系统来进行确定和理解。从根本上说，在兰姆赛看来，这是因为真之融贯论者错误地将对"地球是圆的"的判断视为对信念的思考，从而将其探究的重点落于信念间关系的融贯上，然而，**我们的判断实际上是对事实的思考**，"我们不是在思考我们自身'关于船会消失在海平面，从而地球是圆的'这一思考，如果我们的思维终究有融贯性的话，那么融贯是事实间的融贯，而非信念间的融贯"②。

在对真之融贯论的反驳中，兰姆赛再度将我们带到他的真之符合论立场上。笔者认为，我们可以从兰姆赛对皮尔士实用主义思想的吸收中理解他的观点，理解他的真之符合论与真之紧缩论的共同之处。兰姆赛在《论真理》中区分了三种真理论立场，除了真之符合论和融贯论外，他提到第三种值得思考的是皮尔士的实用主义真理观，皮尔士的相关立场为"什么是命题指称"这一问题提供了直接的解释。兰姆赛指出：

就 A 是 B 这一信念来说，粗略而言，如果 A 是 B，那么它将是一个带来行动的有用信念……尽管这不是关于命题指称的全部分析，然而，我认为这种分析和符合论一样，切中了命题指称的一个部分，我们不应该嘲笑这种观点。此外，我们从上述粗糙的表述中得出这样的结论：某一信念是真的，当且仅当

---

① Frank Ramsey, *On Truth*, N. Rescher & U. Majer（Eds.），Dordrecht：Kluwer, 1991, p.27.

② Frank Ramsey, *On Truth*, N. Rescher & U. Majer（Eds.），Dordrecht：Kluwer, 1991, p.40.

它是有用的；这一结论无疑不是可笑的，它与我对真理的阐释完全一致。根据这种观点，A 是 B 这一信念是有用的，当且仅当 A 是 B；也可以说，当且仅当它是真的；所以，反过来说，它是真的，当且仅当它是有用的。①

在这一点上，我们可以联系上一小分节中对主观信念度和行动的关系的讨论，笔者认为，命题指称指的恰是**信念的内容、行动的内容(意向的内容)，以及推论关系所表达的命题内容这些"同一内容"**。在成功的行动中，主观信念度和客观或然性是一致的，从而实现了信念对其命题指称的符合，此时"是真的"仅起到修饰信念和行动的作用。

兰姆赛对詹姆斯式的实用主义感到不满，这主要是因为詹姆斯将"根据效果理解关于对象的概念"的实用主义原理运用于对宗教信念的分析。在兰姆赛看来，关于宗教信念，无论其是否有用，我们均不能说它是有意义的，或是真的，因为根据其符合论立场，"相信地狱存在是真的"，当且仅当地狱存在，这里并不存在与信念符合的命题指称，支撑起该信念的是其他某种理由，例如宗教情感。② 在笔者看来，这里兰姆赛实际上指出了一个非常重要的区分：**根据皮尔士和兰姆赛式的实用主义的符合论立场，相信 p，即(因为) p，从而我们可以根据 p 理解"相信 p"；相比之下，根据(兰姆赛理解中的)詹姆斯式的立场，相信 p，即(可能因为) q，而 q 可能与非 p 相容，例如，q 指某种敬畏感，那么它可以作为支持 p (上帝存在)的理由，同时也可以作为支持非 p (地狱存在)的理由，这样一来，我们将无法根据 q 来理解"相信 p"**，这不符合于实用主义原理的本义。在此

① Frank Ramsey, *On Truth*, N. Rescher & U. Majer (Eds.), Dordrecht: Kluwer, 1991, p.91.

② See Frank Ramsey, *On Truth*, N. Rescher & U. Majer (Eds.), Dordrecht: Kluwer, 1991, p.92.

意义上，兰姆赛式的真之符合论将信念的内容与行动的内容视为同一种命题指称，这有着要求我们"言行一致"的意味，也同时保证了探究过程的可靠性。与此相关，"可靠"构成了兰姆赛知识论的一个关键要素，这是我们下一小分节所要讨论的内容。

（三）可靠主义的知识论

在当代知识论中，可靠主义主要是以戈德曼（Alvin Goldman，1938—）为代表，为应对知识论中的葛梯尔问题提出的一种理论立场。根据传统的知识论理论，知识被界定为得到证成的真信念（justified true belief）。首先，知识必须是一种信念，如相信这条路而非那条路通往上海；其次，该信念必须是真的，如所相信的这条路的确通往上海；最后，真之信念必须能被证成，即能够为之提供更多的理由，证成性条件是为了避免真之信念所具有的偶然性而设立的，例如某人仅是偶然地相信这条路通往上海，并且这是真的，信念的持有者能为其信念提供证成理由，这意味着他不是任意地持有某一信念。然而，葛梯尔（Edmund Gettier，1927—2021）在《得到证成的真信念是知识？》[1] 这篇著名的文章中，对关于知识的上述传统定义进行了反驳，得出了"被证成的真信念"也可能不是知识的结论。葛梯尔的论证十分简洁清晰，我们可以借助他提出的一个反例进行简要介绍，

> 史密斯和琼斯竞争同一个工作职位，史密斯听说上司会把这个职位给琼斯。事实上，琼斯比他有着更高的学历，更为丰富的经验，他很有理由相信琼斯会得到这个职位。同时，史密斯听说琼斯中了彩票。于是史密斯认识到："得到这个职位的

---

[1] See Edmund Gettier, "Is justified true belief knowledge?" *Analysis* 23.6 (1963)：121 – 123.

人中了彩票。"然而，事实上，上司让史密斯得到了这个职位，而且史密斯不知道他自己买的彩票也中奖了。现在的问题是：虽然史密斯认识到的"得到这个职位的人中了彩票"是一个得到辩护的真信念，但他真的知道这件事吗？①

史密斯的认识显然是"得到证成的真信念"，但他的认识实际上不能算作一种知识。

葛梯尔问题影响深远，它引发了诸多讨论，限于本书论题，我们仅将讨论限制在可靠主义的解决方案上。为应对葛梯尔问题，戈德曼主要在 20 世纪 70 年代和 80 年代发表的文章中对"可靠性"赋予"证成"这一要素，认为"某一信念得到证成，当且仅当它是'良好的'（well-formed），即存在一系列可靠的，或者附加条件而可靠的认识运作程序"②戈德曼主要反对将信念的获得视为一种私人的主观过程（如史密斯获得其信念那般），他旨在保证获得信念的因果链的客观可靠性，即"X 知道 p，当且仅当事实 p 与 X 相信 p 有着合宜的因果关系"，从而他更多是在探查诸如知觉、记忆，以及某些因果链的可靠性。③我们将会看到，兰姆赛对可靠主义的理解与戈德曼十分不同。

兰姆赛的《知识》（1929）这一篇幅仅有一页半的文章常被视为可靠主义的源头之一，他的相关思想集中在下列表述中：

> 我一直认为，如果信念满足如下条件，它便是知识：（i）是真的；（ii）是确定的（certain）；（iii）是通过可靠过程而获得的。但是，"过程"这个词不大令人感到满意。我们可以将推

---

① See Edmund Gettier, "Is justified true belief knowledge?" *Analysis* 23.6 (1963)：122.

② Alvin Goldman, "What is justified belief?", in *Justification and Knowledge: New Studies in Epistemology*, G. Pappas (Ed.), Dordrecht：Reidel Publishing Company, 1979, p.14.

③ Alvin Goldman, "A causal theory of knowing." *The Journal of Philosophy* 64.12 (1967)：357－372.

论称为一个过程，但是，即便过程是不可靠的，这似乎也仅指方法是错误的，而非指应该所指的前提是错的。……我们应该这么认为：由可靠过程获得的信念必须是由可能导致真信念的某种非信念的东西所带来的，如果这个因果序列中有着其他中介性的信念，那么这些信念也必须是真信念。①

不同于传统知识定义有着证成、真、信念这三个要素，兰姆赛将知识界定为通过（iii）可靠过程获得的（i）真的、（ii）确定的信念。条件（i）和（ii）之间的关系似乎让人难以理解。"真"和"确定性"何以可能相容？笔者认为，我们同样需要诉诸兰姆赛哲学中的实用主义因素才能消除这里理解上的困难。

基于上文的讨论，我们认识到对于兰姆赛而言，"信念的确定"（皮尔士语）是我们以确定的方式行动的前提和基础，行动的成功实现了信念和行动的协和，此时"真"是一个可被紧缩掉的概念。在此意义上，我们实际上是根据（iii）来理解（i）和（ii）的。在相同的意义上，萨林指出，兰姆赛知识定义中的第三个条件最为重要，这是因为"X 有证据相信 p，这是不充分的；实际的信念必须能够提供一个联系起证据和知识对象的可靠过程，我们以这种方式获得的知识才是可靠的"②。从而，一方面，对信念的确定提供了一道推论过程（inferential process），另一方面，在与对象在行动中的现实接触中，获得了一道因果过程（causal process），可靠的过程由这两道线索织成。故而，戈德曼的可靠主义缺少的是对推论性的强调。

罗素在《哲学问题》（1912）中指出，我们有时发现"真确的信

① Frank Ramsey, "Knowledge", in *F. P. Ramsey: Philosophical Papers*, D. H. Mellor (Ed.), Cambridge: Cambridge University Press, 1990, p.110.

② Nils-Eric Sahlin, *The Philosophy of F. P. Ramsey*, Cambridge: Cambridge University Press, 1990, p.63.

念"不是知识，这可能是因为我们获得知识的因果过程是不可靠的，也可能是因为其中的推理过程是错的。[1] 与兰姆赛同时代的牛津大学逻辑学教授威尔逊（John Cook Wilson）则将"知识"视为一个初始的概念，它不可被还原为真，他认为知识是信念的要素而非相反。[2] 威尔逊提出这一论点的动机在于，摆脱信念偶然为真的限制，将知识视为构成信念的基本单位，这将使得信念受到更为稳固的支持。对于罗素和威尔逊的观点，兰姆赛的回复是，我们的知识当然可能是错误的，但只要知识是通过可靠过程获得的，那么至少在未对它产生怀疑之前，它就是确定无疑的，它就是一种知识，它能够引导我们在行动中取得成功（如果在成功的行动中仍然怀疑知识的可靠性，这至少是一种矫揉造作式的怀疑）。

可靠的过程因此必然如戈德曼认为的那样，在因果链上取得成功，例如，如下三类因果链：

> 因果链 1：医生基于发生故障的仪器但做出了正确诊断；
> 因果链 2：医生基于运转正常的仪器做出了正确诊断；
> 因果链 3：病人有病，医生做出了正确的诊断。

---

[1] 参见罗素：《哲学问题》，《罗素文集》第 2 卷，何兆武、徐奕春、林国夫译，商务印书馆 2012 年版，第 130—131 页。

[2] See Nils-Eric Sahlin, *The Philosophy of F. P. Ramsey*, Cambridge：Cambridge University Press, 1990, p.85. 威廉姆森（Timothy Williamson, 1955—），他同样任教于牛津大学，是当代"强调知识的优先性"的代表人物。威廉姆森认为知识是一个不可被进一步分析和拆解的概念。他将构成知识的"证据"的"认知可通达性标准建立在一个可实现的层次上，知识就能满足这个标准"（威廉姆森：《知识及其限度》，刘占峰、陈丽译，陈波校，人民出版社 2013 年版，第 18 页）。其中，"证据"——无论它是否是我们关于外部世界的心灵状态——是我们已知的事实，而非某种尚待认知的经验基础，"在将数学、生物科学以及历史描述为受证据支持的学科时，无疑我们没有将某种根本的基础主义归派给它们。具体地诉诸证据、实验和文献记录，这当然是可对之提出疑问的。哲学亦是如此"。在此意义上，威廉姆森认为，哲学家提出的证据如科学证据那般，它已经是关于确定事实的具有真值的判断，我们在知识而非经验的层次上来理解证据或确证，事实便是命题所断定的内容，世界就是由这样的事实所构成的（See Timothy Williamson, *The Philosophy of Philosophy*, Oxford：Blackwell Publishing, 2007, pp.208 - 209）。

如果遵循因果链的行动失败了，或因为引入了新的原因，因果链断裂，此时需要我们做出新的解释，提供新的假设，这将引发我们对推论过程的重新审查和确定。与此同时，将可靠过程视为知识的关键条件，意味着知识是可错的，它可在我们探究的过程中得到进一步的修正。然而，如若知识均是可错的，那么我们如何理解关于世界的"科学"知识？

（四）论科学哲学

在如今科学隆盛的时代，人们一般认为，存在着自然的因果法则（causal law），科学的目标在于揭示这类法则。然而，这种常识性的理解在哲学领域内遭受诸多怀疑。关于这一问题，兰姆赛对因果法则和真的科学系统（true scientific system）的理解同样渗透着实用主义的思想特征。

兰姆赛在《法则和因果》的 B 篇论文《普遍命题和因果性》（1929）中，首先指出普遍命题不是一种联言命题。联言命题是如"剑桥的每个人都投了票"这样的命题，我们可以通过对每个人情况的调查来判定该命题的真假，普遍命题则是如"所有人都会死"这类命题，它与联言命题最主要的不同在于，（1）我们无法穷尽列举该命题的每一种具体情况——即便我们已经有了数十万年的经验，仍然源源不断地有新生儿降生，命题适用的新情况总是在增加；并且，（2）我们也不是根据对每一种情况的"联言"来理解普遍命题的。① 兰姆赛指出，普遍命题有着这样的一种特征，我们似乎将它视为某种法则性的真命题，从而可以根据它来

---

① See Frank Ramsey, "B. General Proposition and Causality", in *F. P. Ramsey: Philosophical Papers*, D. H. Mellor（Ed.）, Cambridge：Cambridge University Press, 1990, pp.145 - 146.

理解我们当下的每一个具体判断，但却无法以完全将它说出来的方式证明之。①

因果法则便是有着这种特征的普遍命题。当我们对已有的证据进行科学探究，并相信可从中得出一条因果法则时，兰姆赛认为这是不够的，因为因果法则还需能够被普遍化（generalization）：它不仅适用于已知的有限领域，还适用于我们的可能经验。

然而，如若普遍命题始终无法得到完全的证明，那么根据它做出关于具体对象的判断，这何以可能？换句话说，既然普遍命题并非来源于关于具体对象的判断的"联言"，我们如何理解普遍命题和具体命题之间的关系？就此问题，兰姆赛认为，普遍命题（包括因果法则）仅是一些"变量假设"（variable hypotheticals），它们本身不是一类判断，而是做出判断所依据的规则，例如，"如果我遇到了一个 φ，我就会把它当作 Φ"②。在此意义上，普遍命题实际上就是一种引导我们行动的"假设"，它表达的是构成主观信念度基础的那种"习惯"；它之所以是普遍的，乃是因为它包含的推论总是能够获得成功，但这并不意味着它是不可错的，在此意义上，假设和习惯包含的普遍性是一种开放的普遍性（open generalization）。在足够长的未来时间里，我们的确可能不再相信相同的事物。但是，在当下的时间中，普遍命题不是一种我们可以否定或肯定的表达——因为，我们永远不可能有关于它的全部证据；毋宁说，它是我们可以赞成或反对的表达，我们可以选择是否根据它而行动。③

① See Frank Ramsey, "B. General Proposition and Causality", in *F. P. Ramsey: Philosophical Papers*, D. H. Mellor (Ed.), Cambridge: Cambridge University Press, 1990, p.151.

② Frank Ramsey, "B. General Proposition and Causality", in *F. P. Ramsey: Philosophical Papers*, D. H. Mellor (Ed.), Cambridge: Cambridge University Press, 1990, p.149.

③ See Frank Ramsey, "B. General Proposition and Causality", in *F. P. Ramsey: Philosophical Papers*, D. H. Mellor (Ed.), Cambridge: Cambridge University Press, 1990, p.149, pp.152 - 153.

兰姆赛不认为我们的信念有着"非黑即白"的清晰性，如要么相信 p，要么相信非 p；他的观点是，我们的信念总是一定程度上的信念，即对"如果 p，那么 q"有着信念度。① 持"非黑即白"观点的人将沉溺于纯粹的逻辑形式分析，忽略人的信念及其行动的丰富性，其信念度只能是 0 或者 1。兰姆赛将普遍命题和因果法则视为引导我们做出当下判断的假设，它们本身受到我们进一步的具体判断和行动的审查和修正，在此意义上，普遍命题和因果法则都是可错的。这种理解让我们在清楚地看到兰姆赛诉诸皮尔士的真之概念的同时，注意到他与皮尔士实际上有着思想上的差别。兰姆赛指出：

> 然而，我们的确相信系统将以唯一的方式得到确定，如果探究的时间足够长，我们所有人都将会被引向这个系统。这便是皮尔士的真之概念，即每个人最终都相信的东西。但是，它不适用于关于事实的陈述的真，而是适用于"真的科学系统"。②

胡克威和梅思文（S. J. Methven）均认识到，兰姆赛和皮尔士在这里的思想是不同的，在兰姆赛看来，陈述的真是科学系统的一种属性，它无关乎任何事实，仅是我们在探究过程中提出的权宜的"假设"；相较而言，我们从第一章第一小节（可以思考胡克威给出的例子："如果某人肝脏受损，那么他的死亡概率是 75%"，其中，"75%"是一种"注定的"客观属性）对皮尔士哲学的讨论中认识到，皮尔士不仅相信"真"客观的属性，还相信获得"真"意味

---

① See Frank Ramsey, "B. General Proposition and Causality", in *F. P. Ramsey: Philosophical Papers*, D. H. Mellor（Ed.）, Cambridge：Cambridge University Press, 1990, p.147, p.155.

② Frank Ramsey, "B. General Proposition and Causality", in *F. P. Ramsey: Philosophical Papers*, D. H. Mellor（Ed.）, Cambridge：Cambridge University Press, 1990, p.147, p.161.

着获得关于事实的完备知识。[①] 米萨克在类似的意义上指出，实现
"注定的"客观属性意味着达到最终稳定的、消除了所有怀疑的信
念，此时的信念度为 1，这在兰姆赛看来，是一种非常不切实际的
希望。[②] 兰姆赛将探究的重点放在信念度和行动的动态关系上，他
更为强调的是，当我们对"真"或信念持不确定态度时，我们需要
更多的证据，而证据和我们的信念度相关。

（五）兰姆赛和皮尔士

从更为宽泛的意义上说，兰姆赛和皮尔士置身在不同的理论传
统内，他们浸染于十分不同的哲学"文化"，他们思考着诸多不同
的主题，无疑他们的思想之间有着更多不同之处。但就他们思想中
的实用主义因素而言，他们有更多的共同之处，这是显而易见的。
关于信念理论，他们均结合行动来理解信念，从而信念中既有着主
观的要素，也有着客观的要素；如皮尔士一样，兰姆赛也将"习
惯"视为构成信念、判断，以及行动的要素。在真之理论上，他们
均通过行动的成功来理解真，将"真"理解为主观信念和客观行动
之间的一种动态关系。在知识论上，他们均承诺可错论，将对知识
的检验向未来经验敞开。

可以看出，在兰姆赛于生命最后四年发表或写作的文章里，清
晰地呈现着一条实用主义的思想脉络，这条脉络与他早期对逻辑实
证主义的思考十分不同。在《论哲学》（1929）中，我们看到兰姆

---

① See S. J. Methven, *Frank Ramsey and the Realistic Spirit*, New York: Palgrave Macmillan, 2015, p.71; Christopher Hookway, "Ramsey and Pragmatism: The Influence of Peirce", in *F. P. Ramsey: Critical Reassessments*, María J. Fráplli (Ed.), New York: Continuum, 2005, p.192.

② See Cheryl Misak, *Cambridge Pragmatism: From Peirce and James to Ramsey to Wittgenstein*, Oxford: Oxford University Press, 2016, p.179.

赛有着受实用主义思想浸染的哲学观：

> 对于我们的哲学而言，除了懒惰和糊弄之外，最主要的危险是"学院哲学"，这种哲学的本质在于，将某种模糊的东西当作清晰的东西对待，并试图将之嵌入一个精确的逻辑范畴内。这种学院哲学典型地体现为维特根斯坦的如下观点：我们的日常命题完全是有序可循的，我们不能以非逻辑的方式思考它们。①

兰姆赛从皮尔士那里攫取了能够凸显人类活动偶然性的"人类逻辑"，他对人类切入现实世界的尊重体现了其与仅关注纯粹形式分析的早期分析哲学家的不同，在此意义上，米萨克指出：

> 兰姆赛认为自己展现了某种关于因果性的"实在精神"，与此同时，他拒斥认为存在因果事实的实在论。因此通过"实在的"一词，兰姆赛想提醒我们的是，哲学必须对于我们而言有着重要意义。哲学理论必须不能忽视关于我们自身经验的事实，而仅专注于某种优雅的理论建构；如果我们脱离于最初想要加以检验的那类经验所具有的特征，那么因此建构起来的理论必然是假的。这种实在的精神也是鼓舞皮尔士的精神。②

在分别强调语言和经验概念作用的英国早期分析哲学和实用主义哲学的对峙中，兰姆赛吸纳了实用主义哲学的资源，这在促使他在晚期思想中进行一种实用主义转向的同时，也或许在一定程度上影响了维特根斯坦的思想发展。然而，兰姆赛对早期维特根斯坦的

---

① Frank Ramsey, "Philosophy", in *F. P. Ramsey: Philosophical Papers*, D. H. Mellor (Ed.), Cambridge: Cambridge University Press, 1990, p.7.

② Cheryl Misak, "Peirce and Ramsey: Truth, Pragmatism, and inference to the best explanation", in *Best Explanations: New Essays on Inference to the Best Explanation*, Kevin McCain and Ted Poston (Eds.), Oxford: Oxford University Press, 2017, p.34.

批评是否构成了维特根斯坦转向其后期思想的重要原因，抑或后期维特根斯坦是否从兰姆赛那里承袭了某些实用主义思想，这些问题都是难以判断的。更为稳妥的说法是，维特根斯坦发展出了其独特的实用主义版本，即"维特根斯坦的实用主义"。笔者将在本章第三节中详细论述这一观点。

二、罗素、兰姆赛和早期维特根斯坦的《逻辑哲学论》

罗蒂、布兰顿、普莱斯、米萨克等人也将后期维特根斯坦视为实用主义阵营的重要一员，然而，受罗素和弗雷格影响，早期维特根斯坦以《逻辑哲学论》（1921）为代表的早期作品凸显了"经验/语言"对峙中语言一方的作用。本节将围绕《逻辑哲学论》的理论结构和主要论题展开讨论，同时尝试理清罗素和早期维特根斯坦，以及兰姆赛和早期维特根斯坦之间的思想差别。我们将会在本书后文的讨论中具体看到，他们间的分歧为剑桥实用主义奠定了一道围绕表征论展开的核心理论线索，笔者在本节中也将有意围绕该线索展开讨论。

《逻辑哲学论》出版已有百年时间，一个世纪的光景里出现了诸多标准或带有创新性的阐释，笔者不拟陷入具体争议，仅拟围绕有助于勾绘剑桥实用主义哲学谱系的相关论题。此外，笔者也不拟更多地陷入"谁影响了谁"的琐碎争论，众所周知，早期维特根斯坦和罗素、兰姆赛有着思想上的互相影响，然而，究竟"谁影响了谁"或"谁影响谁更多"，这类问题很难说得清楚。以兰姆赛和早期维特根斯坦的思想关系为例，萨林和米萨克认为，兰姆赛不但对早期维特根斯坦产生了深远影响，他的思想还是打开和理解维特根斯坦后期思想的一把钥匙；相比之下，格拉克（Hans-Johann

Glock）则认为维特根斯坦受兰姆赛影响甚微。[①] 萨林、米萨克，以及格拉克的立场均有着各自的"盘算"，很难说是在公允地对待难以厘清的"现实"。笔者的讨论将主要尝试直接呈现相关的问题线索，聚焦于讨论维特根斯坦与实用主义的一般关联，就其他相关的琐碎问题而言，笔者将会尽量少做判断。

（一）《逻辑哲学论》中的反表征论论题

表征论（表象论，representationalism）是哲学中一个经典却愈久弥新的论题，它处理的是外部世界在我们心灵中的呈现（presentation）和我们对这些呈现的再现（re-presentation）之间关系的问题。[②] 从认识论的视角看，获得关于外部世界的正确认知，这意味着心灵中对呈现的再现是精确的。一般而言，表征论蕴含着实在论：必然存在一个外在的、实在的对象，我们才能够有一个去表征（to represent）的对象。表征的成功意味着证明了实在的现实存在。在此意义上，如若表征论失败了，这同时将意味着实在论是不可能的。表征论和实在论似乎是捆绑在一起的，然而，早期维特根斯坦在其《逻辑哲学论》中便已经开始分离实在论和表征论——只有在这种分离是可能的情况下，我们才有可能撇开关于对象的表征事业，同时用逻辑的脚手架"呈现"实在的世界。

早期维特根斯坦在《逻辑哲学论》的"序言"中直接道明了该书的理论任务：

---

① See Nils-Eric Sahlin, *The Philosophy of F. P. Ramsey*, Cambridge：Cambridge University Press, 1990, p. 227；Cheryl Misak, *Cambridge Pragmatism: From Peirce and James to Ramsey to Wittgenstein*, Oxford：Oxford University Press, 2016, pp.233－235；Hans-Johann Glock, "Ramsey and Wittgenstein：Mutual Influence", in *F. P. Ramsey: Critical Reassessments*, María J. Fráplli（Ed.）, New York：Continuum, 2005, p.42.

② 参见周靖：《表征论的多副面孔：当代英美哲学语境下的探究》，上海人民出版社 2021 年版。

> 这本书旨在划出思维的界限，或者更准确地说，——不是划出思维的界限，而是划出思想的表达的界限：因为为了划出思维的界限，我们必须能够思维这个界限的两边（因此，我们必须能够思维不能够思维的东西）。
>
> 因此，这个界限只能在语言之中划出来，而位于该界限的另一边的东西直接就是胡话。①

在语言之内划出思想表达的界限，这意味着我们将世界视为由事实（facts）而非事物（things）构成的世界。"事实"是概念空间内的项目，它内在于我们思维的范围。② 如若将世界理解为由外在于我们的事物构成的，并在这样的世界和我们的思维之间划出一道界限，那么我们便需突破思维自身的可能界限来思及界限之外的东西，这将导致十足的胡说（nonsense）。因而，我们根据对事实的分析来得出关于对象的理解，而非从相反的方向上根据某种外部对象来理解事实，这是早期维特根斯坦《逻辑哲学论》中的第一个重要论题。这一论题也是一个反表征论论题，它认为语言无法突破自身的范围来表征外部世界。我们将会在下一小分节的讨论中看到，他恰在这一点上与罗素分道扬镳。

然而，如若仅在思维的内部范围思考世界，那么如何获得关于外部世界的知识呢？抑或我们会因此完全否定存在外部世界？实际上，早期维特根斯坦承认对象存在，认为对象（1）是简单的、彼此独立的；（2）可以构成基本"事态"（a state of things）；（3）对象之间有着直接的组合关系，"在基本事态中诸对象有如一条链子的诸环节一样彼此套在一起"；（4）由对象构成的诸世界有某种共同的东西，"这种共同的东西就是它们的形式"；而（5）"形式是

---

① 维特根斯坦：《逻辑哲学论》，韩林合编译，商务印书馆 2019 年版，第 3 页。
② 维特根斯坦：《逻辑哲学论》，韩林合编译，商务印书馆 2019 年版，第 1 节。

结构的可能性"。① 从而，对象彼此间有着一定的结构，这种结构蕴含有某种形式，这种形式是对象可以构成基本事态的原因，恰是因为这个原因，以命题形式展开的逻辑线索才能向我们显示对象是什么。这些表述中蕴含着早期维特根斯坦的"语言图像论"思想，即语言的逻辑结构将能揭示对象的关系结构，"逻辑图像可以描画世界"。② 在此意义上，早期维特根斯坦至少承诺了外在世界的实存，这种实在论立场使得他承诺逻辑图像必然能够显示世界。

从而，《逻辑哲学论》中同时持有实在论立场和表征论立场，"如何成为一名反表征论的实在论者"，这也构成了困扰早期维特根斯坦的一个难题。这里的问题在于，如果"我们仅能根据对事实的分析来理解对象"，那么关于语言和世界之间的图像关系仅能通过基本命题和可能事态构建出来，如此一来，构建出来的图像从根本上说仍然是一种逻辑图像，世界仍然指由事实而非事物构成的世界。这幅图像能够向我们显示对象是什么，这究竟何以可能？

就此问题而言，早期维特根斯坦抵制先验论的思路，认为"不存在先天真的图像"。③ 究其原因，先验论者试图站在思维的界限之外为位于界限两边的形式和对象设定关系。如上所言，早期维特根斯坦也未采取表征论的思路。实际上，早期维特根斯坦论证世界必有其实体依据的理由在于，认为"我们可以构造出能完备地描述任何可能事态的图像"。张锦青指出，这里存在着这样的一个论证：

（前提一）如果有必然存在的简单对象，或者等价地说，

---

① 维特根斯坦：《逻辑哲学论》，韩林合编译，商务印书馆 2019 年版，第 2.01 - 2.03 节。
② 维特根斯坦：《逻辑哲学论》，韩林合编译，商务印书馆 2019 年版，第 2.19 节。
③ 维特根斯坦：《逻辑哲学论》，韩林合编译，商务印书馆 2019 年版，第 2.225 节。

世界有实体，那么"一个命题有且只有一个完备分析"。

（前提二）世界有实体。

（结论）"一个命题有且只有一个完备分析。"①

从而，如若我们能够通过逻辑的方式勾绘出关于世界的逻辑图像的话，那么必然存在简单对象，并且，该图像能够实现关于该简单对象的完备描述。若不然的话，我们必然需要诉诸其他命题来确定该命题的真、假，从而我们勾绘的将不是世界，或至少不是纯粹、简单的世界，因此此时的世界渗透了其他命题的形式或概念化的"杂质"。

只有纯粹的简单对象必然存在，我们才能描绘世界，以逻辑形式呈现的图像因此才能是关于此类对象的完备描述。但对于早期维特根斯坦来说，逻辑的探究是我们思维工作的现实起点，在此意义上，如怀特（Roger White）指出的那样，"我们不能询问那些对象是否存在，也不能说那些对象（必然地）存在，而把我们引向对象必然存在这一说法的，其实是某种由我们语言的工作方式显示出来的东西"②。用早期维特根斯坦本人的话说，"一个命题显示它的意义"③。这种有意义的对象实际上"不仅构成了实际的世界的实体，而且也构成了逻辑空间的实体，所以它们也构成了一切设想出来的世界的实体"④。基础对象是构成一切可能世界的基本原料，在此意义上，我们不能将此处的"显示"理解为关于某一具体现实世界的"表征"，表征包含了对外在事物呈现在心灵内的显像、印象，或再

① 张锦青：《哲海探骊：维特根斯坦〈逻辑哲学论〉研究》，牛尧译，东方出版中心 2020 年版，第 16 页。
② 怀特：《导读维特根斯坦〈逻辑哲学论〉》，张晓川译，重庆大学出版社 2018 年版，第 57 页。
③ 维特根斯坦：《逻辑哲学论》，韩林合编译，商务印书馆 2019 年版，第 4.022 节。
④ 韩林合：《〈逻辑哲学论〉研究》，商务印书馆 2016 年版，第 45 页。

现，语言显示世界的工作完全是在思维的逻辑范围内进行的，这项工作没有任何表征的成分。然而，语言能够显示世界中的实在。想要消除这里直觉上的矛盾，我们需要认识到这样一个进一步的关键点：语言对世界的显示功能是以逻辑阐明的方式进行的，"通过这样的方式我似乎仅仅知道一种形式，但我却不知道它的任何一个实例"①。——从而，**我知道世界实在，并以逻辑的方式显示，但我并未因此能够在表征论的意义上直接再现那些实在。**

于是，占据《逻辑哲学论》近一半篇幅的工作在于，诉诸一些基本的命题来构筑可以言说的语言的界限，然而，在进行言说时，我们始终是在试图谈论那些不可谈论的东西——谈论外在对象与命题共有的逻辑形式，"命题可以表现全部的实际（reality），但是它们不能表现它们为了能够表现实际而必须与实际共同具有的东西——逻辑形式"②。一方面，命题必须能够展现实在，我们的言说才是有意义的；另一方面，言说只能在思维的范围内进行，我们甚至连最为基本的事实都无法亲知。在此意义上，早期维特根斯坦在《逻辑哲学论》中的谈论始终游走在有意义的言说和胡说之间。《逻辑哲学论》倒数第二个命题试图说服我们放弃前文所言的所有命题，这使得该书充满一种独特的反讽性：

> 6.54 我的命题以如下方式起着说明的作用：理解我的人，当他借助于这些命题——踩着它们——爬过它们之后，最终认识到它们是没有任何意义的。（可以说，在登上梯子之后，他必须将梯子弃置一边。）

---

① 维特根斯坦：《战时笔记（1914—1917）》，韩林合编译，商务印书馆 2019 年版，第 99 页。
② 维特根斯坦：《逻辑哲学论》，韩林合编译，商务印书馆 2019 年版，第 4.12 节。引文中英文为笔者所加。

他必须放弃这些命题，然后他便正确地看待世界了。①

这里的反讽性在于，《逻辑哲学论》全书阐明的论题大都是我们最终需要放弃的论题，而其原因恰源于反表征论和实在论之间的张力：逻辑需能显示实在，却始终无法在表征论的意义上知道实在是什么。

最终，早期维特根斯坦认为这些论题的作用仅相当于一个梯子，在借助它们获得能够正确看待世界的方式后，我们便不再需要它们，最后的结果便是"对于不可言说的东西，人们必须以沉默待之"② 这一意味隽永的箴言。

（二）罗素和《逻辑哲学论》

尽管"命题必须能够展现实在"这一观点似乎承诺了认为外部世界实存的实在论立场，但是，可以看出，《逻辑哲学论》的反表征论论题意味着，早期维特根斯坦没有在任何意义上试图为我们提供一个关于外部世界是什么的认识论答案，早期维特根斯坦仅试图对与世界相接合的命题的意义进行探究，从而向我们揭示看待世界的方式。早期维特根斯坦直接指出："与其它任何一种自然科学相比，心理学与哲学的关系并非更为密切。认识论是心理学哲学。""哲学不是自然科学的一种。"③ 在此意义上，在早期维特根斯坦那里，关于实在的探究是一项科学任务，而非哲学任务。用韩林合的话说，对于早期维特根斯坦而言，"逻辑所研究的并非是有关人们的思维过程的规律，而是命题之间的推导关

---

① 维特根斯坦：《逻辑哲学论》，韩林合编译，商务印书馆 2019 年版，第 6.54 节。
② 维特根斯坦：《逻辑哲学论》，韩林合编译，商务印书馆 2019 年版，第 7 节。
③ 维特根斯坦：《逻辑哲学论》，韩林合编译，商务印书馆 2019 年版，第 4.1121、4.111 节。

系。……实际上，维特根斯坦所从事的语言的研究与心理或思维过程的研究是有着根本的区别的：虽然在他的语言的本质的研究中，他不能不指出赋予语言表达式以所指和意义的过程是一种思维的或心理的过程，但是至于具体说来这样的思维或心理过程以及其他的思维或心理过程是如何进行的，则不属于他的研究范围，而是心理学的事情"①。

相比之下，认识论是罗素的一项事业，他似乎一直在或多或少的程度上坚持诉诸经验来解释判断和意义的做法，例如在《哲学问题》（1912）中，他指出只有理解了命题中语词的意义才能理解命题，而语词的意义就是我们亲知的某种东西；② 在《论亲知的性质》（1914）中，罗素认为："所有认知关系——注意、感觉、记忆、印象、相信、不信等等——都以亲知为先决条件。"③ 亲知关系构成了一种主客间直接的、初始的认知关系。如安斯康姆（Gertrude Elizabeth Margaret Anscombe，1919—2001）指出的那样，罗素完全浸泡在英国经验主义传统中，从而对经验的关注是其始终无法割舍的部分。④

维特根斯坦对罗素为1922年版《逻辑哲学论》所写的"导言"感到不满的原因之一恰在于，罗素将早期维特根斯坦的工作理解为一项认识论事业。罗素在"导言"中写道："首先涉及的是命题的逻辑结构和逻辑推论的性质，然后我们依次经由知识论、物理

---

① 韩林合：《〈逻辑哲学论〉研究》，商务印书馆2016年版，第690页。

② 参见罗素：《哲学问题》，《罗素文集》第2卷，何兆武、徐奕春、林国夫译，商务印书馆2012年版，第57—68页。

③ 罗素：《论亲知的性质（1914）》，载《逻辑与知识》，《罗素文集》第10卷，苑莉均译，张家龙校，商务印书馆2012年版，第161页。

④ G. E. M. Anscombe, *An Introduction to Wittgenstein's Tractatus* (2nd version), New York: Harper & Row, 1963, p.14. 但是，这并不意味着罗素会像实用主义者那样强调和改造经验，这一点从他对实用主义的批判中可以看出。

学原则和伦理学，最后达到神秘之物（das Mystische）。"① 在思维的界限之内从事逻辑工作，这在早期维特根斯坦那里意味着仅通过诉诸命题自身便可以确定命题的真假。早在1913年，早期维特根斯坦在写给罗素的一封信中就透露了这种思想的萌芽：

> 对我来说，同样明显的是，我们所居住的世界是否是这样的世界并不是逻辑所决定的事情。然而，至于什么是真正的重言式，我自己还没有搞得十分清楚，但是我试图给出一个粗略的解释。非逻辑命题的特殊（也是最重要的）标志是，人们不能单靠命题的符号就知道它们的真。例如，如果我说"迈耶是愚蠢的"，你无法通过考察命题而说出它的真假。但是逻辑命题——而且只有逻辑命题——具有这样一种性质，即尽管情况各有不同，但其真假都体现在其具体的命题符号中。我至今仍没有成功地找到能够满足这个条件的用来处理同一性的记法，但我确信无疑一定可以找到这样的记法。②

早期维特根斯坦在《逻辑哲学论》中找到了这样的记法（如 N 算子记法），这里涉及复杂的数理逻辑讨论，请容许笔者在此略而不论。就当前的讨论而言，重要的是认识到——如怀特所言——早期维特根斯坦的重言式（同义反复，tautology）表示："一个完全空洞的说法，一个什么也没说出的命题。逻辑命题的必然性与先天地位，正是凭这类命题完全的空洞性，凭其无法给予我们有关世界的任何信息这一点换取的。"③ 如在上一小分节中论述必然存在简单对

---

① 罗素：《逻辑哲学论》导言，载维特根斯坦：《逻辑哲学论》，贺绍甲译，商务印书馆2009年版，第5页。

② 麦克奎尼斯编：《维特根斯坦剑桥书信集：1911—1951》，张学广、孙小龙、王策译，商务印书馆2018年版，第99页。

③ 怀特：《导读维特根斯坦〈逻辑哲学论〉》，张晓川译，重庆大学出版社2018年版，第126页。

象时指出的那样，如果逻辑图像是关于世界中的简单对象的，那么我们必须能够使用命题对简单对象做出完备的描述，并且，描述的工作完全是在语言一方进行的，在此意义上，保证命题关于对象为真，其后果是抽空了命题的一切内容成分，逻辑命题最终是空洞的，**重言式命题因此最终什么也没有说**。在笔者看来，这是《逻辑哲学论》中另一个颇具反讽性的思想。

罗素似乎未能理解这里的反讽性，在 1919 年 8 月 13 日写给早期维特根斯坦的信中，他这样写道：

> 我已经把你的书仔细阅读了两遍。——有些地方我仍然没有理解——其中不乏重要之处……。我相信你，你的主要观点是正确的，即逻辑命题属于重言式，它们不是在实质命题为真的意义上为真。我不明白你为何满足于一个纯粹的序数理论，也不明白当你不认同先行关系时，为何还为此使用一种先行。[①]

"不认同先行关系"，但"为此使用一种先行"体现的是"认为逻辑图像能够描绘世界的结构，却最终无法抵达思维界限之外的事物"这种反讽性，而"满足于一个纯粹的序数理论"则体现的是重言式所意味的"什么都没有说"这种反讽性。

罗素无疑不满足于"什么都没有说"，不满于早期维特根斯坦这样的观点：

> 3.33 在逻辑句法中，符号的所指不能具有任何作用；它必须在没有提到任何符号的所指的情况下就可以建立起来，它只应假设了关于表达式的描述。[②]

---

① 麦克奎尼斯编：《维特根斯坦剑桥书信集：1911—1951》，张学广、孙小龙、王策译，商务印书馆 2018 年版，第 163 页。

② 维特根斯坦：《逻辑哲学论》，韩林合编译，商务印书馆 2019 年版，第 3.33 节。

早期维特根斯坦则针锋相对地指出："罗素的错误在于他在建立符号规则时必须提及符号的所指。"[1] 早期维特根斯坦在做出这一评论时，讨论的是罗素的类型论思想。众所周知，罗素类型论源于这样的问题：在根据某种规则或定义来给出一个集合时，如果该定义是合理的，那么在获得了一个由它规定的好的（good）序列后，我们面临着这样的追问，集合内成员构成的类是否为该集合的成员。该问题与"说谎者悖论"有着一致的内理，例如"我正在说谎"，如果我说的话是真的，那么这句话便是假的，如果我正在说谎，那么这句话便是真的——问题在于，我们能否将这句话本身视为我正在说的话中的一句。罗素解决该悖论的方案是："凡涉及一个集合的全部元素者，它一定不是这一集合中的一个元素。"[2] 语言是分层的，"集合的全部元素者"属于一种更为高阶的语言，我们用它来解释和"说出"比它更低一阶的语言。在此意义上，罗素指出：

> 在《逻辑哲学论》的导言中我建议，虽然在任何一种语言中有一些语言所不能表示的东西，可是总有可能构成一种高一级的语言，能把那些东西说出来。在这种新的语言中还要有一些东西说不出来，但是能在下一种语言中说出来，如此等等以至于无穷。[3]

罗素相信，通过语言的迭代发展，我们终究能够说出那些"东西"。不难看出，早期维特根斯坦不会接受罗素的建议，从根本上说，思维或语言的界限在《逻辑哲学论》中是一道形而上的界限，而非一

---

① 维特根斯坦：《逻辑哲学论》，韩林合编译，商务印书馆2019年版，第3.331节。
② 罗素：《以类型论为基础的数理逻辑（1908）》，载《逻辑与知识》，《罗素文集》第10卷，苑莉均译，张家龙校，商务印书馆2012年版，第82页。
③ 罗素：《我的哲学的发展》，《罗素文集》第12卷，温锡增译，商务印书馆2012年版，第113页。

道经验界限。① 关于不可说的东西，我们将永远无法将它说出来，对于它，我们必须以沉默待之。

罗素在《逻辑原子主义哲学》（1918）之后的一些表述似乎在一定程度上受到了早期维特根斯坦的影响，例如他在《逻辑原子主义哲学》中这样写道："我称自己的学说为逻辑原子主义的理由是因为我想在分析中取得的作为分析中的最终剩余物的原子并非物质原子而是逻辑原子。"② 在《逻辑原子主义》（1924）中这样写道："当我说到'单体'时，我应当说明我正在谈论某物，它本身不是被经验的，而仅仅是在推论上被了解为分析的界限。"③ 但是，罗素终究对"关于这种语言有一些东西可说，但又不可能用这种语言说出来"这一点耿耿于怀，他将这一矛盾理解为悖论，从而解决这一悖论需要诉诸他对"逻辑类型"的层次划分。④ 由此看来，罗素和早期维特根斯坦之间的思想差别始终未能消除。

（三）1923 年兰姆赛对《逻辑哲学论》的评论

从早期维特根斯坦与罗素的通信中我们可以看到，《逻辑哲学论》一书的出版经历了异常曲折的过程。该书最终经由奥格登之手出版。奥格登问当时年仅 18 岁，仍在剑桥大学三一学院就读本科

---

① 蒙克在其所写的维特根斯坦传记中提到一则轶事，罗素试图将他课堂上所有桌子底下都看个遍，以向维特根斯坦证明此处并无犀牛。蒙克指出，"对维特根斯坦来说问题是形而上的而非经验的，关系到的是何种东西组成了世界，而非一只犀牛在此与否"。我们可以从这则轶事中看出罗素和早期维特根斯坦思想间的差别。参见蒙克：《维特根斯坦传：天才之为责任》，王宇光译，浙江大学出版社 2011 年版，第 39 页。

② 罗素：《逻辑原子主义哲学（1918）》，载《逻辑与知识》，《罗素文集》第 10 卷，苑莉均译，张家龙校，商务印书馆 2012 年版，第 221—222 页。

③ 罗素：《逻辑原子主义（1924）》，载《逻辑与知识》，《罗素文集》第 10 卷，苑莉均译，张家龙校，商务印书馆 2012 年版，第 415 页。

④ 罗素：《逻辑实证主义（1950）》，载《逻辑与知识》，《罗素文集》第 10 卷，苑莉均译，张家龙校，商务印书馆 2012 年版，第 457—458 页。

的兰姆赛能否帮助他翻译该书。罗素指出，兰姆赛帮助处理了无数大大小小的翻译问题，而布雷思维特（Richard Braithwaite，1900—1990）则断定兰姆赛就是《逻辑哲学论》的译者（尽管《逻辑哲学论》的译者仅有奥格登的名字在列）。① 本书的处理方式是，认为无论兰姆赛在多大程度上参与了《逻辑哲学论》一书的翻译工作，这一"奥格登译本"中的术语翻译体现了兰姆赛本人对早期维特根斯坦哲学的一些理解，从而我们可以透过这一译本来理解兰姆赛的观点。

在《逻辑哲学论》出版后不久，兰姆赛在《心灵》杂志1923年10月刊上发表了一篇关于《逻辑哲学论》的书评，他在书评中主要予以早期维特根斯坦积极的肯定，同时也提出了该书中的一些问题。② 同年9月，兰姆赛前往普赫贝格（Puchberg）——维特根斯坦担任小学教师的地方——与维特根斯坦共度了两周时间，"在这段时间，他们俩每天花几个小时阅读《逻辑哲学论》，维特根斯坦向兰姆赛阐述自己的思想。在这些讨论过程中，维特根斯坦就英译文本和部分德文本做了一定数量的改动和修正"③。然而，兰姆赛的这篇书评是在拜访维特根斯坦之前完成的，我们从这篇书评中看到的更多是他关于《逻辑哲学论》的独立思考。

笔者认为，兰姆赛对《逻辑哲学论》的一些诊断体现了他至少在一定程度上将早期维特根斯坦的工作理解为一种积极的表征世界的工作，但经过上文的分析，我们认识到，《逻辑哲学论》在表征

---

① See Cheryl Misak, *Cambridge Pragmatism: From Peirce and James to Ramsey to Wittgenstein*, Oxford: Oxford University Press, 2016, p.159.

② See Frank Ramsey, "Appendix: Critical Note of Wittgenstein's 'Tractatus Logico-Philosophicus'", in *The Foundation of Mathematics and Other Logic Essays*, R. B. Braithwaite (Ed.), London: Routledge & Kegan Paul, 1931, pp.270–286.

③ 麦克奎尼斯编：《维特根斯坦剑桥书信集：1911—1951》，张学广、孙小龙、王策译，商务印书馆2018年版，第232页。

论上的工作最终被证明是消极的。我们通过选取"奥格登译本",以及皮尔斯(David Francis Pears)和麦克奎尼斯译本中的一些段落做对照分析便可以发现其中的问题:

"奥格登"英译本[①]:

2.01. An *atomic fact* is a combination of objects (entities, things).

2.17. What the picture must have in common with reality in order to be able to *represent* it after its manner — rightly or falsely — is its *form of representation*.

2.172. The picture, however, cannot *represent* its *form of representation*; it shows it forth.

2.181. If the *form of representation* is the logical form, then the picture is called a logical picture.

皮尔斯和麦克奎尼斯英译本[②]:

2.01. A *state of affairs* (a state of thing) is a combination of objects (things).

2.17. What a picture must have in common with reality, in order to be able to *depict* it — correctly or incorrectly — in the way it does, is its *pictorial form*.

2.172. A picture cannot, however, *depict* its picture form: it displays it.

2.181. A picture whose *pictorial form* is logical form is called a logical picture.

---

① Ludwig Wittgenstein, *Tractatus Logico-Philosophicus*, C. K. Ogden (Trans.), London: Routledge & Kegan Paul, 1922.

② Ludwig Wittgenstein, *Tractatus Logico-Philosophicus*, D.F. Pears and B.F. McGuinness (Trans.), London: Humanities Press, 1974.

韩林合中译本①:

2.01. 基本事态是诸对象（物件、物）的结合。

2.17.一幅图像为了能够以它特有的方式——正确地或错误地——描画实际而必须与之共同具有的东西是它的描画形式。

2.172. 但是，一幅图像不能描画它的描画形式；它展示它。

2.181. 如果一幅图像的描画形式就是逻辑形式，那么这幅图像便可被称为逻辑图像。

从这些对比中，我们可以看出，兰姆赛将"事态"（Der Sachverhalt）译为"原子事实"，将描画形式（Form der Abbildung）译为"表征形式"，将描画、显示（abbilden）翻译为"表征"。② 笔者由此认为，兰姆赛在他对《逻辑哲学论》的书评中主要基于语言和世界间的表征框架来提出其阐释和批评。

基于"自己的"译本，兰姆赛感到"图像中要素间的关系体现了某种结构，而这种结构的可能性在于图像有着表征形式。表征形式同时构成了事物如图像中的要素那般彼此结合的可能性条件"③。这是难以让人理解的，因为这里似乎存在如下两种关于表征形式的定义：（1）图像的表征形式，以及（2）事物结合体现的表征形式。如果图像是逻辑形式的，那么逻辑形式也将是事物的表征形式，这是让人感到困惑的地方。早期维特根斯坦认为表征形式是图像和事物共有的，这最初也让兰姆赛进一步感到不解。在经过一番讨论后，

---

① 维特根斯坦：《逻辑哲学论》，韩林合编译，商务印书馆 2019 年版。

② 或许因为此，麦克奎尼斯、皮尔士、安斯康姆、里斯（Rush Rhees）、斯特劳森等人均认为兰姆赛的译本十分糟糕。参见 Cheryl Misak, *Frank Ramsey: A Sheer Excess of Power*, Oxford：Oxford University Press, 2020, p.132.

③ Frank Ramsey, "Appendix: Critical Note of Wittgenstein's 'Tractatus Logico-Philosophicus'", in *The Foundation of Mathematics and Other Logic Essays*, R. B. Braithwaite (Ed.), London：Routledge & Kegan Paul, 1931, p.272.

兰姆赛指出《逻辑哲学论》第 2.203 节体现了一个他可以接受的原则，他对该节的翻译是，"the picture contains the possibility of the state of affairs which it represents"（图像包含了这样的可能性：它能够表征事态）[①]。从而，至少从表面上看，兰姆赛最终接受的是一种表征论论题：图像能够表征事态，从而图像的逻辑形式必然是事物的表征形式。

　　沿着表征论的思路，兰姆赛提出了两个重要质疑。一是针对《逻辑哲学论》第 2.0131、2.0232、2.0251 节等处提出的"颜色不兼容问题"（color exclusion problem）。在早期维特根斯坦看来，由于世界是由事实构成的，事实是以逻辑形式来分析的，那么"对象是没有颜色的"，"空间、时间和颜色（有色性）是对象的诸形式"[②]。简言之，颜色仅是对象的形式，而不是对象本身的属性。兰姆赛则指出，对于红色和绿色而言，它们无法在同一时间存在于相同的一个地方，因此"x 是红色的"必然排除了"x 是绿色的"；此时，我们并不需要诉诸任何早期维特根斯坦意义上的逻辑形式。[③] 两种颜色同时出现于同一位置，因此并不像早期维特根斯坦认为的那样，是一种"逻辑的不可能性"，"比如，两种颜色同时出现于视野中的一个位置，这是不可能的，而且从逻辑上说就是不可能的，因为颜色的逻辑结构就排除了这样的事情"[④]。在兰姆赛看来，这首先是一种现实的不可能性。

---

① Ludwig Wittgenstein, *Tractatus Logico-Philosophicus*, C. K. Ogden (Trans.), London：Routledge & Kegan Paul, 1922, §2.203.

② 维特根斯坦：《逻辑哲学论》，韩林合编译，商务印书馆 2019 年版，第 2.0232、2.0251 节。

③ See Frank Ramsey, "Appendix：Critical Note of Wittgenstein's 'Tractatus Logico-Philosophicus'", in *The Foundation of Mathematics and Other Logic Essays*, R. B. Braithwaite (Ed.), London：Routledge & Kegan Paul, 1931, p.280.

④ 参见维特根斯坦：《逻辑哲学论》，韩林合编译，商务印书馆 2019 年版，第 6.375 - 6.3751 节。

不难看出，"颜色不兼容问题"的实质在于，"颜色"究竟是一种实在的属性，还仅是一种非实在的逻辑属性。如果是前者，那么我们必须根据这种实在的属性及表征形式来理解逻辑属性及逻辑形式，从而我们有着一项表征论的事业。但是，如此一来，这也意味着《逻辑哲学论》中的做法至少是不充足的。

兰姆赛的批评的确引发了早期维特根斯坦的担忧，在发表于1929年的《略论颜色形式》①一文中，维特根斯坦指出，在颜色不兼容问题中，逻辑上的不可能性乃是因为我们用错误的逻辑图像来显示存在物。这似乎意味着维特根斯坦承认实在的确有着确定逻辑图像的真、假的作用。一些研究者从中解读出了"维特根斯坦的现象学"转向。这一转向既意味着维特根斯坦后期哲学思想的萌芽和发展，也意味着对兰姆赛质疑的接受。

然而，在笔者看来，认为《逻辑哲学论》时期的维特根斯坦有着实在论承诺，这是一种需要审慎对待的理解。具体来说，我们至多仅能将早期维特根斯坦理解为一名反表征论的实在论者。

我们可以借助对兰姆赛另一个质疑的讨论来阐明这一点。兰姆赛指出，如果逻辑图像就是表征图像的话，那么基本命题便可被还原至相应的简单对象，但是我们发现简单句中的一些成分是无法被还原的，例如"非""或"等逻辑连词。这里进一步的问题在于，在《逻辑哲学论》中，维特根斯坦根据对事实的分析来显示或理解对象，那么关于"事物是什么"的理解需诉诸对命题成真条件的分析，为真的（true）命题因此向我们披露的是正（positive）事实，然而随之而来的问题是，如果否定命题为真，那么我们也将在相同

---

① See Ludwig Wittgenstein, "Some remarks on logical form." *Proceedings of the Aristotelian Society*, Supplementary Volumes 9 (1929): 162 – 171.

的意义上获得负（negative）事实。如果从表征论的视角看，存在一个外在于世界中的否定事实，这无疑是荒谬的。[1]

如上文已经指出的那样，笔者不认为《逻辑哲学论》时期的维特根斯坦有着表征论承诺，**我们需要在非表征论的视角下来理解维特根斯坦的实在论**。针对兰姆赛的第二个质疑，他在《逻辑笔记》（1913）中更为清楚地指出："在我的理论中，p 与非 p 具有同一意谓，但具有相反的意义。事实即是意谓。"[2] 我们不能把这里的意谓或指称（Bedeutung）理解为某种外在世界中的事物（thing），早期维特根斯坦对意谓的理解同时受到弗雷格和罗素的影响，但又与两者的思想有所不同：

> 弗雷格说："命题是名字。"罗素说："命题对应于复合物。"二者都是错误的。"命题是复合物的名字"的说法则尤为错误。
>
> 有正的事实和负的事实：如果命题"这朵蔷薇不是红的"是真的，那么其所指就是负的事实。
>
> 重要的是，我们可以用"q"和"非 q"意谓同一个东西，因为这表明，"q"的所指的特征既不与符号"非"也不与"非"与"q"的结合方式相对应。
>
> 我们知道如果它是真的那是什么情形，如果它是假的又是什么情形。
>
> 命题的意义是由真和假两极决定的。[3]

我们可以从上述引文中看出以下几点：首先，早期维特根斯坦既不

---

[1] See Frank Ramsey, "Appendix: Critical Note of Wittgenstein's 'Tractatus Logico-Philosophicus'", in *The Foundation of Mathematics and Other Logic Essays*, R. B. Braithwaite (Ed.), London: Routledge & Kegan Paul, 1931, pp.278－279.

[2] 维特根斯坦：《逻辑哲学论及其他》，陈启伟译，商务印书馆 2014 年版，第 101 页。

[3] 维特根斯坦：《逻辑哲学论及其他》，陈启伟译，商务印书馆 2014 年版，第 104—105、112 页。

接受弗雷格的观点，即认为命题是思想的名称，从而不显示世界，他也不接受罗素的观点，认为命题与有着物理属性的复合物直接对应（这意味着思维没有边界）；其次，早期维特根斯坦接受了弗雷格的一个观点，即根据"真"来理解命题的意义，"理解一个命题就意味着知道当其为真时实际情况是什么样的"①，从而我们便知道意谓是什么，即命题所阐明的事实（而非事物）是什么，在此意义上，早期维特根斯坦指出："在'aRb'中起到符号作用的不是这个复合物，而是符号 a 与 b 有一定的关系这个事实。因此事实是由事实来表征的，或者更正确地说：某物是符号中的事实，这标示某物是世界中的事实。"② 我们根据另一些事实来理解某些事实，这里的"表征"关系实际上是内在于逻辑范围的逻辑关系，当早期维特根斯坦在此处说"某物是世界中的事实"时，笔者认为他仍然是在指"一个命题借助于一个逻辑脚手架构造起了一个世界，正因如此，如果该命题是真的，人们也能从它那里看出一切逻辑事项的情况是什么样的"③。语言显示世界，真命题显示真实的世界，这里无疑有着实在论承诺，但语言的工作仅在于显示而非表征世界，因为语言无法突破其自身的界限而将世界本身直接带给我们：语言总是在试图显示它无法显示的世界，这种反讽最终促使早期维特根斯坦倡导到，我们对世界那些不可显示的部分应该以沉默待之。

从兰姆赛提出的上述两个质疑中，我们可以看到支持笔者如下判断的因素：兰姆赛是以表征论视角来审视维特根斯坦的《逻辑哲学论》的。当早期维特根斯坦敦促人们将"梯子"弃置一

---

① 维特根斯坦：《逻辑哲学论》，韩林合编译，商务印书馆 2019 年版，第 4.024 节。
② 维特根斯坦：《逻辑哲学论及其他》，陈启伟译，商务印书馆 2014 年版，第 102 页。
③ 维特根斯坦：《逻辑哲学论》，韩林合编译，商务印书馆 2019 年版，第 4.023 节。

边，对那些不可言说的东西，以沉默待之时，兰姆赛无疑不会响应这一号召。在试图言说那些不可言说之物时，兰姆赛认为那些"胡说"仍然是一些有意义的胡说，这体现出了他与早期维特根斯坦有着深层的"哲学观"上的不同。兰姆赛在其后来的哲学发展中对《逻辑哲学论》提出了更多的质疑，我们可以结合第一节中对兰姆赛实用主义思想的阐释，在下一小分节中具体讨论。

（四）1926—1929 年兰姆赛对维特根斯坦的批评

1923 年 9 月，兰姆赛两次前往普赫贝格与维特根斯坦讨论哲学问题。1924 年，兰姆赛于维也纳在弗洛伊德（Sigmund Freud，1856—1939）的学生雷克（Theodor Reik，1888—1969）那里进行为期半年的精神分析治疗，但他仅与维特根斯坦一起度过两个周末。兰姆赛对与维特根斯坦的第二次会面似乎并不感到愉快，他抱怨维特根斯坦总是喋喋不休地讲述自己思考的问题，而不会倾听。对于一个同样有着自身创见的哲学家来说，兰姆赛无疑不会满足于仅作为一名"忠实的"听众。随后在 1925 年 8 月，在凯恩斯婚后两周，兰姆赛婚前三天，凯恩斯、兰姆赛、维特根斯坦等人在苏赛克斯（Sussex）聚会，维特根斯坦和兰姆赛就对弗洛伊德理论的态度发生了冲突，维特根斯坦对关于"梦"的阐释感兴趣，认为弗洛伊德在此方面的确有所建树，但对他其他方面的工作则予以许多否定的评价。相比之下，兰姆赛对弗洛伊德评价甚高。这种立场上的冲突对于多数人来说并不会影响到私交关系，然而，维特根斯坦却为此拒绝与兰姆赛说话长达四年，其间他们虽然就"同一性"问题有过争论，但这是通过石里克（Moritz Schlick，1882—1936）这一中间人交换信件才得以实现的。1929年，在兰姆赛、凯恩斯等人的帮助和敦促下，维特根斯坦重返剑桥。在重返剑桥后，兰姆赛和维特根斯坦每周会面讨论问题，直至兰姆赛病逝。维特根斯坦后来回忆这段时间与兰姆赛的交往时，对兰姆赛的评价褒贬不一，这让我们很难判断他对兰姆赛思想的确切态度是什么。①

撇开轶事，以及兰姆赛究竟在多大程度上影响了维特根斯坦的思想发展这类很难具体评判的问题不论，我们从兰姆赛于生命最后四年发表的文章中看到他与《逻辑哲学论》中的维特根斯坦有着诸多思想上的不同。

首先，兰姆赛反驳维特根斯坦的如下观点：归纳，仅是一种休谟式的习惯。②维特根斯坦在《逻辑哲学论》中认为，归纳不是一种逻辑规律，仅是一种心理学上的对经验的协调。

> 6.31. 所谓归纳规律无论如何不可能是一条逻辑规律，因为显然它是一个有意义的命题。——因此，它也不能是一条先天的规律。
>
> 6.363. 归纳过程在于，我们接受那条可以与我们的经验协调一致的最简单的规律。
>
> 6.3631. 但是，这种过程没有任何逻辑的根据，而只有心理学的根据。显然，没有任何根据相信，事实上也会出现最简单的情形。③

---

① See Cheryl Misak, *Cambridge Pragmatism: From Peirce and James to Ramsey to Wittgenstein*, Oxford：Oxford University Press, 2016, pp.161－162, p.235; Cheryl Misak, *Frank Ramsey: A Sheer Excess of Power*, Oxford：Oxford University Press, 2020, pp.240－242; Mathieu Marion, "Wittgenstein, Ramsey and British Pragmatism." *European Journal of Pragmatism and American Philosophy* 4.IV－2 (2012).

② See Nils-Eric Sahlin, *The Philosophy of F. P. Ramsey*, Cambridge：Cambridge University Press, 1990, pp.48－51.

③ 维特根斯坦：《逻辑哲学论》，韩林合编译，商务印书馆2019年版。

在《真与或然性》（1926）中，兰姆赛指出：“从另一方面看，有人认为形式逻辑或融贯的逻辑是逻辑的全部范围，而归纳逻辑要么是无意义的，要么是自然科学的一部分。我发现这种理解（我认为维特根斯坦的理解便是如此）很难让人认同。”① 我们从对兰姆赛实用主义思想的讨论中认识到，归纳是一种“人类逻辑”，它提供了客观或然率和主观信念度。《逻辑哲学论》中的“我”是抽空了一切内容的、纯形式的“我”，“我”不是一个在世界中的现实的行动者，“我是我的世界”。②

兰姆赛进而在他对《逻辑哲学论》的书评以及《理论》（1929）等处批评早期维特根斯坦的“唯我论”。唯我论的成因主要在于，《逻辑哲学论》是一种一阶的基础系统，在此系统内，“我”直接规定着世界。兰姆赛提出，我们同时需要二阶的系统，以此对一阶系统中的对象进行反思和解释。③

此外，兰姆赛对普遍命题的看法也与早期维特根斯坦不同。根据第一节中的讨论，我们认识到兰姆赛认为普遍命题既不为真，也不为假，它没有真值，但这并不意味着它是没有意义的。在我们日常的处理中，这种语句构成了引导我们行动的期待的基础。从而，普遍命题不是一种判断，而是做出判断时所依循的规则：我们不能否定它，而只能赞成或不赞成它。兰姆赛在《事实与命题》（1927）中指出，他接受的是早期维特根斯坦关于普遍命题的观点：

---

① Frank Ramsey, "Truth and Probability", in *F. P. Ramsey: Philosophical Papers*, D. H. Mellor (Ed.), Cambridge: Cambridge University Press, 1990, pp.90-91.

② 维特根斯坦:《逻辑哲学论》，韩林合编译，商务印书馆 2019 年版，第 5.73 节。

③ See Frank Ramsey, "Theories", in *F. P. Ramsey: Philosophical Papers*, D. H. Mellor (Ed.), Cambridge: Cambridge University Press, 1990, pp.212-214.

我们现在必须讨论普遍命题了，这些命题是通过诸如"所有"，"某些"这些词来表达的……关于这些，我采取的是维特根斯坦先生的观点，即"对于所有 x 而言，我们有［f］x"，这等同于"［f］x"所有值的产物，即［f］x_1、［f］x_2，以及［f］x_3……的结合。存在 x，使得［f］x 是其逻辑总和。[①]

这种以逻辑合取的方式理解普遍命题的方式不同于罗素的理解。罗素认为，对于所有的 x 而言，［f］x 这种表述无法从具有 f 属性的诸个体 x 中得出。然而，罗素却因此接受了与普遍命题对应的普遍事实的存在。

在《事实与命题》一文发表两年后，兰姆赛改变了态度，他既不赞成早期维特根斯坦，也不赞成罗素。他在《普遍命题和因果性》（1929）中提出了可变假设（variable hypotheticals）这一概念，将［f］x 视为这样的一类假设，我们是基于有穷数量的命题得出它的，它有利于指导我们的进一步行动。[②] 普遍命题没有真值，但不是没有意义的。我们可以根据这些命题形成一种符合未来预期的系统，从而这些命题也不是判断，而是做出判断时所依据的规则；我们无法否定它们，只能赞成或不赞成它们。

隐藏在这些思想差别下的是两人不同的哲学观。早期维特根斯坦相信，当我们最终到达更好的理论位置时，需要像扔掉梯子那样扔掉哲学，哲学的关键命题是"哲学是无意义的"。然而，兰姆赛则相信哲学必然是有用的，即便那些"无意义"，我们仍需认真对待，从中发现其中的积极意义，而不能像维特根斯坦那般佯装它是

---

① Frank Ramsey, "Facts and Propositions", in *F. P. Ramsey: Philosophical Papers*, D. H. Mellor (Ed.), Cambridge: Cambridge University Press, 1990, pp.152－153.

② See Frank Ramsey, "General Propositions and Causality", in *F. P. Ramsey: Philosophical Papers*, D. H. Mellor (Ed.), Cambridge: Cambridge University Press, 1990, pp.252－253.

某种重要的无意义。①

　　从兰姆赛对早期维特根斯坦的上述批评中，我们再度看到了兰姆赛强调在人类的具体行动中理解"人类逻辑"和"意义"的实用主义思想，在下文的讨论中，我们也将在后期维特根斯坦的思想中看到这些实用主义因素。例如，霍尔顿（Richard Holton）和普莱斯指出，兰姆赛关于普遍命题和可变假设的谈论蕴含着"遵守规则"的思想：普遍命题不是一个真正的命题，我们无法穷尽地写出绝对普遍命题的所有情形，毋宁说，普遍性是一种开放的普遍活动，在这样的活动中，行动中的主体有着在某种具体情境下以某种具体方式行动的倾向，这涉及对某种"规则"的遵守。另外，在这样的活动中，"真"和"假"不是某种绝对概念，而是一种规范概念，它们体现的是能动者的活动是否正确地遵守规则。② 与之相比，苏利文（Peter Sullivan）指出，对于早期维特根斯坦而言，"真"是"本质性的（essential）真，而非普遍性的（general）真"，本质性的真是一种纯粹逻辑的属性，它与经验的普遍化过程无关。③ 兰姆赛哲学中对遵守规则的思考既与后期维特根斯坦相呼应，也与早期维特根斯坦的思想相抵牾。如上文提及的那样，笔者无意于讨论兰姆赛是否或在多大程度上影响了维特根斯坦的思想转向，笔者仅旨在凸显他们哲学中的实用主义要素，以之为基础对剑桥实用主义做出谱系学的考察。于是，我们接下来便会进展到对后期维特根斯坦实用主义思想的直接讨论。

---

① See Frank Ramsey, "Philosophy", in *F. P. Ramsey: Philosophical Papers*, D. H. Mellor（Ed.），Cambridge：Cambridge University Press, 1990, p.1.

② See Holton, R. & Price, H. "Ramsey on Saying and Whistling: A discordant note. " *Noûs* 37.2（2003）：331–336.

③ See Sullivan, Peter M. "IX—The Totality of Facts." *Proceedings of the Aristotelian Society*. Vol. 100. No. 1（2000）：176.

三、后期维特根斯坦的实用主义

本节将试图通过对维特根斯坦前后期思想的发展，以及关键立场的讨论来得出一种"维特根斯坦的实用主义"。笔者认为，经由"中期维特根斯坦"的过渡，维特根斯坦从其前期哲学向后期哲学的发展是一个连续的过程。维特根斯坦因在《逻辑哲学论》中过于强调对语言形式一面的分析而面临无法保证关于外部世界的实质谈论这一问题。在重返剑桥后的 1929 年至 1931 年间，"中期"维特根斯坦有着短暂的"现象学"阶段，他当时聚焦的主题是，如何对关于实在的直接经验加以描述？尽管维特根斯坦很快认识到，我们无法用借以做出描述的"现象学语言"来替代关于实在的"物理语言"（简言之，无法通过现象学描述下的"现象"来抵达物理语言描述下的"实在"），但维特根斯坦因而关注到在经验层面分析语句的意义和用法问题，进而关注到了遵守规则、反私人语言、语言游戏、生活形式等一系列其后期哲学中的重要论题。

本节第一小分节将讨论中期维特根斯坦思想，试图理清他在面临其早期哲学具有的问题时转向现象学探索的具体原因，而后指出他又为何放弃了现象学。短暂的现象学时期让维特根斯坦开始关注语言和世界的关系问题。第二小分节将讨论维特根斯坦对摩尔关于外部世界的证明的反驳与反私人语言论证，我们将会看到维特根斯坦同时否决了从外部世界和主体的内部心灵追寻知识的确定性起点的做法，这一方面体现了我们将在第三小分节揭露的维特根斯坦不同于传统哲学的"哲学观"，另一方面，这也为他带来了我们将在第四和第五小分节接着讨论的"我们如何在世界中行动"，以及"我们如何理解这个世界"的问题，这分别涉及他对遵守规则和生活形式的思考。

米萨克认为，中期维特根斯坦的思想转变受到了兰姆赛的实用主义哲学的影响，这使得维特根斯坦开始关注到人的"行动"问题，继而发展出了根据语言游戏中语词的"用法"来理解意义的问题。古德曼（Russell Goodman）认为，詹姆斯也在诸多方面影响了后期维特根斯坦。然而，经过本节第一小分节和第六小分节中的相关讨论，笔者认为，后期维特根斯坦哲学中的维特根斯坦与美国古典实用主义虽有相同之处，但更好的说法是，维特根斯坦独立发展出了自己的实用主义思想，这些思想主要体现为：认为语言是一种活动，在活动中生成了具体的规则和遵守的共同体，人在此活动中居住的世界就是经由自身的概念框架或表现手段所构造出来的世界；在此意义上，在世界中的行动（*doing-acting*）和关于世界的言语表达（*saying-knowing*）是同一枚硬币的两面；因此，"维特根斯坦的实用主义"也反对心、身二元论，将知识奠基在确定的感性基础上的基础主义或还原论思想，认为存在某种先天法则或概念图式的形而上学立场等。维特根斯坦的这些立场构成了剑桥实用主义的核心，也将剑桥实用主义推向其成熟阶段。

（一）中期维特根斯坦和实用主义

学界常将《逻辑哲学论》和《哲学研究》视为维特根斯坦前期和后期的代表著作，然而，在维特根斯坦于 1929 年重返剑桥后，其思想并非一跃而至其后期的成熟形态。有些学者，例如斯特恩（David Stern），将 1929 年至 1936 年前后的维特根斯坦称为"中期维特根斯坦"。① 韩林合认为，中期维特根斯坦至 1931 年夏便已经

---

① See David Stern, "Introduction: Wittgenstein between the *Tractatus* and the *Investigation*", in *Wittgenstein in the 1930s: Between the Tractatus and the Investigation*, David Stern（Ed.）, Cambridge: Cambridge University Press, 2018, p.1.

结束了。① 如若采用斯特恩的划分，那么我们可以发现中期维特根斯坦这一时期的著作中——主要包括魏斯曼（Friedrich Waismann，1896—1959）记录和整理的《维特根斯坦与维也纳学派》（1929—1931）、《哲学评论》（1929—1930）、《哲学语法》（1931—1933），以及《蓝皮书和褐皮书》（1933—1935）等——的思想有着极度的不稳定性，斯特恩指出，维特根斯坦在这一时期，其思想大致经历了如下变化：

（1）持有《逻辑哲学论》中的逻辑原子主义立场；

（2）放弃逻辑原子主义，转向逻辑整体论（logical holism）；

（3）持有现象学立场，即阐明对直接经验的描述的语言；

（4）放弃现象学立场，认为语句的意义是由其用法决定的，但用法是约定而成的；

（5）放弃根据约定来确定用法的立场，采用根据语言游戏之类的实践来理解用法，斯特恩称之为实践整体论（practical holism）。②

在与兰姆赛、斯拉法（Piero Sraffa，1898—1983）等人的交流中，维特根斯坦逐渐发现了《逻辑哲学论》中存在着一些问题，其中一个问题与原初命题的理论身份有关。1930 年 1 月 2 日，维特根斯坦在石里克的家中这样说道：

我认为，原初命题必须是相互独立的。关于世界的完整描

---

① 韩林合的划分是，二十世纪二十年代末（1928 年底）以前为前期（代表作为《逻辑哲学论》），二十年代末至三十年代初（1929 年初至 1931 年春）为中期（或曰"过渡期"，代表作为《哲学评论》，《大打字稿》之部分内容），三十年代初（大致为 1931 年夏）以后为后期（代表作为《大打字稿》之另一部分内容、《哲学语法》《哲学研究》）。（韩林合：《维特根斯坦〈哲学研究〉解读》（上册），商务印书馆 2010 年版，第 41 页）

② See David Stern, "The 'Middle Wittgenstein'; From logical atomism to practical holism", in *Wittgenstein in Florida*, Dordrecht: Springer, 1991, pp. 205 - 207.

述可以说是原初命题的结果，而那些原初命题部分是肯定的，部分是否定的。持有这种观点是错误的，其错误之处如下。我为逻辑常项的运用设定了句法规则……并且认为那些规则与命题的内在结构无关。关于我的这种观念，其错误之处在于：我相信逻辑常项的句法可以在不注意命题之间的内在联系的情况下被设定，但实际情形并不是这样的。[①]

对"命题之间的内在联系"的关注促使维特根斯坦走向逻辑整体论，他不再像《逻辑哲学论》时期那样，认为原初命题是最为基本的命题单位，它是对最基本的事态的表达，在此意义上，它必须是独立的——如不然我们仍可以诉诸其他命题来分析它，这样一来它便不是最为基本的；于是，在对原初命题的理解中，我们只能"设定"句法规则。维特根斯坦后来放弃了《逻辑哲学论》中的这一观点，认识到具有独立性的基本命题是难以理解的，并且根据这类命题来构建普遍命题也是不太可能的。维特根斯坦于是转而根据命题之间的关系来理解某一具体命题，这样一来，我们便可以理解他为何会转向"逻辑整体论"的立场：

> 为我描述对象长度的那些陈述形成一个系统，一个命题系统。因而，正是这个命题系统与实在做了比较，而不是单个的命题与实在做了比较。[②]

说出这段话时期的维特根斯坦以整个命题系统作为衡量"实在"的标尺。然而，逻辑的语言究竟如何实现对"实在"的勾绘？这里存在着如下更为细节性的问题：（i）当我们使用语言时，我们只能是

---

① 维特根斯坦：《维特根斯坦与维也纳学派》，魏斯曼记录，徐为民、孙善春译，商务印书馆2015年版，第51—52页。

② 维特根斯坦：《维特根斯坦与维也纳学派》，魏斯曼记录，徐为民、孙善春译，商务印书馆2015年版，第39页。

在描述某种"现象"，即"庭院中有一只猫"这样的"事实"，此时我们有着一种借以做出描述的"现象学语言"；（ii）然而，关于对"实在"的描述，既存在现象学语言，也存在"物理语言"；（iii）物理语言在维特根斯坦那里指的是"日常语言"（而非物理学等科学的语言），它描绘的是真实的"实在"的现象。这里的问题在于，以语言形式呈现的（现象学的）"事实"和以物理语言呈现的"实在"之间存在裂隙——用表征论的语汇说，实在向我们的呈现（我们用物理语言表达这些呈现）和我们对这些呈现的再现（我们用现象学语言表达这些再现）之间存在裂隙。[①] 这一时期的维特根斯坦相信现象学的语言是一种直接表述经验或现象的原初语言，因而它是关于世界结构的直接描述。我们可以从中看出其早期逻辑图像论的影响：根据现象学语言描绘的世界的结构，我们获得了关于实在的理解，同时，现象学语言也提供了实在的呈现条件或成真条件——因为现象学语言是对世界结构的直接描绘，那么只有描绘下的事实才是真实存在的，从而真实存在的实在只有在符合那些描述的前提下，才能够为我们所理解。

受前述问题的吸引，中期维特根斯坦有着一段短暂的"现象学"时期：

> 一个句子，不论是用了何种表达方式，只要它在语法上是完全清晰的，那么它在逻辑上就是完全可以分析的。我们所能做的和必须做的，就是把我们语言中本质的东西与非本质的东西区别开来——这归根结底是一种现象学语言的结构。[②]

---

① 参见徐英瑾：《维特根斯坦哲学转型期中的"现象学"之谜》，复旦大学博士学位论文，2004年，第47—48页。

② 维特根斯坦：《哲学评论》，《维特根斯坦全集》第3卷，涂纪亮主编，丁东红、郑尹倩、何建华译，河北教育出版社2003年版，第3页。

故而，对于中期维特根斯坦而言，现象学研究的目的在于阐明现象学的语言结构，从而阐明那些被给予我们的现象的可能性。

或许因为难以填合语言描述的现象和真实的现象之间的裂隙——"我们生活在感觉材料的世界内；但我们谈论的却是物理对象的世界"①，然而，"仅有外部联系，是根本无法对联系作出描述的，因为我们只有借助内在联系才能描述外在联系"②——中期维特根斯坦很快跨过了其现象学阶段，转向了对"用法"的分析：知道了命题的用法，便意味着知道其意义及其证实条件。中期维特根斯坦起初用"约定"来确定用法，后来逐渐根据"语言游戏"来"描述"用法，这意味着其后期思想的慢慢萌芽和成型。

在放弃其现象学语言时，中期维特根斯坦这样写道：

> 现在，现象学语言或我所谓的"原初语言"，在我看来并不是目的，我不再认为它们是必要的。我们所能做的和必须做的，是把我们语言中本质的东西同非本质的东西区别开来。
>
> 也就是说，当人们对完成其目的的语言的类别（Klasse）做一定程度的描述时，他们也就是在指明语言的本质的东西，并且直接地表述了直接的经验。
>
> 每当我说，这种或那种表述也可以用另外的表述来替代时，我们就是向着把握被描述物的本质的目标前进了一步。③

笔者认为，从上述表述中我们可以看到中期维特根斯坦克服语言描述的现象和关于实在真实的现象之间存在的裂隙的方式：

---

① Ludwig Wittgenstein, *Wittgenstein's Lectures, Cambridge, 1930—1932: From the Notes of John King and Desmond Lee*, Chicago: University of Chicago Press, 1982, p.82.

② 维特根斯坦：《哲学评论》，《维特根斯坦全集》第 3 卷，涂纪亮主编，丁东红、郑尹倩、何建华译，河北教育出版社 2003 年版，第 51 页。

③ 维特根斯坦：《哲学评论》，《维特根斯坦全集》第 3 卷，涂纪亮主编，丁东红、郑尹倩、何建华译，河北教育出版社 2003 年版，第 37 页。

抛弃这种间隙，转而认为使用语言做出描述的过程直接就是表述语言本质的过程，这个过程也是一个直接的经验过程。就此而言，尽管由语言描述的现象和实在的真实现象之间存在着间隙，"语言无法表述世界的本质"，语言甚至不能够说"万物在流逝"，但语言必然是衡量世界的，**我们无法想象与世界无关的语言：**

> 如果人们不能把一种图像作为尺度来测量现实，那么就不能把这种图像同现实进行比较。
>
> 句子必须与现实相默契。
>
> 人们反复地试图在语言中确定世界的界限并强调它——但却做不到。世界的理所当然正表现在，语言只是意喻它，也只能意喻它。
>
> 因为，语言是从它的含义，从世界才得到它的意喻方式的，所以不能想象会有一种不表述这个世界的语言。
>
> 万物流逝，只能在语言的使用中表述出来，而且，不是在一种与其他方式对立的使用中，而是在那种使用中，即我们一般所说的语言的使用中表述出来。①

从而，语言必然是对现实的衡量，语言意喻的世界便是这个世界，表象过程必然能够投射出所表象的东西：

> 投射方法必定包含在投射的过程中；表象过程达到了它根据投射规则所表象的东西。如果我抄写任何东西，我将对抄件上的错误感到气恼、懊悔等等。这里的全部结果——即这份抄件加上意向——是原件的等价物。这里的实际结果——仅仅这份可见的抄件——并不代表抄写的全部过程；

---

① 维特根斯坦：《哲学评论》，《维特根斯坦全集》第 3 卷，涂纪亮主编，丁东红、郑尹倩、何建华译，河北教育出版社 2003 年版，第 63、66、70 页。

我们必须将意向包括进来。过程包含规则，结果不足以描述过程。①

表象过程已经包含了规则，从而我们合乎规则的行动必然能将这个世界纳入我们的理性视野。这是一种实用主义的观点，我们将在下文中进行更为直接的阐明。就目前的讨论而言，笔者认为，我们也应该在"语言表达世界的直接性"的意义上来理解中期维特根斯坦提出的意义的"证实观"："命题的意义就是它的证实方法。证实方法不是确立命题真值的手段；它恰好是命题的意义。为了理解一个命题，你有必要知道它的证实方法。去说明它就是去说明命题的意义。你不可能寻求某种证实方法。命题只能说那些被它的证实方法所确立的东西。"② 认为说一个陈述具有意义意味着它能够被证实，其中的原因在于，当我们获得命题的意义时，便已经知道如何证实它：知道如何用语言意喻相关事实的过程或方法，以及知道如何遵守相关的规则。故而，中期维特根斯坦会说"每个命题都是对一种证明的说明"③。

需要强调的是，知道了命题的意义便意味着知道了证实命题的方法，维特根斯坦的这种说法似乎更多是在强调，"命题被证实的范围就是其有意义/无意义的范围"；而非像实证主义者认为的那样，将命题的意义直接等同为证实方法。④

---

① 维特根斯坦：《维特根斯坦剑桥讲演集》，《维特根斯坦全集》第 5 卷，涂纪亮主编，周晓亮、江怡译，河北教育出版社 2003 年版，第 47 页。
② 维特根斯坦：《维特根斯坦与维也纳学派》，魏斯曼记录，徐为民、孙善春译，商务印书馆 2015 年版，第 245 页。
③ 维特根斯坦：《哲学评论》，《维特根斯坦全集》第 3 卷，涂纪亮主编，丁东红、郑尹倩、何建华译，河北教育出版社 2003 年版，第 164 页。
④ 参见徐强：《论魏斯曼对"中期"维特根斯坦语言哲学的阐释与发展》，中国社会科学出版社 2020 年版，第 111 页。

值得注意的是，就本书的论题而言，罗蒂、布兰顿等新实用主义者一般认为：后期维特根斯坦是一名实用主义者。米萨克更为直接地认为，中期维特根斯坦思想中已经有了实用主义思想萌芽。从编号为 MS107 的笔记中（这本笔记写于 1929 年至 1930 年），米萨克抽取出了一些支持其立场的段落：

> 在我看来，句子（Sätze）——也就是我们通常所说的日常使用的句子——与逻辑中命题的意义有所不同，如果命题真的存在的话。
>
> 这是由于它们假设的特性。事实似乎并没有证实过它们，在某种意义上，我原来认为是可以的。可以这么说，有一扇仍然敞开的门，证实及其对立面并不是最后的结论。
>
> 当我说"那边有一把椅子"时，这个句子指的是一系列的期望。我相信我可以去那里，看到椅子并坐在上面，我相信它是木头做的，我能料到它有一定的硬度，具有易燃性等。如果这些期望中有一些落空了，我将有证据说那里没有椅子。
>
> 在这里，我们可以看到一个实用主义者是如何得出真与假的概念的：一个句子只要证明是有用的，它就是真的。
>
> 我们日常生活中所说的每一句话似乎都有假设的特性。
>
> 讨论感觉材料和直接经验的意义在于我们正在寻找一种非假设性的表象。
>
> 但现在看来，如果假设的要素被抛弃了，这种表象就失去了它的全部价值，因为这样一来，命题就不再指向未来了，它仅仅似乎是自我满足的，因此就没有任何价值了。
>
> 如果句子没有工具性的价值，那么谈及句子就没有任何意义。（Wittgenstein 2003, MS 107：247 - 50）①

---

① Cf. Cheryl Misak, *Cambridge Pragmatism: From Peirce and James to Ramsey to Wittgenstein*, Oxford: Oxford University Press, 2016, pp.239 - 240.

米萨克认为，上述引文至少表明维特根斯坦在如下方面受到了兰姆赛的影响：

首先，接受兰姆赛关于"假设"的观点。在兰姆赛那里，普遍命题表达的是我们基于对经验的归纳做出的"假设"，这种假设充当着我们信念的根据，引导着我们的行动。《逻辑哲学论》中的维特根斯坦认为，命题与经验无关，更遑论是引导现实行动的规则。然而，中期维特根斯坦的一个转变在于，认为"假设"建构起了我们在行动中所具有的"期望"，命题恰是对这些期望的表达。如果期望得到了回应，命题便得到了证实。

> 假设是一个空转轮；只要没有更多的经验出现，那么这个轮子仍然是空的，而只有当更多的经验不得不被结合在一起时，它才运转……因而，我们的假设被设想为比这种经验结果包含得更多。①

经验推动和充实了"假设"的空转轮，但"假设"被设想为比这种经验结果包含得更多，这是因为"假说的本质在于，它产生了一种期待，也就是说，对它的证实永远不会终结"②。新的经验将会推动"假设"的空转轮进一步转动，并卷入新的经验，这种过程类似于一种皮尔士和杜威所说的"探究"过程，在此过程中，语言（因为"假设"以命题形式呈现）将会把更多的世界呈现给我们。

其次，对"经验"的强调是中期维特根斯坦的第二个重要转变，他看到了经验与信念之间的重要关联。这一转变也与他第三个重要转变息息相关：对日常语言的强调。这两项转变之间的关联在

---

① 维特根斯坦：《维特根斯坦与维也纳学派》，魏斯曼记录，徐为民、孙善春译，商务印书馆2015年版，第161页。

② 维特根斯坦：《哲学评论》，《维特根斯坦全集》第3卷，涂纪亮主编，丁东红、郑尹倩、何建华译，河北教育出版社2003年版，第34页。

于：如果假设永远是开放的，那么我们将永远无法知道"真"——没有假设可以得到完全的证实，至少兰姆赛因此认为，假设（即便是以普遍判断形式呈现的假设）没有真、假可言——因此，我们应该关注于日常语言，关注现实情境中的命题所具有的多样性，而不是早期维特根斯坦所强调的语言和世界之间纯粹的形式关系。这些转变最终推动了后期维特根斯坦思想的产生。

米萨克既认为中期维特根斯坦思想中已经埋下了实用主义的种子，也认为对"维特根斯坦来说，走上实用主义之路就是通过兰姆赛这条捷径。一个假设（维特根斯坦）或者一个信念（兰姆赛，皮尔士）体现的是一系列的期望。如果这些期望得到了持续的满足，那么这就是我们所能期待的"。"正是兰姆赛播下了这颗思想的种子，维特根斯坦才成为后期维特根斯坦。"① 维特根斯坦本人在《哲学研究》中似乎也坦白道，他在上述意义（即，根据假设展开的经验活动，这类活动可被称为语言游戏）上受到了兰姆赛的影响：

> 兰姆西（即兰姆赛——笔者注）有一次与我谈话时对我强调说：逻辑是一门"规范科学"。我不知道当兰姆西说这句话时准确地说来到底哪一种想法浮现在他的脑海之中；但是，毫无疑问，他的想法与我后来才弄明白的如下想法是密切相关的：也即，在哲学中我们常常将语词的使用与按照固定的规则而进行的游戏、演算加以比较，但是我们却不能说使用语言的人必定在玩这样一种游戏。②

由此看来，维特根斯坦思想的发展似乎的确受到了兰姆赛的影响。

---

① See Cheryl Misak, "The Subterranean Influence of Pragmatism on the Vienna Circle: Peirce, Ramsey, Wittgenstein." *Journal for the History of Analytical Philosophy* 4.5 (2016): 10.
② 维特根斯坦：《哲学研究》，韩林合编译，商务印书馆 2019 年版，第 81 节。

然而，在笔者看来，米萨克的上述判断十分模糊，因为（a）维特根斯坦受兰姆赛影响不等于维特根斯坦受到实用主义影响，确切来说，我们不能将任何承诺了上述对"假设"的理解的理论均视为实用主义理论；而（b）维特根斯坦在多大程度上吸收了兰姆赛思想，这也是存疑的——受兰姆赛影响而反思和改变原先观点不等于直接接受兰姆赛的观点；最后，更为关键的是，即便不存在（a）和（b）这类问题，（c）我们仍需审慎地判断维特根斯坦哲学中是否存在实用主义的思想特征，如果有，如何理解"维特根斯坦的实用主义"？如上所言，笔者无意于深究"谁影响了谁，或在多大程度上谁受了谁的影响"之类难以回答清楚的问题，无论米萨克的判断是否合宜，我们的确可以从中期维特根斯坦那里发现一道萌生了实用主义思想的演变线索——实际上，我们可以从李（Desmond Lee）编辑的《维特根斯坦剑桥讲演集，1930—1932》、安布罗斯（Alice Ambrose）编辑的《维特根斯坦剑桥讲演集，1932—1935》[1] 中看到关于语言游戏、私人感觉、用法和意义、家族相似性等后期维特根斯坦聚焦的重要论题的讨论——基于这条线索，我们既能构建一项没有断裂的对维特根斯坦哲学的叙事，也能从中挖掘出实用主义思想的种子。我们将在下文中主要依据《蓝皮书和褐皮书》（1933—1935）、《哲学研究》（1945—1949）、《论确定性》（1949）等更为清晰和成熟的著作中的讨论来审查后期维特根斯坦哲学中确实具有的实用主义因素，但这种实用主义不是美国古典实用主义，而是维特根斯坦自己版本的实用主义，即"维特根斯坦的实用主义"。

---

[1] 维特根斯坦：《维特根斯坦剑桥讲演集》，《维特根斯坦全集》第 5 卷，涂纪亮主编，周晓亮、江怡译，河北教育出版社 2003 年版。

（二）关于外部世界的知识与反私人语言论证

上文的讨论表明，《逻辑哲学论》时期的维特根斯坦没有试图从事关于外部世界的认识论探究，其反表征论论题中暗含着以逻辑形式"显示"世界的思想，如韩林合指出的那样，这种立场实际上是非常极端的，早期维特根斯坦"甚至于认为诸如'有对象'、'有一个对象'、'有 n 个对象'等命题也是没有任何意义的，因为一方面，'对象'是一个形式概念（formaler Begriff），因而不可言说；另一方面，对象的存在是语言之所以可能的前提条件，因而它不可能经由语言有意义地说出来"①。在现象学时期，中期维特根斯坦试图提供关于事物向我们呈现的现象的语法结构——语法既体现了我们对世界的认识，也提供了对象得以呈现的可能性条件——然而，他发现难以弥合事物向我们的真实呈现和我们用语言对这些呈现的表达之间存在的间隙。这促使维特根斯坦最终认为，我们的语言必然表达这个世界，**我们难以想象不表达这个世界的语言**。用他在《文化和价值》中的话说，"事物就在我们面前，没有蒙上面纱"②。

反对踏出逻辑或语言所能表达的范围，从而试图以独立于心灵的某种外在实在为经验探究的起点，这是各个时期的维特根斯坦始终坚守的立场。他在《蓝皮书和褐皮书》（1933—1935）中继续反对这种根据"指出某种事物"来提供证成的观点：

> "什么是长度"、"什么是意义"、"什么是数目 1"等问题，是我们的精神痉挛由以引起的原因。我们觉察出，我们不

①　韩林合：《分析的形而上学》，商务印书馆 2013 年版，第 27 页。
②　维特根斯坦：《文化和价值：维特根斯坦笔记》，许志强译，浙江大学出版社 2020 年版，第 16 页。

能通过指出任何事物来回答这个问题，尽管我们应当指出某种事物。（我们在这里涉及哲学混乱的重要根源之一：一个名词促使我们去寻找一个与它相对应的事物。）①

然而，对关于外部世界知识的证明始终是当时乃至如今的哲学家们思考的一个主流问题——相关的哲学家不仅有《我们关于外间世界的知识》一书的作者罗素，还包括了维特根斯坦从他那里接替其教职的摩尔。② 在关于外部世界的问题上，摩尔长久受困于这样的一个难题：我们是基于自身的感觉经验获得关于外部世界的知识的，然而，这种自身的感觉经验是某种我们私有的感觉材料，但是，关于外部世界的知识却是公共性的，那么如何摆脱对观察主体的依赖（以及主体经验的私人性）从而获得关于外部世界的公共知识？简言之，摩尔的问题是，如何填补感觉的私人性和知识的公共性之间的沟壑？

从对摩尔问题的简要描述中，我们容易看到他与维特根斯坦的两点不同：（1）摩尔关心关于外部世界的知识；并且（2）他认为存在某种私人性的感觉材料，这类材料充当着获得知识的个体性基础。

摩尔在发表于其退休那一年的《关于外部世界的证明》（1939）③ 一文中，提供了一个十分简洁却影响深远的证明：

P_1. 这里（举起他的一只手）是一只手。

P_2. 这里（举起他的另一只手）是另一只手。

C_1. 从而，这里至少有两只手。

① 维特根斯坦：《蓝皮书和褐皮书》，涂纪亮译，北京大学出版社 2012 年版，第 3 页。

② 1939 年，摩尔退休，维特根斯坦接替其成为剑桥大学哲学教授。

③ See G. E. Moore, "Proof of an External World", in *G. E. Moore: Selected Writings*, Thomas Baldwin (Ed.), New York: Routledge, 1993, pp.147-170.

C_2. 既然这里有两只手，那么至少有两个事物是在空间中遭遇的。

C_3. 从而，至少有两个事物是外在于我们的心灵的。[①]

"一只手"在外部世界存在是通过"另一只手"得到证明的，两只手不是在我的心灵之中是在外部世界中遭遇的，这样一来，必然存在一个外部世界，两只手在其中遭遇。

然而，摩尔面临的一个怀疑论挑战在于：为何确信这里存在一只手（P_1）？摩尔相信，他知道自己有手，这是毫无疑问的。摩尔直截了当地指出，如若怀疑论者直接对该前提提出质疑，那么我们根本无法回答这一质疑。摩尔相信，诸如这里存在一只手，天在下雨之类的经验陈述是不容置疑的常识知识。只有基于这类知识，我们才能理解世界，包括怀疑论者对世界是否存在的怀疑。

与此相关，摩尔面临的另一个怀疑论挑战在于："这里有一只手"不是终极的（conclusive）经验基础或证据；如果证据不是最终的，那么或者需要为该前提提供进一步的证据，或者该证据无法证明外部世界存在——无论情况如何，外部世界存在，这仍然是存疑的。摩尔的回答是，**他不旨在证明怀疑论是假的，而仅旨在指出怀疑论无法破坏掉关于外部世界存在的证明**。摩尔的"反怀疑论论证"可简述如下：

Pa. 怀疑论的假设蕴含了这样的命题："我知道这里有一只手"是假的；

Pb. 如果某一命题 A 比另一命题 B 更具确定性，那么命题 B 无法证伪 A；

Pc. "我知道这里有一只手"比所有怀疑论命题均更具确

---

① 摩尔证明的表述参考了索姆斯的表述，参见索姆斯：《20 世纪分析哲学史：分析的开端》，张励耕、仲海霞译，华夏出版社 2019 年版，第 21 页。

定性。

　　C. 怀疑论的假设无法证伪"我知道这里有一只手"。

简言之，如若"我知道这里有一只手"是真的，那么这便是不容怀疑的，怀疑论者必然承诺了 Pa；但根据 Pb，怀疑论者无法根据其承诺的"外部世界不存在"这种具有更多不确定性的命题来证伪"我知道这里有一只手"这种具有更多确定性的命题；从而，摩尔得出 C。摩尔这里仅试图论述怀疑论是无效的，而非旨在直接证明怀疑论是错误的。

　　反对怀疑论，拥护常识理解，这在一定程度上体现了摩尔的"哲学观"。索姆斯（Scott Soames）同情性的解释包含了对在摩尔看来"何谓真正哲学问题"的理解，"在摩尔看来，真正的哲学问题不是证明或者否证我们知道有手存在，而是构建一个跟我们认作知识的明显例子（比如知道右手存在）相一致的知识理论，并且解释这样的知识是如何产生的"[①]。从而，我们只有先接受了"手存在"才能够构建关于这一事实的合理解释和知识。怀疑论者的问题在于，在获得任何知识之前，便已经预先设定了什么事物能够构成知识，但由于尚未获得知识便开始了怀疑，我们便永远无法知道该物是什么或"何物存在"。如索姆斯所言，摩尔论证因而有着反讽性，即如若不接受摩尔论证，不相信那些明显的例子，从而对关于外部世界知识的证明提出了更高的要求，那么将会陷入怀疑论。这里的反讽性在于：对知识的极端追求恰设定了怀疑论，我们因此将最终一无所获；换句话说，只有接受了摩尔论证，才能证明外物存在，而摩尔论证的目的恰在于证明外物存在。

---

① 索姆斯：《20 世纪分析哲学史：分析的开端》，张励耕、仲海霞译，华夏出版社 2019 年版，第 26 页。

在更早些时候，摩尔在《为常识辩护》（1925）一文中似乎相信，外部世界的存在是无需复杂证明的常识，① 我们仅从对感知（sense-perception）的分析中便可以知道外部世界存在。② 在对感知的分析中，摩尔也相信存在感觉材料，它是我们私有的、非公共的，因而感觉材料既源于外部世界予以心灵的刺激，也依赖于心灵对这些刺激的主动把握，在此意义上，它是每一个观察者所私有的。

维特根斯坦似乎不像索姆斯那般宽容，他反对摩尔上述所有的观点，在《哲学研究》（1945—1949）、《论确定性》（1949）等处，他反对（a）摩尔论证，（b）感觉材料理论，以及（c）存在为个体独有的"私人语言"。

《论确定性》③ 这样开篇，"如果你确实知道这里有一只手，我

---

① See G. E. Moore, "A Defense of Common Sense", in *G. E. Moore: Selected Writings*, Thomas Baldwin (Ed.), New York：Routledge, 1993, pp.106 - 133.

② See G. E. Moore, "Sense-data", in *G. E. Moore: Selected Writings*, Thomas Baldwin (Ed.), New York：Routledge, 1993, pp.45 - 58.

③ 沙罗科等人提出"第三个维特根斯坦"（the third Wittgenstein）的概念，认为在《哲学研究》之后的《论确定性》《关于心理学哲学的最后著作》等著作中，维特根斯坦的思想步入了一个新的阶段，该阶段的维特根斯坦主要试图消除经验和逻辑之间的界限，并认为规则和经验命题之间缺乏明晰的界限，从而"生活形式"或语法形式在一定程度上依赖于那些心理学概念（See Moyal-Sharrock, D. (Ed.) *The Third Wittgenstein: The Post-investigations Works*, London：Routledge, 2017）。韩林合认为，第三个维特根斯坦的说法完全没有事实依据，因为"维特根斯坦早在1932—1934年完成的MSS 114、115、140和《蓝皮书》中（进而，在作为这些作品的来源的更早的手稿和打字稿中）便已经达到了《论确信》这本书中的主要论点之一：寻找信念和知识的基础或根据的活动是有终点的；我们的确信或知识的最终的基础或根据在于我们的行动。这本书的另一个主要论点即在能够使用（或有意义地说）'知道'的地方必定也能够使用（或有意义地说）'不知道'——进而能够使用（或有意义地说）'怀疑'、'猜测'、'相信'等——也已经在1936年完成的手稿MS151：42（=LPE 287）中就已经明确地表达出来了"。（韩林合：《维特根斯坦〈哲学研究〉解读》（下册），商务印书馆2010年版，第1595页）笔者更为偏向于韩林合的立场，从而进一步认为，我们可以对后期维特根斯坦（包括第三个维特根斯坦——如这一提法是有任何价值的话）进行融贯的解释。

们就会同意你所说的一切"①。然而，问题在于，维特根斯坦指出，我们无法直接理解"我有一只手"这种表达，摩尔也错误地使用了"知道"一词。维特根斯坦对摩尔论证的批评主要体现在如下两个方面：

首先，"我有一只手"这种知识在摩尔那里是直接且确定无疑的，维特根斯坦质疑这种理解，认为**我们无法脱离说出一句话的语境(context) 来理解单独说出的一句话的意义**，"只有一种常见的语境才能使得所指的意思清楚地显现"，"我们的知识形成了一个庞大的体系，只有在这个体系内某一个别知识才具有我们给予它的价值"②。我们将在下文中看到，这种语境最终指的是一种人们共同参与的语言游戏或生活形式。维特根斯坦早在他重返剑桥后的课堂上便已经提及了这种"语境论"，认为"牙疼，这个词并不代表任何一位牙疼的人，除非它出现在一个命题中"③。在稍后的《蓝皮书和褐皮书》中，维特根斯坦进一步指出，语句只有作为语言系统的一部分才是可理解的：

> 符号（语句）从符号系统中，从它所属的语言中，获得它的意义。简言之，理解一个语句就意味着理解一种语言。我们可以说，语句作为语言系统的一部分是有生命的。但是，人们试图把那种赋予语句以生命的东西想象为在一个神秘莫测的领域内与语句相伴出现的东西。然而，不论与语句相伴出现的东

① Ludwig Wittgenstein, *On Certainty*, G. E. M. Anscombe and G. H. von Wright（Eds.）, New York：Basil Blackwell, 1969, §1.

② See Ludwig Wittgenstein, *On Certainty*, G. E. M. Anscombe and G. H. von Wright（Eds.）, New York：Basil Blackwell, 1969, §§237, 410.

③ 维特根斯坦：《维特根斯坦剑桥讲演集》，《维特根斯坦全集》第5卷，涂纪亮主编，周晓亮、江怡译，河北教育出版社2003年版，第43页。

西是什么，它在我们看来仅仅是另一个符号。①

在《哲学研究》和《论确定性》等文本中，维特根斯坦进一步将这种语言系统或整体性的语言奠基在人们现实参与的语言游戏之上，语言游戏为我们的经验提供了生活形式和语法形式，从而也为我们在命题中表达了什么提供了证实条件。我们将在下文中对这些立场做出更多阐释，就此处的讨论而言，在此意义上，维特根斯坦无疑不会认可摩尔将"我有一只手"视为可以单独说出的命题。

其次，维特根斯坦批驳摩尔错误地使用了"我知道"这个表述，认为摩尔的用法中，"知道"不足以应对怀疑论的挑战，这是因为"知道"预设了知道"什么"，而怀疑论恰是对存在"什么"提出疑问（在此意义上，维特根斯坦无疑没有接受摩尔论证具有的"反讽性"）。维特根斯坦指出：

> 但是，难道我不能从我自己说的语句"我知道等等"推论出"是这样"吗？完全可能，从"他知道那里有一只手"可以导出"那里有一只手"。但是从他说的语句"我知道……"却不能导出他确实知道这件事。
>
> "我知道这件事"的意思是"在这件事上我不可能弄错"。但是在这件事上我是否不可能弄错却需要在客观上加以证实。
>
> 摩尔的看法实际上可以归结如下："知道"这个概念与"相信"、"猜想"、"怀疑"、"确信"等概念的相似之处在于"我知道……"这一陈述不可能是一种错误。而如果情况是这样，那么就可能有一种从这样一个语句得出一个断言为真的推论。而在这里"我认为我知道"的形式却被忽视了。但是如果这是不许可的，那么在该断言中也必然不可能出现错误。任何

---

① 维特根斯坦：《蓝皮书和褐皮书》，涂纪亮译，北京大学出版社 2012 年版，第 8 页。

熟悉这种语言游戏的人必定明白这一点——从一个可靠的人那里所得到的"他知道"这项保证不能向他提供任何帮助。①

当摩尔不仅认为"这里有一只手",而且认为"'我知道那里有一只手',这是真的",那么摩尔需要为"我知道那里有一只手"这一命题提供更进一步的证据，其中，这种证据比该命题要更为清晰和确定。这样一来，如果存在这样更为清晰和确定的证据，那么"我知道那里有一只手"这一命题便不是最为直接和确定的，因而是可疑的；但是，如果坚持认为该命题是最为直接和确定的，那么便不存在任何更进一步的证据。造成这里的矛盾的原因在于，在维特根斯坦看来，"我知道"提供的并不是一种证成，而仅是一种保证，从而"我知道我有一只手"既不能作为确定的简单知识，也不能避免怀疑论者的进一步追问，即"我如何知道"或"我知道什么"？在《哲学研究》第 246 节，维特根斯坦指出，"我很疼"不是人们知道或相信的东西，因为它根本不是对任何事物的描述，而是一种伪装的断言，其目的在于引起人们的注意。因而，在"我很疼""我有一只手"之前加上"我知道""我相信"等，这是无额外意义的做法。②

维特根斯坦对摩尔的批驳并不是在为怀疑论做辩护，试图将"关于世界究竟知道什么"这类问题一探到底。实际上，维特根斯坦认为，"知道"而非"怀疑"才是知识的基础："如果你什么事实也不确知，那么你也就不能确知你所用的词的意义。""如果你想怀疑一切，你就什么也不能怀疑。怀疑这种游戏本身就预先假定了确定性。""我必须从某个地方开始不再怀疑；而这并不是匆忙中情有

---

① See Ludwig Wittgenstein, *On Certainty*, G. E. M. Anscombe and G. H. von Wright (Eds.), New York: Basil Blackwell, 1969, § § 13, 16, 21.

② 参见维特根斯坦：《哲学研究》，韩林合编译，商务印书馆 2019 年版，第 246 节。

可原的事，实际上这就是判断的一部分。"[①] "知道"是"怀疑"的前提，而非相反。而"知道"命题的意义意味着，我们知道了它在语言整个系统中的位置，知道了我们如何使用它做出有效的推理。关于这一点，我们同样留待下文再行阐释。

基于维特根斯坦对摩尔的上述反驳，我们将能理解他对感觉材料理论的拒斥。维特根斯坦早在《关于"私人经验"和"感觉材料"的讲演笔记（1934—1936）》中就提到了如下关于"感觉材料"的想法：在经验世界的过程中，似乎存在一种私人的感觉，我们无法将它清楚地说出来，我们也无法就它做出交流，但它们却是真实存在的，乃至奠定了我们关于世界的理解和行动的方式。[②] 因而，关于这种感觉材料，存在一种私人语言，（ i ）只有说这种私人语言的人才知道相关词项（例如，"疼"）的指称项是什么；并且（ ii ）只有说这种私人语言的人才知道相关词项的意义；此外，（ iii ）词项的指称没有任何外在的、可观察到的行为表现，从而他者无法通过观察来推知私人内在的感觉状态。

关于维特根斯坦的反私人语言论证，存在着诸多讨论乃至争议。笔者此处的讨论仅旨在厘清其中关键的两点：

首先，维特根斯坦认为，并不存在感觉材料这种东西。早在《蓝皮书和褐皮书》中，他便已经明确指出：

> 哲学家们把存在着感觉材料这一点表述为一种哲学观点或者哲学信念。可是，如果我说我相信有感觉材料，那么我也必

---

① See Ludwig Wittgenstein, *On Certainty*, G. E. M. Anscombe and G. H. von Wright (Eds.), New York: Basil Blackwell, 1969, §§114, 115, 150.
② 参见维特根斯坦：《关于"私人经验"和"感觉材料"的讲演笔记（1934—1936）》，《维特根斯坦全集》第12卷，涂纪亮主编，江怡译，河北教育出版社2003年版，第59、65、107页。

须说我相信有一个对象仿佛呈现于我们的眼前，尽管事实上没有对象呈现于我们的眼前。如果人们使用"感觉材料"这个词，那么人们就应当了解这个词的语法的独特性。因为，人们之所以引入这个表达式的观点是这样的：**人们想模仿那些与"实在"相关的表达式，来构成那些与"现象"相关的表达式**。例如，人们说，如果两个事物看起来彼此相等，那就必定有两个事物事实上彼此相等。当然，这种说法的意思不外是，我们已决定把"这两个事物的现象彼此相等"与"这两个事物看起来彼此相等"这些表达式当作同义词使用。奇怪的是，这种新的说话方式使人们误以为他们在世界的结构中发现了新的实体、新的元素，仿佛人们可以说"我相信有感觉材料"……①

从而，相信有感觉材料，这源于我们错误的说话方式，源于我们"按照'对象和名称'的模式来构造感觉表达式的语法"，从而认为——用维特根斯坦在著名的《哲学研究》第293节中指出的"甲虫隐喻"来说②——语词描述的现象背后有一个共通的本质，即事物本身或感觉材料，认为匣子里总是装有一只甲虫，类似地，认为"概念"的匣子里也总是装有某种"材料"。"语言表面上的统一性掩藏了事实层次的多样性"，这里的问题在于，是否存在事物本身，例如"绿"这一概念用法掩盖下的绿本身？维特根斯坦的答案是，盒子里并没有甲虫，也不存在可以放在"绿"这个盒子里的"绿本身"，从而并不存在感觉材料那种东西。

其次，这种关于感觉材料的私人语言是无法让人理解的，其主要原因在于，私人无法提供衡量使用私人语言词项的正确性标准。"标准"是可公共获得的，在此意义上，我们也可以认为，无法

---

① 维特根斯坦：《蓝皮书和褐皮书》，涂纪亮译，北京大学出版社2012年版，第91页。黑体字为笔者所加。

② 参见维特根斯坦：《哲学研究》，韩林合编译，商务印书馆2019年版，第293节。

"私人地"遵守规则。在《哲学研究》第258节中，维特根斯坦指出，诸如以直指定义——例如，每当一种感觉出现时，我都用符号"E"来标注它——这类方式来界定私人语言的词项，这类方式因为没有向我们提供"关于正确性的任何标准"，所以是无法理解的。[1] 有意义地谈论私人拥有的某种感觉，我们必须不似摩尔那般"私人地""知道"或"相信"，而应该是在遵守某种规则的意义上将词项和其指称项联系在一起。维特根斯坦指出："'遵守规则'是一种实践。相信自己在遵守并不是：遵守规则。因此，人们不可能'私人地'遵守规则，因为，否则，相信遵守规则便同于遵守规则了。"[2]

在这里，我们可以过渡到对维特根斯坦"遵守规则"的思考，从中进一步揭露出后期维特根斯坦哲学中的实用主义因素。然而，在接下来的讨论中，我们应当始终注意思考维特根斯坦是如何谈论"感性确定性"或意义，如何思考逻辑和世界，以及语言和世界的关系的。通过对这些问题的思考，我们不仅能够从中得出剑桥实用主义的特征，也能聚焦于维特根斯坦思想中那些最为关键和深邃部分的变化和发展。

（三）维特根斯坦实用主义的哲学观

在进一步探索维特根斯坦哲学之前，笔者想要提醒读者注意到维特根斯坦曾予以我们的一个简单提示：对于"普遍性"的追求会阻碍我们对语言游戏的理解。这是维特根斯坦在《蓝皮书和褐皮书》中简略讨论到的一点，但在笔者看来，我们既可以从中看出维特根斯坦

---

[1] 参见维特根斯坦：《哲学研究》，韩林合编译，商务印书馆2019年版，第258节。
[2] 维特根斯坦：《哲学研究》，韩林合编译，商务印书馆2019年版，第202节。

"哲学观"上的变化，也能从中挖掘出其与实用主义共通的一个地方。

维特根斯坦指出，对普遍性的追求体现出诸多混乱联系在一处的倾向，这些倾向包括：

一、渴望找到某种为一切被我们通常概括在一个普通名词之下的事物所共有的东西。

二、有一种根植于我们通常的表达形式之中的倾向，这就是人们倾向于认为，一个人学会了理解一个普通名词，例如，"树叶"这个名词，他就通过这种学习而获得某种普遍的树叶形象。

三、再者，我们对当我们把握"树叶"、"植物"等等普遍概念时发生的事情的看法，又是与下述两者之间的混淆联系在一起的：其一是就一种假设的心理机制而言的心理状态；另一是就一种意识状态（牙痛等等）而言的心理状态。

四、我们对普遍性的追求还有一个主要源泉，这就是我们对自然科学方法的偏爱。[①]

这种"对普遍性的追求"不仅如维特根斯坦认为的那样，体现了"对个别事件的轻视态度"，还诱使我们相信存在感觉材料，以及最终偏爱自然科学的方法，相信自然科学能够揭露普遍的自然法则，乃至通过诸如脑科学相关的研究，将那类颅内的感性模式揭露出来——这在当代哲学中致使一部分人相信，对颅内世界的探究能够揭露与心灵相关的诸多本质问题。

拒斥对普遍性的追求，这也体现出了对传统哲学观的背离，在类似的意义上，杜威在《确定性的寻求：关于知行关系的研究》（1929）中指出：

（希腊人的——笔者注）这些贡献也带来了一个关于高级

---

① 维特根斯坦：《蓝皮书和褐皮书》，涂纪亮译，北京大学出版社2012年版，第23—25页。

的固定实在领域的观念，而一切科学才由此成立，和一个关于低级的变化事物世界的观念，而这些变化的事物则只是经验和实践所涉及的东西。它们推崇不变而摒弃变化，而显然一切实践活动都是属于变化的领域的。这种观念遗留给后代一种见解，这种见解自从希腊时代以来就一直支配着哲学，即认为知识的职能在于发现先在的实体，而不像我们的实际判断一样，在于了解当问题产生时应付问题所必需的条件。

……哲学也是一种知识形式，旨在揭示"实在"本身，"有"本身及其属性。①

在对"不变"的"确定性"的寻求中，知识领域和行动领域分离开了，行动领域中的因素须被去除其偶然性，才能进入知识的领域。这种理解阻碍了我们对语言游戏的偶然性，生活形式的无边界性，语言游戏和规则的关系，以及语言的无本质性等诸多其他理解。就维特根斯坦的哲学观而言，韩林合总结道：

由于后期维特根斯坦所从事的哲学即所谓的新哲学不追求发现什么闻所未闻的新的信息，不企图给出有关世间现象的因果解释和本质解释，所以其结果不可能是理论。我们看到，它实际上是一种澄清活动，其结果是语法误解和混淆的清除，哲学困惑和精神疾病的解除，胡说的指明。②

笔者认为，实用主义者同样根据进行解释、发现和探索的实践活动来理解世界是什么，根据概念的用法来界定概念的内容是什么，在此意义上，实用主义者也是后期维特根斯坦式的一种对哲学病进行诊疗的哲学家，实用主义者和维特根斯坦具有同样的对传统

---

① 杜威：《确定性的寻求：关于知行关系的研究》，傅统先译，童世骏校，华东师范大学出版社 2019 年版，第 14 页。

② 韩林合：《维特根斯坦〈哲学研究〉解读》（下册），商务印书馆 2010 年版，第 1529 页。

哲学观念的反叛和变革精神。在此意义上，维特根斯坦甚至这样写道："如果我的名字继续留在人们的记忆中，那么它只是作为伟大的西方哲学的终结日（*der Terminus ad quem*）而被记住的。像那个焚烧了亚历山大图书馆的人的名字那样。"①

根据本小分节的简要提示，我们将能更为容易地理解和接受维特根斯坦在阐释诸如遵守规则时所做的讨论。维特根斯坦指出："大多数场合，如果有人问我们使用什么规则，我们也不能提出那样的规则。我们不能清晰地对我们使用的概念划定界限；这不是因为我们不知道它们的真正定义，而是因为它们没有任何真正的定义。"② 遵守规则同样没有一个最初的"确定性"，确定性是在具体展开的游戏中被确定的，那么，规则究竟是如何产生或被确定下来的？在遵守规则的过程中，我们同外部世界又有着怎样的关系？我们由此进入到关于维特根斯坦"遵守规则"论题的一些思考。

笔者接下来的讨论可能会有些"迂回"，讨论遵循的基本思路是，首先承接上文，继续阐明维特根斯坦哲学中关于"遵守规则"和"生活形式"的讨论——在这些讨论中，笔者有意讨论新实用主义者（主要是塞拉斯、布兰顿，以及麦克道威尔）对维特根斯坦哲学的相关阐述——而后在本节最后部分直接为一种"维特根斯坦的实用主义"做辩护，这种实用主义与美国古典实用主义不同，但与美国新实用主义却有着更为紧密的联系。

（四）布兰顿和克里普克论遵守规则

上文的讨论将我们带到了这样的立场上：不存在确定或固有的

---

① 转引自韩林合：《维特根斯坦〈哲学研究〉解读》（下册），商务印书馆 2010 年版，第 1588 页。

② 维特根斯坦：《蓝皮书和褐皮书》，涂纪亮译，北京大学出版社 2012 年版，第 34 页。

规则。那么，对规则的遵守最初必然是偶然且任意的，这里存在着一个悖论：我们的确是在遵守规则，尽管我们最初不知道规则是什么。用维特根斯坦的话说，"一条规则不能决定任何一种行动方式，因为我们可以使每一种行动方式均与这条规则协调一致"[1]。这里的问题在于，如果可以使得我们所有的行动都合乎规则的话，那么，我们似乎可以任意地遵守规则，从而，可以为任意被遵守的规则找到同样合法的理由。这即是克里普克所谓的对维特根斯坦遵守规则理论的"怀疑论挑战"。怀疑论挑战带来的恶果是，没有任何一条规则最终被证明是正当的，从而我们甚至可以为所欲为。

为了应对这种怀疑论挑战，我们既需要阐明规则是如何产生的，也需要尝试为偶然被遵守的规则找寻稳定的来源或制约力量。笔者拟通过布兰顿和克里普克对维特根斯坦遵守规则理论不太"原教旨主义"的阐释来勾绘遵守规则理论的关键要素——尽管布兰顿和克里普克的阐释均是有争议的，无疑的是，他们的确抓住了其中一些至关重要的思想内核。选择讨论布兰顿和克里普克对维特根斯坦哲学的阐释的另一个目的则在于，在当代的语境中思考维特根斯坦，以便为接下来两章的讨论架构起问题框架。

1. 布兰顿的维特根斯坦

在无法确定使用何种规则解释具体的行动时，我们可能会后退地选择另一条规则作为解释依据，但这另一条规则仍然面临着和前一条规则相同的情况：它仍然需要解释。这里的问题是：我们无法使用规则去确定规则，规则不能决定自身。诉诸规则来解释规则，我们也会因此陷入"无穷后退"的问题。布兰顿引述了塞拉斯的分析："学习使用一种语言（L）就是去学习如何遵守 L 的规则；但

---

[1] 维特根斯坦：《哲学研究》，韩林合编译，商务印书馆 2019 年版，第 201 节。

是，规定我们所采取的行动（A）的规则是已经包含关于 A 的表达式的语言中的语句；因此，规定语言表达式（E）的用法的规则的语句已经是包含关于 E 的表达式的语言中的语句，换句话说，是元语言中的语句；于是，学习遵守 L 的规则已经预设了使用元语言（ML）的能力，而语言 L 的规则形成于元语言中。"① 为了避免无穷后退的问题，布兰顿对维特根斯坦的规则概念做了"分层"解读：将规则划分为内隐（implicit）形式和明晰（explicit）形式，前者是我们在知道如何"做"某事的实践活动中所遵循的规则，此时的规则尚未得到清楚的表示，后者则是在共同体内清晰"说"出的规则，它所说出的恰是内隐层次遵循的规则。布兰顿的具体阐述如下：

首先，将维特根斯坦式的规则理解为内隐于实践活动中的基本规范，这类规范"只是行为所展现的模式。违反这类规范、依据那类规范犯错或不正确地行动，就是打破这类规范的、非规律的行动"②。基本规范是理性生物在应对世界的直接活动中遵照的行事规则，我们能够借以区分实际做了什么和应该做什么，从而知道行动的对、错之别。③ 例如维特根斯坦在《哲学研究》第 2 节中设想的"石板游戏"：

> 让我们设想这样一种语言……这种语言应当用于一个建筑者 A 和一个助手 B 之间的交流。A 在用建筑石料建一座建筑

① Wilfrid Sellars, "Some Reflections on Language Games", in *In the Space of Reasons: Selected Essays of Wilfrid Sellars*, Scharp, K and Brandom, R. (Eds.), Cambridge, Mass.: Harvard University Press, 2007, p. 28. 另请参见 Robert Brandom, *Making It Explicit: Reasoning, Representing, and Discursive Commitment*, Cambridge, Mass.: Harvard University Press, 1994, p.24。

② Robert Brandom, *Making It Explicit: Reasoning, Representing, and Discursive Commitment*, Cambridge, Mass.: Harvard University Press, 1994, p.28.

③ See Robert Brandom, *Making It Explicit: Reasoning, Representing, and Discursive Commitment*, Cambridge, Mass.: Harvard University Press, 1994, pp.27-28.

物；有方石、柱石、板石、条石。B须将石料递给A，而且是以A所需要的那种次序。为了这个目的，他们使用一种由如下语词构成的语言："方石"、"柱石"、"板石"、"条石"。A喊出它们；——B便将已经学会听到这声喊叫便要将其拿来的那块石料拿来。——将这看作完全的、原始的语言。[①]

当助手B能够对建筑者A的初始语言，诸如"方石"，做出可靠的、有差异的反应时——总是能够将方石拿给A，这意味着B能够区分方石与柱石，知道将板石拿给A是"不应该"的——B已经是在遵守某种基本规范，即遵守规则了。但是，A拥有的这种规则是通过B为他做出的具体解释而习得的，维特根斯坦指出，这里涉及的仅是一种训练，"当小孩学习说话时，他们便运用这样的原始的语言形式。在此语言的教学绝不是解释，而是一种训练"[②]。

其次，经过"训练"，实践主体拥有了在"做"的活动中以特定方式行事的能力，这种特定方式便是规则的内隐形态。布兰顿将如下规范实用主义论题归派给维特根斯坦："人们应该将知道什么理解为一种知道如何……也就是说，根据我们做某事的实践能力来理解为什么相信事物是如此这般的。"[③] 这意味着，在以命题形式清晰地表达规范或规则之前，规范或规则必须已经内隐于知道如何应对世界的实践能力之中了，"'遵守规则'是一种实践"，[④] 也只有这样，我们才有遵守规则的行为。[⑤] 维特根斯坦在《哲学研究》的

---

① 维特根斯坦：《哲学研究》，韩林合编译，商务印书馆 2019 年版，第 2 节。

② 维特根斯坦：《哲学研究》，韩林合编译，商务印书馆 2019 年版，第 5 节。

③ Robert Brandom, *Perspectives on Pragmatism: Classical, Recent and Contemporary*, Cambridge, Mass.: Harvard University Press, 2011, p.9.

④ 维特根斯坦：《哲学研究》，韩林合编译，商务印书馆 2019 年版，第 202 节。

⑤ See Robert Brandom, *Making It Explicit: Reasoning, Representing, and Discursive Commitment*, Cambridge, Mass.: Harvard University Press, 1994, pp.22−23.

第二部分（或称"附录"部分）中这样写道："只有针对这样一个人，他能够做某某事，已经学会了、掌握了某某事，说他体验到了这个才有意义。"[①] 布兰顿恰是在此意义上将维特根斯坦理解为一名实用主义者。

最后，把遵守规则的背景设置在实践之中，实践语境也因此构成了我们的行动背景。但是，由于背景中的规范是内隐性的，我们需要将内隐规范明晰表达出来的方法。根据布兰顿的解读，在维特根斯坦那里，应用规则是以做出"解释"（Deutung）的方式进行的：[②]"每一次遵守规则的行动都是一种释义。但是，人们只应当将这样的东西称为'释义'：用规则的一种表达来代替另一种表达。""请不要说'根本没有最后的解释'。这恰好就像你要说出这样的话一样：'不存在这条街上的最后一座房子；人们总是可以再加建一座房子。'""遵守一条规则，做一个报告，下达一个命令，玩一局棋，是习惯（习俗、制度）。""共同的人类行动方式是我们借以向我们自己释义一种陌生的语言参考系。"[③] "规则的彼此代替"仅意味着我们一边行动，一边解释哪些规则可彼此代替（从而获得关于规则的理解），这无需诉诸康德式的规则。但在解释的链条上，我们并不会因此陷入无穷后退（一条街上总有最后一座房子），因为，阐明内隐规范的实践是在具体的共同体内进行的，"成为共同体的一员意味着应该遵照内隐于共同体的实践中的规范。共同体的

---

① 维特根斯坦：《哲学研究》，韩林合编译，商务印书馆 2019 年版，第 334 页。为避免引用混淆，笔者根据"节"编号引用《哲学研究》第一部分或"正文部分"文本，根据"页码"引用《哲学研究》第二部分或"附录部分"文本。

② See Robert Brandom, *Making It Explicit: Reasoning, Representing, and Discursive Commitment*, Cambridge, Mass.: Harvard University Press, 1994, p.20.

③ 维特根斯坦：《哲学研究》，韩林合编译，商务印书馆 2019 年版，第 201、29、199、206 节。

成员有着这一规范意义，即规范身份（normative status）"[1]。"我—你"（"I-thou"）关系构成了社会结构的根本，[2] 在这种根本的人际的互动关系中，历史性地沉淀下来了习惯、习俗和制度，我们人类因此有着共同的"生活形式"或"行动方式"，解释因此总能确定一个规则，总能实现对实践中的内隐规范的清晰阐明。

关于"生活形式"的讨论，我们留待下文进行。在这里，我们认识到，布兰顿的维特根斯坦（仿效"克里普克的维特根斯坦"的说法）的一项重要特征在于，对规则进行分层：将规则分为内隐规则和明晰规则，内隐规则是隐含在我们实践活动中的规则，而明晰规则是在我们后来主体间的交往中被清晰表达出来的规则。需要注意的是，这两类规则之间没有本体论的界限，两者的边界也是模糊的。规则的内隐和清晰之别仅体现出我们实践的阶段和主题之别，当我们初始的实践被称为待解事项时，我们有着内隐规则 R_1 和明晰规则 R_2，然而，当我们的解释活动本身被理解为另一种待解释项时，R_2 便成了内隐规则。R_2 理论身份的变化并不会带来遵守规则的无穷后退问题，其原因在于，规则是在我们具体的实践内产生的，这是一种关于规则的内部视角解释。我们将会看到，恰是在这一点上，布兰顿的维特根斯坦与克里普克的维特根斯坦有着截然的分别，后者从外部视角来理解关于遵守规则的怀疑论反驳。

布兰顿的维特根斯坦的另一项重要特征在于，将遵守规则的初始活动理解为实用主义式的实践，而在实践中，能动者应对的是具体的实质世界，这样一来，布兰顿在知道如何"做"（应对外部世

---

[1] See Robert Brandom, *Making It Explicit: Reasoning*, *Representing*, *and Discursive Commitment*, Cambridge, Mass.：Harvard University Press, 1994, p.39.

[2] See Robert Brandom, *Making It Explicit: Reasoning*, *Representing*, *and Discursive Commitment*, Cambridge, Mass.：Harvard University Press, 1994, p.39.

界）的活动中将外部世界直接纳入理性视野，这也促使布兰顿的维特根斯坦承诺了外部世界——这样的世界是在遵守规则的活动中被直接纳入进来的，它在后继的阐释活动中变得清晰，渐渐呈现为我们所知的世界。我们也将会看到，布兰顿因此与维特根斯坦共享相通的立场：世界、语言和共同体是一道发展的。

2. 对"布兰顿的维特根斯坦"的批评

布兰顿的维特根斯坦似乎不仅贴合维特根斯坦本身，也为遵守规则的悖论提供了一个似乎十分令人信服的解决方案。然而，他在匹兹堡大学的同侪麦克道威尔批评道，布兰顿看到的维特根斯坦并不是维特根斯坦本人，而是另一名哲学家，是他自己发明的另一个哲学形象。[1]

布兰顿的维特根斯坦主要受到了如下两方面的批评：一是布兰顿对维特根斯坦的解读是否确切，二是如若将维特根斯坦的"规则"理解为实践层次的"内隐规范"，那么内隐规范本身从何而来，这仍然是一个谜题，我们将此谜题称为"规范性之谜"。在维特根斯坦的哲学语境中，"规范性之谜"的问题在于，初始规则是如何得到确定的？

麦克道威尔认为，布兰顿的维特根斯坦与维特根斯坦本人完全无关。他辨明道，布兰顿区分了实践的两个层次：可用概念或语句表达式加以清晰说出（*sayings*）的语言实践和位于这类实践之下的具体行动（*doings*）的实践。[2] 维特根斯坦式的规则被阐释为位于

---

[1] See John McDowell, "How Not to Read *Philosophical Investigation*: Brandom's Wittgenstein", in *The Engaged Intellect: Philosophical Essays*, Cambridge, Mass.: Harvard University Press, 2009, p.111.

[2] See John McDowell, "How Not to Read *Philosophical Investigation*: Brandom's Wittgenstein", in *The Engaged Intellect: Philosophical Essays*, Cambridge, Mass.: Harvard University Press, 2009, pp.96-98.

行动层次中的内隐规范。为了避免无穷后退的问题，规则的确定需诉诸语言实践的层次来阐明，从而为具体的行动确定一个正确性的标准。在麦克道威尔看来，维特根斯坦那里根本不存在规则以及关于规则的解释或表达这样的分层，[①] 其中，"解释"为规则的确定敞开了所谓的"理由的空间"——布兰顿认为在这样的一种空间里，主体在社会维度中向他者给出自身做出某一断言（包括遵守某一规则）的理由，并也向做出断言的他者索取理由，在给出和索取理由的游戏中，主体不仅确认了他在共同体内的规范身份，也借由断言织成的语义之网"捕获"断言内容，以及根据断言而行动所需依循的规范，这一规范恰是原先的内隐规范。[②]

相比之下，麦克道威尔认为在遵守规则时我们不是根据某种"解释"而遵守规则。他同样引述维特根斯坦《哲学研究》第 201 节中的表述："存在着这样一种对于规则的把握，它不是一种释义；相反，在一个又一个的应用情形中，它表露在我们称为'遵守这条规则'的事情中和我们称为'违反它而行动'的事情中。"[③] 麦克道威尔对这段话的理解是："我们必须不要这么认为，例如，可以通过对路标的解释来知晓应该选择走哪条路。"[④] "一条规则像一个路标那样立在那里"，"我们现在按照这个路标行走；而并没有解释

---

① See John McDowell, "How Not to Read *Philosophical Investigation*: Brandom's Wittgenstein", in *The Engaged Intellect: Philosophical Essays*, Cambridge, Mass.: Harvard University Press, 2009, pp.98－99.

② 佩雷格林对布兰顿"推论主义"的发展中，尤为注重维特根斯坦和推论主义的关系，参见 Jaroslav Peregrin, *Inferentialism: Why Rules Matter*, Berlin: Springer, 2014, pp.45－46。

③ 维特根斯坦：《哲学研究》，韩林合编译，商务印书馆 2019 年版，第 201、29、199 节。

④ John McDowell, "How Not to Read *Philosophical Investigation*: Brandom's Wittgenstein", in *The Engaged Intellect: Philosophical Essays*, Cambridge, Mass.: Harvard University Press, 2009, p.101.

这种遵从——这个——符号的活动真正来说是什么"①。

我们不经反思或阐释便遵循着路标的指引，这何以可能？麦克道威尔认为，诸如路标的经验本身已经同时渗透了理性自发性和感性接受性的运作，经验是一种"厚经验"（Erfahrung）而非单纯带给我们因果刺激的"薄经验"（Erlebnis）——这是他在《心灵与世界》中试图阐明的立场。② 理性必然在我们关于世界的经验中自发地运作，这乃是因为我们置身在教化（Bildung）的第二自然中，"人类的生活，我们的自然的存在方式（our natural ways of being）"，例如，维特根斯坦所说的"下命令、提问、讲述什么、闲聊属于我们的自然史，正如走路、吃饭和玩游戏一样"，均"已然受到了意义的塑造"。③ 恰是因为我们是这样的教化的存在，我们可以将"自然史与作为规律的领域的自然联系起来"，④ 路标因此"自身"便能为我们的行动提供直接的引导，故而我们也无需像布兰顿那样，对实践进行分层，而后依据"高层"（高阶的）语言的形式化推理来阐明"底层"（低阶的）的内隐规范，即维特根斯坦所说的规则。换言之，在麦克道威尔看来，规则是直接被建立起来的。

布兰顿在将规则阐释为内隐规范时，面临着另一个直接的指责，即内隐规范从何而来？劳弗勒（Ronald Loeffler）指出了这样的问题：若如布兰顿那般，在阐明语用实践中纳入的世界内容和所

---

① 维特根斯坦：《哲学研究》，韩林合编译，商务印书馆 2019 年版，第 201、29、199、85、198 节。

② 参见麦克道威尔：《心灵与世界》，韩林合译，中国人民大学出版社 2014 年版，第 34 页。进一步的阐释请参见周靖：《表征论的多副面孔：当代英美哲学语境下的探究》，上海人民出版社 2021 年版，第 122—169 页。

③ 麦克道威尔：《心灵与世界》，韩林合译，中国人民大学出版社 2014 年版，第 129 页。

④ 麦克道威尔：《心灵与世界》，韩林合译，中国人民大学出版社 2014 年版，第 129 页。

需遵循的规范时，我们不再需要诉诸诸如关于能动者的心理状态的认知研究，这样一来，对推理活动和概念用法的解释似乎直接预设了能动者在语用的实践活动中便已然遵循着规范行事，内隐规范似乎成为一个无需解释的直接存在。在劳弗勒看来，这构成了布兰顿哲学以及布兰顿的维特根斯坦的"阿喀琉斯之踵"：我们需要解释内隐规范如何生成，若不然我们便会陷入规范性之谜。[1]

实际上，布兰顿的确给出了规范性从何而来的解释：在"我—你"这种基本的社会关系中，"我"对某一内容做出"承诺"（commitment），因而负有就相关断言提供理由的"责任"（responsibility），因为"我"为断言提供了理由，从而享有关于那一断言的"资格"（entitlement）或"权威"（authority），其中，"责任"和"权威"是一类规范身份；而"我"认为"你"也是像"我"这样的理性生物，从而认为"你"与"我"有着相同的规范身份，从而将断言"归派"（attribute）给"你"，或"认可"（acknowledge）"你"的断言，其中，归派和认可是一类规范态度（normative attitude）——"我"可以因为对"你"有着规范态度而建制（institute）起"你"的规范身份（将"你"视为同我一样的规范生物），可以因为"你"的"规范身份"而对"你"采取规范态度。规范身份和规范态度有着互惠的依存性，在你来我往的话语实践（discursive practice）中，身份和态度不断变化，断言的内容、所遵循的规范、"你""我"作为其成员的共同体也在这一过程中得到渐进的发展。[2] 故而，在布兰顿看来，规范源于第

---

① See Ronald Loeffler, *Brandom*, Cambridge: Polity Press, 2018, p.231.

② See Robert Brandom, *Making It Explicit: Reasoning, Representing, and Discursive Commitment*, Cambridge, Mass.: Harvard University Press, 1994, pp.181–187; Robert Brandom, *A Spirit of Trust: A Reading of Hegel's Phenomenology*, Cambridge, Mass.: Harvard University Press, 2019, pp.262–312, p.529.

一人称和第二人称间动态、互惠的交往，规范是"人类活动的产物"。①

然而，布兰顿的维特根斯坦的批评者似乎仍然不满于这一解释。麦克贝斯（Danielle Macbeth）质疑道，如果首先没有规范，主体何来规范态度？规范身份和规范态度之间陷入了一种循环。麦克贝斯认为，在维特根斯坦那里，"我—我们"（I-we）而非"我—你"规范性是主体能够遵守规则行事的原因所在，"我—我们"规范性是一类社会规范性，它体现在维特根斯坦所说的"生活形式"，以及麦克道威尔所说的"第二自然"之中，② 由此我们可以突破布兰顿那里规范身份和规范态度间的循环性，在此意义上，我们也会被引向麦克道威尔的观点：不需要与规范身份和规范态度相应的规则分层。

总结而言，布兰顿的维特根斯坦面临的挑战在于：证明规则的分层论，即规则和关于规则的解释的分层是可能的，并在这种分层图景中为规范性的起源提供一种发生学的非循环的解释，从而消解规范性之谜。笔者将在下一小分节关于"生活形式"的讨论中试图辩护这样的观点：如果从生活形式的整体视角来看，麦克道威尔的观点是合理的，即在语用的实践活动中我们直接遵循着规范，换句话说，规则直接体现在行动中。但是，如果我们将探究的目光聚焦于规则或规范本身的发展，即便从生活形式的"内部"视角来审视规则或规范生成和发展的细节，我们也可以接受布兰顿的洞察，认为规则有着内隐性和明晰性这两个动态层

---

① See Robert Brandom, *Making It Explicit: Reasoning, Representing, and Discursive Commitment*, Cambridge, Mass.: Harvard University Press, 1994, p.xiv.

② See Macbeth, Danielle. "Wittgenstein and Brandom on Normativity and Sociality." *Disputatio. Philosophical Research Bulletin* 8.9 (2019): 6, 8–20.

级，这两个层级构成一个动态的回环，回环的滚动推进着规则的进一步生成和发展，这也同时带来了生活形式的丰富化。因此，笔者认为布兰顿的维特根斯坦和麦克道威尔对维特根斯坦的阐释是可以调和的，它们间的差别主要体现在阐释视角上，其中，不同的视角分别强调了对"语言游戏"和"生活形式"的讨论中所强调的重点。

3. 克里普克的维特根斯坦

布兰顿和麦克道威尔对遵守规则的阐释实质上有着共同的一点，即认为对规则的遵守体现在遵守规则的活动之内，我们不应试图诉诸某种外在于活动的因素（例如，先天自然法则、道德律令等）来确定规则。我们可以将这种关于遵守规则的解读称为"内部视角解读"。相比之下，克里普克的维特根斯坦则从"外部视角解读"出发，将维特根斯坦的论证解释为"怀疑论论证"，并最终得出了一种尤为强调共同体首要作用的"强内部视角解读"。在此意义上，克里普克的维特根斯坦和布兰顿的维特根斯坦虽有共通之处，但也有着实质的不同。

仍然基于《哲学研究》第201节的文本，克里普克从中看到了一种"遵守规则的悖论"：（a）由于缺乏作为行为根据的外部视角下的法则或律令，遵守规则的行为是任意的，我们可以使得任一行为变得合理（为该行为提供理由，从而产生一种规则），然而，（b）我们的确是在遵守规则。克里普克进一步认为，这一悖论使得我们面临着一种怀疑论挑战，即我们可以任意地遵守规则，从而，我们可以为任意遵守的规则找到同样合法的理由，如上文提及过的那样，其恶果在于，我们似乎可以为所欲为了。

简要地说，克里普克的维特根斯坦解决该悖论的策略在于，将反私人语言论证和遵守规则结合起来，认为（c）**我们无法将规则理**

解为一种私人语言，从而"反对私人语言＝反对私人性规则"。① 克里普克为（c）提供的论证要点在于，否认存在可借以确定规则的外部事实（我们与之有着因果关系）或内部事实（该类事实是仅能用私人语言加以表述的内在心理事实），从而，克里普克同样将维特根斯坦理解为一名反表征论者，② 认为对于维特根斯坦来说，"私人语言"之所以不可能，归根到底是因为"孤立地使用一个语词是不可能的"，感觉表达式只有在某个语言体系和生活形式中才能获得其意义，而并非仅仅通过"指称"它们所代表的感觉体验便能获得意义。从而，"私人语言"之所以不可能，是因为"私人地"遵守规则是不可能的。

根据（c），在克里普克的解读中，维特根斯坦关注的第一个问题是，从感觉的角度看，孤立地对某种感觉进行命名是否可能？第二个问题是，从感觉语言或感觉表达式的角度来看，它们是否是通过对某种内心感觉的意指而获得其意义的？对于克里普克的维特根斯坦而言，那种游离于语言游戏之外，与我们的生活形式无关，不受任何语法规则支配的人为符号并不能真正起到表示我们内心的某种感觉的作用，从而这些符号不是真正意义上的语言符号。这足以说明一个人孤立地对某种感觉进行命名是不可能的、没有意义的。

如上所言，对于克里普克的维特根斯坦而言，个人内心的感觉体验实际上无法决定我将来如何使用"痛"这一语汇。实际上，克里普克把"私人语言"的怀疑论悖论看作是"私人地"遵守规则的怀疑论悖论的一种具体情形，私人语言之所以不可能，归根到底

---

① 参见克里普克：《维特根斯坦论规则和私人语言》，周志羿译，漓江出版社2017年版，第115页。
② 参见克里普克：《维特根斯坦论规则和私人语言》，周志羿译，漓江出版社2017年版，第104、113页。

是因为"私人地"遵守规则是不可能的。

进一步地说，克里普克的维特根斯坦转而将"个体"放入"共同体"的范围内进行考察和衡量，认为只要我们把声称遵守了某种规则的人看作一个共同体中的成员，而不是一个孤立的个体，那么我们就不难对其主张的真、伪进行检验，而不再像以前那样处于无法做出明确的判断的状态之中，遵守规则的怀疑论悖论就这样被消除了。克里普克的维特根斯坦的标志性思想因而在于，(d)**"成为语言游戏的合格参与者＝拥有成为共同体一员的资格"，从而，规则、意义、语词的用法等，均是在共同体的实践范围内得到理解的，它们是一种规范概念，而非因果概念。**①

从表面上看，克里普克的维特根斯坦达到了与布兰顿的维特根斯坦一致的观点：将行动的个体视为共同体的一员。然而，布兰顿的维特根斯坦仅承诺了（d），而否认了（c）。实际上，（c）是克里普克对维特根斯坦的解读备受诟病的一点。

4. 对"克里普克的维特根斯坦"的批评

对"克里普克的维特根斯坦"的诸多批评中，（c）是批判的焦点。韩林合一针见血地指出，克里普克解决维特根斯坦式遵守规则悖论的方式非常简单，"那就是：让另一个人出场，或者将'我'放在一个共同体之中来加以考虑"②韩林合紧接着给出反对克里普克解读的详细理由，这些理由与上文中的分析一致，笔者亦十分赞成，故详细引述如下：

> 克里普克的解释严重地误解了维特根斯坦的相关观点。首先，从上下文不难看出，维特根斯坦在 PU 201 节所提到的

---

① 参见克里普克：《维特根斯坦论规则和私人语言》，周志羿译，漓江出版社 2017 年版，第 127—131 页。

② 韩林合：《维特根斯坦〈哲学研究〉解读》（下册），商务印书馆 2010 年版，第 1372 页。

"悖论"显然不是克里普克所解释出来的那种"怀疑论悖论"，而是这样的悖论：如果我们不考虑一条规则所处的特定的语言游戏和生活形式，没有认识到一条规则与其遵守之间是一种内在的或语法的关系，那么任何行动都可以被解释成与其一致的行动；但是，这样便无所谓规则之遵守与否了。按照我的解释，"我们的悖论"在此指向的并非是如下事实：维特根斯坦自己真的认为在此存在着什么悖论，而是这样的事实：如果对于规则的本性产生错误的理解，那么我们便会遇到悖论。因此，维特根斯坦自己并不是"我们"之一员。其次，遵守规则问题的核心不在于如何确定"我用什么意指什么"这样断言的意义，进而确定是否存在着与其相应的心理的和物理的事实，或者确定其断定条件及其断定在我们的生活中的作用，而在于就一个语言游戏和生活形式之中的一条特定的规则来说，其遵守到底意味着什么？因此，克里普克解释维特根斯坦遵守规则观的思路实际上完全背离了维特根斯坦的思路。再其次，维特根斯坦从来没有否认存在着与"我用某某意指某某"这样的断言相对应的心理的（内在的）和物理的（外在的）事实，进而，他也没有否认存在着能够将"我用 A 意指 B"和"我用 A 意指 C"区别开来的心理事实或其他事实，他只是不承认这样的事实——特别是相应的心理事实——能够为语言表达式提供意义。相反，语言表达式的意义在于其在语言游戏和生活形式中的用法，而后者当然并非在于什么断定条件和辩护条件……最后，既然克里普克强加给维特根斯坦的"怀疑论悖论"根本就是子虚乌有之事，那么他进而给出的怀疑论的解决也就没有任何意义了。[①]

我们可以从中总结出如下两点：（1）维特根斯坦持有反表征论

① 韩林合：《维特根斯坦〈哲学研究〉解读》（下册），商务印书馆 2010 年版，第 1376—1377 页。

论题，但该论题仅意味着他反对诉诸外部和内部事实的关系来分析语词的意义，关于这一点，我们上文已多有讨论，笔者也将在本节最后一小分节对"维特根斯坦的实用主义"的讨论中再行探查；（2）确定表达式意义的条件是生活形式或语言游戏，而非"成为共同体的一员"，根本来说，**"成为共同体的一员"是参与语言游戏的后果，而非前提条件**。我们在下文中将会看到，（1）和（2）构成了"维特根斯坦的实用主义"中的关键论题。

限于本书探究的主题，在此不对"克里普克的维特根斯坦"多做讨论。关于"遵守规则"的上述思考将我们引向了维特根斯坦的另一个关键概念：生活形式。对这一概念的揭露将有助于融合布兰顿、麦克道威尔，以及克里普克对"遵守规则"的理解——将他们观点中的有益部分融合在一处；我们也能从中看出后期维特根斯坦与实用主义哲学相通的另一点：对"实践活动"这一生发意义的"母体"的共同强调。

（五）论生活形式

"生活形式"为规则的形成提供了背景或来源，这一概念无疑是后期维特根斯坦哲学中的基础概念。然而，实际上，"生活形式"一词在《哲学研究》全书中仅出现五次，分别在正文（第一部分）的第 19、第 23、第 241 节，以及附录（第二部分）中两处。除《哲学研究》之外的文本中，后期维特根斯坦在《论确定性》中有一次关键性提及，在其他笔记中，零零散散提及二十余次。① 这一事实或许会令人感到些许讶异，以至有了"生活形式"这一概念对

---

① See Danièle Moyal-Sharrock, "Wittgenstein on Forms of Life, Patterns of life, and ways of living." *Nordic Wittgenstein Review* (2015): 23.

于后期维特根斯坦哲学而言是否是一个关键概念之争。另一个直接而来的问题是，由于后期维特根斯坦对"生活形式"内蕴的阐释较少，这也让研究者们对这一概念产生了阐释上的分歧。根据邦孔帕尼（Anna Boncompagni）的梳理，这些阐释主要有着如下三个方面的分歧：

> A. 生活形式是一种社会文化现象，还是作为有机体的个体的一种特征？
> B. 存在一种，还是多种生活方式？
> C. 生活形式是经验的，还是先验的？[①]

笔者在下文的分析中，也将提及这三个分歧，但不会做具体讨论。邦孔帕尼在讨论相关立场之后提出了自己的立场，她在"方法论"的意义上理解生活形式，指出：

> 生活形式不是探究的对象，而是用于语法考察的一种工具。认为生活形式是被给定而接受的……便是认为生活形式是做出哲学分析的方法论起点，接受我们的生活和语词是解决哲学困惑的场所，并承认我们的语言之于我们自身栖居的环境有着偶然性。用弗洛伊德的话说，生活形式的概念"不是一种人类学意义上的事实或既定的、需加以描述的文化，而是需要加以阐明和描述的规范。它标明的是一种新的哲学的、批判的方法，我们如今已经能够看到，这一方法是二十世纪哲学中一项重要的新发现"。[②]

笔者赞成邦孔帕尼的立场，认为生活形式是我们在"活动"中自然

---

① See Anna Boncompagni, *Wittgenstein on Forms of Life*, Cambridge：Cambridge University Press, 2022.

② Anna Boncompagni , *Wittgenstein on Forms of Life*, Cambridge：Cambridge University Press, 2022, p.58.

生成的场所，它不是一种既成的稳固事实，而是一种由生活与语词、言说与行动造就的场所，在对它的批判性描述和阐释中，具体的生活世界才得以生成。这一立场实际上也是古典实用主义的核心立场。

在《哲学研究》第19节中，后期维特根斯坦这样写道：

> 人们可以很容易地想象这样一种语言，它仅仅由战场上的命令和报告构成。——或者这样一种语言，它仅仅由问题和一种肯定的和否定的表达式构成。以及无数其它的语言。——想象一种语言，就意味着想象一种生活形式。①

我们需结合上下文来理解后期维特根斯坦这段文本的意思。在第18节中，后期维特根斯坦想要劝导人们不要认为仅由命令构成的语言（例如，在石板游戏中唤出的"方石""柱石""板石""条石"）是一种不完备的语言，并因感到不安而要求语言一定是由诸如"请拿给我方石""柱石在那里"之类具有完整句法结构的表述构成的。当某人说出"方石"之类的语词时，我们便会知道他意指的是"把方石拿给我"或其他有着明确意义的表述，这是因为**说出一种语言乃是一种活动**，在活动中，我们知道了语词和行事方式的具体关联，知道了语词的意义。"活动"同时带来了我们沉浸其中的生活形式，生活形式并不是作为一个直接的、在先存在的对象而出现的。

这里有两个要点，一是，后期维特根斯坦开始反对语言本质论，即在《哲学研究》开篇提出的奥古斯丁式语言图像论：语词命名对象，语词构成的语言因此描绘着一幅关于世界的图像。后期维特根斯坦认为语言不存在某种为诸现象共有的本质，他认为"语

---

① 维特根斯坦：《哲学研究》，韩林合编译，商务印书馆2019年版，第19节。

言"仅体现在语词诸多用法间的亲缘关系或家族相似性：

> 这是真的。——不去给出为我们称为语言的所有东西所共同具有的某种东西，我说，根本不存在这样一种东西，它为所有这些现象所共同具有，并且因为它我们运用同一个词来称谓所有这些现象，——相反，它们彼此以多种不同的方式**具有亲缘关系**。因为这种亲缘关系，或者这些亲缘关系，我们将它们都称为"语言"。我要努力解释这点。

> 我不能以比通过使用"家族相似性"这个词的方式更好的方式来刻画这些相似性；因为存在于一个家族的诸成员之间的那些不同的相似性就是以这样的方式叠加和交叉在一起的：身材、面部特征、眼睛的颜色、步态、气质等等，等等——而且，我将说：诸"游戏"构成了一个家族。①

由于语言是无本质的，那么我们不能再以"沉思"语言的方式来认知世界，后期维特根斯坦倡导的是，"请不要想，而要看！"②"看"的方式是在具体的语言游戏之中发现"关联"，我们用相同的语词来表达这些关联，这意味着我们知道如何使用语词来应对一类有着亲缘关系的现象。

这里的另一个要点是，反对语言存在本质的原因在于，后期维特根斯坦不再将对语言的逻辑探究放在首要位置，不同于他早期在《逻辑哲学论》中的立场，他转而思考人类的语言行为，认为**语言实质上体现的是一种活动**，语言游戏是活动的具体体现，因而也是对生活形式的体现；语言游戏是无本质的，因而生活形式也是无本质的。维特根斯坦在《哲学研究》中第二次提及"生活形式"的第 23 节里清楚地指出：

---

① 维特根斯坦：《哲学研究》，韩林合编译，商务印书馆 2019 年版，第 65、67 节。

② 维特根斯坦：《哲学研究》，韩林合编译，商务印书馆 2019 年版，第 66 节。

但是，有多少种命题？比如断言、问题和命令？——有无**数**这样的种类；对于所有我们称为"符号"、"语词"、"命题"的东西，都有**无数**不同种类的运用。而且，这种多样性并不是固定的东西、一劳永逸地给定的东西；相反，新类型的语言，新的语言游戏……出现了，而其它的语言，语言游戏，则过时了并被遗忘了。……

"语言**游戏**"这个词在此当是在强调如下之点：语言的**说出**是一个活动或者一个生活形式的一个部分。①

从而，后期维特根斯坦根据产生语言的活动来理解生活形式。我们可以想象多种形式的语言游戏，从而有着诸多生活形式，这意味着生活形式内嵌的语言也有着多种形态：语言不存在一个唯一的本质，语言统一性的外衣下覆盖着多元性。就此而言，关于上述分歧B，即存在一种，还是多种生活方式？以及分歧C，即生活形式是经验的，还是先验的？笔者的回答是，存在多种经验性的生活方式。我们将会看到，这种多元论立场为新一代的剑桥实用主义者所继承和发展。

然而，如若生活形式是多样的，那么我们彼此间拥有的是同一种生活形式，还是不同的形式？如果你的和我的生活形式是不同的，那么如何达成一致意见？维特根斯坦在《哲学研究》中第三次提及"生活形式"时，为这一问题提供了答案：

在如下事情上没有爆发任何争论（比如在数学家们之间）：人们是否是按照一条规则行事的。在这样的事情上人们不会动手打起来。这点属于这样的脚手架，我们的语言正是以此为起点而进行工作的（比如给出一个描述）。

"因此，你说，人们一致决定了什么是正确的和错误

---

① 维特根斯坦：《哲学研究》，韩林合编译，商务印书馆2019年版，第23节。

的?"——人们所说出的东西是正确的和错误的;而在语言中人们是一致的。这绝非意见上的一致,而是生活形式上的一致。①

因而,生活形式相当于思维的脚手架,没有它我们将无法有任何理解,就此而言,韩林合指出:"根本不存在哲学家们通常所理解的独立于其所使用的表现手段或概念框架的世界的本质。实际上,我们甚至可以进一步断言,也不存在常人所理解的独立于其所使用的表现手段或概念框架的世界:**人们生活于其中的世界就是经由人们的概念框架或表现手段所构造出来的世界**。维特根斯坦将这样的世界或其部分称作'生活形式'。"② 从而,我们根据生活形式来理解世界,生活形式体现了我们理解世界的一致性。

但是,韩林合强调的这一点似乎未能解释如下问题:如果生活形式是如思维的脚手架这般基本的话,那么如何理解维特根斯坦先前提及的生活形式的多样性?维特根斯坦在《哲学研究》第二部分开篇对"生活形式"的使用使得这里的疑问变得具体:

> 一条狗相信它的主人在门旁。但是,它也能够相信它的主人将在后天过来吗?——那么,它现在不能做**什么**?我究竟是如何做到这点的?——我应当如何回答这些问题?
>
> 只有能够讲话的人才能够希望什么吗?只有掌握了语言运用的人才能够希望什么。这也就是说,希望现象是复杂的生活形式的变体。(如果一个概念针对的是人类的笔迹的某种特征,那么它便无法应用于不写字的存在物身上。)③

---

① 维特根斯坦:《哲学研究》,韩林合编译,商务印书馆 2019 年版,第 240—241 节。

② 韩林合:《维特根斯坦〈哲学研究〉解读》(上册),商务印书馆 2010 年版,第 154—155 页。

③ 维特根斯坦:《哲学研究》,韩林合编译,商务印书馆 2019 年版,第 285 页。

这里进一步的问题是上文提及的争议 A，即生活形式是一种社会文化现象，还是作为有机体的个体的一种特征？动物具有生活形式吗？如果存在，那么存在我们不可理解的生活形式吗？（"假定一个狮子会说话，我们是不能理解它的。"①）抑或，生活形式的不同仅是人类的社会文化形式上的不同（这里又涉及文化相对主义的问题），从而并无诸如动物性那般我们无法理解的生活形式？

就争议 A 而言，吉尔（Nicholas Gier）、彼得哈克（Peter Michael Stephan Hacker）以及贝克（Gordon Park Baker）等人反对下降到动物层次来理解生活形式，他们认为生活形式是一种文化形式，生活形式的多样性体现的是文化形式的多样性，因此不同的人可能会有着不同的生活形式。②加弗（Newton Garver）则认为生活形式是所有人类共有的，其独特特征体现为我们使用语言的能力，然而，语言能力的获得既包括人类的行为条件，也包括人类所栖身于的自然条件。③哈克、贝克的观点与加弗观点的不同之处在于，后者强调了自然条件的重要作用，这意味着对生活形式中生物因素的强调。莫亚尔-沙罗科（Moyal-Sharrock）借助《论确定性》第475 节中的一段话反驳了加弗的观点：

> 在这里，我想把人看作一种动物，看作一种只有本能而不能进行推理的原始生物，看作是一种原始状态的生物。因为任

---

① 维特根斯坦：《哲学研究》，韩林合编译，商务印书馆 2019 年版，第 361 页。

② See Nicholas F. Gier, "Wittgenstein and forms of life." *Philosophy of the social Sciences* 10. 3 (1980)：241 - 258；Peter Hacker, "Forms of life," *Nordic Wittgenstein Review* (2015)：15；Gordon Baker and Peter Hacker, *Wittgenstein: Rules, Grammar and Necessity: Volume 2 of an Analytical Commentary on the Philosophical Investigations*, *Essays and Exegesis* §§ 185 - 242. Vol. 2. New York：John Wiley & Sons, 2009, p.74.

③ See Newton Garver, *This Complicated Form of Life: Essays on Wittgenstein*, Chicago：Open Court, 1994, p.266.

何足以作为原始人相互交流手段的逻辑都不需要我们为之辩解。语言并非来自某种推理过程。[①]

后期维特根斯坦的确把人理解为一种理性生物，这类生物起初并不具有某种推理能力，但是，这并不妨碍作为理性生物而可以玩一类语言游戏，在此活动中形成初始的语言（文化、技术、制度、习惯、习俗等等）。在此意义上，莫亚尔-沙罗科指出，在生活形式形成的过程中，自然的和社会的因素是交互生成的，生活形式同时吸收了这两个方面的因素。[②] 从而，我们不需像加弗那样单独强调自然条件，也无需像哈克和贝克那样仅强调文化的要素。这实际上也是卡维尔（Stanley Cavell, 1926—2018）持有的观点。[③]

笔者认同莫亚尔-沙罗科的立场，一方面，该立场承诺了生活形式是所有人类所共有的——只要"我们"演化自相同的理性生活；从而我们能够接纳韩林合的解读，认为生活形式是人类最为基础的概念框架或表现手段，它是诸语言游戏的来源和基础，是所有具体呈现的文化的前提，也是理解文化差异的前提。就此而言，我们可以区分开生活形式和文化的多样性，哈克和贝克的解读则混淆了这两个层次。另一方面，莫亚尔-沙罗科的立场承诺了生活形式发展的连续性，即认为从理性生物较低层次的（原始的）形式到更为复杂的生活形式之间不存在断裂，前者是后者的基础，后者是前者的扩建，**按此理解，我们也能够为布兰顿对维特根斯坦"规则"概念的分层解释提供支持**：先前内隐的（implicit）生活形式在后续

① Ludwig Wittgenstein, *On Certainty*, G. E. M. Anscombe and G. H. von Wright (Eds.), New York: Basil Blackwell, 1969, §475.

② See Danièle Moyal-Sharrock, "Wittgenstein on Forms of Life, Patterns of life, and ways of living." *Nordic Wittgenstein Review* (2015): 32.

③ S. Cavell, "The Availability of Wittgenstein's Later Philosophy," *The Philosophical Review* 71.1 (1962): 74.

的活动中被阐明为更为明晰的（explicit）形式，相应的规则也体现出从内隐到明晰的发展过程，并且，内隐的生活形式直接源于我们的行动，在这个层次的行动中，作为有机体的个体对自然环境的应对活动有着实质的（material）重要意义。与之相关，维特根斯坦在《论确定性》中指出：

> 然而，为证据提出理由根据，为之辩解终会有个尽头；——但是其尽头并非某种命题直接让我们感到其为真，即不是来自我们方面的一种看，而是我们的行动，因为行动才是语言游戏的根基。
>
> 描述这幅世界图景的命题也许是一种神话的一部分。其功用类似于一种游戏的规则；这种游戏可以全靠实践而不是靠任何明确的规则学会。①

将行动视为语言的根基将消除遵守规则无穷后退的问题，"规则"是我们用自身方面的眼睛在行动中"看到"的联系，"有一天人睁开了他的那双用以观察的眼睛，于是世界就变得明亮起来"②。在此意义上，**实践活动同时敞开了语言、世界和规则**。③

最后，莫亚尔-沙罗科的立场还承诺了生活形式的流变特征，生活形式并非一成不变的，我们受制于的文化和自然事实，以及我们用生活形式来加以表达的文化和自然事实都处在变动的发展过程

---

① Ludwig Wittgenstein, *On Certainty*, G. E. M. Anscombe and G. H. von Wright（Eds.）, New York：Basil Blackwell, 1969, §204, §95.

② 维特根斯坦：《关于心理学哲学的最后著作》，《维特根斯坦全集》第10卷，涂纪亮主编，涂纪亮译，河北教育出版社2003年版，第392节。

③ 这意味着实际发生的过程并不是如下的过程：首先，从实践中生成语言；而后，语言发展成熟；最后，我们用这种发展成熟的语言来谈论和解释世界。这一认识十分重要，我们由此能够避免：（1）在维特根斯坦那里找寻语言游戏的"额外的"外部基础；（2）在布兰顿那里，质疑在明晰规则层次展开的语义推理活动何以能够谈论一个"外部"世界的问题。"世界"的确外在于心里，但一直在我们这里，或者说，我们一直在世界之中。

中。语言游戏没有一个边界，具有家族相似性的事物也一直被做出调整：

> 如果一种语言游戏，一个活动，譬如说建造一座房子……，规定了一个词的用法，那么用法的概念是有弹性的，它与活动的概念一道变化。然而，这处于语言的本质之中。
>
> 词只有在生活之流中才有其意义。[①]
>
> 人们可以想象：某些具有经验命题形式的命题变得僵化并作为尚未僵化而是流动性的经验命题的渠道；而这种关系是随着时间而变化的，因为流动性的命题变得僵化，而僵化的命题又变得具有流动性。[②]

在生活形式的流动中，语词的意义也在变化，僵化的命题在时间中再度被推动，流动一段时间后重新获得其暂时稳定的意义。语言如若有什么本质的话，那么其本质是"变化"或"无本质性"。语言这种无本质的变化特征允许人们持有理解上的差别，文化可以是不同的，但不会是绝对相对的，这克服了文化相对主义的问题。

我们"沉浸"在生活之流的内部，生活形式构成了我们理解世界的整体框架，在此意义上，就动物是否具有生活形式这一问题而言，维特根斯坦或许会予以否定的回答。**生活形式通过语言成为我们的第二自然**(这一理解与麦克道威尔的解读一致)，我们无法跨越这一自然而达到动物性自然，从而，至少我们无法回答动物是否具有生活形式这一问题。然而，反对们可能会继而提出是否存在动物语言的问题——既然维特根斯坦认为不存在语言这种东西，并且

---

① 维特根斯坦：《关于心理学哲学的最后著作》，《维特根斯坦全集》第 10 卷，涂纪亮主编，涂纪亮译，河北教育出版社 2003 年版，第 340、913 节。

② Ludwig Wittgenstein, *On Certainty*, G. E. M. Anscombe and G. H. von Wright (Eds.), New York：Basil Blackwell, 1969, § 96.

他是根据生活形式来理解语言的，那么我们便可以在依旧坚持认为存在动物性生活形式的意义上认为，存在动物语言，于是也存在着以动物语言形式展现的生活形式。对于这些问题，笔者当前仅能给出这样的回答：在我们当下阶段的生活形式中，不再需要诉诸动物性的活动（以及其中可能蕴含的生活形式——无论这类生活形式是否存在）来分析和理解当下的活动，这是因为，动物性活动相对于当下的我们而言，仅能提供给我们一些感觉上的（非语言性）材料，这里存在两种进一步的分析策略：

> （1）将动物行为理解为一类具有我们人类行为意义的行为。

然而，这种策略是根据人类的生活形式来分析和理解动物的生活形式的，动物的生活形式最终被人类的生活形式吞噬了。另一种策略认为：

> （2）将动物行为理解为一类基本的、人类行为可被还原至的感性材料。

单纯地分析动物的生活形式是没有意义的，分析动物是为了更好地理解人类——如若生活形式是我们理解世界的整体框架，这种意义上的人类中心主义是无可避免的，但并不一定是恶的，在经由动物更好地理解人类的理论发展中，我们也在试图赋予动物以更受优待的伦理位置。然而，无疑的是，后期维特根斯坦反对第二种分析策略，这既可以从我们上文论及的反对私人语言论证中看出，也可以从我们下文将要讨论到的维特根斯坦和詹姆斯之间的思想关联中一窥究竟。总而言之，维特根斯坦哲学发展的各个阶段，从未试图诉诸心理上发生的东西或任何外部世界的刺激（认为动物具有生活形式的人可能为将相关感觉材料称为动物信念、动物情感）来理解语言及其意义。因此，笔者认为，动物不具有维特根斯坦意义上的生活形式。

生活形式构成了我们思维和实践基本的脚手架，在此意义上，斯特恩认为，我们的实践活动构成了一个整体，由此提出了"实践整体论"的说法。[①] 我们将会看到，这种说法与新一代剑桥实用主义者普莱斯所谓的"全局表达主义"有着异曲同工之妙，我们同样留待下文展开讨论。

从上文关于维特根斯坦哲学的阐释中，我们发现维特根斯坦实用主义更为接近于新实用主义，即经过语言转向后的实用主义。新实用主义主要聚焦于语言和世界之间的关系，认为两者之间不存在本体论界限，语言是对这一世界的直接表达，我们由此形成了某种语言世界观。由此一来，后期维特根斯坦的实用主义与古典实用主义有诸多不相一致之处，这体现在他与兰姆赛的思想差别上——简言之，我们看到，受皮尔士影响的兰姆赛更为强调经验性的行动概念，虽然后期维特根斯坦同样强调行动概念，但他将之视为语言游戏的场所，视为语词用法和意义生发的场所，从而他实际上更为专注于对语言一面的分析。这一不同也构成了笔者认为维特根斯坦的实用主义与古典实用主义无甚多关联的理由。接下来，笔者将基于上文中的讨论来直接为"维特根斯坦的实用主义"做辩护。

（六）维特根斯坦的实用主义

维特根斯坦哲学与实用主义之间有着怎样的关联，这一直是哲学中一个重要且充满争议的论题。古德曼试图证明维特根斯坦和詹

---

① David Stern, *Wittgenstein on Mind and Language*, New York: Oxford University Press, 1995, p.91.

姆斯思想间有着千丝万缕的联系,① 米萨克、邦孔帕尼等人尝试讨论维特根斯坦与实用主义间的一般联系。② 罗蒂、布兰顿则直接将维特根斯坦列入实用主义阵营。③ 相比之下,江怡在其近作《维特根斯坦是实用主义者吗——一项学术史的考察》一文中认为,前述哲人的解释大抵是一种"附会解释",这种解释是指:"研究者们对从文本中得到的片言只语给出了符合某种预先设定前提的解释,而这种解释的目的是为了说明更为完整的理论框架。"④ 江怡进而在该文中主要试图指出如下两点:(1)将维特根斯坦视为一名实用主义者的"附会解释"是不充分的,因此,维特根斯坦不是一名实用主义者;(2)从实用主义视角研究维特根斯坦哲学,这体现了实用主义哲学的当代复兴,但我们更应该将相关哲学家的工作,包括匹兹堡学派哲学家们的工作,看作属于分析哲学史范围内的研究,而不仅是对实用主义自身思想史的研究,究其原因,**江怡警醒我们认识到,如果遵循对维特根斯坦哲学本身的严格解释,我们便无法在任何意义上将维特根斯坦视为一名实用主义者,从而实用主义者将维特根斯坦列为自己的同侪,这是一项缺乏慎思的"附会解释"。**笔者对此深以为然,相较之下,本节拟从实用主义的角度来重审维特根斯坦哲学与实用主义的关系。

具体而言,笔者想要具体论述以下四点:(a)维特根斯坦与古典实用主义没有任何思想上的关联,但是,(b)从实用主义

① Russell Goodman, *Wittgenstein and William James*, Cambridge:Cambridge University Press, 2002.

② Anna Boncompagni, *Wittgenstein and Pragmatism: On Certainty in the Light of Peirce and James*, London:Palgrave Macmillan, 2016.

③ 参见罗蒂:《实用主义哲学》,林南译,上海译文出版社 2016 年版,第 2 页;Robert Brandom, *Perspectives on Pragmatism: Classical, Recent and Contemporary*, Cambridge, Mass.:Harvard University Press, 2011, p.9 等。

④ 江怡:《维特根斯坦是实用主义者吗——一项学术史的考察》,《学术月刊》2021 年第 11 期,第 5—15 页。

视角看，我们的确可以得出一种在一定程度上忠实或源于维特根斯坦哲学的实用主义版本，即"维特根斯坦式的实用主义"（Wittgensteinian pragmatism），并且，（c）一些新实用主义者完成了对"维特根斯坦式的实用主义"的澄清和发展工作，因此，（d）相关研究既体现了实用主义自身思想的推进，同时，也能在一定程度上体现对维特根斯坦哲学的研究。需要及时澄清的是，"维特根斯坦式的实用主义"是布兰顿明确使用过的一个词汇，[①] 笔者在此用它更多是指实用主义者们在其解释中构建出了一种对维特根斯坦哲学的理解，这种理解更多地与其自身的思想旨趣相契合，即论题（c）；但在一些核心论题上承袭了维特根斯坦的洞察，即论题（d）。简言之，实用主义者主要是在利用维特根斯坦的思想资源来发展实用主义，而非旨在还原维特根斯坦哲学本身；尽管如此，我们仍然可以讨论维特根斯坦哲学在实用主义发展中起到的积极作用。

笔者接下来将首先阐述论题（a）；第二节阐述论题（c）和（d）；在第三节中阐述论题（b）时，笔者也将会对"维特根斯坦式的实用主义"的理论特征进行简要概述。

1. 维特根斯坦不是一名古典实用主义者

根据哈克（Robin Haack）的考证，没有证据表明维特根斯坦曾阅读过皮尔士、杜威，以及米德等人的著作，但他却至少阅读过詹姆斯的《心理学：简明教程》《心理学原理》，以及《宗教经验种种》。[②] 古德曼曾从维特根斯坦的学生安斯康姆那里确认，维特根斯坦在其课堂上从未提及詹姆斯的著作，尤其是《实用主义》一

---

① See Brandom, Robert. "Some Strands of Wittgenstein's Normative Pragmatism, and Some Strains of his Semantic Nihilism." *Disputatio. Philosophical Research Bulletin* 8.9 (2019)：22.

② Haack, Robin. "Wittgenstein's Pragmatism." *American Philosophical Quarterly* 19.2 (1982)：163.

书，"维特根斯坦没有读过《实用主义》，如果他读了的话，他会厌恶这本书"①。安斯康姆的这一说法尽管让古德曼耿耿于怀，但他仍然试图指出："詹姆斯和维特根斯坦不仅是在某些特定论题上有着一致的观点，还共享对如下立场的一套承诺：（1）反基础主义，（2）关于人类生活具体细节的描述，（3）认为实践有着之于理智的优先性，以及（4）强调宗教对于理解人类生活的重要意义。"② 笔者与江怡的立场与论述思路基本一致，认为维特根斯坦和古典实用主义者（更多是指《宗教经验种种》之中和之前的詹姆斯）在这四个命题上有着实质不同的理解。就此而言，笔者将有意避开江怡在《维特根斯坦是实用主义者吗——一项学术史的考察》中的已有讨论，此小分节的内容更多起到的是辅证该文的效果。

首先，关于论题（2）和（4），维特根斯坦认为宗教有助于理解人类生活，这种说法是有待商榷的。笔者认为，更为妥帖的说法是，维特根斯坦仅将宗教理解为一种借以平息精神中的恐惧和忧愁，从而获得平静生活的生活形式。古德曼曾提供一个例子：维特根斯坦在童年时代，曾因为家中盥洗室中掉落的石膏而产生了持久的恐惧，直至1910年他到曼彻斯特学习时仍然受到这种恐惧的折磨。41岁的维特根斯坦也曾向年轻的德鲁里（Maurice Drury）坦诚地说道："当我告诉你只有宗教的感觉可以治疗这种恐惧时，你会觉得我疯了，你会觉得我已经疯了。"③ 维特根斯坦相信，宗教是对人类生活的具体描述，并能够帮助消除人

① See Russell Goodman, *Wittgenstein and William James*, Cambridge：Cambridge University Press, 2002, pp.viii – ix.

② Russell Goodman, *Wittgenstein and William James*, Cambridge：Cambridge University Press, 2002, p.5. 命题编号为笔者所加。

③ Russell Goodman, *Wittgenstein and William James*, Cambridge：Cambridge University Press, 2002, p.37.

类内心的痛苦：

> 我的意思是，基督教不是一种关于人的灵魂中已经发生的
> 事情或者将要发生的事情的学说或者理论，而是对人的生活中
> 发生的事情的描述。由于"对罪孽的认识"是一个真实的过
> 程，因而绝望和借助了信仰而获得拯救这一点也同样是一个真
> 实的过程。

> 基督教仅仅针对那些需要无限帮助的人，也就是那些经历
> 了无限痛苦的人。整个地球所遭受的痛苦不可能大于一个人的
> 心灵所遭受的痛苦。在我看来，基督教信仰是人处于这种极端
> 痛苦之中时的避难所。任何一个在这种痛苦中打开而不是关闭
> 自己内心世界的人，都会在自己的内心里把这种拯救手段接受
> 下来。①

从表面上看，詹姆斯的《宗教经验种种》一书的确描绘了诸多
这般摆脱痛苦和烦恼的"真实的过程"。根据蒙克的记录，维特根
斯坦在 1912 年前后阅读了《宗教经验种种》并写信给罗素道："我
现在一有时间就阅读詹姆士的《宗教经验种种》，这本书使我获益
良多。我的意思不会是说自己马上会成为一名圣徒，我还不确定这
本书是否以我特别希望改变的方式有所改变：也就是说，我认为这
本书使我摆脱了烦恼（Sorge，歌德《浮士德》第二部分所用的意
义的烦恼）。"② 维特根斯坦所谓的"改变的方式"即是避免恐惧和
绝望，获得宁静生活的方式。

《宗教经验种种》一书更多是对宗教经验的描述，这种描述
虽然也是在展现某种"真实的过程"，"宗教皈依"也体现为自我

① 维特根斯坦：《杂评（1914—1951 年）》，《维特根斯坦全集》第 11 卷，涂纪亮主编，涂纪
亮译，河北教育出版社 2003 年版，第 38—39、63 页。
② 麦克奎尼斯编：《维特根斯坦剑桥书信集：1911—1951》，张学广、孙小龙、王策译，商务
印书馆 2018 年版，第 52—53 页。

实现，因此能够予维特根斯坦以慰藉。但是，在詹姆斯那里，宗教经验与其意识流理论紧密相关，它实质上描绘的是个体内部的心灵过程，是对前反思状态下"意识"或"生命之流"的分析，而非维特根斯坦所理解的具体的"人的生活中发生的事情"。詹姆斯指出："生活的知识是一回事，有效地在生活中占据一席之地，随着生命之流展开你的存在，则是完全不同的另一回事。"① 在此意义上，维特根斯坦关于宗教经验的理解与詹姆斯思想有着实质的不同。② 此外，这一不同也体现在维特根斯坦将宗教信仰理解为一种生活形式，将宗教信仰理解为对一种参考系统的信奉上：

> 我相信基督教所说的下面这一句话：一切好的学说都毫无用处。你必须改变你的生活（或者你的生活方向）。
> 在我看来，宗教信仰仿佛只不过类似于对一个参考系统的热情信奉。因此，尽管它是一种信仰，但其实这是一种生活方式或者是一种对生活做出评价的方式。信仰就是怀着热情抓住这种想法。因而，宗教信仰中的教诲也必然就是对这个参考系统的描绘、叙述，同时也是一种关于良心的谈论。而这两者必然会导致受教诲者自己自愿热情地信奉这个参考系统。好像某人起初使我看到我的绝望处境，然后向我指示获得拯救的方法，一直到我自愿地活着至少不是由我的教诲者引导而跑上去抓住那个参考系统。③

---

① 参见詹姆斯：《宗教经验种种》，尚新建译，华夏出版社 2012 年版，第 360 页。
② 需要强调的是，应该将这里论及的詹姆斯限制为《心理学原理》和《宗教经验种种》的作者，而非《实用主义》《多元的宇宙》的作者，"前一种"詹姆斯仍然纠缠于对意识流或生命之流的分析。尽管《宗教经验种种》中包含了大量对宗教生活的描述，但笔者认为，其中的哲学思想内核仍然是在生命之流的层次寻求"救赎"，在此意义上，维特根斯坦与詹姆斯的立场的确是有别的。
③ 维特根斯坦：《杂评（1914—1951 年）》，《维特根斯坦全集》第 11 卷，涂纪亮主编，涂纪亮译，河北教育出版社 2003 年版，第 73、87—88 页。

"詹姆斯的著作是维氏早年神秘主义思想的主要来源之一"①，笔者认为这种观点也有些偏颇。罗素在1919年阅读过《逻辑哲学论》一书后，他的确在该书中发现了某种神秘主义的思想，并将这种神秘主义归咎于维特根斯坦对克尔凯郭尔（Søren Kierkegaard，1813—1855）、西莱修斯（Angelus Silesius，1624—1677），以及詹姆斯著作的阅读。② 然而，仅就詹姆斯而言，笔者认为"神秘主义"在维特根斯坦和詹姆斯那里也有着截然不同的蕴意，在前者那里，神秘性主要源自语言界限外的事物。1929年，维特根斯坦在石里克家中谈及海德格尔和克尔凯郭尔时指出：

> 诚然，我可以想象海德格尔的"存在"和"畏"意味着什么。人们感到有一种强烈的冲动去冲撞语言的界线。……基尔凯郭尔也已看到，存在着这样一种对某种东西的冲撞，并且他用极为相似的方法提及过它。（像冲撞悖论那样。）这种对语言界线的冲撞就是伦理学。我认为，终止所有关于伦理学华而不实的言辞——直觉知识是否存在，价值是否存在，善是否可定义，肯定是重要的。在伦理学中，我们总想试图去说一些不可说的东西，说一些没有而且从来不会触及事情本质的东西。③

用《逻辑哲学论》中更为简洁的话说，"的确存在着不可言说的东西。它们显示自身，它们就是神秘的事项"④。相比之下，如本书第一章第二节中指出过的那样，在詹姆斯那里，宗教经验的神秘性来

① 陈启伟：《维特根斯坦与詹姆士》，载《西方哲学研究——陈启伟三十年哲学文存》，商务印书馆2015年版，第546页。

② 参见陈启伟：《维特根斯坦与詹姆士》，载《西方哲学研究——陈启伟三十年哲学文存》，商务印书馆2015年版，第547页。

③ 维特根斯坦：《维特根斯坦与维也纳学派》，魏斯曼记录，徐为民、孙善春译，商务印书馆2015年版，第44—45页。

④ 维特根斯坦：《逻辑哲学论》，韩林合编译，商务印书馆2019年版，第6.522节。

源于尚未为当下意识激活的"更多"（MORE），这种"更多"是围绕在当下清晰意识周围、尚不明确的"穗边"，它为未来的意识提供了种种可能，从而是此岸的、有待描述的（可为我们所现实化的）而非彼岸的、不可描述的某种状态。詹姆斯式的神秘项无疑不同于维特根斯坦那里所指的某种语言外的事项。尽管两者所指的事项都有着不可言说的性质，但进一步地说，"不可言说性"在詹姆斯那里更多意指不可加以清晰说明，而仅能体验之，在维特根斯坦那里则指彻底的不可言说性。

基于上述讨论，我们至多仅能认为维特根斯坦受到《宗教经验种种》一书的影响，但在具体的哲学问题上，我们很难认为他从詹姆斯那里直接继承了某种立场。

其次，关于（2）和（3），我们似乎很容易被诱导认为，维特根斯坦式的"语言游戏"概念就是古典实用主义者所强调的"实践"概念。笔者在此想要简要指出的是，维特根斯坦所说的"实践"更接近于经过语言转向后的新实用主义者所强调的"实践"概念，而不同于古典实用主义者理解的实践。

在后期维特根斯坦那里，语言游戏是一种语言现象，他更为关注于对这类现象的语法考察，"语言"是其关注的要点——江怡也在此意义上指出："维特根斯坦对知识的讨论，并非基于对知识性质和基础的理解要求，而是旨在说明知识命题得以存在的根据，说明知识命题依赖于生活形式和世界图式的理由。这与实用主义者对知识基础的要求旨趣相异。"① 进言之，维特根斯坦对命题意义的思考直接奠基于他对语言游戏、生活形式或世界图式的理解，但古典

---

① 江怡：《维特根斯坦是实用主义者吗——一项学术史的考察》，《学术月刊》2021 年第 11
期，第 5—15 页。

实用主义者更多是将实践理解为一种经验活动，尽管皮尔士和杜威也有着关于如何从这类经验现象中发展出语言的描述，詹姆斯也在强调纯粹经验与概念之间的直接互动性，①但其中的"实践"概念体现了关于语言和外部世界间认知关系的新理解，相较而言，维特根斯坦缺乏对外部世界的直接考量。故而，我们认为"实践"概念在维特根斯坦和古典实用主义者那里有着不同的蕴意。

然而，在笔者看来，我们可以在新实用主义的语境下来理解维特根斯坦的"实践"概念，这种可能既相容于江怡的现有立场，也为笔者阐明一种"维特根斯坦的实用主义"提供了可能。我们将在下一节的讨论中看到，这也是笔者与江怡分道扬镳的地方。

第三，关于（1），这里涉及对"基础主义"的理解，也就是说，将什么视为"基础"。如若将基础视为外部世界或某类外部的因果刺激，那么从上文中维特根斯坦反表征论的论题来看，维特根斯坦的确是反基础论者。然而，维特根斯坦在《论确定性》中同时承认了某种阻止无限怀疑的基础："如果你想怀疑一切，你就什么也不能怀疑。怀疑这种游戏本身就预先假定了确实性。""知识最终是建立在承认的基础之上的。""一种怀疑一切的怀疑就不成其为怀疑。"②《论确定性》中还谈及了某种整体论思想，认为信念和命题构成的整体构成了知识的基础，"当我们开始相信某件事情时，我们相信的并不是单独一个命题，而是一个由命题组成的整个体系（光是逐渐照亮全体的）"。"使我认为明显无误的并不是一些单独的公理，而是一个前提与结论相互支持的体系。""与其说是由于其本身显而易见或令人信服，倒不如说是靠其周围的信

① 参见詹姆士：《多元的宇宙》，吴棠译，商务印书馆 1999 年版，第 191—192 页。
② Ludwig Wittgenstein, *On Certainty*, G. E. M. Anscombe and G. H. von Wright (Eds.), New York: Basil Blackwell, 1969, §115, §378, §450.

念才使它不可动摇。"① 另外，《论确定性》中也强调道，语言游戏并非源自某种使用成熟形式语言的推理过程，语言游戏就是我们的生活形式：

> 在这里我想把人看作一种动物，看作一种只有本能而不能进行推理的原始生物，看作一种原始状态的生物。因为任何足以作为原始人相互交流手段的逻辑都不需要我们为之辩解。语言并非来自某种推理过程。

> 你必须记住，语言游戏可以说是某种不可预测的事情。我的意思是说：语言游戏不是建立在理由基础之上的东西。语言游戏不是合乎道理的（或者说是没有道理的）。语言游戏就在那里——就像我们的生活一样。

> 而"知道"这个概念是同语言游戏的概念联结在一起的。②

综合《论确定性》中的上述观点，笔者认为后期维特根斯坦承诺了某种新的基础，即生活形式——它浸染着一切。当以命题形式开始说出"知道"时，我们已经从生活形式中挖掘出了一系列互相支撑的命题，这些命题组成了河流之下的"河床"。就此而言，江怡同样指出，在詹姆斯那里，其哲学中无疑没有维特根斯坦的这类理论承诺，因而在反基础主义的论题上，他们实际上说着不同的东西。③

最后，关于维特根斯坦与詹姆斯《心理学原理》一书的关系也

---

① Ludwig Wittgenstein, *On Certainty*, G. E. M. Anscombe and G. H. von Wright (Eds.), New York: Basil Blackwell, 1969, § 141, § 142, § 144.

② Ludwig Wittgenstein, *On Certainty*, G. E. M. Anscombe and G. H. von Wright (Eds.), New York: Basil Blackwell, 1969, § 479, § 559, § 560.

③ 参见江怡：《维特根斯坦是实用主义者吗——一项学术史的考察》，《学术月刊》2021 年第 11 期，第 5—15 页。

是古德曼称道的一点。然而，容易看到的是，维特根斯坦终生反对根据人的心理状态来分析意义的做法。他反对罗素在《心的分析》中明确指出的下述立场："一切精神现象都只是从感觉和意象中构造出来的。……我们已经通过其生理的起因定义了知觉、感觉及意象。"① 如江怡总结的那样，"'心理学哲学'这个概念在维特根斯坦心目中具有否定的涵义，意味着对心理学研究中所存在的理智疾病的考察，或者说，心理学研究本身就是一种理智疾病的结果"②。《逻辑哲学论》中清楚地写道："与其它任何一种自然科学相比，心理学与哲学的关系并非更为密切。认识论是心理学哲学。难道我对符号语言的研究不是对应着思维过程的研究吗？哲学家们认为，后果对于逻辑哲学来说具有本质性的意义。只不过，他们大多数时候纠缠于非本质性的心理学研究中。"③ 这一立场在维特根斯坦的后期著作中也得到了维系。《哲学研究》中反心理主义立场最为典型地体现在他对私人语言的批判之中。在 1944 年写给里斯的信中，维特根斯坦表示曾打算将《心理学原理》作为教材，但"只是谈论我自己的想法（我的胡诌）"④。如果维特根斯坦的确使用《心理学原理》作为教材，那么他自己的想法将会是对詹姆斯思想的批驳。维特根斯坦曾计划将其晚年的心理学哲学笔记整理为类似于《哲学研究》那样的书，并以詹姆斯的立场开篇，如《哲学研究》中以奥古斯丁开篇同时是为表达对他的尊重一样，尽管维特根斯坦不同意詹姆斯的观点，但仍然尊重之。然而，"尊重"不意味着接

① 罗素：《心的分析》，《罗素文集》第 4 卷，贾可春译，商务印书馆 2012 年版，第 279 页。
② 江怡：《论维特根斯坦对常识心理学的态度》，载江怡、马耶夏克主编：《心理现象与心灵概念：维特根斯坦心理学哲学的主题》，中国社会科学出版社 2020 年版，第 55 页。
③ 维特根斯坦：《逻辑哲学论》，韩林合编译，商务印书馆 2019 年版，第 4.1121 节。
④ 麦克奎尼斯编：《维特根斯坦剑桥书信集：1911—1951》，张学广、孙小龙、王策译，商务印书馆 2018 年版，第 576 页。

受詹姆斯的立场，更不意味着成为类似于詹姆斯意义上的实用主义者。

实际上，维特根斯坦曾几次直接提及"实用主义"。在《哲学语法》中，他这样写道：

> 如果我要给予一块木头以特定的形状，那么做出这种形状的那种砍法将是正确的。但是，我不将那个具有所愿望的后果的论证称为正确的论证（实用主义）。相反，我将这种计算称为错误的，尽管那些源自于这种结果的行动已经导致了所愿望的结局。①

在这里，维特根斯坦似乎将实用主义理解为，根据后果来理解正确性。如我们在第一章中阐释摩尔和罗素对詹姆斯思想的批评时指出过的那样，这种对于实用主义的理解过于简单且容易带来误解。维特根斯坦对于这种理解（或误解）下的实用主义持否定态度。在《心理学哲学评论》中，维特根斯坦写道：

> 然而，你不是实用主义者吗？不是。因为，我不说这个句子是真的，如果它是有用的。有用、即用法给予句子以特殊的意思，语言游戏把意思赋予句子。在规则经常被给出的范围内，规则证明自己是有用的，数学命题按其本质而言与规则是同源的，有用性把自己反映在数学真理之中。②

在这里，维特根斯坦仍然将实用主义理解为"根据有用性来理解真"，并在此意义上反对实用主义。最后是他在《论确定性》中最为著名的表述：

---

① 维特根斯坦：《哲学语法》，韩林合编译，商务印书馆 2012 年版，第 192 页。
② 维特根斯坦：《心理学哲学评论》，《维特根斯坦全集》第 9 卷，涂纪亮主编，涂纪亮译，河北教育出版社 2003 年版，第 77 页。

> 所以，我是在想说出某种听起来像是实用主义的话。在这里我正受着一种世界观的阻挠。①

在这里，维特根斯坦似乎倾向于接受实用主义，但仍然受到某种"世界观"的阻挠。然而，我们并不知晓这段文本中提及的实用主义究竟指什么。

就维特根斯坦为数不多的关于实用主义的直接讨论来看，笔者认为，他并不十分了解（古典）实用主义哲学，"根据有用性来理解真"，这是与摩尔、罗素一致的"误解"。如果我们推想维特根斯坦可能从哪些文献来了解实用主义的话，那么他的这一"误解"便十分自然了：他可能从罗素和摩尔对詹姆斯实用主义的批评、兰姆赛的晚期论文、奥格登《意义的意义》一书中介绍皮尔士哲学的"附录"，以及詹姆斯的《心理学原理》和《宗教经验种种》中获得了他对实用主义的理解。如果实情如此的话，我们的确没有什么判定维特根斯坦受古典实用主义思想影响的依据了——基于这些文献，我们不大可能获得对古典实用主义的公允理解。

总结而言，笔者认为，在维特根斯坦和古典实用主义的关系上，我们很难认为维特根斯坦受到了古典实用主义，尤其是（真实意义上的）詹姆斯哲学的影响，更没有理由认为维特根斯坦是古典实用主义意义上的实用主义者。然而，笔者想在接下来的讨论中论述的是，维特根斯坦哲学更易于嵌入新实用主义者（包括美国新实用主义者以及新一代的剑桥实用主义者）的哲学探究中，在此意义上，我们仍然能够将维特根斯坦重构为一名实用主义者，或者用布

---

① Ludwig Wittgenstein, *On Certainty*, G. E. M. Anscombe and G. H. von Wright (Eds.), New York: Basil Blackwell, 1969, § 422.

兰顿的话说，谈论一种"维特根斯坦的实用主义"①。

2. 从新实用主义视角看维特根斯坦

然而，无法将维特根斯坦视为一名古典实用主义者，这不意味着无法在实用主义的谱系内吸收和理解维特根斯坦的思想。这里的可能性源于，实用主义本身经过分析哲学的冲击，迈向了它的新形态，即新实用主义。根据通常的说法，在 20 世纪 30 年代，随着逃离德国和奥地利的逻辑实证主义者来到美国，作为美国本土思想的实用主义思想开始式微，逐渐为人忘却，逻辑实证主义渐渐演变为占据美国哲学主流的分析哲学，直至 20 多年后，经由奎因、塞拉斯、罗蒂等人的努力，实用主义才开始借助分析哲学得到复兴，产生了所谓的以"语言"而非"经验"为其核心概念的"新实用主义"。如果从新实用主义的视角重看维特根斯坦，我们便有可能重谈维特根斯坦与新实用主义的关系，乃至文初界定的一种"维特根斯坦式的实用主义"。我们可以从对"维特根斯坦式的实用主义"表述得最为清晰的布兰顿的相关论述谈起。布兰顿承袭了古典实用主义的基要实用主义（fundamental pragmatism）立场，即"实践优先性"论题，这种论题认为"人们应该将知道—什么（命题性知识，knowing *that*）理解为一种知道—如何（能力之知，knowing *how*）……也就是说，根据我们做（do）某事的实践能力来理解为什么相信（that）事物是如此这般的"②。如若能对命题内容做出判断，那么我们便有着知道如何应对相关意向内容的实践能力，这便意味着判断活动直接对应对内容的实践活动负责，内容

---

① 参见布兰顿：《在理由空间之内：推论主义、规范实用主义和元语言表达主义》，孙宁、周靖、黄远帆、文杰译，上海人民出版社 2019 年版，第 3 章。

② Robert Brandom, *Perspectives on Pragmatism: Classical, Recent and Contemporary*, Cambridge, Mass.: Harvard University Press, 2011, p.9.

"是"什么直接呈现于判断中。然而，布兰顿感到不满的地方在于，在他看来，古典实用主义者仅注重经验活动的下游（down stream），即作为理性生物对世界的觉知，而不注重经验活动的上游（up stream），即作为经验结果的、概念化的语义推论起点。① 为此，布兰顿将实用主义奠基在分析哲学的基础上，其后果便是，推动了实用主义的分析化，② 在经验活动的上游处建立起了阐明"内容"的推论主义方式。

布兰顿的做法带来的后果是，将实用主义哲学讨论的重点从对涉身世界的实践活动中体现的自然意向性的探究转向了对主体间展开的话语活动中体现的社会规范性的探究，相应地，共同体、语言、规范等成为新实用主义的核心概念。布兰顿认为，新实用主义的这种语言转向或规范转向可以从康德、弗雷格和塞拉斯那里发现来源，我们也恰是在此意义上，从后期维特根斯坦哲学中发现了思想来源。

以概念性（the conceptual）而非经验性为哲学探究的起点，布兰顿认为这是可从康德那里获得的一个基本洞识，"具有心灵的生物和无心的生物之间的区别并不体现在本体论上（ontological）（即是否有心素（mind-stuff）），而体现为规范道义（deontological）上的区别。康德认为心灵有着规范特征"③。"道义"限定着人们应当如何行事，在此意义上，我们人类主体根据规范来理解自身的行为。沿着这一思路，布兰顿发展出的语义推论主义从弗雷格和

---

① 更多的讨论，参见周靖、陈亚军：《布兰顿，何种实用主义者？》，载《世界哲学》2020 年第 6 期，第 108—117 页。

② See Robert Brandom, *Perspectives on Pragmatism: Classical, Recent and Contemporary*, Cambridge, Mass.: Harvard University Press, 2011, pp.56-82.

③ Robert Brandom, *Reason in Philosophy: Animating Ideas*, Cambridge, Mass.: Harvard University Press, 2009, pp.32-33.

塞拉斯那里承袭了这样的思想：我们仅能通过次语句表达式或判断在主体间展开的推理活动中起到的作用或功能来理解它们关涉的内容，"使一种反应具有概念内容，也就是使它在做出断言与给出和索取理由的推论游戏中起到一种作用"①。概念内容只有在社会维度内展开的推理活动中才能被具体锚定。布兰顿的这一理解驳斥了传统的语言和世界的二元论思维，将哲学探究的实际起点设置在语言之内，其根据行动规范来理解行动所关涉的内容的做法开启了"规范转向"。在布兰顿看来，后期维特根斯坦那里也有着类似的转向。布兰顿将后期维特根斯坦视为一名重要的实用主义者的主要原因在于，维特根斯坦尤为强调在主体间的语言游戏中，通过考察语词的实际用法来理解其意义。在此意义上，布兰顿坦诚道，他受到了维特根斯坦一个关键洞察的"引领"："这一思想便是，**意向性完全是一种规范的现象**。维特根斯坦认为，当人们处在一个意向的状态中时，诸如拥有一个信念或一个意向，该信念或意向便已经意味着拥有某种规范身份。因为它包含了人们对事物如何或将会如何的承诺。在相信和意向行为中，人们根本地使得自己接受对其信念的正确性或意向的成功性进行规范的评估。"②

那么，我们能否依据布兰顿的阐释而将维特根斯坦直接视为一名实用主义者？根据文初的提示，这一不审慎的提问实际上涉及两个层次上的问题，一是布兰顿是否在忠实于维特根斯坦哲学本身的意义上发现了实用主义哲学与维特根斯坦哲学共有的核心立场；二是诸如布兰顿这样的实用主义者是否仅是在充满开放性的文本中解

---

① 布兰顿：《阐明理由：推论主义导论》，陈亚军译，复旦大学出版社2020年版，第43页。
② 布兰顿：《在理由空间之内：推论主义、规范实用主义和元语言表达主义》，孙宁、周靖、黄远帆、文杰译，上海人民出版社2019年版，第50页。译文略有改动。

读出了他们所需的东西。笔者同时在两个层次上认为，一些新实用主义者的确忠实地承袭了维特根斯坦的部分思想，但在沿着他们认为的维特根斯坦为其开辟的方向进一步前行时，新领域内的思想可能无法被还原至维特根斯坦思想本身。恰是从前一种意义上说，讨论维特根斯坦哲学与实用主义的思想关联仍然是一项有意义的工作；而在后一种意义上，我们也能考察维特根斯坦哲学在实用主义发展的进程中发挥了怎样的积极意义。本节余下的讨论旨在进行前一种意义上的讨论，在下一节中则将在第二种意义上讨论，我们是否能在挖掘"附会解释"具有的积极"建构"意义的基础上，接受"维特根斯坦式的实用主义"这种说法。

对于反对认为新实用主义与维特根斯坦哲学有任何实质关联的人而言，关于实用主义者对"知识基础"的要求，他们认为尽管实用主义者消除了语言与世界的二元界限——如德弗里斯（Willem de Vries）总结的那样，"我们对世界的语言性反应有着双重面相：经由训练，它们是我们在与世界的遭遇中直接导致的东西；与此同时，它们也在一般的意义上符合于构成语言的规则。因此，实在秩序（real order）和逻辑秩序（logic order）是绑定在一起的"[1]。——但这一体现了维特根斯坦哲学精神的立场却被一些实用主义者破坏掉了，如布兰顿、米萨克、苏珊·哈克这样的实用主义者坚持认为语言层次的语义阐明（semantic articulation）**仍然需要回应外部世界中的实际状态**，从而仍然需要某种传统意义上的知识基础。如上一节中已经指出的那样，维特根斯坦并无这样的承诺。笔者认为，这里包含着对实用主义一个容易为人忽视的误解，即认为这种"外部世界的实际状态"是独立于语义阐明的范围的。

---

① Willem de Vries, *Wilfrid Sellars*. Kingston: McGill-Queen's University Press, 2005, p.46.

塞拉斯也有着这种误解。在塞拉斯眼中，实用主义将语言理解为一种应对涉身世界的实践活动中遇到的问题的工具，因而，我们需要根据语言在行动中起到的作用来理解意义和真。塞拉斯认为，这种实用主义立场的错误之处在于，未能认识到我们的行为和语词用法之间的紧密关联，语言不是一种借以行动的工具，"知道'自然法则'的有机体能够在世界中活动，但它只有在将语言同其行为联系在一起，将其断言和推论同时联系在一起时，它才能够在知识的光照下行动……只有在语言包含了围绕行动词（action words，用以表述各种做法的语词）构建起来的这些内在部分的情况下，语言（思维）才能指引行动"①。

实际上，塞拉斯的修正恰恰体现了实用主义者的真实立场。诸如皮尔士、杜威这样的实用主义者的确看到并强调了语言和行动之间的密切关联。笔者在此想要强调的是，我们不能将涉身世界的实质的（material）实践和关于该实践的形式的（formal）语义表达分割为两个可以互相参照却彼此独立的过程，我们需认识到实用主义的本体论论题，即"取消语言与世界、思维与实在之间的本体论界限，强调自然世界与文化世界之间的连续性，认为语言显示的世界和世界在能动者活动中的自我表达是一枚硬币的两面"②。实际上，在古典实用主义者那里，"经验"并非把我们幽禁于单纯的物理世界中，而是体现了自然世界向我们呈现的具体方式。用杜威的话说，被经验的事物（what）与它是怎样（how）被经验到（语言如

---

① Wilfrid Sellars, "Some Reflections on Language Games", in *In the Space of Reasons: Selected Essays of Wilfrid Sellars*, Scharp, K. and Brandom, R. (Eds.), Cambridge, Mass.: Harvard University Press, 2007, p.40.

② 进一步的讨论请参见周靖：《再思实用主义的实践概念：基于哈贝马斯与布兰顿之争》，载《实用主义研究（第二辑）》，华东师范大学出版社 2020 年版，第 100—115 页。

何显示它）的过程是连续的。①

我们看到塞拉斯以实用主义的精神改造了语言和行动之间的关系，认为不仅我们的行为是符合规则的（behavior *obeying* rule），规则也是符合行为的（rule *obeying* behavior），这一事实解释了为何我们的任何行动都是符合规则的——**规则和行动交织在一起**。这种立场体现了实用主义的一般立场或核心观点，新实用主义者仍然名为"实用主义者"恰是因为他们共同承袭了这种立场，而由于古典实用主义者的确如布兰顿认为的那样，未能在经验的上游处做出维特根斯坦所进行的语言方面的探讨，笔者仍然坚持认为维特根斯坦不是一种古典式的实用主义者。但同时，这种立场也体现了维特根斯坦对语言游戏的理解——这里没有对任何源于外部世界的知识基础的承诺，相反，我们通过这样的实践或话语活动说明"知识命题得以存在的根据，说明知识命题依赖于生活形式和世界图式的理由"②。新实用主义突出了使用语言的主体间的话语活动的重要意义，这让我们有理由认为维特根斯坦哲学在实用主义的发展中真实起到了重要的作用。

总结而言，笔者认为，实用主义吸纳了分析哲学的影响，在其迈向"新"实用主义阶段中的确切实地吸收和发展了维特根斯坦的一些洞察，这主要体现在将"实践"理解为一种语言性的活动这一根本观点上。这一事实让笔者有理由认为，维特根斯坦哲学的确真实地影响了实用主义哲学的发展。

3. 新实用主义中的维特根斯坦式因素

本节余下的任务在于，辨明新实用主义哲学中究竟有哪些维特

---

① 参见杜威：《经验与自然》，傅统先译，华东师范大学出版社 2019 年版，第 33 页。

② 江怡：《维特根斯坦是实用主义者吗——一项学术史的考察》，《学术月刊》2021 年第 11 期，第 5—15 页。

根斯坦式的因素。在完成这项任务时，我们需牢记江怡的"警醒"，理清"附会的解释"，即为了完成这一理论目的，仅揭示维特根斯坦哲学中表面上具有的新实用主义因素，而刻意忽略其中的实质差异。

首先，我们可以挖掘出的**第一个因素是普莱斯所谓的"意义—语效"框架，即"语义—语用"的区分**，它旨在"对语义的起源做出语用上的解释"[①]。这是对维特根斯坦"语词的意义体现在其用法"这一思想的直接援用，这种认为需通过诉诸语词在人类公共性实践中的"用法"来理解其"意义"的立场搭建起了新实用主义讨论问题的基本框架：在世的语用活动和主体间的语义表达构成了具有反思张力的轴向。新实用主义者由于对语言用法的关注而泯除了古典实用主义者对个体心理活动的过度关注，在世的语用活动直接体现为日常的、人类生活的具体细节，这种立场上的转化沿着后期维特根斯坦开拓的方向迈进。这一迈进可直接引出新实用主义中的其他两个维特根斯坦式因素。关于这一点，我们将在下一章中继续展开讨论。

第二个因素是反表象论（或反基础主义），这是容易看到的一点，维特根斯坦一生都是坚定的反表象论者，即他从不认为须诉诸语词所表征的对象——这些对象独立于语言表达的全部范围——来理解语词的意义。略言之，这一立场在《逻辑哲学论》中体现为，维特根斯坦认为我们仅能在语言之内划出思维的界限，而关于界限另一边的东西，我们无话可说；此时的世界因而由语言能够陈述的事实（facts）而非事物（things）构成。该立场在《哲学研究》中则体现为他对奥古斯丁式语言观的批判，这种语言观认为："语言

---

① See Huw Price, *Naturalism Without Mirrors*, Cambridge: Oxford University Press, 2011, pp.204-205.

的语词命名对象——命题是这些名称的结合——在这幅关于语言的图像中，我们发现了如下观念的根源：每一个语词都有一个意义。这个意义被配置给这个词。它就是这个词所代表的那个对象。"①笔者在上一节中辨明道，实用主义的反表象理论实际上与维特根斯坦的理解一致。诸多新、老实用主义者均在反驳下述表象论论题上做了很多工作：认为存在一个有待认知的外部世界，这类世界在根本的意义上决定了我们持有的命题的真假。

然而，就这一因素而言，我们需防范那种"坏的"附会解释。在反表象论之后，实用主义者们对待外部世界实际上大体有三类不同的理论态度：一类是罗蒂彻底地弃置关于外部世界讨论的做法，认为我们完全可以放弃关于外部世界的认知事业；另一类仍然强调与外部世界的经验性接触仍然有着首要的认知作用，米萨克是典型代表；最后一类以布兰顿为代表，他尝试兼纳罗蒂式和米萨克式考量的"语言—认知（世界）""双轨"线索，试图指出从形式上（formally）通过对使用语句做出的推论进行阐明能够在实质上（materially）把握内容。② 笔者认为，新实用主义者的这些努力体现了实用主义者在破坏或解构原有关于外部世界的理解后的重构，如普特南所言，"无重构的解构是不负责任的"③。新实用主义者同时尝试积极更新我们关于世界的理解或"世界观"。但是，需要注意

---

① 参见维特根斯坦：《逻辑哲学论》，韩林合编译，商务印书馆 2019 年版，第 3 页；《哲学研究》，韩林合编译，商务印书馆 2019 年版，第 7—8 页等处。

② See Richard Rorty, *Objectivity, Relativism and Truth*, Cambridge：Cambridge University Press, 1991, pp.2 - 5, p.27; Rorty, R. *Philosophy as Cultural Politics*, Cambridge：Cambridge University Press, 2007, p.133; Cheryl Misak, *The American Pragmatists*, Oxford：Oxford University Press, 2013, p.3; Robert Brandom, *Making It Explicit: Reasoning, Representing and Discursive Commitment*, Cambridge, Mass.：Harvard University Press, 1994.

③ Hilary Putnam, *Renewing in Philosophy*, Cambridge, Mass.：Harvard University Press, 1992, p.133.

到的是，首先，这些具体的尝试无疑不是维特根斯坦曾做出或关心的工作；其次，这些重构中有着明显背离维特根斯坦思想的立场，例如，罗蒂在敦促我们放弃世界后，"在语言方面彻底采取维特根斯坦式的态度"[1]，即将真理视为语句的性质，而语言是属于我们的，因而真理是人造的。这种理解严重背离了维特根斯坦的原义，相比之下，普莱斯和布兰顿的相关理解在更为忠实于维特根斯坦哲学的意义上，做出了一些"好"的附会解释。

在普莱斯看来，在维特根斯坦哲学的帮助下，新实用主义更新后的世界观包含的是主观自然主义的观点，这种观点认为，对自然的认知根本无法避开主观的构建，主观自然主义是在先的。[2] 语言不是一个我们借以探查世界的"望远镜"，在此意义上，普莱斯写道："如果语言不是望远镜，那它是什么呢？如布兰顿指出的那样，一个传统的回答是，语言是明灯。我认为近代技术能够帮助我们更加精确地阐述这一点。设想一种数据投影机，它能够把内部的影像投放到外部的屏幕之上。或者设想得更好一些，我们可以用一种未来隐喻，设想一种全息数据投影机，它能够将三维立体影像投射到空气中。这不是投射到外部的、原始的世界之上。相反，整个影像是自立的（free-standing），我们可以把我们理解的总和直接视为由事态构成的世界，**世界就是我们认为事态所是的样子**。"[3] 这里的理解容易让我们想到维特根斯坦《逻辑哲学论》开篇的第一句——"世界是事实而非物的总和"[4]。后期维特根斯坦放弃了其前期工作中根据纯粹形式的探究构建关于世界的逻辑图景的做法，转而从具体的

---

① 参见罗蒂：《偶然、反讽与团结》，徐文瑞译，商务印书馆2003年版，第34页。

② See Huw Price, *Naturalism Without Mirrors*, Cambridge: Oxford University Press, 2011, p.186.

③ Huw Price, *Naturalism Without Mirrors*, Cambridge: Oxford University Press, 2011, p.28. 强调部分为笔者所加。

④ 维特根斯坦：《逻辑哲学论》，韩林合编译，商务印书馆2019年版，第1节。

人类生活实践中挖掘出语词和命题的意义，笔者认为，由此更新后的
"世界观"等于新实用主义者的"世界观"，上一节中已有相关论述。
江怡也在同样的意义上指出："这里更要强调的是，维特根斯坦对
'世界观''经验''描述'等语词的用法，与我们日常语言中的用法
并无二致，他竭力避免赋予它们某种特别的含义……"① 维特根斯坦
和新实用主义者均丢弃了试图看到"普遍性"或"本质"的"上帝
之眼"，他们均重新回到了现实的生活中，在世界中看世界。

结合上文中指出的第一个要素，新实用主义者认为，当我们
讨论词项 X 时，我们不是在探究它在自然世界中的位置，而是在
探究它的"用法"问题，在此意义上，语言表达的范围就是世界
的全部范围，普莱斯将这种立场称为"全局的表达主义"（global
expressivism），布兰顿也在相同的意义上持有"逻辑表达主义"的
立场。这些立场绝不是一种主观唯心论或绝对唯心论立场，因为使
用语言表达世界的活动受到主体间交往活动的制约，从而我们对世
界的理解同时体现着对彼此的责任，我们也因此受到规范制约，是
一种规范性的存在（normative being）。我们从中可以引出维特根斯
坦哲学中**第三个关键的要素**，即对规则问题的关注。通过对这第三
个要素的讨论，我们将能理解为何看似真正承袭了维特根斯坦哲学
精神的普莱斯和布兰顿的解释仍然有着"附会"的嫌疑。

维特根斯坦关于遵守规则的思考引发了诸多讨论，该论题涉及
非语言性的因果行为模式、行动、规则、语言、阐释之间的复杂关
系。新实用主义者也进行了诸多相关讨论，以匹兹堡学派的阐释为
例，概言之，塞拉斯对行动和语言的关系进行了实用主义式改造，指

---

① 江怡：《维特根斯坦是实用主义者吗——一项学术史的考察》，《学术月刊》2021 年第 11
期，第 5—15 页。

出两者间有着紧密的关联性：语言由"行动词"构成，行动必然包含规则；但他也承诺了规则有着因果行为模式上的起源。布兰顿将规则分为行动中的内隐规则和可由语言表述的明晰规则——内隐规则指的是我们在活动中直接遵循但尚未将它表述出来的规则，明晰规则指的则是在主体间的交往活动中得到清晰阐明的规则或规范——这种做法为塞拉斯改造后的行动—语言关系提供了具体的理论细节，但他削除了非语言的外部因果行为模式的作用，从而使得行动的范围和语言的范围完全啮合。麦克道威尔则认为，行动中遵守规则是"直接的"，行动中不存在布兰顿所谓的规则的分层问题。①

可以看出，匹兹堡学派三大家对维特根斯坦遵守规则的阐释均体现了他们自身的哲学特征：塞拉斯有着对科学和实在论的执迷；布兰顿将语言视为人类的伟大成就，认为哲学研究应该从可为人类理解的概念性起点出发；麦克道威尔则强调经验世界的直接性，认为思维无边界，世界的范围就是思维的范围，从而他不接受布兰顿的规则分层论立场。这些哲学家在发展其自身思想的同时，无疑或多或少地脱离了维特根斯坦的原义。限于篇幅，请容许笔者不作多议，在此仅指出，这是一种有着建构意义的解释，这些解释更多地起到了推进实用主义发展的效果，但我们不能借助这些解释来理解维特根斯坦哲学。

总结而言，如果从回溯的视角看，我们可以从如今新实用主义的讨论中挖掘出一些真实的维特根斯坦哲学的因素，或者稍不严谨

---

① 参见 Wilfrid Sellars, "Some Reflections on Language Games", in *In the Space of Reasons: Selected Essays of Wilfrid Sellars*, Scharp, K. and Brandom, R. (Eds.), Cambridge, Mass.: Harvard University Press, 2007, pp. 28 - 56; Robert Brandom, *Making It Explicit*, pp. 20 - 39; John McDowell, "How Not to Read *Philosophical Investigation*: Brandom's Wittgenstein", in *The Engaged Intellect: Philosophical Essays*, Cambridge, Mass.: Harvard University Press, 2009, pp. 96 - 114 等处。

地说，我们可以借以从实用主义者的角度提出"维特根斯坦的实用主义"。它主要包括了根据用法理解意义、反表象论等论题，以及对规则、共同体等概念的强调。这种实用主义是独立于古典实用主义发展出的一种实用主义版本，我们在追溯新实用主义从维特根斯坦那里汲取了怎样的思想资源时发现了它的独特内蕴，在此意义上，对"维特根斯坦的实用主义"进行研究，这对实用主义的历史或谱系研究而言无疑有着重要的、不可消除的意义和价值。

基于本章的讨论，我们看到，相较于20世纪初英国哲学界发展出的本土实用主义，及其与分析哲学界遭遇产生的激烈冲突，从兰姆赛和维特根斯坦哲学，我们不仅可以看到形式更为成熟的实用主义，乃至一种新形态的实用主义——维特根斯坦的实用主义，还能够看到分析哲学与实用主义哲学的融合。

兰姆赛有效吸收了皮尔士的思想资源，在动态的行动中理解主观信念度与客观或然性之间的关系，从而建立起了关于主观信念和客观世界关系的理解。兰姆赛的真理论、知识论，以及对科学的理解均与皮尔士有着诸多共通之处。相比之下，维特根斯坦的实用主义常为诸多当代哲学家所讨论，但我们发现，维特根斯坦与其时代的实用主义（即古典实用主义）实际上并无多少真实的瓜葛，尽管维特根斯坦哲学与古典实用主义哲学在反基础主义、工具论、关于意义的证实论，以及对社会维度的强调等立场上有着"家族相似性"，但细究之下，它们有着不同的理论要点。笔者因此倡导将维特根斯坦的实用主义理解为实用主义的一个独特版本，即"维特根斯坦的实用主义"，这种实用主义反思语言与世界的关系，反思意义的来源和基础，反思规范或规则产生的原因和机制，这些探讨在世界与我们在世界中的语言性活动——世界予以我们的制约以及我们关于世界理解的语言表述——之间拉开了一个富有张力的理论场域。我们也将基于这一场域架构起下一章中所要讨论的"当代剑桥实用主义"的问题线索。

第四章

在语言与世界之际：剑桥实用主义的当代发展

快来啊，世界喊道。

这不是说

它就讲了这样的句子

而是我以这种形式体察到了美

——格丽克《十月》①

① 格丽克：《直到世界反映了灵魂最深层的需要》，柳向阳、范静哗译，上海人民出版社 2016
年版，第 32 页。

兰姆赛和维特根斯坦哲学为剑桥哲学传统打上了难以磨灭的实用主义印记。概言之，在语言和世界的关系上，认为不存在某种探究的外在基础的"反基础主义"思想，认为心灵不是被动地接受来自外部世界的刺激，而是在实践中主动地参与到对世界的表象和理解活动中，从而我们可以根据概念在解释和预测经验的过程中起到的作用或功能来理解概念的意义和内容的"工具论"思想，以及认为个体使用的语言是一种社会现象，我们可以根据主体间的社会交往活动来理解语言的思想等，构成了剑桥实用主义的关键底蕴。利勒哈默尔（Hallvard Lillehammer）总结道，当代剑桥实用主义具有的特征"主要体现了受维特根斯坦启发的如下方面的思想：功能多元论、反表象论、避免标准的'形而上学'叙事、自然主义的人类学；以及对我们关于共有的人类目的的乐观理解。"① 简言之，语言与世界之间有着怎样的关系，以及"我们"人类在理解这一关系上起到了怎样的作用，成为剑桥实用主义的核心论题。

布莱克本、普莱斯、米萨克，以及哈克是当代剑桥实用主义的主要代表人物。普莱斯发展了实用主义对"人类学"维度的强调，他聚焦于理解人类的行为所具有的实践意义，以及语言在我们生活中所起到的作用。普莱斯从实用主义的反形而上学论题（即，认为关于对象是什么的认识论探究无法带领我们抵达一个形而上的"事物本身"，这也意味着认识论探究和本体论探究相分离）走向了罗蒂式的立场：关于实践的理解无法摆脱我们使用

---

① Hallvard Lillehammer, "Simile When You're Winning: How to Become a Cambridge Pragmatist", in *The Pragmatic Turn: Pragmatism in Britain in the Long Twentieth Century*, Misak, C. & Price, H. (Eds.), Oxford: Oxford University Press, 2019, p.49.

语言进行构造的活动，① 在此意义上，语言表述的范围就是世界的全部范围。因而，在普莱斯看来，实用主义的有效范围是全局性的（global），不存在实践和语言不可抵达的"外部实在"，根据传统观点，认识论的任务就是实现关于这类实在的精确表征。利勒哈默尔将普莱斯的立场称为成为一名当代剑桥实用主义者的"快且易"的方式，② 其原因在于，这种立场无需再虑及"何物存在"以及"关于外部世界的认知何以可能"之类困扰哲学许久的问题。

与普莱斯的立场相对，成为一名当代剑桥实用主义者"慢且难"的方式体现在布莱克本那里，因为他在接受实用主义的反形而上学论题，以及对语言作用的强调的前提下，仍然试图为他称之为"准实在论"的立场做辩护，认为实用主义的有效范围是区域的（local），因为仍然存在某种对我们的认识活动起到制约作用的"准实在"。然而，"准实在"在布莱克本那里更多是指一种理论态度，而非某种形而上学理论。或许正是因为这一点，布莱克本的立场让包括普莱斯在内的诸多学者感到困惑：如何在反形而上学的前提下谈论实在，并且，如果保留实在的做法同样是以使用语言做出解释（而非描述）的方式进行的，那么语言如何能够突破自身表达的限度而言及某种外部实在？

本章第一节拟讨论布莱克本的准实在论和区域实用主义思想。布莱克本认为我们语言性的表述和世界的实际状态之间存在真实的投射（projection）关系，从而必然存在某种"实在"，它是语言表

---

① 参见罗蒂：《偶然、反讽与团结》，徐文瑞译，商务印书馆 2003 年版，第 1 章。Also see Richard Rorty, "Realism, Categories, and the 'Linguistic Turn'." *International Philosophical Quarterly* 2.2（1962）：307–322.

② See Hallvard Lillehammer, "Simile When You're Winning: How to Become a Cambridge Pragmatist", in *The Pragmatic Turn: Pragmatism in Britain in the Long Twentieth Century*, Misak, C. & Price, H.（Eds.）, Oxford: Oxford University Press, 2019, pp.48–49.

达具有内容和真假的根据。布莱克本也吸收了我们曾在第三章第一节中讨论过的兰姆赛关于行动者的主观信念度和事件的客观或然性关系的理解，根据行动的成功来理解我们的主观表达与客观实在间的关联。此外，布莱克本还吸收了维特根斯坦的功能多元论思想，即根据语词起到的多种功能来理解语词的内容，其中，"功能"指的是内容在某种因果网络中起到的作用。与此相关，普莱斯同样吸收了维特根斯坦的功能多元论，但不同于布莱克本，普莱斯更加注重在社会维度内解释功能的多元性，而非试图从功能走向对某种实在的理解，其中，"功能"指的是内容在某种概念网络中起到的作用。本章第二节将会在讨论普莱斯的反大写的表征论、全局实用主义之后，阐释布莱克本和普莱斯间的争议。

在第二节中讨论普莱斯的思想时，或许会令人感到吊诡的是，普莱斯试图挽救"真"之概念，试图将它改造为一种不同于真诚和证成的"第三类规范"。不同于罗蒂"在证成中消融真"的做法，普莱斯认为"真"仍然有着解决分歧、推动交流的"规范"力量。笔者将在第二节中论证，普莱斯提出了一个很好的思路，但做出了一个糟糕的论证。笔者将对作为第三类规范的"真"进行改造，赋予它的规范力量以某种外在于主体间范围的外部保证。笔者的改造体现了对皮尔士哲学的运用。

笔者对普莱斯的"真"作为一种第三类规范立场的改造将得到哈克的支持。本章第三节将讨论哈克的思想。尽管哈克曾于剑桥大学获得其哲学博士学位和任教，但她似乎很少参与到剑桥实用主义的主要倡导者普莱斯和米萨克发起的一系列讨论中。在本书对剑桥实用主义谱系的建构中，笔者有意将哈克纳入谱系内，认为哈克哲学不仅能够制衡普莱斯哲学中对语言一方的偏倚，也能使得当代剑桥实用主义变得更为立体和丰实。

不同于布莱克本仅对实在做出"准"承诺，哈克的天真实在论吸收了皮尔士的经院实在论思想，她大方地对外部事实、共相、法则等的"实在"做出承诺。在此意义上，哈克认为我们仍然能够谈论真理。实际上，哈克倡导的基础融贯论试图吸纳基础论和融贯论的有益之处，从而实现经验和语言之间的平衡。根本地说，哈克抵制罗蒂、普莱斯，以及布莱克本的如下隐在承诺：**实在论与反实在论截然对立，这种对立迫使我们仅能在独立于心灵的实在和我们自身关于世界的概念性阐释之间做出选择；进一步地说，关于实在的本体论探究和阐释世界的认识论探究必须分离。**哈克抵制这种承诺，认为实在论和反实在论是一个虚假的二元论，因为两者之间仍然有着很大的理论空间，哈克恰是在这一中间地带上为其基础融贯论和天真实在论找寻到了理论根据地。

借助对布莱克本、普莱斯，以及哈克思想的讨论，我们认识到延续了兰姆赛和维特根斯坦实用主义思想的当代剑桥实用主义，其探究的诸问题仍然围绕着语言和世界的关系展开。需要强调的是，当代剑桥实用主义的发展也受到了罗蒂、塞拉斯、布兰顿等新实用主义者思想的影响。笔者拟在下一章中通过对三种典型的实用主义元叙事的阐释，在勾绘一幅实用主义谱系的同时，集中讨论当代剑桥实用主义与美国新实用主义之间的关联。同样在下一章中，笔者拟借助米萨克对罗蒂思想的批评来理清米萨克立场的特殊位置，因而在本章中，笔者将暂不讨论同样是当代剑桥实用主义代表人物的米萨克的思想。

一、布莱克本的准实在论和区域实用主义

布莱克本出生于 1944 年，1965 年时从剑桥大学三一学院取得

哲学学士学位，1970 年于剑桥大学丘吉尔学院获得博士学位。布莱克本曾任教于牛津大学、剑桥大学，以及北卡罗来纳大学教堂山分校，自 2011 年从剑桥大学退休后，他仍在北卡罗来纳大学教堂山分校开设秋季课程。布莱克本的主要贡献是，他对休谟哲学提出了新的解读，并在伦理学中提出了有着广泛和持续影响的准实在论。

（一）投射主义+准实在论

布莱克本曾根据卡尔纳普在《经验主义、语义学和本体论》（1950）这一著名文章中划分的内部实存（internal existence）和外部实存（external existence）来理解实用主义所讨论的问题：在卡尔纳普那里，内部实存是相对于我们的语言框架而言的，在我们做出任何断言之前，内部实存是客观的语言框架可以断定的东西；在此意义上，选用一种语言框架就是选用一种说话方式，其中不需诉诸任何理论为之提供证成，同时，选用一种语言框架也未在相应的意义上承诺某种实在，例如，在选用数学的说话方式时，我们并未同时承诺"数"的实在。相比之下，当我们讨论外部实存时，则无须诉诸相关的语言框架，因为，外部实存是独立于语言表达范围的存在，从而在关于这类实存的理解上，我们可以提出语言和实存有着怎样关系的外部问题。① 布莱克本指出，实用主义讨论的是卡尔纳普提出的外部问题，实用主义提供的答案是，根据我们人类的"话语"能够"做"什么的"功能"来提供关于说话方式、思维，以

---

① See Rudolf Carnap, "Empiricism, Semantics, and Ontology." *Revue Internationale de Philosophie* 11 (1950): 20–40.

及实践的谱系学或人类学叙事，在这种叙事中把握对世界的理解。[1] 实用主义者试图指出，语言和世界是一道发展的，从而语言表达的范围就是世界的全部范围。布莱克本认为，这种将实用主义的解释范围延展至一切范围的做法是错误的，因为这吞没了独立于心灵的"实在"的领域。对"实在"的保留构成了布莱克本理论的重要特征。

我们可以借助布莱克本对休谟思想的吸收和运用来进一步澄清这里的问题。休谟指出："心灵的全部创造力只不过是将感官和经验提供给我们的材料加以联系、调换、扩大或缩小的能力而已……所有思想的原料，或者是来自我们的外部感觉，或者是来自我们的内部感觉。"[2] 在这种表述中，感官和经验层次的材料间的因果秩序和心灵内思想质料间的概念秩序似乎构成了两类不同的秩序，"它们是两种分离的要素：世界之于我们的理解起到的作用，以及心灵自身功能上的变化"[3]。关于两类秩序之间的关系，布莱克本指出，一般存在如下三种解读：

（1）除非我们知道先前适当相连相关的印象（impressions），不然我们便没有观念（ideas）；

（2）不存在与不同事件之间"厚的"（thick）必然联结中的观念有着适当相关关系的印象；

（3）我们有着关于事件间"厚的"必然联结关系的观念。[4]

---

① See Simon Blackburn, "The Steps from Doing to Saying", in *Practical Tortoise Raising and Other Philosophical Essays*, Oxford: Oxford University Press, 2010, p.169.

② 休谟：《人类理智研究》，吕大吉译，商务印书馆1999年版，第13页。

③ See Simon Blackburn, "Hume and Thick Connexions", in *Essays in Quasi-realism*, Oxford: Oxford University Press, 1993, p.103.

④ Simon Blackburn, "Hume and Thick Connexions", in *Essays in Quasi-realism*, Oxford: Oxford University Press, 1993, p.95.

其中，立场（1）认为因果印象构成了观念的基础，这也进一步承诺了存在某种外部实在，它予我们的感官以某种因果刺激，正是这些刺激构成了观念的基础；（2）与（3）中"厚的"指渗透概念的或有理论负载的，立场（3）认为，我们是透过概念的滤镜来观察世界的，因而经验并非指单薄的世界予以我们的刺激，它同时包含了概念性的构造。立场（2）则试图兼具（1）和（3）中对实在以及概念性的强调，但同时避免根据因果秩序来理解概念秩序的物理主义还原论立场，也避免根据概念秩序来理解或吞噬因果秩序的（布莱克本眼中的）实用主义立场。

布莱克本反对立场（1），他认为休谟对因果性的讨论恰是反对这样的想法：我们能够理解那些受到因果约束的事实，换言之，基于对因果性的理解迈向关于"何物存在"的形而上学理解（因为我们无法现实地感知到因果的必然联结）。① 与此相关，我们将会在下文的讨论中看到，布莱克本与普莱斯这样的实用主义者一样，反对大写的表征论立场，这种立场认为存在某种完全独立于心灵的外部实在，我们的认知目标是，在心灵秩序内再现因果秩序，从而获得关于外部实在的表征。

然而，与普莱斯式实用主义不同的是，布莱克本认为反表征主义的反面是"区域实用主义"，而非立场（3）所体现的"全局实用主义"。立场（3）认为，既然表征主义的事业是不可能的，并且我们仅能根据"披着概念外衣的事实"来理解世界，那么我们便可以直接认为语言是打开世界的方式，从而我们分析问题的焦点可以落在主体间使用语言的交往活动上。布莱克本反驳立场（3）的

---

① See Simon Blackburn, "Hume and Thick Connexions", in *Essays in Quasi-realism*, Oxford: Oxford University Press, 1993, p.101.

主要依据在于他坚持的立场（2），这种立场保留了立场（1）中积极的一面，即，我们的心灵在行动中熟悉了物理事件时间上的接续性（succession）后，发生了功能上的变化；但是，心灵上的变化并不以某种外部实在为摹本，它不直接表象任何实在。在此意义上，立场（2）暗含着如下观点：**心灵能够获得关于世界的观念但不以因果秩序为真实的基础**。布莱克本这里的理解可以归结为如下推理：

> 我们能够获得关于外部世界的认知，因为
> （a）物理事件以合乎规则（因果律）的方式影响着心灵；
> （b）熟悉这类规则的心灵发生了功能上的变化；从而，
> （c）心灵中思考和谈论的事物有着"真实"的性质。

关于（a）和（b）的理解将我们带往对布莱克本关键理论"投射主义"的讨论。如上所言，布莱克本认为，我们关于世界的语言表达不是在对世界本身进行描述，而仅是在将我们自身的情感、态度和习惯"投射"到世界之中；能够"投射"的原因在于，世界真实地影响着心灵的功能，根据这种影响，那些"投射物"有着某种真实的属性，从而我们能够借以谈论某种实在。由于我们仍然是在谈论某种实在，我们的思考和表达因而是有真值可言的。骆长捷总结道，投射主义

> 主张这些东西并不是对某个世界或事实的描述，而只是我们将自身的情感、态度或习惯等投射到世界之中；同时我们又由于这种投射，思考和谈论这些投射物就好像我们在思考和谈论事物的真实性质。这种投射理论一方面不承认有道德实体、因果关系、可能世界、集合等这些东西作为事实而存在，这使它有别于实在论立场；另一方面又主张我们是在一种实在论的意义上来思考和谈论心灵的这些投射物，而且这些思考和谈论

具有真值。在这个意义上它又不同于一般的反实在论立场。布莱克本将这种立场称为准实在论。这种准实在论的目的在于，在避免实在论的本体论承诺的同时，为我们语言所呈现的这种实在论特征提供辩护。①

投射主义蕴含着如下几个理论要点：首先，投射主义没有承诺我们能够超越于心灵理解的范围，谈及某种形而上的实在，这使得它有别于实在论立场，因而布莱克本将其立场称为"准实在论"；其次，承诺心灵秩序和因果秩序有着真实的关联，从而心灵内观念的变化未曾脱离因果属性的变化，在此意义上，关于投射物的思考和谈论仍然有真值可言；② 再次，布莱克本有时也将投射主义视为一种解释理论，它解释的是存在怎样的准实在，但我们解释的起点不是这类准实在，而是我们的语言表达或解释，然而，布莱克本又指出，只有在准实在存在的前提下，我们才能够理解自身的语言表达。③ 利勒哈默尔很好地总结道，布莱克本实际上同时持有概念优先性立场（conceptual priority）和本体优先性立场（ontological priority），④ 即概念性的理解源于准实在，但我们仅能在概念性的表达中来理解那类准实在。

本体优先性立场承诺了，的确存在因果规律，但我们不能屈从于实在论的诱惑。与此相关，布莱克本指出：

① 骆长捷：《休谟的因果性理论研究——基于对"新休谟争论"的批判与反思》，商务印书馆2016年版，第211页。

② See Simon Blackburn, *Spreading the Word: Groundings in the Philosophy of Language*, Oxford：Oxford University Press, 1984, pp.182 – 183.

③ See Simon Blackburn, *Spreading the Word: Groundings in the Philosophy of Language*, Oxford：Oxford University Press, 1984, p.212.

④ Hallvard Lillehammer, "Simile When You're Winning: How to Become a Cambridge Pragmatist", in *The Pragmatic Turn: Pragmatism in Britain in the Long Twentieth Century*, Misak, C. & Price, H. (Eds.), Oxford：Oxford University Press, 2019, p.52.

难道你不相信的确存在因果法则、铁证，以及真实的义务吗？我们不仅仅是"似乎"在谈论这些事物！但是，准实在论者会恰当地说道：情况并不是这般，我们思考和行动——似乎存在必然性。的确存在必然性。我们有权认为必然性存在。对必然性做出承诺，认为能够做出关于它的正确表达，这是毋庸置疑的。[①]

我们所能做的无需必然诉诸道德或模态事实。这里恰体现了反实在论立场，虽然我应该尝试直白地指出，实在论仍然是值得关注的，尽管我也相信似乎无法在"反"实在论的标签下谈论某种融贯的实在论。[②]

一方面，恰是因为真实地存在因果法则，我们真实地受到外部世界的制约，因此我们才不能像全局实用主义者那般，允许语言表达的范围吞噬世界的全部范围。另一方面，我们也无法承诺某种形而上的实在，这是因为概念优先性立场承诺了，我们的确是根据自身的谈论和思考（talk and thought）来理解世界的，这里包含着这样的推理：

（i）我们将情感、态度，以及习惯等投射到世界上；

（ii）我们以使用概念和语言表达式的方式来谈论和思考情感、态度，以及习惯这些客观态度；

（iii）这些情感、态度，以及习惯是受到世界的真实影响而形成的，因而不是个体的主观态度；

（iv）因而，语言表达式对某种客观事实做出回应。

关于（i），布莱克本将投射主义追溯至休谟：

---

① Simon Blackburn, "Morals and Modals", in *Essays in Quasi-realism*, Oxford: Oxford University Press, 1993, pp.56 - 57.

② Simon Blackburn, "Morals and Modals", in *Essays in Quasi-realism*, Oxford: Oxford University Press, 1993, p.55.

我们将态度、习惯或其他承诺（它们不是关于世界的描述）投射到世界上，当我们说话或思考时，仿佛存在着我们的话语所描述的事物的属性，我们可以就那些事物属性做出推理和求索，可能对之犯错，等等。当休谟谈论"所有熠熠生辉的自然物体的色彩均源于情感"时，他所指的便是"投射"。①

但情感、态度，以及习惯等均不是个体的主观感觉，它们源于在客观世界中的行动。在布莱克本那里，"伦理学探究的是我们如何在世界中生活"②。在世界中行动，我们会有着输入性的表象（例如情境、环境特征，以及类型化的自然特征等）以及一些输出（例如我们特定的态度、具有某种态度而面临的压力、做出的某些抉择、采取的某些行动等），布莱克本将这种从"输入"到"输出"的功能机制称为"伦理情感"（ethical sensibility）。③ 在此意义上，我们的情感和实践态度的确能够"投射"世界中的状况。进一步地说，布莱克本指出自己采取的是语义上行（ascent）的解释策略，认为情感和态度是我们在涉身世界的行动层次获得的基本内容，我们可以基于它们来构建相关的伦理判断。④

（i）——（iv）的推理意味着，我们的确能够谈论某种客观的东西，即布莱克本所谓的"准实在"或投射物。我们将在下文的讨论中指出，普莱斯难以理解这类准实在究竟是什么。布莱克本认为

① See Simon Blackburn, *Spreading the Word: Groundings in the Philosophy of Language*, Oxford: Oxford University Press, 1984, pp.170-171.

② See Simon Blackburn, *Ruling Passions: A Theory of Practical Reasoning*, Oxford: Oxford University Press, 1998, p.1.

③ See Simon Blackburn, *Ruling Passions: A Theory of Practical Reasoning*, Oxford: Oxford University Press, 1998, p.5.

④ See Simon Blackburn, *Ruling Passions: A Theory of Practical Reasoning*, Oxford: Oxford University Press, 1998, p.9.

"准实在"并不难以理解，它是一种"薄实在"（thinner reality），是我们在行动中对之做出回应，与之一道生活的日常事物。[1] 我们实际上是被"准实在"包围着的。

此外，由于准实在论并未就任何实在做出形而上的承诺，布莱克本有时仅将准实在论视为一种探究实在边界的理论态度，这种发现认知边界的探究活动永远是"在进行中"的，因此准实在没有一个固定的边界，在此意义上，不存在任何关于此边界的"客观"错误；错误，只有在行动能够获得成功的背景下才是可理解的。[2] 布莱克本也因此批评"皮尔士式"的真理观，即认为在探究的终点处必然能够获得某种真理。[3]

此外，在上文的讨论中，我们主要从投射主义引出关于准实在论的理解，但两者有着一定的区别："投射主义是一种评价哲学（philosophy of evaluation），我们用以解释所做出的评价的那些属性投射的是我们自身的情感（感情、反应、态度、称赞）等；相比之下，准实在论则解释我们的会话为何有如今的形态……它试图解释

① See Simon Blackburn, *Spreading the Word: Groundings in the Philosophy of Language*, Oxford：Oxford University Press, 1984, p.169.

② See Simon Blackburn, *Essays in Quasi-realism*, Oxford：Oxford University Press, 1993, p.4, p.21.

③ Simon Blackburn, *Essays in Quasi-realism*, Oxford：Oxford University Press, 1993, p.5. 根据第一章中的相关讨论，布莱克本也误解了皮尔士的真理论。但在 2016 年出版的《真理》（*Truth*）这本小书中，布莱克本似乎更改了对皮尔士的理解，在笔者看来，他对皮尔士真理论下述新的解读十分贴合皮尔士的思想原义：
　　真理是所有进行探究的人，如果他们探究的时间足够长，**将会**（would）同意的某种东西，但我们不断言任何人实际上能够做到这一点。尽管如此，即使在漫长的探究中我们确实抵达了终点，我们也不知道自己抵达了终点。我们完成了探究，这一假定自身是无法证实的。但是，学者们同意，皮尔斯……对终点的现实性（reality）不感兴趣。他所感兴趣的是科学探究的实际过程，以及达成一致（因此共识出现、异议逐渐消失）的实际方式。简言之，他对过程而非结构感兴趣：实际的程序能够扬弃我们的思考所面临的限制，并且，正是这时候，那些探究的人们才开始在如下意义上趋于一致：他们可以说自己走对了路，即接近真理。皮尔斯对上帝的真理，即处在想象的探究终点的真理，不感兴趣，他感兴趣的是使我们能接近真理的实际的艰难过程。（布莱克本：《真理》，李主斌译，生活·读书·新知三联书店 2021 年版，第 31 页）

和证成我们关于评估的谈论'似乎'有着实在的本性。"①

总结而言，布莱克本通过一种投射主义观点表达其准实在论立场，"投射主义者+准实在论者"（projectivist+quasi-realist）在避免实在论的本体论承诺的同时，也为我们语言呈现的实在论特征提供了辩护。

（二）论兰姆赛和成功语义学

布莱克本准实在论的一项重要特征在于，相信我们的信念、情感、态度等必然有着外部原因，他对实在的辩护主要源于相信外部世界必然存在，这一世界必然以合乎规律的方式作用于心灵，心灵因此必然以遵守某种规则的方式发生变化，从而心灵内的事项必然需从相应的实在那里获得其根据，但是，我们却也只能根据在心灵内做出的解释来理解实在。这里存在一个循环，即，**我们仅能根据对实在的解释来理解那些制约着我们能够做出怎样解释的实在**，这样一来，我们关于实在的理解难以挣脱"解释的锁链"，从而难以保证我们的理解是真实关于实在的。笔者认为，诉诸布莱克本对兰姆赛成功语义学的阐释能够有助于克服这里的循环，从而为准实在论提供进一步的辩护。

我们在第三章第一节中曾讨论过，兰姆赛根据在世界中的行动建立起了主观信念度和客观事件间或然性的关联，布莱克本正确地指出，兰姆赛根据在世界中的行动的成功来理解语义学，即思维与世界的关系，"……行动的成功构成了表象理论，或关于内容的理论，或意向性理论的基础"②。由此一来，与传统理解不同（即，

---

① Simon Blackburn, *Spreading the Word: Groundings in the Philosophy of Language*, Oxford: Oxford University Press, 1984, p.180.

② Simon Blackburn, "Successful Semantics", in *Practical Tortoise Raising and Other Philosophical Essays*, Oxford: Oxford University Press, 2010, p.181.

思维与世界之间存在表象关系，行动的意向状态和意向内容之间存在意向性关系，我们根据关于表象和意向关系的知识来决定如何行动，换言之，知识先于实践），在兰姆赛和布莱克本看来，**当我们知道表象了什么时，便已经能够解释如何表象该对象了**，诸如语词"红"和对象红之间的表象关系，初始是在成功的表象活动中建立起来的。布莱克本指出，这种强调"实践优先性"的立场实际上是一种实用主义立场。[①]

布莱克本明确指出了兰姆赛成功语义学的实用主义特征，并用兰姆赛的"小鸡信念"的例子加以阐释。他还提出"行动语义学"（action semantics）这一概念，认为它能够更好地阐明兰姆赛的意思，"或许'行动语义学'这一标签要比'成功语义学'更好。我认为这是切中要点的。但我也认为，行动的成功是根本的概念：像戴维森和维特根斯坦认为的那样，我也倾向于认为只有在成功的背景下才能理解失败"[②]。成功的行动塑造了思维与世界的基本关联，塑造了我们关于世界的根本理解，只有在已经获得关于世界的一定认识的前提下，我们才能够理解行动的失败和解释的错误。笔者认为，这里体现出布莱克本也承诺和吸收了实用主义的世界观：**我们在实践的行动中敞开和理解世界**。

实用主义的世界观意味着关于**"我们知道什么以及如何知道"**的认识论问题和**"何物存在"**的本体论问题可以同时得到解决，就此而言，布莱克本的表述有其独特之处，这体现在他的"准实在论"立场上。我们可以根据布莱克本关于兰姆赛成功语义学的更多

---

① See Simon Blackburn, "Successful Semantics", in *Practical Tortoise Raising and Other Philosophical Essays*, Oxford: Oxford University Press, 2010, p.181.

② Simon Blackburn, "Successful Semantics", in *Practical Tortoise Raising and Other Philosophical Essays*, Oxford: Oxford University Press, 2010, p.188.

阐释来理解其思想。

在强调成功语义学的"行动特征"时，布莱克本反对根据诸如脑内的状态、生物性的欲求来理解成功的条件，[①] 这一点与兰姆赛一致，在兰姆赛那里，主观信念度同样不是某种私人性的感觉。进一步地说，布莱克本和兰姆赛一样，均将行动理解为一种可以观察到的社会行为，成功的行动会带来一类初始的"解释模式"（兰姆赛谓之为基于归纳提出的"假设"），如果要将这类解释模式一般化（generalization）的话，那么我们在"使用"（use）相关语汇来表述一般规律时便需要"提及"（mention）真理或事实。从而，使用和提及（use-mention）之间不存在间隙。这里的事实或真理仅是我们将现象一般化时所需要的语汇，就像我们承诺准实在时那般，准实在就是我们日常应对和谈论的事物，它们既是我们试图理解的对象，也是促发我们理解的外部因素。在笔者看来，这里有三点有待澄清之处：

首先，在行动里与对象的接触中，对象不是作为一种外部的因果力量推动我们行动的，布莱克本指出："不应该认为表象的诸殊型(tokenings) 是以某种水力学的(hydraulic) 或机械论的方式推动着行动。毋宁说，它们将内容注入了理由的空间中，行动之中出现的任何之物均是那一空间中运作的结果。"[②]

其次，这意味着认识论和本体论问题可以同时得到解决：我们在理由的空间中获得的作为结果的内容就是我们的认知对象，就是那些诱发和推动着行动的内容，因而，我们直接知道了何物

---

① See Simon Blackburn, "Successful Semantics", in *Practical Tortoise Raising and Other Philosophical Essays*, Oxford: Oxford University Press, 2010, pp.183 – 184.

② Simon Blackburn, "Successful Semantics", in *Practical Tortoise Raising and Other Philosophical Essays*, Oxford: Oxford University Press, 2010, p.198.

存在。基于相同的理由，布莱克本支持语义紧缩论（semantic deflationalism）的立场，认为"兰姆赛的梯子"（the Ramsey Ladder，喻指从事实到"意义"的语义过程）并没有把我们带往脱离了事实的任何其他地方，"事实"一直在我们这里，我们在"事实"中直接挖掘出了意义。[1]

最后，尤为需要强调的是，行动中交叉着行动和语汇间的循环，恰是因为这一特征，布莱克本认为仍然需要保留某种实在论，即他所谓的准实在论，"我们利用着宏观的行为以及语汇的微观结构，就像是在玩纵横字谜游戏，每一次都有一条线索，这条线索可能是错误的，但最后会出现唯一的一种解决方案。但是，这会解决形而上的或本体论的问题吗？这会告诉我们表象是什么，或意向性何以可能吗？再如，这为误表征（misrepresentation）问题留下空间了吗？我认为是的"[2]。在认识论和本体论问题一道得到解决时，布莱克本认为，我们的确根据认识论的回答来理解"何物存在"的问题，但认识论问题并没有因此消除掉本体论问题，这仅意味着，我们可以从认识论的探究中得出一个本体论上的答案：关于事物是什么，以及不是什么的客观理解。这或许仍然与布莱克本保留实在论的理论诉求有关。在论及兰姆赛关于法则和偶然性的理解时，布莱克本指出，偶然性不等于主体实际持有的信念度，他认为兰姆赛相信存在未知的法则，我们在世界中的行动受到这些法则的限制，在进一步成功或失败的行动中，我们因此调整自身的信念度，从而获得更好或更坏的关于世界的理解。这类信念的确"投射"出了世界

---

① See Simon Blackburn, *Ruling Passions: A Theory of Practical Reasoning*, Oxford：Oxford University Press，1998, pp.294 - 296.

② Simon Blackburn, "Successful Semantics", in *Practical Tortoise Raising and Other Philosophical Essays*, Oxford：Oxford University Press，2010, p.195.

的真实状况，这让我们有理由依然持有某种"准实在"的立场。[1]

总结而言，布莱克本对兰姆赛成功语义学的解释既体现出了他对实用主义的理解和接受，也为投射主义和准实在论提供了进一步的辩护：我们的确受到外部世界的客观影响，这些影响经由我们的行动渗透到我们的信念、情感等方方面面，因此信念、情感真实地投射了世界中的状况，然而，由于仅能在概念空间内理解那些注入的"内容"，我们因此仅能对实在做出"准"承诺而不能迈向关于"何物存在"的形而上学理论。

（三）区域实用主义与维特根斯坦的功能多元论

上文的讨论已足以让我们领会到布莱克本对实用主义的理解：区域实用主义+功能多元论。[2] 关于区域实用主义，尽管布莱克本同一般实用主义者一样，认为对语言功能的探究不会导向形而上的结论，但是，他认为，如若实用主义仅关注于对语言现象的社会分析，从而忽略掉对实在的任何承诺，那么这类实用主义将会存在如下问题：

首先，布莱克本认为，根据主体间互相承认的社会交往能够证成语言用法，即何种用法是正当的或恰当的（proper），然而，正当的语言表达不等同于"把事情做对"（getting things right），即，获得关于实在的正确认知。[3] 对于那些不做任何实在论承诺的实用主义者而言，语言的表述并不旨在获得关于某种外部事实

---

[1] See Simon Blackburn, "Opinions and Chances", in *Essays in Quasi-realism*, Oxford: Oxford University Press, 1993, p.78, p.81.

[2] See Simon Blackburn, "The landscapes of pragmatism." *Teorema: Revista Internacional de Filosofía* (2009): 32.

[3] See Simon Blackburn, "The landscapes of pragmatism." *Teorema: Revista Internacional de Filosofía* (2009): 33–34.

的正确认知，而更多地旨在获得人际交流的成功，这样一来，语言表达的意义和内容都是在人际的话语实践（discursive practice）中得到确定的，以这种方式得到确定的内容可能仅是一类语义内容而非布莱克本所强调的"准实在"。① "把事情做对"意味着存在一个准实在的领域，该领域对实用主义者强调的话语实践起到不可消除的外部的制约作用。在准实在是外在于语言表述的范围的意义上，布莱克本认为，实用主义的有效范围是有限的，它未能包含对准实在的分析，因此他将实用主义称为"区域实用主义"。

其次，关于实用主义的"实践"概念（布莱克本更多是在维特根斯坦"语言游戏"这一概念下理解"实践"），布莱克本认为，我们不能将它理解为布兰顿式的"给出和索取理由"的话语实践。在布莱克本看来，实践包含两个维度：观察，以及朝向世界的行动。布兰顿忽略的是关于世界维度的朝向性，而恰因为实践朝向着世界，我们才可以根据关于语言功能的理解来知道世界是什么，从而"把事情做对"。② 关于这一点的更多讨论，请参见本书第五章内容。

最后，布莱克本指出，我们的行动必然会映照（mirror）周边的环境，并且我们受到外在自然的真实制约，此外，他接受康德的直观概念，认为我们的经验活动必然包含着对世界的整理，因此我们无法脱离这个世界来获得单纯的理解。③ 这一理解既是布莱克本

---

① 参见周靖：《表征论的多副面孔：当代英美哲学语境下的探究》，上海人民出版社 2021 年版，第 2—3 章。

② See Simon Blackburn, "The landscapes of pragmatism." *Teorema: Revista Internacional de Filosofía* (2009)：35.

③ See Simon Blackburn, "The landscapes of pragmatism." *Teorema: Revista Internacional de Filosofía* (2009)：44.

反对全局实用主义的理由，也是促使他为投射主义和准实在辩护的原因。

布莱克本与全局实用主义者的另一点不同体现在对"功能主义"的理解上。语言有着统一性的外衣，其下掩藏着各式各样的用法，例如，"手柄"这一语汇，在现实的实践中我们可以区分诸多实质不同的手柄，它们

> 看来在或大或小的程度上都是一样的。……但是一个是曲柄的手柄，它可以连续地移动位置（它是用来调节一个阀门的开启的）；另一个是一个开关的手柄，它只有两种有效位置，或者是被移开，或者是被合上；第三个是一个制动杆的手柄，人们越用力拉它，车刹得就越紧；第四个是一个泵的手柄，只有在人们来回移动它时，它才起作用。①

布莱克本认为，**功能指的是，心理状态（mental states）在因果网络中起到的作用，而非它们在概念空间中起到的作用**。② 对手柄的操作是世界中一个现实的事件，体现出我们对世界"布局"的理解。我们将会在下一节中认识到，布莱克本和普莱斯关于功能主义有着不同的理解，这种理解上的不同也进一步反映出他们思想间的差别。

总而言之，布莱克本认为，我们无法从实用主义走向全局的表达主义（即，全局实用主义），即认为语言表达的范围是世界的全部范围。布莱克本赞成实用主义的反对全局表征论（global anti-representationalism，即反对认为语言表达的全部工作仅在于表征外部世界是什么的立场）的做法，但认为全局表征论的反面是区域实

---

① 维特根斯坦：《哲学研究》，韩林合编译，商务印书馆 2019 年版，第 12 节。

② See Simon Blackburn, *Ruling Passions: A Theory of Practical Reasoning*, Oxford：Oxford University Press，1998, p.56.

用主义而非全局实用主义。^① 此外，恰是因为对准实在的承诺，我们可以"把事情做对"，在此意义上，布莱克本认为实用主义应该被理解为"提供证明的实在论"（vindicating realism）。^② 我们将在下一节中借助对布莱克本和普莱斯思想分歧的讨论对此做出进一步的澄清。

（四）迈向一种自然主义方案

如我们将在下文中看到的那样，普莱斯一直试图劝说布莱克本放弃其准实在论立场，迈向他倡导的全局表达主义。布莱克本却始终坚守自己的立场。然而，或许因为与普莱斯的持续交流，布莱克本近些年来认识到，有必要提供一种从准实在进展到关于它的认知的自然主义叙事，从而"准实在论"不仅是一种态度，还是一种关于自然表征的具体理论。

布莱克本的自然主义方案主要以本尼特（Jonathan Bennett, 1930—）和戴维森的立场为基础，其主要推理如下：

（α）行动的意义有着其自然谱系，从而能为内延性的行为提供外延上的自然基础；

（β）戴维森的 T 语句（"雪是白的"是真的，当且仅当雪是白的）是一种基于经验的不证自明的阐释系统；

（γ）从而，可以基于（β）构造出沿着外延展开的自然叙事。

关于（α），布莱克本指出："在本尼特的系统中，语言不是不动的

---

① See Simon Blackburn, "The landscapes of pragmatism." *Teorema: Revista Internacional de Filosofía* (2009): 44.

② See Simon Blackburn, "The landscapes of pragmatism." *Teorema: Revista Internacional de Filosofía* (2009): 43.

推动者，不是思想的创造者。本尼特提供的是，基于动物生命既有的更为原初或'自然'的特征，提供一种关于语言何以出现的'系谱'或叙事。"① 然而，无论本尼特具体提供了怎样的理论，似乎就任何自然主义方案而言，均面临一个难以跨越的本体论鸿沟：如何从应对自然的（外延上）非概念性的行动跨越至人际（内延）概念性的、遵守规则的行动。换言之，自然主义者需要能够解释概念和规范何以产生的问题。

就这一本体论鸿沟而言，布莱克本似乎并未打算跨越它，因为其投射主义中隐藏着与实用主义一致的立场，即在世界中的自然行动和在人际展开的概念表达是同一枚硬币的两面——只有以此立场为前提，世界中的物理事件才是导致心灵发生变化的原因，我们的态度才能投射出世界中的状况。就此而言，布莱克本指出："环境表征（environmental representation）本质上体现的是一种因果共变论题。我们可以将自身同用来与环境状态（诸如汽油压力计、电压表、风筒等）共变的工具进行比较来理解它。遵守规则的思考提醒我们的是，因果空间和理由空间之间不存在大规模的对立关系。"② 基于这一理解，关于（β），布莱克本将戴维森的 T 语境理解为一种（β1）阐释的系统，它阐释的是外延性的自然语言和内延性的元语言之间的关系；（β2）自明的系统，因为我们既未诉诸一个成熟的语言系统来理解单个元语言语句的意义（"雪是白的"），也未进一步根据成熟语言系统内的，诸如布兰顿式"给出和索取理由"的话语实践来理解自然语言（雪是白的）的意义。

---

① See Simon Blackburn, "Pragmatism: All or Some or All and Some?", in *The Pragmatic Turn: Pragmatism in Britain in the Long Twentieth Century*, Misak, C. & Price, H. (Eds.), Oxford: Oxford University Press, 2019, p.70.

② Simon Blackburn, "The Steps from Doing to Saying", in *Practical Tortoise Raising and Other Philosophical Essays*, Oxford: Oxford University Press, 2010, p.177.

在布莱克本看来，戴维森的 T 语句不是一种在自然语言和元语言之间架设桥梁的语义系统，它反映的是"环境表征"所体现的我们自身同环境状态之间的共变关系。在此意义上，布莱克本认为："我们有着外延上纯粹的、构建内延行为的细节的方式，这是一种完全可以理解的、自然的、令人满意的方式。"①

沿着这种自然主义思路，当布莱克本也接受丹尼特式基于动物性的行动来构建"意向立场"（intentional stance）的观点时，② 我们便不会感到讶异了。丹尼特这样介绍意向立场的工作机制："首先，你决定把要预测其行为的对象看成是一个理性自主体（rational agent）；然后根据它在世界中的位置和它的目的，推测这个自主体应当具有什么信念。之后基于相同的考虑，推测它应当具有什么愿望，最后你就可以预言：这个理性自主体将依据其信念行动以实现其目的。从所选择的这组信念和愿望进行一些推理，在很多——但并非所有——情况下都能确定自主体应当做什么；这就是你对自主体将做什么的预言。"③ 当我们能够做出"预言"时，能够确定自主体在特定的情况下"应当"做什么时，我们便有了对概念和规范的理解。

布莱克本的自然主义方案发展了对经验接受性（receptivity）一面的强调："我们为因果接受性寻找证据，并且如果缺乏证据，我们便会提升我们在这一主题上所使用的工具。康德是正确的：如果我们不接受源自直接环境的因果影响，那么思维的整个世界将会

① See Simon Blackburn, "Pragmatism: All or Some or All and Some?", in *The Pragmatic Turn: Pragmatism in Britain in the Long Twentieth Century*, Misak, C. & Price, H. (Eds.), Oxford: Oxford University Press, 2019, p.70.

② See Simon Blackburn, "Pragmatism: All or Some or All and Some?", in *The Pragmatic Turn: Pragmatism in Britain in the Long Twentieth Century*, Misak, C. & Price, H. (Eds.), Oxford: Oxford University Press, 2019, p.72.

③ 丹尼特：《意向立场》，刘占峰、陈丽译，商务印书馆 2015 年版，第 28—29 页。

是空洞的。"① 然而，细究之下，笔者认为布莱克本的自然主义更为接近于杜威式的实用主义，这具体体现在他对工具和因果影响关系的强调：我们通过应对因果影响的工具的有效性来理解环境表征是什么，在因果接受性匮乏的情况下，我们改善工具，这让我们联想到杜威的工具论。② 这样一来，如杜威指出的那样，在我们使用工具来理解和改造世界的过程中，工具本身也在发展，最终发展出"工具的工具"，即语言——我们正是在此意义上理解实用主义式的一个口号：语言和世界一道发展，或语言是打开世界的方式。这一口号也是全局实用主义或全局表达主义的依据。

就目前的讨论而言，让我们感到困惑的或许是，在至少承诺了杜威式实用主义立场的布莱克本的自然主义方案中，究竟如何理解他所强调的作为一种"准实在"的环境表征？我们将在下文论及普莱斯关于主观自然主义和客观自然主义的区分时，进一步理清这里的问题。

二、普莱斯的全局实用主义和表达主义

普莱斯出生于 1953 年，曾先后任教于爱丁堡大学和悉尼大学。2011 年布莱克本退休后，普莱斯接任其剑桥大学罗素哲学教授教席（Bertrand Russell Professor of Philosophy）。普莱斯和布莱克本思想间有着微妙的差别，大体而言，普莱斯更为接近于罗蒂，不在任何意义上承诺实在。然而，如我们将会在本节第三小分节中看到的

---

① Simon Blackburn, "The Steps from Doing to Saying", in *Practical Tortoise Raising and Other Philosophical Essays*, Oxford: Oxford University Press, 2010, p.178.

② 本书前文已经提及多次，在此不作赘议。更多的讨论请参见周靖：《"世界"的失落与重拾：一个分析实用主义的探讨》，复旦大学出版社 2019 年版，第 9 章。

那样，普莱斯的立场与罗蒂思想也有着细节上的差别。这些思想上的细微差别刻画了剑桥实用主义丰富的细节。

（一）从反大写的表征论到全局表达主义

普莱斯哲学的首要特征体现在他对大写的表征论（大写 R 的表征论，Representationalism）的反驳。用他的"配对隐喻"来说，传统的哲学事业将陈述视为拼图游戏中的拼图片，而将世界之中的事物视为拼图板上的形状，同拼图游戏的目标在于将拼图片安置在正确的位置上类似，哲学事业的目标乃在于为陈述在世界中找到相应的对象。[1] 大写的表征论就是奉行这类哲学事业的立场，这种立场认为，语言的陈述与世界中的事实（即使真者，truthmaker）有着一一对应的关系，语言的功能是表征世界；使真者是外在世界中的实在对象。因为，大写的表征论者设定了形而上的实在对象。[2]

与罗蒂一样，普莱斯攻击这种大写的表征论所蕴含的镜像隐喻以及相应的形而上学承诺，他否认语言可以作为反映世界的一面镜子，劝说我们放弃在心灵内表征外部世界的事业。[3] 与此相关，普莱斯主要试图厘清"我们理解世界的概念框架在多大程度上是取自世界本身的，在多大程度上是源于我们自身的"这一问题。[4] 在为其立场做辩护时，普莱斯主要试图区分如下内容条件和用法条件体现的两种解释策略的条件，而后指出基于内容条件的解释策略做了很糟糕的工作，相比之下，基于用法条件的策略则能很好地完成相

---

① See Huw Price, *Naturalism Without Mirrors*, Cambridge：Oxford University Press, 2011, pp.3-6, pp.187-188.

② See Huw Price, *Naturalism Without Mirrors*, Cambridge：Oxford University Press, 2011, p.5.

③ See Huw Price, *Naturalism Without Mirrors*, Cambridge：Oxford University Press, 2011, pp.32-33, 以及罗蒂：《哲学和自然之镜》，李幼蒸译，商务印书馆 2006 年版，第 193 页。

④ See Huw Price, *Naturalism Without Mirrors*, Cambridge：Oxford University Press, 2011, p.81.

关工作；最终的结果是，我们应该迈向用法条件承诺的全局表达主义或全局实用主义：

（1）**内容条件**：X 是 C，当且仅当在合宜的条件下，X 倾向于在正常的主体那里导致反应 Rc。

（2）**用法条件**：当言语表达 S 为有着心理状态 Φs 的说话者所使用时，从表面上看，它是恰当的。[①]

其中，X 表示某一外部事物。内容条件要求我们对条件左侧的"外部条件"做出还原论式的分析，用法条件则聚焦于，说话者在说出某一言语表达式时，需要获得什么样的条件。普莱斯的目标在于，揭露以内容条件的方式设置路线时，是"用错误的星辰来为我们共同乘坐的行舟引航"[②]。普莱斯试图指出"反应（response）理论家"，即那些认为语言表达式的意义依存于（dependent on）人们对外部世界的反应的人，确实做了许多糟糕的、含混不清的工作，这主要体现在如下方面：[③]

首先，普莱斯指出了一个简单的事实，坚持内容条件会导致"无穷后退"的问题。内容条件暗含着这样的立场：我们只有在知道 P（例如，X 是 C）的情况下才会相信 P，而后根据相信 P 来理解对 P 的解释；但是，相信 P 无法根据 P 来直接分析，因为 P 是分析"相信 P"时旨在获得的对象；那么，仅能根据进一步的"相信"，例如，相信"相信 P"来加以解释。这会导致无穷后退问题：信念无限嵌套信念而始终无法为"知道 P"提供直接的证据。

其次，反应理论家们可能会认为上述第一条反驳太过简单或太

---

① Huw Price, *Naturalism Without Mirrors*, Cambridge：Oxford University Press, 2011, p.82.

② Huw Price, *Naturalism Without Mirrors*, Cambridge：Oxford University Press, 2011, p.81.

③ See Huw Price, *Naturalism Without Mirrors*, Cambridge：Oxford University Press, 2011, pp.82 - 103.

过形式化，因为"相信 P"包含着丰富的理论负载，他们认为"相信 P"表达着赞成和信任的命题态度：对于情感主义者而言，说"P 是好的"表达的是赞成 P；对于主观主义者而言，说"P 是可能的"表达的是对 P 有着很高的信任度。普莱斯认识到，这实际上是根据 P 的用法来理解 P，但与用法条件代表的立场不同，**反应理论家们混淆了用法和提及**（use-mention），从对 P 的用法的分析走向了 P 本身，从而滑向大写的表征论。普莱斯将持有这种混淆的人称为"自我描述主义者"，认为他们实际上既不同于表达主义者——后者强调的是信念在语言实践中的用法而不会进一步从用法走向内容；也不同于反应理论家们——后者旨在对构成言语表达的内容进行分析，根据内容来理解用法。

再次，如果聚焦于内容条件这一双条件句的右支强调的"倾向"，根据倾向性来理解左支中"X 是 C"的向真性，这是否可行？普莱斯提及佩蒂特（Philip Pettit, 1945—）的观点：我们可以根据接触到的小数量的样本而做出普遍化的处理，例如，在接触到 20 把椅子后，会获得关于某物 X 的一类倾向，我们可以将这类倾向视为普遍倾向，从而在今后无数的情况中，均可以根据该普遍倾向将 X 理解为椅子。这种看似更为合理的策略也存在着问题。普莱斯直指其问题在于，基于内容条件理解的"倾向"体现了内容 X 对于我们的影响，但如若像佩蒂特那般，后来将普遍化的倾向理解为语言共同体具有的倾向，那么"倾向"将蜕化为"我们的"观点：它将失去内容条件所遵守的内容之于"我们的"独立性，在此意义上，体现内容影响的"倾向"也应当独立于我们对之进行的普遍化处理。或者说，严格地遵守内容条件仍要求能将倾向建基于内容之上，倾向论的解释策略未能严格遵守内容条件，在将倾向普遍化的过程中，也会陷入无穷后退的问题。

最后，如若不将倾向理解为共同体的倾向，而是将之理解为共同体内所有成员在做出关于内容的某一断言时，均会拥有的关于该内容的心理事件的倾向的话，语言模式、倾向和信念之间便有着直接的关联。可以看出，这一思路存在更多的问题，其中的主要问题在于，这里所谓的语言模式只有在具有先验属性的前提下（即语言有着表达世界的先天结构）才能根据心理事件确证外部世界。然而，语言模式实际上是通过诸如教育实践习得的，倾向和信念也可能源于养成的习惯，我们因而很难严格保证内容条件的纯粹性。

普莱斯还有着其他拒斥内容条件的理由，这些理由主要旨在揭示这样的事实：反应理论家们无法在内容条件的双条件句两支之间建立起合理性的关系。但我们不必再做赘余的分析便已经可以看出，内容条件是无法实现的，其中的根本原因在于：

（3）严格地说，内容是独立于心灵或语言表达的非概念性存在；

（4）根据内容来理解倾向（以及倾向可能体现的赞成和信任这类命题态度，或反应、认知、判断的合理性）须能构建起非概念性的内容和概念性的关于该内容的表达之间的关联。

我们可以从上文的分析中看出，普莱斯在非常严格的意义上理解"内容"（将之理解为无一丝概念性的），这加剧了论题（4）带来的问题。在普莱斯那里，对严格意义上的内容条件的反驳带来了一个看似激进的理论后果，即完全放弃"表征"这一语汇，"应该做的正确的事情不是去证明我们所有的陈述都不真正是表征性的；而是完全停止谈论表征，放弃以表征的方式提出关于语词—世界关系的理论"[1]。

大写的表征论者认为，位置问题的起因在于外在的自然对象本

---

[1] Huw Price, *Naturalism Without Mirrors*, Cambridge: Oxford University Press, 2011, p.10.

身，这种观点被普莱斯称为"物质观"（material conception）或客观自然主义。与之相对，他提出了"语言观"（linguistic conception）或主观自然主义，这种观点认为当我们讨论词项 X 时，我们不是在探究它在自然世界中的位置，而是在探究它的"用法"问题。[①] 普莱斯认同后一种观点而将语言的"用法"放在关键的位置上，认为重要的是去"解释不同的语言在我们的生活中起到了什么作用"[②]。

放弃内容条件，转而支持用法条件，这将带来诸多益处。首先，我们可以避开因为对"内容"的承诺而面临的诸多问题，例如无穷后退问题，这是因为用法条件的支持者（即普莱斯式的实用主义者们）不再诉诸内容来理解语词和世界之间的关系，举例而言，A 和 B 根据相同的用法条件来学习使用"红"一词："这朵花很红"这一断言，当某人（例如 A）的体验是"哦，多么地红"这样的反应时，它初看起来是恰当的。这说明了在哪种意义下使用该词项的两个共同体说着相同的语言。对语词在语言实践中具有的用法或功能的分析引出了"规范"，规范并非严格地限制我们应当如何行动，这意味着诸如"红"的用法有着很大的包容性，A 实际上可能在面对粉红的某物时说出"红"，B 可能在面对深红的某物时说出"红"，但这并不会因为缺乏对"红本身"的理解而无法确定用法条件。

这一事实引出了用法条件的另外两点好处，一是可以避开上文分析中"赞成"和"信任"带来的问题：我们无须诉诸个体的心理倾向来理解用法；二是用法条件可以帮助我们理解意见分歧问题：在上一段的例子中，A 和 B 实际上就红色的对象是什么而言怀有意见上的分歧，但他们均是根据相同的、有着一定弹性的用法条件来

---

① See Huw Price, *Naturalism Without Mirrors*, Cambridge：Oxford University Press, 2011, p.188.
② See Huw Price, *Naturalism Without Mirrors*, Cambridge：Oxford University Press, 2011, p.198.

理解红色的对象，从而他们的理解均是正确的，此时的分歧是一种"无过错的分歧"（non-fault disagreement）。如若在另一种情况中，A 和 B 发现了彼此间存有分歧并且想要消除这一分歧，他们会用彼此均会接受的方式对原有的用法条件进行修缮和更新，从而消除分歧。但是，这一过程不必诉诸对内容的分析来进行。根本地说，反应理论家们无法解释分歧问题。我们可以为反应理论家们设想一种理想的情况，在这种情况中，反应理论家们完全实现了他们的理论事业：即便在上述论题（3）这种严格的意义上理解"内容"，内容条件也得到了完全的满足，此时赞成、信任、合理性等均不存在任何问题，从内容出发的自然主义叙事（或无论其他任何恪守用法条件的叙事）为它们提供了坚实的基础和充分的解释。然而，

（5）现实中，我们的确存在着许多观点上的分歧；但是，

（6）在内容条件得到完全满足的情况中，所有人的观点均不是错误的；从而，

（7）上述（5）中的分歧是一种"无错的分歧"。

普莱斯认为，反应理论家们无法解释问题（7），因为根据内容条件做出的解释不是一种规范解释，内容条件的支持者略而不谈规范概念——规范是从用法条件中引出的。

承诺了内容条件的反应理论家们的确承担着诸多似乎难以完成的理论任务，相比之下，承诺用法条件的实用主义者们似乎有着许多优势，他们"避免了威胁着全局版本的基于内容的路径所具有的恶性后退问题。只有在区域的情况中，人们才能比基于用法的路径更经济地使用同样的原材料——关于共有的人类反应那些相同的事实。它为一般用法间的微妙差别，尤其是我们易于在无错的分歧的话语中发现的主、客观的奇特混合，提供了更好的说明。此外，它

避开了赞同问题和信任问题，但在证成我们的信任和价值态度上，没有比它的反对者们做得更糟"①。

我们需要看到上述讨论背后隐藏着的普莱斯自身的立场：反大写的表征论，同时迈向全局表达主义。放弃大写的表征论，放弃外部世界的首要性，放弃内容条件，这在普莱斯那里意味着自然不是客观的，关于它的理解是在主观的领域内进行的，因而具有主观性。普莱斯持有的是主观自然主义的立场，认为对自然的认知根本无法避开主观的构建，主观自然主义是在先的。② 语言不是一个我们借以探查世界的"望远镜"，普莱斯写道，

> 如果语言不是望远镜，那它是什么呢？如布兰顿指出的那样，一个传统的回答是，语言是明灯。我认为近代技术能够帮助我们更加精确地阐述这一点。设想一种数据投影机，它能够把内部的影像投放到外部的屏幕之上。或者设想得更好一些，我们可以用一种未来隐喻，设想一种全息数据投影机，它能够将三维立体影像投射到空气中。这不是投射到外部的、原始的世界之上。相反，整个影像是自立的（free-standing），我们可以把我们理解的总和直接视为由事态构成的世界，世界就是我们认为事态所是的样子。③

从而，语言表达的范围就是世界的全部范围，普莱斯将这种立场称为"全局的表达主义"。这种立场不是一种主观唯心论或绝对唯心论立场，因为语言表达世界的活动受到主体间交往活动的制约，从而我们对世界的理解同时体现着对彼此的责任。我们将会在下一章中看到，这也是罗蒂承诺的关键立场。然而，需要强调的是，在笔者与普莱斯

① Huw Price, *Naturalism Without Mirrors*, Cambridge: Oxford University Press, 2011, p.110.

② See Huw Price, *Naturalism Without Mirrors*, Cambridge: Oxford University Press, 2011, p.186.

③ Huw Price, *Naturalism Without Mirrors*, Cambridge: Oxford University Press, 2011, p.28.

所做的一次访谈中，普莱斯指出了理解主观自然主义的另一个要点，即，尽管对自然的展现无可避免地渗透主观视角，但"我们人类是自然生物，我们的语言和思想是自然世界的一部分，这里的自然世界是科学探究的对象。……这里的想法是，所有的东西都存在于自然之中。所以，这是一种本体论的或形而上学的论题。但主观自然主义是休谟式的论题，它是关于我们人类的。该论题是，我们是自然生物，我们是自然世界的一部分"①。从而，主观自然主义并不意味着绝对唯心论。这样一来，如若我们是自然的一部分，那么我们语言的"呼吸"也在自然之内，那么并不存在超越这类主观自然的，需要我们去进行表征的外物。此时，普莱斯合乎时宜地提出表达主义（expressivism）思想，认为我们仅是在使用语汇，通过对语句意义、语词用法等的阐明来表达说话者的态度或观点；由于说话者是自然的一部分，他在表达关于世界的态度或观点时，尽管他是以主观的形式做出表达，但他实际上亦在表达世界，在此意义上，世界并未像罗蒂认为的那样完全"失落"（well-lost）②了。

（二）实用主义的全局化与对布莱克本的批评

基于对大写表征论的批驳，普莱斯试图将表达主义全局化，全局表达主义的一个直接后果是，实用主义的全局化。普莱斯用下述公式来表达他的实用主义立场：

实用主义＝减去表征主义的语言优先性③

---

① 普莱斯、周靖：《全局实用主义和表征主义的限度——普莱斯教授访谈》，载《哲学分析》2019 年第 1 期，第 188 页。

② See Richard Rorty, "The world well lost", in *The Pragmatism Reader: From Peirce through the Present*, Talisse, R. and Aikin, S. (Eds.), Princeton: Princeton University Press, 2011, pp.353－366.

③ Huw Price, *Naturalism Without Mirrors*, Cambridge: Oxford University Press, 2011, p.233.

这种强调语言优先性的实用主义旨在基于对用法的分析来提供对世界的解释，但这里所指的世界不是某种外部世界，我们既没有关于它的表征论事业，也对它做任何形而上的承诺。用普莱斯的话说，实用主义"在形而上是寂静主义式的……我们所谓的那类实用主义必然是全局的观点"①。语言表达的范围是我们的思维或世界的全部范围，实用主义全局地适用于这类范围。

普莱斯的全局实用主义立场与布莱克本的区域实用主义立场相抵牾，我们可以用下表4.1来体现两者的不同：

表4.1：区域实用主义与全局实用主义的不同

	形而上学的寂静主义	表征的寂静主义	用法—解释的寂静主义
区域实用主义	是	否	否
全局实用主义	是	是	否

可以看出，两者的差别主要体现在对"表征"是否持有寂静主义立场。普莱斯认识到："布莱克本吸收了我们的态度和偏见都是对世界的投射这一休谟式思想，并把投射理解为我们自身建构起的表面事实（seeming facts），他接着论述道，非事实论者能够解释我们的对话似乎表明存在这类事实。他试图向我们揭示投射论者有资格拥有真之概念，并有着实在论式的语言实践所具有的其他魅力。"② 基于上一节的讨论，我们同样认识到布莱克本未对外部的客观事实做出形而上的承诺，但他认为我们可以就某种"准实在"做出具有真值的判断，从而在一定程度上挽回实在论。普莱斯将布莱克本的准实在论解读为"区域表达主义"，认为这种立场保留了关于外

---

① Huw Price, *Naturalism Without Mirrors*, Cambridge：Oxford University Press, 2011, p.230.

② Huw Price, *Naturalism Without Mirrors*, Cambridge：Oxford University Press, 2011, p.40.

在对象的实在论直觉。因为，根据准实在论，词项、陈述或判断仍然对某类形而上的事实做出承诺，这类承诺为理解和支持具体的判断提供了"更高"的依据和基础。但是，在这类事实到底是什么的问题上，准实在论者保持沉默，成为寂静主义者。普莱斯进一步指出，"准"实在意义上的"真"之用法已经不同于传统意义上那种有着超越论意义的真之用法了，"准""真"的意义已经现实地体现在具体的用法之中了，由此，对"真"进一步做出实在论的承诺，这是一种毫无必要的做法。放弃对"真"之实在论做出承诺同时意味着放弃在表征论的意义上对之做出承诺，这最终将会导向他所倡导的全局表达主义。普莱斯因而对布莱克本所保留的实在论直觉感到不满，他敦促布莱克本使得他的表达主义全局化，走向他的全局表达主义。

我们可以根据普莱斯和布莱克本关于功能多元论的不同理解来进一步澄清两者间的思想差别。对于普莱斯而言，首先，功能多元论不意味着多元的可能世界，其中，每一种可能世界均有着其独立的思维框架。普莱斯式的功能多元论由于完全是形而上寂静主义的，因而从本体论上说，它既非一元论，也非多元论，它根本没有任何本体论上的考量：

> 我的意思并不是说，多元论用赤裸的多元世界替换单一世界，前者也同样没有吸引人之处。这里的论点在于，我们只有在独立于框架的外部立场上，才能就统一性或多元性做出判别，但卡尔纳普否认有这样的外部立场。失去了那一立场，功能多元论在基本的本体论意义上便既不是一元论式的，也不是多元论式的——因为根本不存在那种本体论上的意义。①

在此方面，布莱克本的立场与普莱斯一致，尽管他的理由很简单：

---

① Huw Price, *Naturalism Without Mirrors*, Cambridge：Oxford University Press, 2011, p.136.

考虑可能世界的多元性无多大价值，我们关心的是现实世界。①

其次，如我们在上一小分节对基于用法条件来学习"红"的用法这一例子的讨论所显示的那般，功能的多元性在普莱斯那里体现为，语言的统一性"外衣"遮盖着使用语言方式的多样性。与布莱克本一样，普莱斯同样从后期维特根斯坦那里挖掘出其功能多元论立场：

> 断言因此变成一种有着多元目的的工具，它与维特根斯坦机车驾驶室内的把手类似。从某种意义上说，正如维特根斯坦强调的那样，各种把手有着非常不同的功能。然而，正如维特根斯坦总结的那样，它们都是被"设计成用于操作的"，并且，在这种意义上，它们是单一的一类范畴中的成员（相比之下，正如我在开篇处提到的那样，即维特根斯坦工具箱例子中提到的那些各式各样的工具——"螺丝刀、尺子、溶胶炉、胶水……"）。例如，作为一类把手与作为一类踏板是非常不同的（尽管它们的作用有许多重叠的地方）。②

"功能"在布莱克本那里是指语词或语句在因果网络中起到的作用，因而我们可以根据功能来理解语词或语句的表征功能，相比之下，普莱斯则将"功能"理解为语词或语句在概念网络中起到的作用。普莱斯和布莱克本对功能主义的理解之间存在着错位，普莱斯的理解中消除了因果功能，这与他反对大写的表征论的立场一致。

总结而言，大写的表征论诱导人们将陈述还原为世界中的使真者，从而进一步诱导人们探究语词和世界间的表征关系，普莱斯在反驳这种观点时认为，我们仅能从主观的探究出发理解自然，语言

---

① See Simon Blackburn, "Morals and Modals", in *Essays in Quasi-realism*, Oxford: Oxford University Press, 1993, p.73.

② Huw Price, *Naturalism Without Mirrors*, Cambridge: Oxford University Press, 2011, p.222.

的任务不在于表征世界，因为根本不存在不可被表达（从而不可被认知）的外部世界，人们所探究的世界范围应该被缩约为或限定在语言可表达的范围之内，从而表达的范围构成了世界的"全局"范围，表达主义的效力因为不存在不可被表达的外在世界而被全局化了。可以预料到的是，普莱斯会因此更为强调语言共同体的重要作用。

（三）作为第三类规范的"真"

反大写的表征论的一个直接后果是，放弃将"真"① 理解为一种关于客观世界判断的语义属性。然而，或许会令人感到吊诡的是，普莱斯试图将"真"重构为一种"第三类规范"。本小分节的目标是，在实用主义反驳存在独立、客观的"真"（Truth）的语境下，讨论实用主义者如何挽救真之概念。

罗蒂认为，可以用主体间提供理由的"证成"活动完全取代对"真"之寻求。普莱斯不满于罗蒂将"真"消融于"证成"的做法，试图将"真"理解为有别于真诚和证成的第三类规范，它是交流者在缺乏明确的共同体规范，却同时满足真诚和证成规范的情况中，为了解决分歧、推动话语实践的进行所必须诉诸的规范。本小分节将在对罗蒂和普莱斯的思想交流进行分析的基础上，对普莱斯对第三类规范的辩护做出进一步的讨论。笔者认为，普莱斯的立场难以成立，其症结在于，他与罗蒂一样在"我们的"社会实践内理解"真"之规范力量，这促使他难以避免地滑向罗蒂的立场。我们因此需要改造普莱斯的立场，为"真"找寻某种外在于"我们的"实践范围但仍然对我们的规范活动起到限制性作用的更强的力量，

---

① 本节中，加引号的"真"无特别用法，仅为了汉语阅读顺畅便宜。

而本书第一章中披露的皮尔士哲学恰能为我们提供这种力量。

1. 罗蒂："真"在证成中消融

普莱斯将"真"建构为第三类规范的工作从对罗蒂将"真"消融于证成活动这一立场的批判开始。此处有必要对罗蒂相关立场做一些简要交代，我们将在下一章中讨论当代剑桥实用主义与美国新实用主义间的争议时，再对罗蒂哲学做出更多的分析。

罗蒂根据实用主义的如下立场试图消除真和证成的区别："实用主义者认为，如果某种东西在实践中起不到任何影响，那么它应当也对哲学毫无影响。这种信念使得他们怀疑证成和真之区分，因为这种区分对于我决定做什么而言毫无影响。"[①] 这一立场蕴含着如下推理：

> （a）任何实质的事务必须能在实践中产生影响；
> （b）区分真理和证成在我们的实践中没有产生任何影响；
> （c）真理和证成没有差别。

关于（b），罗蒂也从"反表象论"（即反大写的表征论）这一思路来反对存在独立的、客观的"真"，这类"真"体现了我们的知识与外部世界中的事态间的真实关系，然而，

> （d）外部世界提供给我们的因果刺激不具有证成作用；
> （e）并且，我们无法从一个超越论意义上的侧视视角（上帝视角）来审定知识和世界间的客观关系；
> （f）从而，不存在独立的客观真理。

关于（d），罗蒂从塞拉斯对"所予神话"的批评和奎因对"经验主义两个教条"的批判中得出这样的立场：不存在某种"特许表

---

① Richard Rorty, *Truth and Progress: Philosophical Papers*, *Volume 3*, Cambridge：Cambridge University Press, 1998, p.19.

象"（privileged representation），它能够再现（represent）我们的观念（或语词）与对象之间的符合关系，毋宁说，我们应该在社会性的会话实践中经由整体性的命题知识来理解语词的意义。这意味着无法从外部世界予以我们的非概念化的因果刺激出发，通过一条标明了语词和对象间符合关系的小道，通往用语言表达的知识的范围。"实践"在罗蒂那里指的是于主体间展开的"我们的"实践①，从而，我们应该"参照社会使我们能说的东西来说明合理性与认识的权威性，而不是相反"②。

罗蒂从对表象论的反驳进展到对社会实践的强调，这一理论带来的后果是，将"真"或"正确性"理解为一个社会实践问题，任何实质性的事务均需根据这类实践来阐明（即论题（a）），进而，"我们使用'真'一词的唯一标准是证成，而证成总是与听众相关"③。最终，理解"真"的标准是由我们提供的。"世界不说话，只有我们说话。"④ 在此意义上，我们也根据"说话"的人们为其判断提供的证成来理解"真"，这样一来，"真"不再是外在于证成的某种"额外"存在或独立的概念，"真"消融于证成了。

罗蒂过于强调使用语言的社会实践，乃至完全否定外部世界的作用。⑤ 这种过于激进的做法令许多人感到不满。实际上，笔者认为罗蒂的论证中的确存在一个致命的"缝隙"——他从"我们无法根据外部世界予以我们的因果刺激获得知识"太过快速地过渡到

---

① 参见罗蒂：《哲学和自然之镜》，李幼蒸译，商务印书馆 2003 年版，第 158 页。

② 罗蒂：《哲学和自然之镜》，李幼蒸译，商务印书馆 2003 年版，第 162 页。

③ Richard Rorty, *Truth and Progress: Philosophical Papers*, *Volume 3*, Cambridge：Cambridge University Press, 1998, p.4.

④ 罗蒂：《偶然、反讽与团结》，徐文瑞译，商务印书馆 2003 年版，第 15 页。

⑤ 参见罗蒂：《罗蒂文选》，孙伟平编，孙伟平等译，社会科学文献出版社 2007 年版，第 99—115 页。

"仅强调在主体间的话语活动中理解证成和知识"。普莱斯恰是在这过渡存在的"缝隙"中为"真"找到了一个安置位置。

2. 普莱斯：作为第三种规范的"真"

普莱斯认为，罗蒂将"真"视同为证成，这是一种错误的做法。与罗蒂的观点相对，普莱斯试图坚持如下观点："为了对日常对话实践中的关键部分做出说明，我们必须允许说话者以及他们的会话伙伴认为自己是受控于比证成更强的规范。"① 这种"更强的规范"迫使我们专注于分析和消除会话中出现的观点分歧，从而达成意见的一致。普莱斯将这种"更强的规范"称为"真"，它是"使得我们个人的观点彼此黏合的沙石。'真'在认知中——至少是在其公共的形态中——放置了诸多齿轮。用一个赖尔式隐喻来说，我的观点因此是，'真'为事实性对话提供了关键的集体精神"②。

普莱斯区分了三类规范：真诚、证成，以及真（更为确切的说法或许是，在真诚、证成，以及求"真"的活动中所遵循的规范类别）。"真诚"仅要求个体按其真实的信念行事，例如，不要在不想喝一杯咖啡的时候点一杯咖啡；"证成"则要求个体能够为其信念提供进一步的根据或理由，例如，在相信"不得滥杀无辜"时，能够为这一信念提供更多的理由，此时实现的是个体持有的诸信念间的"融贯"。③

然而，在"证成"的层次上，我们实际上还可以提出的进一步问题是，在当下进行的对话中，个体为何将某一范围内的信念视为

---

① Huw Price, *Naturalism Without Mirrors*, Cambridge: Oxford University Press, 2011, p.164.

② Huw Price, *Naturalism Without Mirrors*, Cambridge: Oxford University Press, 2011, p.165.

③ See Huw Price, *Naturalism Without Mirrors*, Cambridge: Oxford University Press, 2011, pp.167 - 168.

融贯的？换句话说，个体判定其信念融贯时所依据的标准是什么？罗蒂式的答案是，根据共同体的规范而认为如此。普莱斯认为罗蒂式的答案是不正确的，因为他讨论的仅是"当下"进行中的会话，此时我们不能将"范围更大的共同体的标准视为自身的标准"，这是因为，当下会话中的人们并不清楚地知道相关的共同体规范或标准是什么——即便他们后来清楚地认识到它们是什么。

普莱斯未像罗蒂那般急于将在做出"证成"时遵循的规范直接视为已经得到清晰界定和表达的共同体规范，他借机引入了作为第三类规范的"真"。"真"的引入主要是为了解决"分歧"问题：在不存在清晰可遵循的共同规范，同时满足真诚和证成规范的情况下，交流者依旧有着意见上的分歧——此时交流者均有着"无错的分歧"——那么理解和克服这种分歧（既不能诉诸真诚和证成，也不能诉诸共同的规范）便只能诉诸另外的一类规范，这种规范便是普莱斯所谓的第三类规范：真。

真，作为一种第三类规范，它揭露了分歧不等于犯错，但分歧本身为交流者提出反对另一方的意见提供了基础，或者为认为至少其中一方未能满足某种规范提供了基础。普莱斯指出，分歧的交流者必然为"异议"本身所促动，"诸如'真'和'假'这样的词项在自然语言中有着规范的语效，它们便必然表达了某种更为基本的东西，即表达了赞成和否定这类态度的基本实践，这种实践回应了我们对人们所表达的承诺是赞成还是否认的洞察"[1]。

"分歧"显示了必然存在某种"真"，对这类"真"的寻求恰是源于第三类规范的力量，其主要功能在于，"改善"和推动我们的交流，"有了第三种规范，分歧便自动有了规范的内蕴"。"第三类规范

---

[1] Huw Price, *Naturalism Without Mirrors*, Cambridge：Oxford University Press, 2011, p.174.

的确是我们不需付出任何代价就可以使用的，我们有着寻求同伴赞成的一般倾向。我们……有着额外的、指向具体目的的倾向：倾向于反对我们不赞同的说话者。这个倾向是第三种规范的标记。"①

我们似乎仅能在交流者具有的克服分歧的"倾向"或推动交流的这种"作用"中来理解"真"，普莱斯也坦言道，他不旨在提供任何关于"真"的直接描述或理论，更不会对它做某种形而上的承诺。② 普莱斯同罗蒂一样，根据实践来理解真之概念，反对存在独立、客观的"真"，这体现出他们共有的实用主义立场。不同的是，普莱斯仍然试图将"真"理解为一种促进主体间交流的规范力量——尽管我们无法直接知道它是什么，但通过其功能和作用，我们可以在当下和下一步的行动"倾向"中切实感受到它的存在。

此外，普莱斯指出，"我的主张只不过是，'真'的确在为我们所知的为**事实性对话**提供独特的摩擦上，起到了第三类规范的作用。"③ 有了这一层"摩擦"，会话活动不再是一种仅在使用语言的社会实践内"凌空自旋"的证成活动。

然而，这里存在着一个问题：如何理解普莱斯所谓的由事实性提供的摩擦力？在罗蒂那里，由于他消除了外部世界（事实）所能起到的任何作用，证成的活动失去来自世界"大地"的摩擦力从而纯然是凌空自旋的。如上所言，普莱斯同罗蒂一样是彻底的反表征论者，同罗蒂敦促我们放弃使用"经验"概念一样，普莱斯劝说我们放弃使用"表征"概念。④ 那么，究竟如何理解普莱斯所指的

---

① Huw Price, *Naturalism Without Mirrors*, Cambridge：Oxford University Press, 2011, p.175.

② See Huw Price, *Naturalism Without Mirrors*, Cambridge：Oxford University Press, 2011, p.167.

③ Huw Price, *Naturalism Without Mirrors*, Cambridge：Oxford University Press, 2011, p.176. 黑体为笔者所加。

④ See Huw Price, *Naturalism Without Mirrors*, Cambridge：Oxford University Press, 2011, p.10.

"事实"呢？或许我们不必想得太多，大可简单地认为"事实"和"真"一样是我们通过其功能和作用而领会到的某种东西。但是，即便我们停止苛责其表述中的细节问题，普莱斯的论证中仍有一些可疑的地方，这主要体现在，就他界定的第二类规范"证成"而言，个体能单独且合法地认为他持有的一些信念是融贯的吗？以及，下一小分节中将要论及的罗蒂的质疑：我们真的可以在不诉诸共同规范的情况下理解分歧吗？

3. 罗蒂与普莱斯的分歧：对"规范"的不同理解

罗蒂一针见血地指出了他与普莱斯的不同，他认为在"分歧"存在的地方就已经有了共同体规范，因为，**在不存在共同体规范的前提下，我们根本无法理解"分歧"**。① 知道存在分歧，意味着知道了主体间可共同通达的规范是什么，我们仅需展开证成的活动，就可以将该规范清晰地表述出来。这样一来，不仅普莱斯将"真"理解为第三类规范的做法是毫无必要的，"真"也再度被消融在证成过程中了。

简言之，罗蒂和普莱斯争论的关键问题在于，在当下的交流中，是否存在普莱斯意义上主体间尚不可通达，但对参与交流的双方均起到制约作用的规范？

普莱斯的回答依旧是"有"。在对罗蒂的质疑的回应中，他进一步诉诸布兰顿对内隐规范和明晰规范的区分以支持他的立场。我们可以回顾本书第三章中布兰顿对维特根斯坦"遵守规则"论题的讨论，在他那里，内隐规范是一种我们在涉身世界的实践活动中遵循的"如何做"的行事规范，此时我们仅知道物与物之间的实质相

---

① See Richard Rorty & Huw Price, "Exchange on 'truth as convenient friction'", in *Naturalism and Normativity*, de Caro, M. & Macarthur, D. (Eds.), New York: Columbia University Press, 2010, pp.253–255.

容性和不相容性关系（如红色不是绿色），以及后果性关系（如如果吃下红色蘑菇就会腹泻），这类规范是内隐于实践活动中的，我们尚不能清晰地表达它们；明晰规范则是限制主体间使用语言的交流中"如何说"的话语规范，此时我们能够将该规范清楚地表达出来。罗蒂和普莱斯均赞成布兰顿的"表达主义"立场：根据"如何做"的内隐规范来理解"如何说"的明晰规范，认为后者是对前者的表达。[①]

根据布兰顿的这一区分，普莱斯认为罗蒂仅在明晰的意义上理解规范，但事实是，并非所有规范都是明晰的，存在内隐规范，它是我们参与的共同体的语言游戏中"承认"的东西，"承认"意味着感觉到某种制约性的力量。[②] 而这种"感觉到的制约性的力量"便是第三类规范——真——具有的力量，普莱斯指出，我们因此"默认"存在某种更高的、超越于前两类规范的规范。普莱斯此处依旧根据"功能"来理解作为第三类规范的"真"。

罗蒂由于离世而未能对普莱斯做出进一步的回应。如果罗蒂仍有机会回应的话，那么他或许会反驳道，诉诸布兰顿的区分是无济于事的，这里"感觉到的力量"也可以被理解为"体现了"内隐规范和明晰规范之间的关系——一方面，内隐规范也是一种共同体规范，而非某种私人遵循的规范，另一方面，我们可以在内隐规范"仅能以某种特定方式"（因为，内隐规范和明晰规范之间存在被表达和表达的具体关系）得到明晰表述的意义上，感受到某种限制性的力量。需要强调的是，在布兰顿那里，阐明内隐规范的活动也

---

① See Robert Brandom, *Perspectives on Pragmatism: Classical, Recent and Contemporary*, Cambridge, Mass.：Harvard University Press, 2011, p.9.

② See Richard Rorty & Huw Price, "Exchange on 'truth as convenient friction'", in *Naturalism and Normativity*, de Caro, M. & Macarthur, D. (Eds.), New York：Columbia University Press, 2010, p.259.

是一项社会活动。① 这样一来，我们可以在不额外诉诸"真"的前提下来理解规范——无论它是内隐的，还是明晰的。

笔者认为，上述对普莱斯的反驳是有效的。同罗蒂一样，普莱斯始终在人的"实践"范围内理解"真"，② 实际上，在"我们的"实践中，"证成"也有着作为第三类规范的"真"具有的推动会话的功能：当分歧出现时，"我"会要求"你"给出理由，"我们"会由此步入到布兰顿式向彼此"给出和索取理由"③ 的社会话语交往中。这便不禁让人怀疑，普莱斯特别区分出作为第三类规范的"真"是否是一种画蛇添足的做法。

可以看出，普莱斯挽救"真"之概念的策略不令人满意。然而，不令人满意不意味着需要完全弃置。笔者认为，将"真"理解为一种"第三类规范"，根据真之功能、作用，以及效力来理解"真"，这的确是在实用主义反对独立、客观的真之概念语境下挽救真之概念的一条很好的策略。问题在于，普莱斯仍是根据会话中感受到的"限制性力量"来理解"真"，这种"限制力"仍是"我们的"实践具有的特征，从而"真"会再度消融于证成。为此，我们需要改造普莱斯的立场，为"真"找寻某种超出"我们的"实践范围但对我们的规范活动仍然起到限制性作用的更强的力量。

4. 对作为第三类规范的"真"的改造

笔者认为，我们仍然能够挽救"真"之概念，其出路在于对限

---

① See Robert Brandom, *Making It Explicit: Reasoning, Representing, and Discursive Commitment*, Cambridge, Mass.: Harvard University Press, 1994, chapter 9.

② Richard Rorty & Huw Price, "Exchange on 'truth as convenient friction'", in *Naturalism and Normativity*, de Caro, M. & Macarthur, D. (Eds.), New York: Columbia University Press, 2010, pp.261 - 262.

③ See Robert Brandom, *Making It Explicit: Reasoning, Representing, and Discursive Commitment*, Cambridge, Mass.: Harvard University Press, 1994, chapter 3.

制规范生成的"外部"力量进行探源，皮尔士哲学恰能提供这类力量。然而，普莱斯将皮尔士的"真"之概念解读为一种由共同体在其无限的探究活动中最终实现的东西，认为这种真理观是无用的，其理由主要体现在如下三个方面：①

首先，皮尔士的理想"真"会带来令人感到困扰的本体论问题，即我们会因此在回答"什么是真？"这样的问题时承担起相应的本体论责任。相比之下，普莱斯仅根据"真"起到的功能或作用来理解它，而不试图直接回答"什么是真？"这一问题。

其次，理想的"真"太过遥远而不能对当下的实践起到指引作用。在普莱斯那里，作为第三类规范的"真"则有着直接推动当下的会话活动、消除分歧的作用。

第三，尽管理想的"真"是在共同体探究活动的终点处获得的东西，但普莱斯认为，我们仅能通过预设这类"真"，才能最终获得它，因为没有了这样的预设，共同体便会失去探究的总体方向。然而，在现实的探究活动中，我们仅能理解作为第三类规范的"真"而无法明确知道理想的"真"究竟是什么。退而言之，即便承认存在理想的"真"，我们也仅能根据作为第三类规范的"真"一步一步地获得关于它的理解。

我们在第一章第一节中已经做出过澄清，这种将"真"理解为一种探究的理想状态下所获得的东西的立场根本不是皮尔士的真实立场，在此不作赘议。笔者在此仅打算吸收皮尔士对外部世界之于我们的限制性作用的强调而为作为第三类规范的"真"提供更为坚实的力量。在接下来的具体讨论中，笔者也将避免诉诸皮尔士本人

---

① See Huw Price, *Naturalism Without Mirrors*, Cambridge: Oxford University Press, 2011, pp.177 – 180; Albert Atkin, "Intellectual hope as convenient friction." *Transactions of the Charles S. Peirce Society: A Quarterly Journal in American Philosophy* 51.4 (2015): 449 – 452.

的阐述而更多地暗示皮尔士的真实立场与布莱克本的立场的可能关联——尽管布莱克本也与普莱斯一样误解了皮尔士。

就布兰顿对内隐规范的界定而言，我们需要突出如下事实：行动中产生的内隐规范并非任意的，它受制于外部世界的状况，从而，**它不仅是一种共同体规范，也反映了世界的真实布局**。在此意义上，我们仍然在谈论某种"真"，一方面，这种"真"可以是普莱斯强调的第三种规范，它体现为一种社会性的制约力量，在此意义上，制约性体现为我们需对某种客观事实负责，从而不能做出任意的解释和行动；另一方面，"真"也体现着源于外部世界的真实制约性，它体现为对探究过程（包括话语实践）的牵引。罗蒂和普莱斯或许会反驳笔者的观点，认为笔者承诺了表征论立场。然而，需要事先说明的是，笔者拟要阐明的实际上是一种"无表征主义的自然主义"立场，这种立场试图在不承诺表象主义的前提下为作为第三类规范的"真"提供更为强劲和真实的力量。

我们或许可以诉诸皮尔士、塞拉斯，以及布莱克本等人的相关思想资源来阐明笔者立场中蕴含的下述五个要点：

首先，我们承认存在外部世界，这一世界以某种合乎规律的方式制约着我们的认知和行动。在此意义上，皮尔士指出："除非自然界中一直有某种逻辑过程，借此能产生那些自然法则。……由此可以推出：我们一定得希望，在自然界中是可以发现这样一种有关法则进化的逻辑过程的，而且我们科学人的职责就是要寻找到此种过程。"[1] 逻辑是万物运行所遵循的轨道，它在认知和行动中施加给我们真实的（real）影响，我们无法忽略这类影响而仅埋首于"我

---

① 皮尔士：《推理及万物逻辑：皮尔士 1898 年剑桥讲坛系列演讲》，凯特纳编，张留华译，复旦大学出版社 2020 年版，第 249 页。

们的"实践来理解世界。

其次，这里我们得出反驳罗蒂立场的一个要点：从"无法根据外部世界予以我们的因果刺激获得知识"不能充分地推导至"仅强调在主体间的话语活动中理解证成和知识"，以语义上行的方式根据因果刺激来构建概念性知识的失败，这既不意味着不存在外部世界，也不意味着主体间的话语实践活动是唯一正当的活动。

上述第二个要点的进一步理由体现在第三个要点上，这是一类功能主义者，如塞拉斯，提供给我们的洞察。塞拉斯认为，语词或语句的意义因而仅在于对对象做出功能性的分类，而非做出某种指称性的解释。因而语词或语句披露的是外间对象在我们的实践活动中展现的功能，我们并非在语言和世界之间拉开一段距离，而后试图用语词或语句来描述相关的指称关系。[①]

这里有两个需要澄清的地方。一是这里强调了"外部世界施加给我们的影响"与"我们对这些影响的自然反应"之间存在密切的关系。自然习得的模式制约着我们的行动，同时，我们的行动也制约着以何种模式"理解"自然。如塞拉斯的高足德弗里斯总结的那样，"我们对世界的语言性反应有着双重面相：经由训练，它们是我们在与世界的遭遇中直接导致的东西；与此同时，它们也在一般的意义上符合于构成语言的规则。因此，实在秩序（real order）和逻辑秩序（logic order）是绑定在一起的"[②]。二是对功能主义的不同理解。塞拉斯所指的"功能"是指语词或语句在因果网络中的作用，相比之下，普莱斯和罗蒂则将"功能"理解为语词或语句在概念网络中起到的作用。这让我们回想起普莱斯和布莱克本关于功

---

① See Wilfrid Sellars, *In the Space of Reasons: Selected Essays of Wilfrid Sellars*, Scharp, K. and Brandom, R. (Eds.), Cambridge, Mass.: Harvard University Press, 2007, p.85.

② Willem deVries, *Wilfrid Sellars*, Kingston: McGill-Queen's University Press, 2005, p.46.

能多元论的不同理解。

　　然而，笔者同时认可这两类功能主义，认为将这两类理解融合在一处能够为我们提供更好的解释。设定塞拉斯式的对象 O 和对应的功能分类 C 存在（O－C）关系，C 实际上是一类概念，它界定了一类在实践活动中使用到的语用语汇（PV_c）（它包含着布兰顿意义上的内隐规范），我们在罗蒂—普莱斯式的社会实践中根据 C 起到的"功能"来理解 C 的意义（C′），此时我们使用到了对（PV'_c）进行解释的"元"语用语汇（它包含着布兰顿意义上的明晰规范）。这样一来，存在着这样的发展线索（O－PV_c－PV'_c），其中，源自对象 O 层次的外部世界的限制性力量"一路向上"渗透至人类活动的各个层次。"真"在推动行动和认知，以及话语交流的意义上，可被理解为普莱斯界定的"第三类规范"。

　　需要强调的是，在与世界对象（worldly object）接触的最初阶段，语词或语句仅被理解为对对象做出功能上分类的装置，而非具有独立性的意义单位，从而我们无权直接进展到在主体间的概念空间中来理解这些实质关涉（materially of/about）对象的概念的意义。这是直接反驳罗蒂立场的一个观点，或许也是普莱斯隐微感到的一点。

　　第四，一个甚为关键的要点是，**我们不会因为承诺了存在外部世界而进一步对某种独立、客观的实在做出形而上的承诺**，这是因为我们的确是根据谈论和思考来理解世界的，如罗蒂和普莱斯认为的那样，我们无法超出自身语汇的表达范围来抵达世界本身：**我们无权承诺实在**。然而，我们也真实地受到外部世界的制约，从而**我们能够理解实在**。

　　我们无权承诺但能够理解外部世界，这里并没有任何矛盾之处。或许，布莱克本的"投射主义+准实在论"立场也蕴含了这一认识。

如上文指出的那样，布莱克本同样相信的确存在因果法则、铁证，以及真实的义务，外部世界施加给我们的必然且真实的影响体现在我们的情感、态度、习惯，以及行动中，我们在语言表达中谈论和思考这些情感和态度，此外，由于这些情感和态度是受到世界的真实影响而形成的，故而它们不是个人的主观态度而是客观态度，从而，我们使用语言的活动表达的是某种客观事实。在此意义上，布莱克本认为我们的情感和态度"投射"着世界中的真实状况。

普莱斯难以理解布莱克本的"准实在"究竟意指什么，在他看来，既然我们仍然是根据属人的（personal）东西——无论是态度、情感还是语言表达式——来理解世界，那么，"我们可以把我们理解的总和直接视为由事态构成的世界，世界就是我们认为事态所是的样子"①。理解这类世界，我们无需使用任何表象或实在语汇。但在布莱克本看来，"准实在"并不难以理解，它是一种"薄存在"，是我们在行动中对之做出回应，与之一道生活的日常事物。我们实际上是被"准实在"包围着的，恰是它们为我们的会话提供了"摩擦力"，从而构成了制约我们认知和行动的外部力量，这一力量也是笔者想要赋予作为第三类规范的"真"的力量。

最后，笔者立场的**第五个要点体现在对宽泛意义上的自然主义的承诺**。"宽泛性"指的是，在模糊的意义上承诺"外部世界的限制性力量"与"我们的语言表述"之间存在关联，回顾上文中的讨论，布莱克本认为输入性的表象（例如情境、环境特征，以及类型化的自然特征等）以及一些输出（例如我们具体的态度、具有某种态度而面临的压力、做出的某些抉择、采取的某些行动等）之间存在模糊的关联，他将这种从"输入"到"输出"的功能机制称为"伦理

---

① Huw Price, *Naturalism Without Mirrors*, Cambridge：Oxford University Press, 2011, p.18.

情感"。在此意义上，我们的情感和实践态度的确能够"投射"世界中的状况。这种宽泛意义上的承诺足以能够维系第三类规范的"真"之力量。当然，心灵与世界之间具体存在怎样的关联，这是一个重要的开放问题，但不是此处的讨论须直接回应的问题。

总结而言，笔者对普莱斯作为第三类规范的真之概念的改造主要在于，突破在主体间使用语言的范围内理解"实践"概念，将"实践"延伸至涉身外部世界的活动，在此活动中接受外部世界以合乎规律的方式施加给我们的认知和行动的真实影响，从而赋予作为第三类规范的"真"以限制和推动我们在各个层次上交流的外部力量，这种力量体现了"真"是一类不同于真诚和证成的独特规范。

普莱斯或许很难接受笔者对其立场的改造，这主要是因为他对皮尔士的真理论有所误解，而笔者的改造恰基于对皮尔士式思想的吸收。剑桥实用主义的另一位代表人物哈克或许会更乐于接受笔者的立场，她的"基础融贯论"思想认为，在语言维度展开的信念性证据 S 和关于该信念内容的因果性证据 C 之间是相互依赖的，两类证据之间存在着支持和抑制的动态关系，在寻求证成的过程中——在哈克看来，**证成总是一个在一定程度上进行的问题，它调整的是 S 证据和 C 证据之间的动态关系**——我们仍然对某种事实负责。哈克的实用主义哲学有着明显不同于罗蒂和普莱斯的思想特征。

三、哈克的新古典实用主义

哈克 1945 年出生于英国英格兰，现为美国迈阿密大学哲学教授。在陈波与哈克的一次访谈中，哈克自述道："在牛津大学，我先获得了哲学、政治学和经济学学士学位，然后获得了哲学学士学位……随后在剑桥，当我在 New Hall（剑桥的一所女子学院）任教时，我获得了哲学博士学位。……在牛津，我是圣希尔达（St. Hilda）学院的一名学生，我的第一位哲学教师是简·奥斯汀（约翰·奥斯汀的遗孀）；此后，我跟吉尔伯特·赖尔学习柏拉图，跟迈克尔·达米特学习逻辑；在大卫·皮尔斯的指导下，我撰写了哲学学士论文……在剑桥，在 T. 斯迈里的指导下，我撰写了哲学博士论文，我是伊丽莎白·安斯康姆的一名年轻同事，她当时刚被任命为哲学教授，通过我们在午餐时间的热烈交谈，我继续着我的教育。"① 值得一提的是，在 20 世纪 70 年代初，当哈克在英国华威大学任教时，偶然通过奎因的《词与物》一书阅读到皮尔士的著作。当时她去图书馆借阅了八卷本《皮尔士文集》，回家后扎进书房，直到六周后才露面。她欣喜地告诉人们："我的天啊，我发现了一座金矿！"后来，哈克又认真阅读了詹姆斯、杜威、米德等人的著作，受到古典实用主义颇深的影响。②

　　但是，仅因哈克在剑桥大学获得其哲学博士学位和任教而将她纳入剑桥实用主义谱系，这是不大充分的理由。然而，如果能在哈克思想中挖掘出与剑桥实用主义谱系内其他更为典型的成员之间的关系，那么我们便有理由将她同样视为一名剑桥实用主义者。实际上，我们不但有着这样的理由，我们还将发现，哈克是当代剑桥实用主义者中更为忠实地对待美国古典实用主义思想的特殊一员。

---

① 哈克、陈波：《一位知名逻辑学家兼哲学家的理智历程——苏珊·哈克访问记》，载哈克：《证据与探究：对认识论的实用主义重构》，刘叶涛、张力锋译，陈波审校，中国人民大学出版社 2018 年版，第 433 页。

② See Muhammad Asghari & Susan Haack. "From Analytic Philosophy to an Ampler and More Flexible Pragmatism: Muhammad Asghari talks with Susan Haack." *Journal of Philosophical Investigations* 14.32（2020）：24－25.

（一）一名"新古典实用主义者"对分析哲学现状的批评

如果首先将哈克视为一名剑桥实用主义者，然后进一步追问什么样的具体"理论标签"——如布莱克本作为"区域实用主义者"，普莱斯作为"全局实用主义者"——能够代表其思想特征的话，笔者认为，我们仅能为她新造"新古典实用主义者"（neo-classic pragmatist）一词，其理由主要有如下三点：

首先，可以预见到的是，哈克不会接受将她视为一名"新实用主义者"的做法。新实用主义一词的诞生主要以罗蒂于1979年出版的《哲学和自然之镜》为标志，该词在罗蒂的推动下成为一个广为接受的概念。然而，如我们将在本节第四小分节中看到的那样，哈克既对罗蒂的立场本身有着诸多批评，也对他将杜威、后期维特根斯坦，以及早期海德格尔等人纳入实用主义阵营的做法感到不满。哈克认为罗蒂曲解了实用主义，他对皮尔士、詹姆斯等人的理解有着诸多错漏，他对"实用主义"的使用仅是在表达他自身有着诸多问题的理论。如若将哈克划为由罗蒂界定的新实用主义阵营的一员，这或许会让她感到恼怒。

其次，或许哈克更乐于声称自己不属于任何一个理论阵营。哈克对如今哲学中"过度专业化"的现象进行了严厉的批判，认为数十年来，哲学研究的领域已经划分为诸多专业化的小团体，这些小团体"是非常碎片化的，德性知识论者形成一个小团体，可靠论者形成另一个小团体，语境论者、社会认识论者、葛梯尔主义者、女性认识论者，等等，均形成一个个小团体"[1]。这些小团体固守自己

---

① Susan Haack, "The Fragmentation of Philosophy, the Road to Reintegration", in *Reintegrating Philosophy*, Julia F. Göhner & Eva-Maria Jung (Eds.), New York：Springer, 2016, p.10.

的一方天地，对其他小团体的研究漠不关心或不屑一顾。"分析的认识论联盟（AEU）总的来看和新分析哲学组织一样，好像也变得更加支离破碎、极度专业化和自成小团体了；而关于核心的认识论问题是什么的更古老、多少具有统一性的理解，好像也散成了过多转瞬即逝的潮流和时尚。"① "小团体"的哲学研究进一步分化为对诸多细碎问题的"论证"或"智性炫技"，他们不再关心哲学史以及现实生活的问题。虚假繁荣的背后是诸多刻意制造出来的"伪"问题。基于人为的而无济于事的概念定义和问题澄清，当"伪"分析的泡沫碎灭后，留下来的是叽叽喳喳的空洞。哈克认为，分析哲学的高光时代已经过去了，如今这种过度专业化的现象只会给哲学研究本身带来灾难，"我们将会很难看到哲学研究诸分支之间的紧密关联，我们也会无视与更为一般意义上的知识的契合；我们也会被谴责重复过去犯过的哲学错误；当我们在黑暗中摸索时，发现那些所谓的哲学进展根本无法照亮前行的道路"②。

最后，尽管不能将哈克视为一名新实用主义者，甚至也无法在如今诸多的"小团体"中为她找寻一个位置，但我们的确可以认为其思想中有着古典实用主义的底色，尤其是皮尔士的哲学底色。如接下来两个小分节将会揭示的那样，哈克延续了古典实用主义思想，又在她参与的当代哲学论辩中真实地诉诸古典实用主义来提供解决问题的方案，在此意义上，我们不妨将之称为一名"新古典实用主义者"。

"新古典实用主义者"这个理论标签的确是一个没有太多实

---

① 哈克：《证据与探究：对认识论的实用主义重构》，刘叶涛、张力锋译，陈波审校，中国人民大学出版社 2018 年版，第 14 页。

② Susan Haack，"The Fragmentation of Philosophy, the Road to Reintegration", in *Reintegrating Philosophy*, Julia F. Göhner & Eva-Maria Jung（Eds.），New York：Springer, 2016, p.14.

质意义的词，它似乎仅能用以标注哈克思想的特殊之处，它凸显的是对古典实用主义思想的忠实继承与恰当发展。除此之外，我们也许更应注意到掩藏在这一标签下，哈克对如今哲学现状的批评。

（二）基础融贯论

如上所言，罗蒂和普莱斯均反对基础主义思想，更为确切地说，他们反驳的是如下表象论的基础论立场：源于外部世界的因果刺激能够作为知识的来源和基础，知识需对世界的真实状况负责。这一立场承诺了存在一个独立于心灵的外部世界。罗蒂和普莱斯均从对这类外部世界的拒斥走向了对使用语言活动的强调，尤其是在罗蒂那里，证成成为人际交流的一项重要事业，我们根据证成的成功来理解"真"，在此意义上，知识体现为诸主体持有的信念间的融贯。

哈克认为基础论和融贯论既有其合理之处，也有其不足，她的目标在于试图发现一个位于反基础论和融贯论之间的中间地带，在这个地带上收获一种兼纳两种理论优点的"中间类型"的理论：

> 我所说的中间类型的理论，也就是基础融贯论，既不是基础论的，也不是融贯论的。与基础论的（某些形式）类似，我的基础融贯论容许一个人的经验同时与他的经验性信念的证成相关；但与基础论不同的是，它既不要求严格区分基本信念和派生信念，也不要求证据的支持本质上是单方向的关系。我的基础融贯论和融贯论的类似之处是，它承认一个人的信念之间相互支撑的普遍存在，以及在认识论上的重要性；但与融贯论的不同之处在于：它并不把证成解释为仅仅依赖于信念之间的逻辑的或准逻辑的关系，它还会考虑来

自外部世界的输入，在这种理论看来，没有这种输入，经验性知识将会是不可能的。[①]

哈克对基础论做了如下刻画：

FD$_1$：某些被证成的信念是基本的；一个信念之被证成，独立于任何其他信念的支持；

FD$_2$：所有其他被证成信念都是派生的；一个派生的信念之被证成，要借助一个或多个基本信念的直接或间接的支持。[②]

基础论者区分了基本的信念和派生的信念，其中，基本的信念的证成根据不在于任何其他信念，它们——诸如逻辑或数学中的"自明之理"，享有某种特权的经验信念等——构成了整个信念结构的基础。哈克指出，能够对信念提供经验性证成，这将保证信念有一个坚实的基础。在笔者看来，哈克的相关论述包含了如下三个关键论点：

首先，一方面，基础论承诺了基本信念对派生信念的支持是单向的，在此意义上，我们不能根据诸派生信念之间的融贯性来为基础信念奠基；另一方面，如若允许信念结构有某种外部的经验性输入，那么，整个信念结构就不可能是完全融贯的，持续的经验输入使得信念结构永远处在动荡的调整、平衡、再调整的过程中。简言之，基础论使得融贯论是不可能的。

其次，哈克也接受基础论者对感觉证据的强调，但她对感觉或知觉概念有着不同于基础论者的理解。在哈克看来，"感觉是我们赖以感知我们周围事物与事件的手段，以及这一观念的镜像……即

---

① 哈克：《证据与探究：对认识论的实用主义重构》，刘叶涛、张力锋译，陈波审校，中国人民大学出版社2018年版，第3—4页。

② 哈克：《证据与探究：对认识论的实用主义重构》，刘叶涛、张力锋译，陈波审校，中国人民大学出版社2018年版，第20页。

知觉是通过人的感官而与那些事物和事件产生相互作用的一件事情"①。从而：

> 证据……的决定要素……是与世界相关的（worldly），既依靠于科学家与世上具体事物和事件的相互接触，又依靠于事物的种类和分类与科学语汇的关系。观察和背景信念相互作用……：运行什么样的相关观察，关注什么，还依靠于背景假设，还关涉到观察设备的运转，比如那些空间科学家所依赖的质谱测量仪和超高分辨率输送显微镜，而它们又依靠于其他科学理论。②

可以看出，与表象论的基础论者不同，哈克未将知觉理解为某种感觉材料的聚合，她凸显了背景信念的重要作用，例如，质谱测量仪和显微镜均是基于某种理论而发展出的观察工具，"理论"代表着我们接受的一套融贯信念。从而，在观察外部世界时，我们并不是单纯被动地接受外部世界的刺激，"知觉状态一般来说是人们的感官与外界事物和事件相互作用的结果"，这意味着，"知觉状态"不是某种瞬间性的事件，它有着可为我们进一步说明和操控的持续时间或状态。③哈克指出，这种思想并不新颖。实际上她吸收了皮尔士对 percept 和 perception（或知觉判断）的区分。我们可以回顾第一章中的讨论，在皮尔士那里，

> （1）一个 percept，例如我看到一朵黄色的花，这不是一种再现而仅仅是一种呈现；它既不真也不假，既不可错也非不可

---

① 哈克：《证据与探究：对认识论的实用主义重构》，刘叶涛、张力锋译，陈波审校，中国人民大学出版社 2018 年版，第 131 页。

② 哈克：《理性地捍卫科学——在科学主义与犬儒主义之间》，曾国屏、袁航等译，中国人民大学出版社 2008 年版，第 9 页。译文略有改动。

③ 参见哈克：《证据与探究：对认识论的实用主义重构》，刘叶涛、张力锋译，陈波审校，中国人民大学出版社 2018 年版，第 95 页。

错。尽管 percept 有着现象性，它呈现的不是一种图像或心理表象，而是……实在的、外部事物或事件。Percept 有着现象质性，它体现的是觉知者与事物或事件的互动。

（2）知觉或知觉判断则是"那是黄色的"，这不是一种呈现而是一种再现；其本质是命题，因此有着真、假可言。但知觉判断是非自愿做出的，它体现出外部事物或事件施加给我们的强制性；与此同时，知觉判断也有着阐释的特征，因此它是可纠正的或可错的。①

从而，知觉状态既容纳了基础论者对某种外在于信念体系的"基础"的强调，也能进一步容纳融贯论者所强调的"阐释"空间。需要强调的是，在知觉的层面上，例如，通过显微镜观察事物的知觉阶段上，我们也无需过度要求背景信念已经以清晰的形式发挥作用了，从而要求甫一接触感性刺激便有了某种关于它的理论阐释，进而在一定范围内形成了融贯的信念空间。

第三，哈克对基础论提出了一个直接的批评，她认为基础论的错误在于，设定信念间有着链条结构——某一信念以另一信念作为基础，或作为另一信念的基础，因而，链条需要一个基础。哈克认为，**信念的结构实际上是树状的**。② 树状的信念结构有着两点主要特征：一是信念与信念之间存在着普遍的相互支持关系，从而证成并不是一种基础信念为派生信念提供支撑的单向活动；二是信念因此总是在一定程度上得到证成，在当下的探究活动中，我们既无法穷尽某一具体信念所有的支撑性信念，也无法确定在将来的、有着新的经验证据输入的探究中，支持当前信念的

---

① See Susan Haack, "Introduction: Pragmatism, Old and New", in *Pragmatism*, *Old and New: Selected Writings*, Haack, S. (Ed.), New York: Prometheus Books, 2006, p.23.

② 参见哈克：《证据与探究：对认识论的实用主义重构》，刘叶涛、张力锋译，陈波审校，中国人民大学出版社 2018 年版，第30—31 页。

其他诸信念不会发生变化。基于这两点特征，我们不再需要找寻一个基础信念。

哈克对基础论的批评也体现着她对融贯论合理之处的吸收：信念间普遍的彼此支持体现的恰是信念间的融贯。然而，仅诉诸融贯论也会存在问题，哈克的"喝醉酒的水手论证"指出，在融贯论者那里，信念可以像喝醉酒的水手那样，在甲板上通过彼此搀扶的方式而站立，但这些水手没有站在任何现实的大地上。[①]

基础融贯论兼纳了基础论和融贯论的合理之处，她对该理论做了如下刻画：[②]

> （FH₁）一个主体的经验是与其经验信念的证成相关的，但是不需要任何类型的具有特殊地位的经验信念，后者只能通过经验的支持得到证成，而与其他信念的支持无关；
>
> （FH₂）证成并不是单方向的，而是包含着普遍存在的相互支持关系。

那么，哈克进一步的理论工作将会是，在基础融贯论的前提下具体阐述客观的经验性证据和（语言性的）信念性证据之间的互动关系。

我们可以对哈克的策略做出简略讨论。设有某一主体 A，她持有某一信念 S，该信念的内容为 p。根据基础融贯论，p 也是某种因果内容，我们有着关于它的因果证据 C。从而，我们有着如下阶段性的过程：

> （a）A 有着关于 p 的 S 证据（体现为 A 获得了关于 S 一定

---

① 参见哈克：《证据与探究：对认识论的实用主义重构》，刘叶涛、张力锋译，陈波审校，中国人民大学出版社 2018 年版，第 34 页。
② 哈克：《理性地捍卫科学——在科学主义与犬儒主义之间》，曾国屏、袁航等译，中国人民大学出版社 2008 年版，第 26 页。

程度上融贯的其他信念）；

　　（b）A 获得关于 p 的 C 证据；

　　（c）我们通过评价 A 关于 p 的 C 证据多么好地完成了 A 关于 p 的信念，从而审定 S 在多大程度上得到了证明。

这里有两点需要进一步说明。首先，整个过程仅是持续进行中的探究过程的一个"切片"，步骤（c）对应的融贯信念将会被代入到（a）中，展开一个新的探究序列。如果以（c）为新的起点来表述新的探究切片，我们则有如下过程：

　　（d）A 有着关于 p 的 C 证据（体现为 A 获得了关于 S 一定程度上融贯的其他信念）；

　　（e）A 获得关于 p 的 S'证据；

　　（f）我们通过评价 A 关于 p 的 S'证据多么好地完成了 A 关于 p 的信念，从而审定 C 在多大程度上被嵌入 S'。

其次，尤为需要强调的是步骤（b），哈克指出，这一步骤仅是一个策略性的步骤，我们提出某种 C 证据，并进一步对它做出评价，这里体现了 C 证据和 S 证据之间有着相互依赖性，它们彼此间有着支持和抑制的关系——抑制可被理解为一种"否定的"肯定，它同样有着积极的意义——这体现出了基础融贯论所强调的经验和信念要素均发挥了作用。

　　哈克的"纵横字谜游戏"[①]隐喻能够很好地揭示 C 证据和 S 证据之间的关系。假设在填字游戏中，横向代表 C 证据，纵向代表 S 证据，我们在每一格里填上某个字母，该字母代表"内容 p"，从横向的阅读方向看，p 是因果内容，从纵向的阅读方向看，p 则是

[①]　参见哈克：《证据与探究：对认识论的实用主义重构》，刘叶涛、张力锋译，陈波审校，中国人民大学出版社 2018 年版，第 103 页。

信念内容。如果孤立地看，横向与纵向均有着诸多填字可能——面对已经确定的字母（内容），在不考虑纵、横向彼此间（支持和抑制）关系的前提下，我们可能有诸多字母选择，每一种拼写下的单词都代表一种可能的信念序列和因果序列。但是，考虑到纵、横两个方向有着彼此支持和抑制的关系，p 最终会被确定下来。

对信念融贯性的强调无疑也会走向对探究的共同体的强调，但是，对经验维度的强调使得哈克的基础融贯论有着对"真理"的别样要求。哈克指出，基础融贯论的一个标志性特征是：**基础融贯论显示真理**。[①] 哈克相信，根据由我们的证据而获得的辩护性，我们便能够在一定程度上理解真理，这类真理的存在也为我们的证成设定了所需要的标准，从而我们任何种类的知识——无论是关于外部世界的，还是关于人工制品的——均有着可靠性、真性（truth-indication）上的差别。就此而言，我们需要进一步诉诸哈克和皮尔士的思想关联来理解她这里的思想，我们将在下一小分节讨论哈克的天真实在论和皮尔士的经院实在论之间的关联。除此之外，哈克对"真"之理解与罗蒂、普莱斯的理解直接相抵牾，我们也将在第四小分节讨论哈克对罗蒂的批评，在那里，笔者也将试图重新为上文中对普莱斯"'真'作为第三类规范"之立场的改造寻求哈克的支持。

（三）天真实在论与皮尔士的经院实在论

笔者在本小分节想要论述如下论题：哈克所说的"天真实在论"实质上是皮尔士的"经院实在论"，或者至少说，我们需根据

---

① 哈克：《理性地捍卫科学——在科学主义与犬儒主义之间》，曾国屏、袁航等译，中国人民大学出版社 2008 年版，第 249 页。

后者来理解前者。笔者讨论这一论题的目的是，进一步厘清哈克基础融贯论中仍然承诺的"世界"意味着什么，相关的讨论既为理解下一小分节中哈克对罗蒂的批评奠定了基础，也为上文中笔者对普莱斯"'真'作为第三类规范"之立场的改造提供了支持。

实际上，哈克曾坦陈，天真实在论是她在 20 世纪 90 年代开始发展的理论，该理论主要从皮尔士那里汲取了营养。① 天真实在论有着如下理论要点：

首先，天真实在论仍然严肃地对待形而上学问题，认为形而上学仍然是我们应该严肃对待的一项重要事业。② 哈克认为，诸如唯名论和实在论的关系这类一些初出茅庐、勇气十足的知识分子喜欢争论的问题仍然是关键问题。

其次，然而，哈克对"实在"概念有着不同理解，在她看来，"实在"既不是独立于我们的某种东西——显而易见的是，存在真实的人工制品；"实在"也不是独立于心灵的某种东西——显而易见的是，存在真实的思想和梦境，等等。究其原因，哈克"将形而上学理解为是关于世界的，而不仅仅是关于我们的概念、概念框架或语言的；依存于经验，这里的经验不仅是指经验科学诉诸的那种专业化的、精心设计的经验，也指我们熟识的日常经验"③。

---

① Susan Haack, "The World According to Innocent Realism: The One and the Many, the Real and the Imaginary, the Natural and the Social", in *Reintegrating Philosophy*, Julia F. Göhner & Eva-Maria Jung (Eds.), New York: Springer, 2016, p.33.

② See Susan Haack, "The World According to Innocent Realism: The One and the Many, the Real and the Imaginary, the Natural and the Social", in *Reintegrating Philosophy*, Julia F. Göhner & Eva-Maria Jung (Eds.), New York: Springer, 2016, p.35.

③ See Susan Haack, "The World According to Innocent Realism: The One and the Many, the Real and the Imaginary, the Natural and the Social", in *Reintegrating Philosophy*, Julia F. Göhner & Eva-Maria Jung (Eds.), New York: Springer, 2016, pp.40 – 41.

如果仅将经验理解为某种关于独立于心灵和我们的外部世界的知觉，那么我们便会面对在我们心灵内何以正确表象我们心灵外的事物的认识论任务。哈克认为，这不是一项真实可行的任务。当然存在一个实在的世界，但是，天真实在论者认为：

> 世界，在很大程度上但并非完全独立于我们和我们的行动、信念，等等。这一实在的世界……包含着一切。"一切"包括殊相和普遍项：自然对象、材料、现象、类别，以及法则；我们人类（以及一些动物）的诸多制品；心理状态和过程，包括我们的思维和梦，等等；社会制度、角色、规则，以及规范；人类的语言以及其他符号系统；过多的科学、数学以及哲学理论……历史和艺术批评的著作，等等；神话、专辑，以及小说中描绘的人物和地点。随着论述的发展和综合，世界也将变得更为明晰。①

我们可以从上述引文中看到的第三个要点是，"世界"在哈克那里是一个符号世界，"只存在一个唯一的真实的世界，科学的目的在于去发现使这个世界是其所是的一些东西。当然，人类必定介入到这个世界之中，我们以及我们的物质活动和精神活动都属于这个世界。我们人类居住的这个世界不是蛮荒的自然，而是被我们的物质活动所改造、被我们的符号网络所覆盖的自然"②。

第四，那么，紧随而来的问题是，这种符号化的世界是否有着人类中心主义的嫌疑，即我们仅是根据自身的理解来构建世界，以至"万物皆着我之色彩"。根据上文阐释的基础融贯论，以及关于

① See Susan Haack, "The World According to Innocent Realism: The One and the Many, the Real and the Imaginary, the Natural and the Social", in *Reintegrating Philosophy*, Julia F. Göhner & Eva-Maria Jung (Eds.), New York: Springer, 2016, p.41.

② 哈克：《理性地捍卫科学——在科学主义与犬儒主义之间》，曾国屏、袁航等译，中国人民大学出版社 2008 年版，第 116 页。

percept 和 perception 概念的辨析，我们会得到一个否定的答案。我们在此也需回忆起在本书第一章关于皮尔士"符号哲学认识论"构建的尝试中，笔者曾阐释道，在符号的三元关系（T－O－I）中，事物（T）向我们施加着真实的影响，哈克同皮尔士一样，认为这种影响以合乎法则的方式影响着我们，并且，法则独立于我们对它们的理解、预测、归纳、解释等等——在此意义上，存在着某种实在。① 如果没有这类实在，科学的探究将是不可能的。

但是，如天真实在论的第二个要点揭示的那样，**尽管这类实在独立于我们的心灵，却不独立于我们的认知——我们可以获得关于这类实在的知识**。在哈克看来，知识是可能的，这是因为"我们的感官能够侦测出关于我们周遭事物和事件的信息；我们在知觉的意义上觉识到的具体事物和事件可被划分为诸类别，并且它们符合于法则，从而我们有时可以将事物划入实在的类别，辨认出它们的内在构建，并且发现法则"②。在此意义上，天真实在论者相信，不仅施加给我们因果影响的事物是实在的，共相（类别）以及法则均是实在的——**只要它们能够施加给我们真实的影响，天真实在论者就会将之视为真实的**。这种宽泛（实际上是更强意义上的）实在论恰是皮尔士的经院实在论。经院实在论认为共相（类别）和法则均是实在的。笔者在第一章中也敦促过根据对实在的理解来更新对经验概念的理解：**我们需弃置仅将独立于心灵的外部世界施加给我们的影响视为经验这种理解，转而将实在施加给我们的一切影响均视为经验**。恰是基于这种观念上的变化，哈克才会写道，世界"包括作

---

① See Susan Haack, "Realisms and Their Rivals: Recovering Our Innocence." *Facta Philosophica* 4 (2002): 78.

② Susan Haack, "Realisms and Their Rivals: Recovering Our Innocence." *Facta Philosophica* 4 (2002): 86.

家和艺术家的富有想象的构建，侦探、历史学家、神学家，以及科学家的说明、描述和理论，等等。小说家和艺术家那想象的构建，他们编造的角色和事件都是想象的和虚构的。但是，一旦他们成功，那么他们那作为探究者的想象的构建，他们的理论构体和范畴，就不再是虚构的，而成了真实的，并且他们的说明也成其为真了"①。

最后，恰是因为存在实在的世界，它的所是独立于任何人关于它的思考，我们关于它的思考才有真、假可言。天真实在论者是可错论者，他们接受关于实在的理解和证成总是在一定程度上为真；他们也接受关于实在世界有着很多"为真"的理解，存在着许多"真"，但这些"真"由于受到实在世界的牵制，必然是彼此融贯的，它们构成了我们所有的知识。②

笔者接受天真实在论者或经院实在论者的立场，认为恰是因为存在一个独立于心灵却可知的实在世界，"真"才有了外在于共同体范围的、更强的规范制约力量。哈克和皮尔士均指出，"真"不是如普莱斯认为的那样，仅存在于探究的终点处。实际上，我们当下已经有了许多真实的"真相"（real truths），尽管它们仍然是可错的，但可以起到作为第三种规范的作用。

（四）对"粗俗实用主义者"罗蒂的批评

可以看出，哈克与罗蒂、普莱斯的立场有着诸多不同之处。实际上，哈克对罗蒂有着严厉的批判，她将罗蒂的实用主义称为"粗

---

① 哈克：《理性地捍卫科学——在科学主义与犬儒主义之间》，曾国屏、袁航等译，中国人民大学出版社 2008 年版，第 116 页。

② See Susan Haack, "Realisms and Their Rivals: Recovering Our Innocence." *Facta Philosophica* 4 (2002): 87 - 88.

俗实用主义"（vulgar pragmatism）。哈克拒斥罗蒂立场的主要原因之一是，她不认为罗蒂正确承袭了古典实用主义的思想，而仅是用实用主义之名来兜售其自身有着诸多问题的思想，罗蒂"宣称自己是古典实用主义的哲学嫡孙，这一说法是没有根据的"[①]。在《大写的哲学和小写的哲学：一个站不住脚的二元论》[②] 一文中，哈克聚焦于对罗蒂《实用主义的诸种后果》[③] 一书的批评，详细列举了对皮尔士的 8 种误解。在《"我们实用主义者"……皮尔士和罗蒂的会话》[④] 中，哈克写作了一篇罗蒂和皮尔士间"假想"的对话录，以披露两者思想间的不同：

> 其意图当然是揭示罗蒂的文学-政治的、反形而上学的"实用主义"，及其对逻辑的鄙视、对认识论的抛弃，与皮尔士的实效主义哲学是多么的不同。并且罗蒂的新"实用主义"不仅与皮尔士的实效主义非常不同，它与詹姆斯的实用主义，甚至与杜威的实用主义也有很大的距离。与罗蒂最像的老实用主义者是英国哲学家 F. C.S.席勒，詹姆斯曾经把他的极端相对主义的立场描述为实用主义中"最易受到攻击的"版本。这就是为什么在《证据与探究》一书中我把罗蒂（以及斯蒂克）的观点称为"庸俗实用主义"的原因。[⑤]

----

① 哈克：《证据与探究：对认识论的实用主义重构》，刘叶涛、张力锋译，陈波审校，中国人民大学出版社 2018 年版，第 11 页。

② Susan Haack, "Philosophy/philosophy, an untenable dualism." *Transactions of the Charles S. Peirce Society* 29.3（1993）：411‑426.

③ Richard Rorty, *Consequences of Pragmatism: Essays, 1972—1980*, Minneapolis：University of Minnesota Press, 1982.

④ Susan Haack, "'We Pragmatists…,'：Peirce and Rorty in Conversation", in *Pragmatism, Old and New: Selected Writings*, Haack, S.（Ed.）, New York：Prometheus Books, 2006, pp.675‑696.

⑤ 哈克：《证据与探究：对认识论的实用主义重构》，刘叶涛、张力锋译，陈波审校，中国人民大学出版社 2018 年版，第 47 页。

本小分节不拟具体讨论哈克认为罗蒂对古典实用主义哲学有着怎样的误解，而仅拟阐明哈克对罗蒂立场的直接批评。我们能从这些批评中直接看到，哈克与罗蒂思想间的深层差别。

哈克对罗蒂的批评的一个总体性线索是，罗蒂接受了我们仅能在实在论和反实在论之间做出选择，即要么认为我们仅能将"实在"理解为独立于心灵的，要么认为我们仅能根据自身的概念性阐释来理解世界。罗蒂从对前一种选项的反驳走向了对后一种选项的发展。哈克认为，这两种选项构成了一种**虚假的二元论**。① 我们可以从上文对哈克基础融贯论和天真实在论立场的阐释来理解其中的理由。

基于这一总体性线索，哈克首先批判罗蒂未能区分 foundationalism 和 FOUNDATIONALISM。哈克区分了三类"基础论"：

（1）（感觉—内省论的）**基础论**：证成理论有别于基本信念和派生信念，基本信念是不依赖于别的信念支持的信念，由经验来证成，派生信念被认为由基本信念的支持来证成（也就是说，它假定了基本信念由作为知识之基础的经验证成）；

（2）foundationalism：指的是认识论作为一个先验学科的观念——对证成标准的解释作为一项分析事业的观念，对这些标准的认可要求对它们显示真理的性质进行先验证明的观念（也就是说，它把先验认识论视为给科学奠基）；

（3）FOUNDATIONALISM：指下述论题，即证成标准不是纯粹约定性的，而是需要客观根据，只有在显示真理的时候才令人满意（也就是说，它认为证成标准要通过它们与真理的关

① See Susan Haack, "The world and how we know it: stumbling towards an understanding." *Journal of Critical Realism* 19.1 (2020): 2–3.

系来建立)。①

（感觉—内省论的）基础论旨在在认识论中为我们提供一套辩护理论，foundationalism 则旨在为科学探究的合法性提供一套先验基础，FOUNDATIONALISM 则强调证成标准有着客观的依据，它能够显示真理。

哈克认可罗蒂对前两类基础论的反驳，但在她看来，罗蒂的问题在于，认为对前两类基础论的反驳也等同于对第三类基础论的反驳。实际上，FOUNDATIONALISM 是哈克的基础融贯论。罗蒂太过快速地从对前两种基础论的反驳过渡到对证成具有客观立场的拒斥，进而强调语言用法的偶然性和主体间的约定性。罗蒂由于迈出了非常不审慎的一步推理，从而未能认识到哈克的立场。

哈克对罗蒂的诊断是，他受制于实在论和反实在论这种虚假的二元论，这类二元论演化出如下两项间虚假的对立：

- 作为偶像的科学和作为一种文学风格或文学批评的哲学。
- 镜喻的真理和哲学中无重要作用的真理。
- 先验原则和会话约定。②

从真理和实在的关系的角度说，罗蒂式的实在论混合了如下观点：（a）真理镜射本体实在，（b）真理体现的是与独立于心灵的事实的符合关系，以及（c）真理的范围是可知的范围。③ 罗蒂将所有这些

---

① 哈克：《证据与探究：对认识论的实用主义重构》，刘叶涛、张力锋译，陈波审校，中国人民大学出版社 2018 年版，第 226 页。

② See Susan Haack, "Philosophy/philosophy, an untenable dualism." *Transactions of the Charles S. Peirce Society* 29.3 (1993)：413.

③ See Susan Haack, "Philosophy/philosophy, an untenable dualism." *Transactions of the Charles S. Peirce Society* 29.3 (1993)：412.

观点杂糅在一处，认为我们无法理解独立于心灵的实在，因而无法理解真理。哈克则试图在其天真实在论中融合（b）和（c），认为真理在（b）的意义上有着客观性，在（c）的意义上，我们仍然可以拥有这类真理。

罗蒂太过迅速地从对作为偶像的科学、镜喻的真理，以及先验原则的反驳过渡到对作为一种文学风格或文学批评的哲学、无用的真理，以及会话约定的强调，这使得他忽略了在实在论和反实在论之间存在着诸多其他选项，例如：

（i）**皮尔士式的真理观**：真理是假设的理想理论，是能够经受住所有经验证据和充分的逻辑审查的"最终意见"；

（ii）**兰姆赛的冗余论**："P是真的"仅是P的一种精致表达方式；

（iii）**塔斯基的语义理论**：它使得真理成为闭公式（close formulae）与对象的无限序列之间的一种关系；

（iv）**早期维特根斯坦和罗素的逻辑原子论的符合论，以及奥斯汀的符合论**：前者认为真理体现的是命题与事实的一种结构上的同构关系；后者认为真理体现的是联结起陈述与事态的一种约定关系。[1]

其中，（i）—（ii）是实用主义的选项，（iii）—（iv）是极小实在论的选项。（i）—（iv）都是我们可能选择的选项。

罗蒂在快速迈向反实在论时，凸显了使用语言的共同体的关键作用，认为语句也应该在共同体使用它的具体语境下得到理解。然而，哈克指出，语境论不等于融贯论，就某一主体 A 而言，从 "A 是某一共同体内的成员"（这为 A 提供了一个语境）无法直接推出

---

① 哈克：《证据与探究：对认识论的实用主义重构》，刘叶涛、张力锋译，陈波审校，中国人民大学出版社 2018 年版，第 228—229 页。

"共同体的融贯信念能够充分证成 A 的任何具体信念"。语境论在罗蒂那里最终只能蜕化为约定论；因为，只有在与共同体有着不同的认知标准，或不存在某种权威认知方案而存在认知争议的情况下，谈论某种语境下的认知才是有意义的——语境为具体的争议和分歧提供了具体的分析条件，从而能够推动真实的认知活动。罗蒂式的语境论将蜕化为共同体的约定，其后果是，语境论变得空洞了，这带来的恶果是相对主义和个体的玩世不恭。相对主义体现为，约定论排除了仍然存在显示真理的事业，从而不寻求根据某种更好或更客观的标准的证成，从而每一认知共同体的标准都是平等的。玩世不恭体现为，"证成信念"和"认为它是真的"之间没有任何联系，个体于是可以恣意采取某种不负责任的立场。哈克表示担忧，在罗蒂后认识论的乌托邦中，可能没有任何诚实的理智工作。[①]

哈克自己曾总结过她与罗蒂的分歧，这些分歧主要体现在：

- 我认为哲学是探究的一种形式；罗蒂则否定这一点，他认为哲学仅是一种文学风格，一种"写作方式"。
- 我认为认识论和形而上学是哲学核心的关键部分……罗蒂则认为它们是应该弃置的非法概念。
- 我认为存在客观真理这种东西；罗蒂则夸口说，这一概念已经没什么用了。
- 我认为存在衡量证据是更好的或更坏的客观标准……罗蒂则认为，没有这样的标准，有的仅是社会约定。[②]

---

① 参见哈克：《证据与探究：对认识论的实用主义重构》，刘叶涛、张力锋译，陈波审校，中国人民大学出版社 2018 年版，第 235 页。

② Muhammad Asghari & Susan Haack. "From Analytic Philosophy to an Ampler and More Flexible Pragmatism: Muhammad Asghari talks with Susan Haack." *Journal of Philosophical Investigations* 14.32（2020）：26.

由于哈克极为不赞成罗蒂的立场，她很难理解罗蒂哲学为何会大受欢迎。我们将在下一章中直接阐释罗蒂哲学，尝试揭露罗蒂哲学具体的一些积极意义。或许，那里的讨论仍然无法缓和哈克对罗蒂的严厉批评态度。

当代剑桥实用主义围绕着语言和世界的关系这一清晰的问题线索展开讨论。布莱克本保留了对外部世界的实在论直觉，但他未能像哈克那般吸收皮尔士的洞察，从而直接承诺外部世界的实在。布莱克本半心半意的"准实在论"仅能从某在实在施加给我们的效果（包括情感、态度和习惯）等来"投射"实在。相比之下，普莱斯和罗蒂则抵制这种半心半意的做法，认为可以直接从反表象论论题跨向全局表达主义论题。哈克的批评让我们看到，隐藏在普莱斯和罗蒂这一立场背后的是"实在论/反实在论"的二元论论题，这种二元论迫使我们在（1）全局的外部世界和（2）全局的语言表达范围之间做出选择。布莱克本在（2）的范围内承诺（1）；普莱斯和罗蒂仅承诺（2）；相比之下，哈克则否认（1）和（2）两个选项间是非此即彼的关系，其"基础融贯论"和"天真实在论"承袭了皮尔士的经院实在论思想，认为我们不仅可以大大方方地承诺（1），同时也能讨论（2）的合法性，根本而言，（1）和（2）构成了互相制约和彼此促成的关系。

相较于第二章中讨论的剑桥实用主义的"前奏"阶段，剑桥实用主义无疑沉淀出了清晰的问题线索。兰姆赛和维特根斯坦的实用主义既作为一种直接的理论资源而为诸如布莱克本、普莱斯等人所吸收，也作为一种思想"氛围"或问题的框架铺设了当代剑桥实用主义讨论问题的轨道，尤其是，维特根斯坦对语言现象的思考促使当代剑桥实用主义聚焦语言与世界之间的关系问题。然而，后期维特根斯坦似乎不甚关心外部世界是否存在的问题，他更为自然地将语言视为一种活动，通过对这类使用语词的活动的分析，能动者同时获得了语言性的意义和关于世界的理解，同时获得了关于共同体和"自我"的理解。

在笔者看来，语言和世界在当代剑桥实用主义中的分裂，或许是因为受到美国新实用主义的影响。具体来说，缘于20世纪50年代开启的第二次语言转向，哲学研究仰仗的工具由"经验"变为"语言"，这使得世界进一步成为一个"外在"于语言的某种东西。或许也因为此，遗忘了语言和世界有着密不可分关系的人们会从放弃表象论轻易地过渡到"我们"使用语言的活动。当代剑桥实用主义者中，普莱斯尤为受到这一影响。然而，哈克，以及我们将在下一章中论及的米萨克，则由于受皮尔士哲学的影响而抵制语言和世界的关系分裂的立场，她们对罗蒂哲学的批判既体现了当代剑桥实用主义和美国新实用主义的一个关键不同之处，也体现了本书导论中论及的经验实用主义和分析实用主义两条线索的有效融合。

第五章

当代剑桥实用主义与美国
新实用主义的元叙事

判断错误：因为卵石沉睡，而薄雾

正无拘无束地飘荡，经过它触摸的一切，

悬浮着，像一缕停滞的呼吸；灯光亮着，

未被打扰的兴奋的针尖；玻璃窗外，

日光那没有颜色的小瓶毫无痛苦地倾洒，

我的世界一年后回来了，我失落的、失落的世

界……

——拉金《等候早餐时，她梳着头发》①

① 拉金:《高窗》，舒丹丹译，上海人民出版社 2016 年版，第 59 页。

从第二章至第四章的讨论中，我们看到"语言和世界"的关系构成了剑桥实用主义讨论的一条核心线索。以威尔比夫人、席勒，以及奥格登等人为代表的第一代剑桥实用主义者尤为强调"经验"直接且重要的作用；相比之下，对于第二代成熟时期的剑桥实用主义者兰姆赛和维特根斯坦而言，他们已经不再相信能够直接从关于外部世界的经验出发，获得关于外部世界的知识，以及在外部世界中行事的规则。以布莱克本、普莱斯、哈克，以及米萨克等人为代表的第三代（当代）剑桥实用主义者对"语言和世界"的关系有着不同的理解：普莱斯认为我们可以完全放弃关于外部世界的"外表征语汇"，布莱克本则保留对"准实在"的承诺，相比之下，哈克则直接认为，认知外部世界的事业仍然是必要的。

在笔者看来，当代剑桥实用主义的发展不可避免地受到美国实用主义发展的影响，尤其是罗蒂强调的"语言转向"后的新实用主义，这类实用主义凸显了语言以及使用语言的共同体的重要作用，从而古典实用主义对经验一面的强调被弱化乃至被完全消除了。本章的目的在于，从当代美国实用主义和剑桥实用主义中梳理出三道典型的实用主义元叙事线索，在为当代实用主义的发展脉络做出一种纵览性的刻画的同时，也帮助我们把握剑桥实用主义与美国新实用主义的关联与不同。

本章第一节将讨论罗蒂社会实用主义（social pragmatism）的叙事。[①] 罗蒂式的叙事将语言和共同体放在首要的位置，完全弃置了经验的重要作用，从而也在实用主义内移除了获得关于外部世界知识的"认知"任务。上一章中已经谈及罗蒂的相关思想，以及

---

① "社会实用主义"的说法出自布兰顿，参见 Robert Brandom, *Pragmatism and Idealism: Rorty and Hegel on reason and representation*, Oxford：Oxford University Press, 2022, p.53。

哈克对罗蒂的批判。在第二节对米萨克认识论的实用主义叙事的讨论中，我们将会发现米萨克对罗蒂有着与哈克类似的不满。同哈克一样，米萨克忠实地将皮尔士视为实用主义之父。米萨克以皮尔士的实用主义视角来审查和重构实用主义谱系，认为正确地认知事物不仅可能，也仍然是实用主义者的一项重要任务。

罗蒂和米萨克的叙事实际上分别凸显了实用主义对语言性的共同体和在实践中认知外部世界的强调。罗蒂和米萨克的叙事直接相抵牾，（语言性的）共同体和（经验性的）认知活动似乎构成了不可调和的两个轴向。在本章第三节中，笔者将会讨论布兰顿兼纳了（语言性的）共同体和（经验性的）认知活动"双轨"的实用主义叙事。布兰顿论述道，语言的首要功能在于开显世界，并且在开显世界的层次上便有着语言和世界间认知性的规范关系以及主体间社会性的规范关系两个维度上的规范建制活动，这两个维度的规范互相制约，协同发展。

尽管布兰顿的"第三条"实用主义叙事兼纳了罗蒂和米萨克叙事中的关键要素，但这项叙事是否是最佳叙事，这仍有待商榷。本章的任务仅在于刻画当代实用主义的思想图景，其他方面的讨论则应另作他论。

一、罗蒂的社会实用主义叙事

（一）从反表征论到"世界的完全失落"

我们在第四章讨论哈克对罗蒂的批评时指出，哈克主要不满于罗蒂太过轻易地从他的反表征论论题进展到基于使用语言的活动的全局表达主义，她试图敦促罗蒂认识到，在反表征论的前提下，我们依然有着谈论外部世界的可能。笔者认为，哈克至少未能领会罗蒂论述中的一个关键要点：在罗蒂那里，表征论和反表征论，以及实在论和反实在论是两组不同的论题；当采取反表征论论题时，实在论论题被完全取消了；实在论和反实在论仅是表征论者的论题；在此意义上，反表征论者可以无视实在论和反实在论之争，直接迈向全局表达论。① 这一要点下隐藏着哈克与罗蒂立场上更为细微的分歧。

我们需要根据罗蒂对实用主义的阐释来理解这一要点。罗蒂在许多地方澄清过他对实用主义的理解，大略而言，他指出了实用主义的如下三点关键特征：②

首先，实用主义对真理、知识、语言、德性等概念持有反本质论立场，认为这些概念不包含某种形而上的本质，我们不能通过纯粹理论性的沉思而仅能在实践中理解它们的意义。

其次，真理"应该"是什么和真理"是"什么之间、事实和价值之间、道德与科学之间不存在本体论界限。隐藏在这一论题之下的是这样的立场：我们根据探究的实践过程来理解内容（即实践中接触的世界内容），根据为真理提供的理由来理解真理，根据我们对事实的理解来阐明价值。与前一点相关的是，罗蒂认为，我们的诸类探究，包括科学的探究，并不会把我们带往具有某种形而上本质的地方。

再次，进而，在哲学的探究中，我们也应该放弃对确定性起点的寻求，转而接受探究过程中真实存在着种种偶然性这一事实。由

① See Richard Rorty, *Objectivity*, *Relativism and Truth*, Cambridge：Cambridge University Press, 1991, pp.2 - 5, p.27；Rorty, R. *Philosophy as Cultural Politics*, Cambridge：Cambridge University Press, 2007, p.133.

② See Rorty, R. "Pragmatism, relativism, and irrationalism." *Proceedings and addresses of the American Philosophical Association. American Philosophical Association*, 1980, 53 （6）：721 - 726.

于真理、知识、语言，以及德性等均没有本质，我们既无法将探究的起点锚定在它们身上，也无法希冀在探究的终点处达到它们"本身"。在罗蒂看来，探究的过程充满种种偶然性，恰是基于对这些偶然性的选择和吸收，我们才锻造了用以解释诸种偶然性的语汇。通过这些语汇，我们获得了关于真理、事实、价值等的理解。因而，**我们不是与某种具有本质的世界拉开一段距离，然后经由理性的沉思来获得关于这类世界的理解和真理，毋宁说，我们直接投身于充满偶然性的实践活动（包括科学实践、伦理实践、审美实践等）中，置身其中地构建我们的语汇以及我们的世界。**

"世界"因此是我们语言性的构造物，重要的事业不再是追寻传统意义上的知识，而是丰富在共同体范围内使用的语言。就此而言，罗蒂指出，如果对思维和语言采取了非表征论的立场，那么我们就会离开康德，朝着黑格尔的历史主义方向迈进。在此过程中，我们追寻的是对自身的希望和恐惧、抱负和愿景的描述，哲学的进步因而不体现于对某种问题（例如，形而上学的诸问题）的解决，而体现于丰富和改善我们的描述，从而扩大语言的范围，扩大我们对世界、对自身的理解，进而也扩大了我们的自由。[1]

根据罗蒂的社会实用主义，在改善语汇、增进对彼此的理解和宽容的过程中追寻的"社会希望"取代了传统意义上追寻的知识，此时，"真理无需符合实在"，"世界无需实体或本质"，"伦理学无需原则"[2]。这种至少看上去非常激进的立场让包括哈克、米萨克在内的诸多罗蒂的批评者感到十分不满。罗蒂这一激进的观点源自他的下述推理：

---

[1] See Richard Rorty, *Philosophy as Cultural Politics*, Cambridge: Cambridge University Press, 2007, p.133.

[2] See Richard Rorty, *Philosophy and Social Hope*, London: Penguin Books, 1999, pp.23-92.

（1）表征论和反表征论，实在论和反实在论，这是两组不同的论题；

（2）当采取反表征论立场时，完全取消了实在论问题；

（3）实在论和反实在论，这仅是表征论者的论题；

（4）因此，罗蒂从反表征论论题直接走向了全局表达论。

在笔者看来，上述看似简单的推理却十分关键，并且，我们必须基于罗蒂对实用主义的阐释来理解上述推理。这一推理中的关键论题是（2），这一步骤暗含着他对实用主义的理解：当采取反表征论立场时，我们认为世界不存在一个本质，而不必认为存在某种独立于所有人心灵的外在之物，这一事物不仅是我们所有知识的来源，也为我们所有知识奠定了确定的基础，我们称这类事物为真正的实在。在罗蒂式的实用主义者那里，反表征论还意味着，我们在实践活动中直接构建起了关于世界的理解，以及表达这些理解的语汇。就此而言，我们可以进一步区分如下两种实用主义式的理解：

（5）世界对我们的呈现（presentation），以及我们对这些呈现的接受（表象，representation）是同一个过程的两面；

（6）我们在自身置身于其中的实践活动中构建起关于世界的理解，以及表达这些理解的语汇。

论题（5）和（6）的区别在于，论题（5）中依旧可能允许如下承诺：

（7）存在一个外部世界；并且，这个世界予以我们一种被动性的刺激，这些刺激是构成"呈现"的感觉材料。

立场（7）体现为罗蒂认为其哲学偶像杜威所犯的一个"微不足道"的错误，即仍然"试图寻求经验的'普遍性'特征并对之做出解释，从而穿越生理学和社会学之间的界限"，这种错误暗含着可以通过对感性刺激的普遍归纳或解释而实现"自然意向性和社会规范性之间存在连续性"这种信念,因而,对文化进行批判时,我们需要能够重新解释或描绘自然性的经验。①

罗蒂彻底的反表征论抵制(7)蕴含的可能性,因而在(5)和(6)的区分上,他承诺的是(6),该立场与立场(4)一致,即他与普莱斯均走向了全局表达主义,而非区域表达主义。全局表达主义意味着完全取消自然主义一面的分析,罗蒂和普莱斯一样,不接受实践的范围之外仍然存在某种外部性的事物,或试图为文化提供某种半心半意的还原论的自然主义叙事。罗蒂认可普莱斯的主观自然主义立场,认为即便在推定的意义上承诺世界存在,这类承诺也是毫无必要的,主观自然主义者完全否认在实践中使用语词将指向某种外部的实体。②

根据上述阐释,我们能够理解罗蒂为何会放弃对"确定性"的寻求,因为根本不存在"实在"的探究起点;此外,他也不像皮尔士那样认为主体间的会话活动会最终达到一个确定的终点。在他看来,我们用以表达理解的语汇只有更好和更坏的区别,而无绝对的真、假可言。③

然而,罗蒂的确从其反表征论立场得出了如下充满争议的结论:④

(8)世界的完全失落(the world well-lost)。

---

① 参见罗蒂:《实用主义哲学》,林南译,上海译文出版社2016年版,第86、92页。

② See Richard Rorty, *Philosophy as Cultural Politics*, Cambridge:Cambridge University Press, 2007, p.152.

③ See Richard Rorty, *Objectivity, Relativism and Truth*, Cambridge:Cambridge University Press, 1991, p.39.

④ See Richard Rorty, "The world well lost", in *The Pragmatism Reader: From Peirce through the Present*, Talisse, R. and Aikin, S. (Eds.), Princeton:Princeton University Press, 2011, pp.353-366.

"失落"或我们丧失的是原先作为感觉的原因，以及知识基础的"外部"世界。我们无须对这样的世界负责。可以看出，论题（4）、（6）、（8）承诺的实质上是，

> （9）从全局的反表征论（global anti-representationalism）走向全局的表达主义。

相比之下，哈克的立场则是反对全局化的表征论（anti-global representationalism）。① 这种立场认为，尽管我们不能仅承诺基础主义，从而认为求知的探究活动的全部目的在于，实现对某种基础或外部世界的精确表征，但知识的确有着外部的来源和基础，我们的探究仍然需要对某种外部世界负责。

笔者认为，哈克与罗蒂的深层分歧恰恰体现在这一点上。用陈亚军的话说，"罗蒂的基本结论是：语言整体论所承诺的世界（或信念系统所意指的世界）是我们能谈论的唯一世界，传统符合论所说的世界和我们只有一种因果联系，是在我们的信念系统之外的……用整体论的现象学眼光看世界，意味着我们直接地就看到了世界的意义，看到了概念融会于其中"②。这种"整体论的现象学眼光"体现着他的全局表达主义立场。哈克诉诸皮尔士的思想资源，否认这种现象学眼光能够帮助我们看清世界的全部范围。我们将在下文的讨论中看到，米萨克对实用主义的认识论叙事，也恰是发挥了皮尔士哲学在这一思考上的贡献，依旧试图在认识论的框架内来谱写一种反叛传统认识论的实用主义谱系，但这种谱系可以成

---

① 全局反表征论和反全局表征论的区别也体现了普莱斯和布兰顿思想间的微妙差别，相关讨论请参见周靖：《表征论的多副面孔：当代英美哲学语境下的探究》，上海人民出版社 2021 年版，第 70—73 页。

② 陈亚军：《形而上学与社会希望：罗蒂哲学研究》，江苏人民出版社 2009 年版，第 103—105 页。

功地承担起探查外部世界的认知责任。

(二) 后哲学文化与"我们"反讽主义者

罗蒂的哲学野心体现在他对诸如本质主义、基础主义等传统哲学立场的反驳中。无论对本质主义、基础主义，或形而上学等论题持有何种立场，相关的讨论构成了哲学大厦的根基，罗蒂试图取消这些论题，其后果是撼动了整个哲学事业。与此相关，他在《哲学和自然之镜》的"导言"中直言不讳地吐露其宏大的哲学抱负：

> 本书的目的在于摧毁作者对"心"的信任，即把心当作某种人们应对其具有"哲学"观的东西这种信念；摧毁读者对"知识"的信念，即把知识当作是某种应当具有一种"理论"和具有"基础"的东西这种信念；摧毁读者对康德以来人们所设想的"哲学"的信任。①

简言之，罗蒂的目标在于，摧毁以理论建构为目标的传统哲学，放弃为一切文化建立一种永恒的、中立的构架，放弃在这种构架中追寻哲学唯一、永恒的目的。

与其反表征论论题一致，罗蒂吸收了后期维特根斯坦的观点，认为"一种直观只不过是对一种语言游戏的熟悉性，因此去发现我们直观的根源，就是去重温我们在从事的哲学语言游戏的历史"②，而非在我们实际参与的语言游戏的历史之外来寻求某种外部根据。在此意义上，语言也无法提供一种关于外部世界的真理，他直接指出："真理不能存在那里，不能独立于人类心灵而存在，因为语句不能独立于人类心灵而存在，不能存在那里。世

---

① 罗蒂：《哲学和自然之镜》，李幼蒸译，商务印书馆 2003 年版，第 4 页。
② 罗蒂：《哲学和自然之镜》，李幼蒸译，商务印书馆 2003 年版，第 31—32 页。

界存在那里，但对世界的描述则否。只有对世界的描述才有可能有真或假，世界独自来看——不助以人类的描述活动——不可能有真或假。真理，和世界一样，存在那里——这个主意是一个旧时代的遗物。"①

这里蕴含着罗蒂哲学中另一个关键的要点：**用谈话取代了对照**。②罗蒂将哲学探究的重点从传统的关于世界的理性沉思转移到对现实的、主体间会话活动的关注。在这样的会话活动中，"我们"的任务不是一起来校准彼此的语言用法以实现用语言精确对照世界的目的，而是"**语言习得所完成的一切是让我们进入一个社群，其成员彼此之间交换对论断的证明和其他行为**"③。试图说明"语言怎样与世界挂钩"，这种做法创造了一种与笛卡尔式的心灵怎样与世界挂钩类似的问题。在罗蒂看来，主体间的会话活动是一种社会性的证成活动——我们在此可以再度领会上一章中论及的罗蒂将"真"消融于"证成"的理由——因而，学习语言的基本目的实际上在于帮助人们进入某种共同体，他（她）在该共同体中习得一套语汇，成为参与交往活动的一个主体。

既然语言、世界以及真理均"无本质"，那么主体间的会话活动不必以将概念、表达式，或将判断与外间世界相对照的方式来提供证成。主体的概念体系（语汇）便构成了一个整体且自为的理由空间，在这一空间内，人们可以融贯地谈论某一判断的意义或真值。基于整体论，认知的探究从而是一个内在的过程，它放弃或抵制将形而上的实在视为探究的目标和导向的传统做法，从而它也不

---

① 罗蒂：《偶然、反讽与团结》，徐文瑞译，商务印书馆 2003 年版，第 13—14 页。

② 罗蒂：《偶然、反讽与团结》，徐文瑞译，商务印书馆 2003 年版，第 158 页。

③ 罗蒂：《哲学和自然之镜》，李幼蒸译，商务印书馆 2003 年版，第 171 页，引文强调部分为笔者所加。

需要能够反思客观实在和主观观念间关系的任何先验立场，判断和真理与具体的社会语境和实践活动紧密联系在一起，共同体成为一个核心概念，构成共同体的个体成员的价值被高扬，个体在共同体内的交互关系中被设定为主体。由于消除掉了形而上目标的制约，个体回落到具体的生活之中，他运用的不再是先验理性（或称强理性）而是实践理性（或称弱理性），他的认知在共同体的范围内得到肯定和纠正。罗蒂因而将我们长久沉思物与物的因果关系、物与人的认识论关系的头颅拧向对人与人交往关系的关注时，用人际获得的观点之间的"协同性"取代关于世界认知的"确定性"，用对"团结"的追求取代对"客观性"的追求：

> 只要一个人在追求团结，他就不会追问被选择的共同体的诸种实践与某种在此共同体之外的事物之间的关系。只要他在追求客观性，他就与他周围实际的人拉开距离，这不是通过将他自己设想成某个别的真实的或想象的团体中的一员，而是通过将自己粘附于某种可在不指涉任何特定的人类的情况下加以描述的事物之上来完成的。[①]

"团结"实现的是"逐渐把别人视为'我们之一'，而不是'他们'"[②]。每一个体皆有同情心，对他者的痛苦尤为敏感；借助想象力，这样的一种个体超越自我狭隘的利益，将更多的他者纳入他（她）所能包容和理解的范围之内。这样一来，不仅共同体的范围得到扩张，个体也成为更具德性的人类。

罗蒂直接关注于现实的个体，这些个体是参与到话语活动中活生生的人，而非被抽象掉了一切具体属性的纯粹思辨主体。在此意

---

① 罗蒂：《实用主义哲学》，林南译，上海译文出版社 2016 年版，第 97 页。
② 罗蒂：《偶然、反讽与团结》，徐文瑞译，商务印书馆 2003 年版，第 7 页。

义上，罗蒂哲学有着人本主义的意味。然而，罗蒂也因此面临着一些指责，其中，一个关键的指责在于，认为罗蒂哲学有着陷入相对主义的危险。

具体而言，提出相关批评的人认为，如果失去了某种客观性的限制，那么知识就会沦落为相对于共同体而言的意见，我们的一切关于知识的表述均是相对于人类心灵而言的；进一步地说，由于人类心灵和共同体同样没有一个本质，这些意见将会因此进一步分裂为诸多有着或大或小范围的共同体内的琐碎观点。在回应批评者的上述指责时，罗蒂认为批评者们混淆了如下两点：

（a）我们能够拥有怎样的哲学理论；
（b）我们能够拥有怎样的实在理论。

只有基于（b）才会提出相对主义的问题，因为它承诺了某种实在理论，因而任何非最终版本的理论在如下意义上均是相对的：由于某种实在存在，现有的所有关于实在的理论均不完备地表达了部分实在，从而现有理论均是相对而言的。相比之下，罗蒂承诺的是（a），他认为我们仅能拥有一些更好或更坏的语汇，这里没有为相对主义留下任何空间，因为罗蒂的哲学理论割除了对关于实在的语汇或某种终极语汇的承诺，他坦然地接受语言的偶然性，因此而获得的语汇上的不同体现的只是意见上的分歧，可以说，这是一种我们应该坦然接受的"好的"相对，而非在（b）的意义上承诺了某种实在的"坏的"相对。

语言具有偶然性，这是因为语言游戏受到诸种偶然因素的影响，但是，这不会使得我们陷入相对主义。在笔者看来，罗蒂有着源于共同体和个体两个层次的理由，这些理由能够证成这样的立场：我们无须诉诸某种外在的标准便能区分和现实地拥有更好或更坏的语汇。如若这一立场成立，我们便不再需要基于（b）来克服相对主义问题。

首先，从共同体角度来说，笔者认为罗蒂那里隐含着这样的一种立场，即我们使用语言解释世界的活动根本来说是一项社会性的建构活动，因而在持续展开的人际活动中，共同体既拓展人类实践活动的可能范围，也在制度层面同时拓展文化或教化的范围。这一立场是罗蒂从其哲学偶像杜威那里承袭的思想，

> 对于杜威来说，具有语言、因此也具有思想，这一点并不意味着穿透表面现象进入现实之真正本性，而毋宁是允许对种种新的现实进行社会性的建构。对于他来说，语言不是表象的媒介，而是调整人类活动以扩大人类可能性范围的一种方式。这些调整或扩大的过程——它们构成了文化进化——并没有一个被称作至善或至真的预定终点，这就像生物进化没有一个被称作理想生命形式的预定终点一样。杜威的意象总是关于不断增长着的新奇性的，而不是关于会聚（convergence）的。[1]

其中，做出的"调整和扩大"的活动是在共同体范围内进行的，我们并不是随意将任何增长出的新奇要素均纳入文化的范围，而是经过共同体的过滤和筛选——这些过程又具体呈现为主体间的话语交往活动——建构出了维护"团结"的语言、思想或文化。

其次，从个体的层面来说，罗蒂将共同体内负责的成员界定为"反讽主义者"，成为一名反讽主义者须满足如下三个条件：

（一）由于她深受其他语汇——她所邂逅的人或书籍所用的终极语汇——所感动，因此她对自己目前使用的终极语汇，保持着彻底的，持续不断的质疑。

---

① 罗蒂：《实用主义哲学》，林南译，上海译文出版社 2016 年版，第 14—15 页。

（二）她知道以她现有语汇所构做出来的论证，既无法支持，也无法消解这些质疑。

（三）当她对她的处境作哲学思考时，她不认为她的语汇比其他语汇更接近实有，也不认为她的语汇接触到了在她之外的任何力量。①

换言之，反讽主义者是对人类已有语汇了然于心，并对这些语汇进行持续怀疑，永远在尝试拓展已有语汇的界限，进而铸造新的自我的一类人。失去"反讽"品质的人们缺乏对已有语汇的批判精神而满足于当前已有的"常识"。反讽主义者常常忧虑于在习得一种语汇的过程中——这同时也是成为人类的社会化过程——自己会因为已有语汇的已有缺陷而成为受限乃至错误的人类，从而在历史中持续地对语汇进行批判，在此意义上，反讽主义者也是一名历史主义者。

由于罗蒂拒绝认为我们可以通过某种理论理性或先验理性来完成某种终极语汇，反讽主义者拓展其语汇所依据的主要能力是"想象力"，"我们仍然不情愿对浪漫主义的如下论点让步：想象力设立了思想的边界。古代的哲学与诗之争和晚近的科学与人文之争，其核心就是哲学家们和科学家们对如下看法的恐惧：想象力实际上可能会被完全接受下来。……想象力是语言之源，而思想如果没有语言就是不可能的"②。诉诸想象力的工具得到拓展的语汇总是比原有的语汇要更好，因为更为丰富或包含更广范围的语汇为反讽主义者提供了更大程度的自由，反讽主义者不仅会因此成就更好的自我，也能更好地理解和包容他者，实现共同体内的团结。

罗蒂否认传统哲学强调的理性优于诸如诗人在进行文学创作时

① 罗蒂：《偶然、反讽与团结》，徐文瑞译，商务印书馆2003年版，第105—106页。
② 罗蒂：《实用主义哲学》，林南译，上海译文出版社2016年版，第18页。

使用的想象力这种立场。实际上，在罗蒂的哲学场域中，由于哲学失去了根据理性来寻求确定不变的知识领域的诉求，哲学进入了超越其传统形象的"后"时代，再度借用陈亚军的总结："按罗蒂的观点，哲学文化试图寻找某种不变的、用知识代替意见的东西，而后哲学文化则放弃了这种希望，放弃了现象与实在、意见与知识的对立。罗蒂关于后哲学文化的理论零散地谈了许多，择其重要之点，大致可以归为以下几个方面：以解释学取代认识论，以协同性诠释客观性，以'弱理性'替换'强理性'。"①

进而言之，在这种后哲学文化中，"我们实用主义者""并不想把科学作为代替上帝的偶像。它认为科学只是一种文学，或者反过来说，认为文学艺术具有与科学研究同样的地位。因此，它并不认为伦理学比科学理论较为相对，较为主观，也并不需要变得'科学'"②。"所谓后哲学文化，就是指一种不是上帝的替代物的文化。我把哲学（现世）文化看作宗教文化的继承者，看作关于它自身的启蒙思想。那种哲学文化仍然保留着大写的自然（Nature）、大写的理性（Reason）、大写的人性（Human Nature）之类的观念，这些观念是外在于历史并且历史因此得到判断的参照点。"③ 哲学不再是指引我们朝向某种终极目标的灯塔，科学未向我们揭开某种属于世界本身的法则，文学与伦理学也不会因为与我们人类心灵有着太过密切的关系而逊色于哲学和科学，根本而言，哲学、科学、文学、伦理学等，均向我们提供了具体的语汇，它们在构筑我们的"自我理解"和我们的"文化"上起到了同等重要的作用。

---

① 陈亚军：《形而上学与社会希望：罗蒂哲学研究》，江苏人民出版社 2009 年版，第 111 页。
② 罗蒂：《后哲学文化》，黄勇译，上海译文出版社 2004 年版，第 21 页。
③ 罗蒂：《后形而上学希望》，张国清译，上海译文出版社 2009 年版，第 380 页。译文略有改动。

在包容着所有语汇的社会话语活动中，罗蒂期待所有参与者均是反讽主义者，这将带来一个自由主义乌托邦，在这样的乌托邦里，所有人都是反讽主义者，所有人都运用自身的想象力持续拓展语汇的边界，所有人都在进行自我调整以成为更好的人类，除此之外，所有人都旨在促进"团结"，没有人会想要"残忍"地对待他人。

总结而言，罗蒂曾指出："如果我们曾被对团结的欲求彻底触动过，将对客观性的欲求弃之不顾的话，我们就会认为人类的进步使得如下状况成为可能：人类做一些更有趣的事情，成为更有趣的人，而不是向某个事先为人类准备好的地方冲去。我们的自身形象将会采用制作的图景，而不是发现的图景，采用浪漫主义者用来赞扬诗人的图景，而不是希腊人用来赞扬数学家的图景。"① 罗蒂哲学无疑迥然不同于那些抽象、琐碎、乏味的哲学研究。尽管哈克很难理解为何罗蒂哲学大受欢迎，但至少在笔者看来，除却罗蒂著作的颇具文采和独具风格等外部要素外，罗蒂哲学恢复了哲学一个基本的初衷：**研究哲学是为了我们更好地活着，而不是满足于玩诸如建构论证的理智游戏或耍聪明**。数千年来，哲学的探究一直在试图为知识乃至信仰寻找确定的基础，然而，这种探寻也是为了我们更好地认识这个世界，从而更好地活着。哲学却在这一事业上一再失败，乃至似乎再无前路。罗蒂在这山重水复疑无路之处，峰回路转地回首凝望人类本身。罗蒂哲学的这种气质无疑会吸引诸多在人生路上漫漫求索的读者。

无疑的是，罗蒂哲学不仅在试图摧毁传统哲学，也在试图摧毁

① 罗蒂：《后哲学文化》，黄勇译，上海译文出版社 2004 年版，第 97 页。引文中的强调部分为笔者所加。

如今"专业"哲学家们的工作，例如，罗蒂批评的分析哲学家们的工作。多多少少因为这一原因，罗蒂被视为哲学中的"坏小子"而不受许多哲学家待见。

库克里克（Bruce Kuklick, 1941—）考察了《哲学和自然之镜》出版 40 多年间哲学的发展，他发现这些发展与罗蒂的期待完全相悖：专业化的思考在大学中与日俱增；哲学系对学生的培育越发注重抽象的哲学训练，而无视世界中发生的事情；并且，分析哲学有着持久的影响力。库克里克在其文章中分析了政策、经济、政治等因素对哲学培养方式的影响，这在一定程度上让我们看到，分析哲学有着持久影响力的部分原因在于，以分析哲学的方式能很好地批量训练学生，使其快速毕业，这有着如下诸多的好处：使得日益增多的学生及时毕业，从而增加学生的流动；培育大量的学生可增加专业影响，同时可因此获得更多政府财政支持；此外，分析哲学的研究也不会在政治敏感期触犯政府。① 凡此种种原因均是罗蒂哲学未能发挥其现实影响的"现实原因"。如果撇开这些现实的因素不论的话，或许罗蒂哲学在自由主义的乌托邦中会受到更多的推崇，但其在现实中的命运则很难判定。

二、米萨克的认识论实用主义叙事

（一）凸显皮尔士哲学重要作用的实用主义谱系

米萨克在其《美国实用主义者》《剑桥实用主义》等著作中勾绘了一种与罗蒂式叙事迥然不同，但同样具有鲜明特征的实用主义

---

① See Kuklick, Bruce. "After Philosophy and the Mirror of Nature." *Analyse & Kritik* 41.1 (2019): 3–22.

谱系。在笔者看来，米萨克的实用主义叙事中有着两点主要特征，一是她尤为强调皮尔士哲学的重要作用。米萨克区分了实用主义中的两条理路，一条是詹姆斯—杜威—罗蒂理路，[①] 采取这条理论路径的实用主义者认为，不存在可以作为探究目标的真理，我们最终获得的仅是在共同体内形成的一致意见；另一条是昌西·莱特（Chauncey Wright，1830—1875）—皮尔士—刘易斯—塞拉斯理路，相比之下，采取这条理论路径的实用主义者认为，实用主义的确反对非历史性的、形而上学的真之概念，但仍然承诺我们能够公允地对待人类探究的客观维度，认为我们探究的活动仍然有着正确理解事物，以及改进自身的信念和理论的目标。两条理路之间的差别在于，"粗略而言，存在着这样的争议：有些人认为在任何地方均不存在真理和客观性，有些人则认为，实用主义仍然承诺对真作出解释，保留正确地理解事物的志向"[②]。简言之，所有的实用主义者均反对存在某种先验论意义上的真理，但詹姆斯—杜威—罗蒂式的实用主义者进一步认为我们仅能谈论相对于共同体而言的"真"，莱特—皮尔士—刘易斯—塞拉斯式的实用主义者（包括米萨克和哈克）认为，我们仍然可以承诺事物的客观存在，并且能够在正确地理解事物的意义上谈论某种"真"。

在后一条理路中，米萨克尤为强调皮尔士哲学的重要作用，这主要是因为，在她看来，皮尔士帮助我们认识到："我们的确在学习，在改善我们的信念，我们的确认真对待分歧。所有这些不仅使

---

① 或许有人会讶异于米萨克也将詹姆斯归为杜威—罗蒂理路中的哲学家。在米萨克的阐释中，詹姆斯同罗蒂一样抵制认为存在先定的世界的观点，以及二元论立场。米萨克也指出，詹姆斯根据个体感到的"满意"来理解真理的立场，这种做法使得"真"成为一个相对于你和我，相对于我们的生活的一个概念，"真"成为人类的一种价值。这种理解与罗蒂的思路一致，因而她也将詹姆斯并入杜威—罗蒂理路中。参见 Cheryl Misak, *The American Pragmatists*, Oxford：Oxford University Press, 2013, pp.54-60。

② Cheryl Misak, *The American Pragmatists*, Oxford：Oxford University Press, 2013, p.3.

得正确地认知事物这种假设是合理的，也使得'真'成为一个重要论题。实用主义的这一核心思想与詹姆斯、杜威及其支持者所倡导的多元论是不相容的。"① 认知事物、解决分歧、探求真理均仍然是实用主义的重要论题，笔者恰是在此意义上，将米萨克叙事称为一种认识论的实用主义叙事。

此外，也恰基于米萨克实用主义叙事中的认识论特征，我们能够理解其叙事中的另一点主要特征：沟通逻辑实证主义与实用主义，其后果是，在其构建的实用主义谱系中不存在以经验为核心概念的古典实用主义和以语言为核心概念的新实用主义之间的断裂。米萨克试图颠覆这样的一般理解：在 20 世纪 30 年代，随着逃离德国和奥地利的逻辑实证主义者来到美国，作为美国本土思想的实用主义思想开始式微，逐渐为人忘却，逻辑实证主义渐渐演变为占据美国哲学主流的分析哲学，直至 20 多年后，经由奎因、塞拉斯、罗蒂等人的努力，实用主义才开始借助分析哲学得到复兴，产生了所谓的以"语言"而非"经验"为其核心概念的"新实用主义"。与这种理解相对，米萨克认为，实用主义与逻辑实用主义思想之间有着惊人的相似性，它们共同关注于语言和世界的关系问题、强调科学探究的基础作用，同时，也关注到了人类的需求和兴趣的重要性。米萨克在诸如纽拉特（Otto Neurath，1882—1945）、莱辛巴赫（Hans Reichenbach，1891—1953）、卡尔纳普这样的逻辑实证主义者那里，尝试挖掘出与皮尔士、杜威、詹姆斯哲学相近的思想要素。此外，米萨克还认为，经由莫里斯（Charles Morris，1901—1979）和刘易斯架设起的沟通桥梁，实用主义和逻

---

① Misak, Cheryl. "Pragmatism and pluralism." *Transactions of the Charles S. Peirce Society: A Quarterly Journal in American Philosophy* 41.1（2005）：131.

辑实证主义实现了沟通与融合，产生了诸如奎因、塞拉斯等当代"分析实用主义"者，[1]"从二十世纪三十年代的逻辑经验主义至五六十年代奎因、古德曼、塞拉斯占统治地位的分析哲学中，认识论以及真理论上的主导观点实际上是实用主义"[2]。需要指出的是，米萨克将"分析哲学"视为一种宽泛意义上"做哲学"的方法，她反对仅在狭隘的意义上"将做出语言转向的哲学家们视为唯一的分析哲学家们的观点"。根据米萨克的理解，我们可以将讨论物理学的那些实在论哲学家们，这主要包括逻辑实证主义者，也称为"分析的"哲学家。[3]

逻辑实证主义与实用主义沟通的主要线索仍然围绕语言和世界的关系展开。这些线索始终未曾遗忘关于世界的经验探究。如前所述，不同于罗蒂式的叙事，米萨克认为正确地理解事物，这仍然是一项重要的认知事业，其中，皮尔士提供给我们的思路在完成这项事业中为我们提供了思想上的指引。那么，皮尔士哲学究竟如何有助于我们对于外部世界的思考？

首先，与塞拉斯、罗蒂等人反对"所予神话"的思想一致，米萨克认为，实用主义者均认同"我们无法直接获得原初的、非概念化的，或所予性的经验"，[4] 这种经验直接源于世界且未受概念浸染，我们可以直接基于这类感性材料建构起关于世界的直接理解。皮尔士早就直接指出，经验没有为我们提供任何关于外部世界的精

---

① See Cheryl Misak, *The American Pragmatists*, Oxford：Oxford University Press, 2013, pp. 155 - 175.

② Misak, Cheryl. "Rorty, pragmatism, and analytic philosophy." *Humanities* 2.3 (2013)：380.

③ 米萨克、周靖：《皮尔士和剑桥实用主义及其他问题——谢丽尔·米萨克教授访谈》，载《哲学分析》2021年第2期，第182页。

④ Cheryl Misak, *Truth, Politics, Morality: Pragmatism and Deliberation*, London & New York：Routledge, 2000, p.78.

确图像。[1]

其次，不同于罗蒂因而直接放弃经验概念的做法，米萨克坚持皮尔士的观点，认为知觉是认知性的。用皮尔士的话说，感性知觉为我们提供了一种"实在的积极保证，以及可以切近对象的积极保证"[2]。此种意义上的知觉直接源于实在的事物，其中不包含有任何推论性的要素。

然而，再次，米萨克同时指出了乍看之下令人费解的一点：**当我们在知觉时，我们是在做出一个判断**。这一点与上一点中指出的"知觉的直接性"有着矛盾性，即如下两个陈述是矛盾的：

（a）感性知觉是直接的，它不包含有任何推论的成分；
（b）当我们在知觉时，我们是在做出一个判断。

实际上，本书第一章关于皮尔士符号哲学的讨论，以及上一章关于哈克"基础融贯论"思想的讨论中已经论及了消解（a）和（b）表面上矛盾的思路。米萨克试图帮助我们认识到，在（a）的意义上，她强调的是与外部世界接触的直接性，在（b）的意义上，她强调在我们的知觉中的确包含有某种"判断"，这种判断仅体现为外物的"硬性"这种完全非理性的持续性（insistence）。米萨克强调："知觉、观察或经验的关键特征在于其持续性，而这体现了一般性。"[3]

笔者认为，"一般性"这一概念非常重要，一方面，它体现了事物施加给我们的影响（从"物"的角度说）是以符合规律的方式进行的，事物的发生绝非偶然的或任意的，恰是因为事物以合乎

---

[1] CP 2.141.

[2] CP 4.530.

[3] See Cheryl Misak, *Truth*, *Politics*, *Morality*: *Pragmatism and Deliberation*, London & New York: Routledge, 2000, pp.79 - 80.

规律的方式施加给我们影响，它才会体现出持续性。另一方面，"一般性"也体现了"概念性"，（从我们的"理解"角度说）这种概念性既意味着，基于对事物施加给我们的持续作用，我们能够在普遍的情况中"判断"或"阐释"某物是该物；此外，概念性也意味着，事物可以在我们具体的探究活动中被把握和理解。与此相关，米萨克指出，"粗糙和顽固的事实有别于无遮蔽的赤裸事实"①，前一类事实体现着感性的权威，即，我们别无选择地接受外物施加给我们的影响——在此意义上，**我们需要认真对待经验**——但这类影响是一般性的，蕴含了可为我们在具体探究活动中进一步将之呈现出来的概念性。相比之下，后一类事实则完全消除了任何概念性，它完全属于事物一方，外在于所有人类的探究活动。实用主义者应该抵制后一类事实而非前一类事实，前一类事实可以作为我们探究的起点和知识的基础。

基于上述理解，米萨克认为，秉承皮尔士哲学精神的实用主义者仍然认真对待经验，仍然试图正确地理解事物。这种理解与罗蒂式的理解迥然相异，可以预见的是，米萨克对罗蒂式的实用主义叙事必然有着诸多批判。

（二）对罗蒂真理论的批评

或许源于对皮尔士哲学的承袭，米萨克和哈克一样认同存在具有客观性的外物，认为它是我们的探究活动旨在披露的对象，独立于所有人的意见，包括共同体已经达成一致的意见。也与哈克一样，米萨克对罗蒂的立场持批评态度，这主要体现在，她认为罗蒂

① Cheryl Misak, *Truth*, *Politics*, *Morality: Pragmatism and Deliberation*, London & New York: Routledge, 2000, p.79. 强调为笔者所加。

是一名相对主义者，认为罗蒂将认识的标准等同为共同体的标准，从而仅要求我们对同侪负责。①

米萨克指出，"一旦放弃了对真理的追求，即一旦放弃追寻某种超出于我们自身共同体标准的东西，那么我们便无法反驳'强权就是真理'"② 这种观点；实用主义者的确认为所有的标准都是人类的标准，但并不是所有持这类观点的实用主义者同时认为，这意味着不存在任何事实。"标准"是人类的，这仅是因为"标准"是人类做出的解释，但这些解释仍然需要"认真对待经验"。

如上文所言，实用主义者均认同实践的重要性，但在米萨克看来，对这一概念存在两种不同的阐释理路，在莱特—皮尔士—刘易斯—塞拉斯理路中，"认真对待经验"一直是我们人类探究的兴趣所在，我们在提出断言、持有信念，以及做出探究的诸类实践活动中，一直在追寻"真"。相比之下，在詹姆斯—杜威—罗蒂理路中，"真"在我们的实践中起不到任何作用。

笔者认为，"真"在罗蒂和米萨克的哲学语境中，是一个有着十分不同的内涵的语汇，只有厘清了这一点，我们才能明白罗蒂和米萨克哲学之间的真实差别。在罗蒂那里，他批判的是先验的或大写的"真理"，米萨克，包括哈克、普莱斯等人，均不认为存在这类真理，更不认为这种"真"在我们的实践中起到任何现实和具体的作用。相比之下，米萨克将"真"理解为某种无法再被改进和怀疑的信念所具有的状态，这种"真"是我们的最佳信念所体现的属性。③ 根据米萨克的这种理解，"真"既不是某种具有先验性本质

---

① See Cheryl Misak, *The American Pragmatists*, Oxford: Oxford University Press, 2013, p.230.

② See Cheryl Misak, *The American Pragmatists*, Oxford: Oxford University Press, 2013, pp.231 – 234.

③ See Cheryl Misak, *Truth, Politics, Morality: Pragmatism and Deliberation*, London & New York: Routledge, 2000, p.49.

的概念，也不是某种分析性的元概念，我们根据它来理解其他判断、信念等；毋宁说，我们是根据具体的实践来理解"真"的。罗蒂与米萨克分道扬镳的地方在于，他进一步认为，既然我们仅是根据人类现实参与的实践来理解"真"，那么便可以将"真"消融于主体间的证成活动之中。罗蒂难以理解米萨克立场的地方在于，既然"真"内在于我们的实践活动，那么保持"真"之独立性，这究竟何以可能或为何是必要的。

米萨克在普莱斯将"真"重构为一种第三类规范的意义上，认为"真"是理解分歧的一个必要概念："如果我们放弃真，那么似乎便没有办法理解'我们'这种共同体了。"[①] 实际上，米萨克与普莱斯的立场也有着不同之处，普莱斯仅是将"真"理解为克服分歧、促进交流的一种"合宜的"摩擦力，相比之下，米萨克视角下的"真"是相对于"经验"而言的，这里的"经验"是皮尔士强调的实在经验，它源于外在于且独立于所有心灵的客观事物施加给我们的影响（参见第一章中的相关讨论）。我们可以进一步推论出，恰是在这种承担着"正确理解经验"之责任的探究活动中，在个体的信念面临怀疑，主体间的交流产生分歧时，才会促发进一步的探究和交流，由此形成的共同体才是一种"科学的"探究共同体。

与此相关，米萨克认为罗蒂的"自由主义"概念有含混性，即反讽主义者的对话仅能在赞同我们意见的共同体内进行，这使得反讽消失了。在罗蒂那里，反讽主义者是对已有语汇感到不满，从而借助想象力来刺破语汇界限的一类人。无疑，罗蒂意义上这种凸显

---

① See Cheryl Misak, *Truth*, *Politics*, *Morality*: *Pragmatism and Deliberation*, London & New York: Routledge, 2000, p.230, p.17.

诗人重要作用的共同体迥然于米萨克意义上强调科学的探究的共同体。除此之外，米萨克也认识到罗蒂哲学本身有着反讽性的相对主义：如若罗蒂认为所有的语汇都只有好坏之别，那么他就根本不应该拒斥传统哲学语汇；但是，如果不拒斥传统哲学语汇，那么他便无法证成自己的立场或语汇。①

总结而言，罗蒂的社会实用主义叙事与米萨克认识论的实用主义叙事有着很大的差别，罗蒂有着非常强的哲学"野心"，他试图颠覆传统哲学，实现哲学的"变革"。相比之下，米萨克的叙事仍然试图保留"正确地理解事物"这种近代哲学中认识论的任务。在此意义上，米萨克叙事下的实用主义论题与近代哲学论题有着连续性。

罗蒂与米萨克不同的另一点在于，罗蒂凸显了第二次语言转向对新实用主义发展的重要影响，他更为强调对语言一面的分析和使用，最大限度地强调杜威哲学中对使用语言的共同体作用的强调，消解杜威和詹姆斯哲学对"经验"的分析。在米萨克的实用主义叙事中，她试图挖掘实用主义和逻辑经验主义之间存在的立场和论题上的相似性，认为在逻辑实证主义传入美国之后，发生的情况不是实用主义被逻辑实证主义取代了，而是两者实现了融合和发展。这种阐释避开了罗蒂叙事中新、老实用主义割裂的问题，即本书"导论"中指出的经验实用主义和分析实用主义这两副实用主义"面孔"。如兰博格（Bjørn Ramberg）所言，米萨克的叙事中不存在战前实用主义和战后分析哲学之间关系的问题。② 米萨克的叙事将

① See Cheryl Misak, *Truth, Politics, Morality: Pragmatism and Deliberation*, London & New York：Routledge, 2000, p.230, p.14.

② See Ramberg, Bjørn Torgrim. "Being Constructive：On Misak's Creation of Pragmatism." *Transactions of the Charles S. Peirce Society: A Quarterly Journal in American Philosophy* 49.3 (2013)：401.

皮尔士视为实用主义家族的大家长，她更为青睐莱特—皮尔士—刘易斯—塞拉斯理路下的实用主义线索。恰因为此，她对罗蒂多有批判；也因为此，她试图挖掘拉近逻辑实证主义和实用主义的思想关系，从而证明美国实用主义的发展过程中不存在中断或断裂。

米萨克对实用主义的这种解读精神也体现在她对剑桥实用主义的构建中。在《剑桥实用主义》中，她也试图强调皮尔士对兰姆赛的影响，以及兰姆赛对后期维特根斯坦的影响，从而将皮尔士的实用主义作为剑桥实用主义的底色。

同罗蒂的实用主义叙事一样，或许由于米萨克的实用主义叙事同样具有鲜明的特征，米萨克的立场在备受关注的同时，也受到了一些批评，例如，塔利斯（Robert Talisse）便直言不讳地指出，米萨克的叙事过于激进，诸如她认为逻辑实证主义受到实用主义的影响等观点，是一种异端观点，她未能公允地对待哲学发展的历史。[1] 笔者大体支持塔利斯的立场，认为尽管米萨克对皮尔士的阐释充满洞见，对皮尔士哲学重要作用的强调能够引发我们进一步的思考，但她的叙事中有着过于"用统一性的外衣掩盖差异"的意味。限于本章论题，请容笔者在此不作赘议。

三、布兰顿的双轨实用主义叙事

米萨克和罗蒂对实用主义的叙事分别体现了存在张力的两个维度：粗略而言，米萨克强调语言和世界间的认知关系，罗蒂则强调

---

① Talisse, Robert B. "Pragmatism Deflated." *Transactions of the Charles S. Peirce Society: A Quarterly Journal in American Philosophy* 54.3 (2018): 409 – 416.

主体间的社会关系。如果关于外部世界的认知仍然是可能的，那么后一类关系须能回应前一类关系；换言之，主体间关于世界的认知活动的基本层次中必然已经含有某种规范属性，从而两类关系间的张力才可能得到调和。本节拟讨论蕴藏在布兰顿融合实质语用学和形式语义学这一哲学事业中的实用主义叙事。笔者认为，布兰顿叙事中兼纳了对"认知"和"社会"两个维度的强调与调和，其"双轨"实用主义叙事是更为完善的叙事形式。故而，笔者有意从布兰顿的相关思想中构建出第三种对实用主义的叙事形式。

本节第一小分节将主要阐释语言开显世界的过程中已经孕生了规范性这一思想，第二小分节将借助布兰顿哲学来阐释语言在开显世界时所具有的"语言和世界间的认知性规范，以及主体间的社会性规范"这两个规范维度是何以生成和发展的，以及这两个维度间有着怎样的关联；第三小分节讨论了为本节立场带来重要挑战的"3M 世界"问题，我们也将借以简要讨论布兰顿与当代剑桥实用主义者（主要是布莱克本和普莱斯）之间的思想关联。

（一）语言开显世界的直接性和语义学之幕

在笛卡尔式的近代哲学场景中，经验论者试图疏通从外部世界到内部心灵的感觉通道，从而保证经验的可靠性。塞拉斯对经验主义"所予神话"的批判向我们揭示了，感觉材料自身不具有证成作用，但经验论者既希望感觉材料直接源于非概念化的外部世界，又希望它具有概念性从而可为心灵所把握；这两相抵牾的"希望"反映了经验主义者事业的"无望"。[1] 相比之下，理性主义者试图阐明，人类心灵可以先验地把握某种先天范畴，从而在纯粹理性演绎

---

① 参见塞拉斯：《经验主义与心灵哲学》，王玮译，复旦大学出版社 2017 年版，第 27—37 页。

的层面上保证对后验、偶然的经验的有效运用。戴维森通过对经验主义"概念图式/内容"二分教条的批判试图指出，并不存在这样的一种先天范畴或概念图式，它们是"组织经验的方式；它们是对感觉材料赋予形式的范畴体系；它们是个人、文化或时代据以检测所发生事件的观测点"①。塞拉斯和戴维森的批判分别斩断了经验的"下端"和理性的"上端"的效力，共同推进了分析外部世界的"语言转向"。

经过语言转向后的哲学任务变为：在理性的"下端"关注可为共同体所使用的语言，先验理性变为一种交往理性；在经验的"上端"，来自外部世界的感性输入不再是纯粹的、无形式的杂多，而是已然概念化的"厚经验"（*Erfahrung*）。罗蒂式的实用主义叙事完全割除了对经验的分析。相比之下，布兰顿仍然保留认知世界的任务。但是，又与米萨克强调对外部世界的经验分析的实用主义叙事不同，布兰顿将认知事业变为一项使用语言来清晰阐明在厚经验中纳入的表象内容的事业，他从塞拉斯在《经验主义与心灵哲学》第 36 节中的如下著名表述中解读出了语言转向或规范转向思想："要点是，在描述某一片段或状态的认知特征时，我们并不是在就那一片段或状态做经验描述，而是将之置于理由的逻辑空间内，从而证成或能够证成人们说了什么。"② 这样做的后果便是，在语言与经验、心灵与世界的关系上，问题讨论的重心从"如何保证源于世界的感性输入是可靠的"转向"如何正确阐明那些感性输入"。

在转向的语言分析的方法中，语言推理的形式逻辑规则设置了

---

① 戴维森：《真理、意义与方法——戴维森哲学文选》，牟博选编，商务印书馆 2008 年版，第 254 页。

② Wilfrid Sellars, *Empiricism and the Philosophy of Mind*, Rorty, R. & Brandom, R. (Eds.), Cambridge, Mass.: Harvard University Press, 1997, § 36.

使用语言的形式有效性标准，使用语言的诸主体或共同体则设置了使用语言的正当性或合法性标准；另一方面，应对外部世界的实践活动则为语言的用法设置了实质有效性标准。这样一来，使用语言的行动实际上沿着两个维度展开：一是主体间的交往活动，语言的正当用法因此受制于主体间形成的社会规范；二是作为个体的主体涉身外部世界的直接的实践活动，个体在此活动中合乎规范或（交往）理性地将外部世界纳入内部的理性视野。两个维度综合的结果是：**表象内容只有在主体间会话的（discursive）交往活动中才能得到锚定和清晰的表达。**布兰顿由此走出了一道从推理（reasoning）到表象（representing）的阐释路径。①这种路径同时容纳了罗蒂和米萨克实用主义叙事分别具有的社会和认知特征。

于是，在推理活动中做出的"判断"既是一项关涉世界中内容的活动，也是一项需在共同体内接受审查的活动。布兰顿因而试图根据在主体间铺陈开的、使用语言做出推论的语义交往活动来阐明表象内容。然而，我们可能会在这里发现一种新的问题：如何在主体间的语义推论活动中保持对实质内容的关涉（about-ness/of-ness）？换句话说，在使用语言的判断活动或语义交往活动中将会出现一种以推论为方式、以概念为原材料织就的"语义学之幕"，它替代了近代哲学中横陈于心灵与世界之间的由因果关系织成的"因果性之幕"。语义学之幕将可能带来"语言/世界"的划界，这种划界在以使用语言做出推理的方式所阐明或表达的对象（what is expressed）和外部世界中的实际事物（what there is）之间设置了一道界限。对布兰顿式立场持批评态度的人认为，主体间成

---

① See Robert Brandom, *Making It Explicit: Reasoning, Representing, and Discursive Commitment*, Cambridge, Mass.: Harvard University Press, 1994, pp.495-613.

功的会话的交往至多只能保证相关的判断就其语义内容而言是真的，这种语义内容能否直接被视同为真实的外部世界中的事物，这仍然是令人存疑的。[①] 在笔者看来，何以克服或避免这类界限，或何以阐释世界一方的观察语汇和语言一方的理论语汇之间的逻辑和语义关系，这是当代哲学中隐藏着的一个十分重要的难题。

布兰顿克服"语言/世界"界限的方式是，吸收古典实用主义的"实践优先性"论题，即"人们应该将知道—什么（knowing-*that*，命题性知识）理解为一种知道—如何（knowing-*how*，能力之知）……也就是说，根据我们做（do）某事的实践能力来理解为什么相信（that）事物是如此这般的"[②]。如若能对命题内容做出判断，那么我们便有着知道如何应对相关意向内容的实践能力，这便意味着主体在共同体内使用语言做出关于外部世界中内容的判断活动和推理活动需对他涉身世界的实践活动负责，内容"是"什么直接呈现于判断和推理之中。我们因此也可以认为语言和世界之间存在着"连续性"：我们在使用语言时所表达的世界和能动者在其行动中应对的世界是同一枚硬币的两面。进一步地说，由于我们将外部世界中的"内容"刻画为心灵中的"对象"的工作只能以"说"出来的语言方式来完成，那么在认知世界最为初始的层次上，我们使用语言来直接刻画关于世界的理解。这一思想可用"语言是开显世界的方式"这一笼统的"口号"来表达。

语言和世界的"连续性论题"将能帮助我们摆脱"语义学之

① See Kremer, M. "Representation or Inference: Must We Choose? Should We?", in *Reading Brandom: On Making It Explicit*, Weiss, B. & Jeremy, W. (Eds.), London and New York: Routledge, 2010, p.234; Hale, B. & Wright, C. "Assertibilist Truth and Objective Content: Still Inexplicit?", in *Reading Brandom: On Making It Explicit*, Weiss, B. & Jeremy, W. (Eds.), London and New York: Routledge, 2010, pp.277–278.

② Robert Brandom, *Perspectives on Pragmatism: Classical, Recent and Contemporary*, Cambridge, Mass.: Harvard University Press, 2011, p.9.

幕"带来的问题。根据这一论题，根本不存在"语义学之幕"这种东西，它在我们使用语言阐明世界的活动和世界之间设置了一道界限，并要求我们突破这道幕布进而达到更为纯粹和真实的"世界本身"。语言的初始功能在于开显世界，这种观点恢复了我们对语言这种认知和思维工具的信任，我们将语言首先视为敞开和丰富而非歪曲我们关于世界认知的工具。

如果借助"连续性论题"来克服语义学之幕的话，那么，我们将能推论出本节试图阐明的论题：在语言开显世界的层面上便有了规范建制，共同体内呈现的规范必然因此能够"一路向下"延伸至自然的层面，关涉世界的认知性规范与主体间的社会性规范之间也因此有着连续性。[①] 我们将在下一小分节中继续根据布兰顿哲学来具体阐明这是如何可能的。第三小分节则将处理本节论题所面临的一个主要挑战，即"3M 世界"问题：如若秉承语言和世界间的连续性论题，那么我们也将得到一个相应的全局性（global）命题，即语言开显的世界范围是世界的全部范围，从而凡是可用语言以正确的方式陈述出来的事物均可在世界中找到。然而，就布莱克本所指的道德事实（morals）、数学事实（mathematics）以及模态事实（modals）而言，我们却难以在语言开显的世界中为"3M 事实"找到一个位置，因为，语言开显的世界似乎是（我们将在第三小分节中看到，实际上并不仅仅是）我们能与之有着直接因果接触的世界，然而我们却仅能在逻辑的意义上谈论 3M 事实和由这类事实构成的"世界"。对"3M 世界"问题的回应将能帮助我们澄清本节

---

① 一般来说，"规范"意指限制人们在社会空间内的行动方式的规则，本节试图将"规范"的含义"向下"拓展至自然的层面，认为涉身世界的实践活动中已经有了内隐（implicit）的规范，即在语言（心灵）和世界之间建制起来的认知性规范，后继的社会规范则是关于这类内容规范的明晰（explicit）表达。在此意义上，本节区分了关涉世界的"认知性规范"与主体间的"社会性规范"。这实际上是布兰顿的观点，具体请参见第二小分节中的讨论。

论题，同时更新我们关于语言所能开显的"世界"的理解，这种更新后的"世界观"接近于我们在第一章第一小节中诉诸皮尔士哲学获得的世界观。

（二）规范建制的认知轴向和社会轴向

布兰顿哲学深刻阐释了语言和世界间认知性的规范关系、主体间社会性的规范关系是何以发展而来的，他还为两类关系之间的张力提供了调和方案。他在《使之明晰》《言行之际》《信任的精神：解读黑格尔的〈精神现象学〉》[①] 等主要著作中做出了理论上细致的刻画，笔者已在多处做出直接讨论。[②] 此处将围绕认知性的规范关系和社会性的规范关系两个维度对布兰顿相关思想做出整合性的重述，从而服务于本节所辩护的"语言在开显世界的层次上便有了规范建制功能"这一论题，以及披露布兰顿第三种实用主义叙事的要旨。

在语言和外部世界的认知性的规范关系维度上，布兰顿认同古典实用主义的一个基本观念，即"最根本的那类意向性（在指向对象的意义上）是指在世界中包含的对象，这些对象是感性（sentient）生物所娴熟应对的世界中的对象"[③]。在感性生物与世界中内容的朴素接触中，它对事物（things）有着欲求性的觉识（orectic awareness），例如饥饿，当它吃下该事物以消除饥饿感时，事物便被它直接立义为有意义的某物（something）。布兰顿指出，

---

① See Robert Brandom, *Making It Explicit: Reasoning*, *Representing*, *and Discursive Commitment*, Cambridge, Mass.: Harvard University Press, 1994; *Between Saying & Doing: Towards an Analytic Pragmatism*, Oxford: Oxford University Press, 2008; Brandom, R. *A Spirt of Trust: A Reading of Hegel's Phenomenology*, Cambridge, Mass.: Harvard University Press, 2019.

② 参见周靖、陈亚军：《布兰顿，何种实用主义者?》，载《世界哲学》2020 年第 6 期；周靖：《推论、社会和历史——布兰顿哲学导论》，上海社会科学院出版社 2022 年版。

③ Robert Brandom, *Between Saying & Doing: Towards an Analytic Pragmatism*, Oxford: Oxford University Press, 2008, p.178.

这里出现一种初始的"物—我"间朴素的承认关系，理性生物对事物有着欲望性觉识，这类觉识中包含了由事物、某物（对象）和主体（生物个体）间构成的三元结构关系，这类三元结构整体构成了一个可被归派给作为主体的生物个体的"意义极"（significance pole）。[①] 在这一意义极上，朴素的承认同时构建起了朴素的规范关系，它体现为物与物之间的相容性和不相容性关系（例如，某物是/不是事物，此物非彼物），以及后果性关系（例如，吃下此物会满足饥饿感/会呕吐）。布兰顿指出，理性生物同世界的接触中已经形成了实质的内隐逻辑（materially implicit logic），它体现为世界中内容间的关联，以及我们涉身世界的行动所受的制约。[②]

这类逻辑仅是内隐的，乃是因为在理性生物渗透意向的行动（intentional action）中，理性生物仅是将行动中负载的内容（表象内容）输入进一个测试（Test）语境，而后在行动中运行（Operate）测试（Test），进而输出（Exit）一个达成或未达成意向目标的结果，在这样的 TOTE 回环中，目标的最终达成会对意向的有效内容做出外延上的限制，即辨别出内容间的实质关系，然而，布兰顿并不要求在 TOTE 回环中必然产生一种清晰的认知类型，究其原因，布兰顿仅要求理性主体对内容做出"承诺"，而后在主体间展开的推理活动中再来清晰地阐明那些内容是什么。[③] 换句话说，语言和外部世界间的认知性的规范关系此时仅体现在"做"的实践活动中，只有在主体间展开的使用语言的推理活动中，我们才能够

---

① See Robert Brandom, *A Spirt of Trust: A Reading of Hegel's Phenomenology*, Cambridge, Mass.：Harvard University Press, 2019, p.257.

② 参见布兰顿：《阐明理由：推论主义导论》，陈亚军译，复旦大学出版社 2020 年版，第 47—50 页。

③ See Robert Brandom, *Between Saying & Doing: Towards an Analytic Pragmatism*, Oxford：Oxford University Press, 2008, p.64.

将这种内隐于实践活动中的规范清晰地"说"出来（making *it* explicit）。

步入到言说的层次便意味着迈入了主体间社会性的规范关系维度。此时具有三元结构意义极的个体遭遇到了另一个同样具有意义极的理性个体，在他们合乎理性的（rational）交往活动中，建立起了"物—我—我们"间双层次的高阶承认关系，布兰顿称之为稳健的（robust）承认关系。[1] 此时的承认关系沿着两条线索展开，一是沿着"个体—事物—某物—规范态度—内容"线索展开的初阶的"物—我"承认关系，这条线索在内隐的实质层次上形成了个体的自我意识，同时，事物（事物的自在存在，what the thing is *in itself*）被该个体立义为某物（事物的自为存在，what the thing is *for consciousness*），在对某物的规范态度中，某物成为其态度的对象（表象内容）；二是沿着"主体间—某物—语义—规范身份—事实"线索展开的二阶的"物—我—我们"承认关系，在这条线索中，个体在遭遇到另一个个体时，他们必然在如下意义上将彼此视为类似的理性生物：当有着相同的欲求（例如，饥饿）时，他们将相同的"事物"视为可满足其饥饿感的"某物"，从而有着相同的初始的三元结构意义极。由于个体有着相同的意义极，为了能够存活下来等原因，个体间（为了争夺他们共同欲求的"某物"）进行"生死斗争"，布兰顿正是在这个意义上解读黑格尔的"主仆寓言"，认为在生死斗争中形成了作为胜利一方的主人和作为失败一方的仆人的规范身份（normative status）。主、仆关系虽然是一种非对称的关系（主人仅具有权威，而仆人仅具有责任），但这种关系仍然是

---

[1] See Robert Brandom, *A Spirit of Trust: A Reading of Hegel's Phenomenology*, Cambridge, Mass.: Harvard University Press, 2019, p.63.

一种互惠的关系，因为两个主体均不必再"斗争至死"。布兰顿进一步揭露了主、仆关系的"形而上反讽性"，即主人至高无上的权威依存于他所不屑的仆人对他的承认。在对反讽性的颠覆中，主、仆关系将逐渐消除不对称性，从而形成对称的、互惠的承认关系：每一个个体将会是一个真正自由的主体。①

随着主体性的建制而形成一个规范的共同体，语言和外部世界的认知性的规范关系维度上的表象内容不但未因此丢失，反而变得愈发明晰和确定。我们可将上述提及的两条线索列入下"表 5.1"以做清晰对照：

表 5.1：朴素的承认关系和稳健的承认关系

朴素的承认线索	个体	事物	某物	规范态度	内容
稳健的承认线索	主体	某物	意义	规范身份	事实

实际上，两条线索中的每一个要素均被使用了两次：某人既是与物有着直接关联的单独个体，也是在共同体内与他者交往着的一个主体；作为主体，他将事物建构为某物的语用活动需接受他者的审查，他者将向自己索取就某物做出判断的理由，自己需给出理由，在这种"给出和索取理由"的"你来我往"的语义交往实践中，某物的"意义"变得更为明晰和确定；同时，个体对某物的规范态度，以及个体作为主体在共同体内的规范身份也将得到厘定。这样一来，朴素承认线索下的表象内容并未丢失，它将在稳健承认线索下变为内涵更为明晰和确定的事实。在布兰顿那里，事实指的是我

---

① See Robert Brandom, *A Spirit of Trust: A Reading of Hegel's Phenomenology*, Cambridge, Mass.: Harvard University Press, 2019, Ch.10.

们可以对之做出真、假判断的任何之物,^① 我们可用语言表达之,此时从未在语言和世界之间形成任何界限。

从上述讨论中,我们可以直接看到在开显世界的层次上,认知性规范与主体间的社会性规范之间确实有着连续性。就此而言,布兰顿强调,将外部世界纳入理性视野,并以语言形式使之明晰的过程体现为如下的动态过程:(i)在语用实践 P(例如,朴素的承认层次的实践)中纳入世界中的内容,获得直接关联内容的语用语汇 V;(ii)而后使用语用元语汇 V'(例如,在稳健的承认层次中使用的语汇)表达 V——语用元语汇是用于解释语用语汇的语汇——从而使得 P 中的实质内容被更为清晰地呈现;(iii)V'可以进一步影响我们的实践方式 P,从而带来一种更为丰富的语用语汇。^② 在这样的一幅图景中,语用语汇保证世界从未失落。从 P 经由 V 到 V',再从 V'到新的 P,这一循环路径使得我们在越来越丰富的推论语汇的语义活动中获得关于世界越来越丰富的理解。V 与 V',以及朴素的承认与稳健的承认之间只有清晰程度上的差别,而无实质分野,旧的语用元语汇自身变为解释对象时,可能变为新的语用语汇。逻辑的形式阐明只是一种更为高阶的阐明,在根本的层次上,它需要保持对实质的表象内容的应答性(answerability)。

总结而言,布兰顿的思路是:主体间的承认根源于理性生物直接应对外部世界的欲求;规范性体现了承认(包括物—我承认,我—我们承认)的维度;在互惠的承认中,自我意识和规范的理由空间得以建构和发展。主体间互惠且对称地建制起了规范态度和规

---

① Brandom, Robert. "Facts, norms, and normative facts: A reply to Habermas." *European Journal of Philosophy* 8.3 (2000): 365.

② See Robert Brandom, *Between Saying & Doing: Towards an Analytic Pragmatism*, Oxford: Oxford University Press, 2008, p.10.

范身份，个体需要经过他者或社会的中介，才能成为一个理性主体。人与外部世界的认知关系，人与人的社会关系因此被扭结在一起，互不可分。在动态的实践发展中，共同体成员对彼此的断言进行审查的语义活动和他们在语用实践活动中与外部世界的实质互动，构成了互相制约的两个维度，沿着这两个维度分别建制起了认知性规范与社会性规范。我们可以从布兰顿的这些思想中看到他对语言和世界间认知性的规范关系、主体间社会性的规范关系，以及对它们进行调和的理论刻画。

（三）实用主义世界观的重塑

布莱克本提出的"3M 世界"问题为本节论题以及布兰顿的上述阐释带来了一个直接挑战：诸如数学话语、模态话语，以及伦理话语，我们最好将它们理解为在"做某事"，而非表象（represent）事物是什么；因为，外部世界中并不存在可为我们所表象的相应的数学事实、模态事实，以及话语事实。① 在此意义上，布莱克本带来的挑战在于：语言表达的事实的范围要比外部世界所是的范围大很多——我们不仅能够使用语言表达那些与我们有着因果接触的外部世界，我们还能够表达与我们仅有着逻辑关联的由 3M 事实构成的"3M 世界"——从而，如果继续秉持连续性论题（以及其中蕴含的"语言开显的世界是世界的全部范围"的全局性论题），我们将被迫为诸如"3M 事实"在世界中找寻一个位置，发掘这类事实在自然层面的因果起源，而这似乎是一项不可能完成的任务，因为，一般认为 3M 事实与我们的知识仅存在逻辑关联而非因果

---

① See Simon Blackburn, "The landscapes of pragmatism." *Teorema: Revista Internacional de Filosofía* (2009): 32.

关联。

在笔者看来，"3M 世界"问题之所以为我们带来了挑战，乃是因为它利用了我们一直以来表述中的模糊之处，对相关问题的澄清将会揭露这一挑战的问题所在。同时，我们也将能够借以进一步澄清本节的论题，这将带来一项重要结果：我们将更新我们的世界观。

在语言开显世界的所有层面上，我们均可坚持认为语言与世界（包括"3M 世界"）之间有着认知性的规范关系，这是因为我们是（a）根据规范关系来理解语言和世界之间的认知关系；而非是（b）根据因果关系来建构语言和世界之间的规范关系。（a）和（b）的区别实际上一直隐藏在本节的讨论中，但是，直至我们在下文中明确认识到"世界是由事实而非事物构成的"这一要点，我们才能具体解释和强调这一区别，并用它来揭示"3M 世界"问题带来的挑战中隐藏的问题。

论题（a）包含着如下三个要点：（1）规范关系是一路向下至自然层面的，关于世界的认知也有着规范性；这是因为（2）如我们一直试图指出的那样，"世界在我们的实践活动中予以我们的因果呈现"和"我们在共同体的会话交往活动中对那些呈现的概念阐明（conceptual articulation）"是同一个过程的两个方面，"世界"和"语言"有着互相制约的作用，我们不能脱离世界胡乱构造关于世界的理解，而表达关于世界的理解只能以在主体间使用语言的方式进行，这进一步体现为语言在开显世界时两个规范维度上的关联。用布兰顿的话说，主体在社会层面所具有的明晰规范是对他行动于其中的世界所具有的内隐规范的表达；从而自然层面的世界也有着规范性，即（1）。（3）最后，尤为关键的一点是，语言是在"我们的行动"中开显世界的，这一世界由于（2）而渗透了我们的主观意义，我们在意向行动中所意在的"内容"是我们稍后能够明晰阐明的对象，是能够对之做出真、假判断的"事实"，而不是非理性的生物所应对的事物，乃至物自体。我们的"世界"因此是由"事实"构成的，[①] 它不同于仅受因果制约的由事物构成的世界。

对论题（a）的阐释为我们带来了将"事实"视为构成我们的世界的基本单位这一重要观点。这一观点既是语言在开显世界层面便有了规范建制功能这一论题的题中之义，也给我们带来了实际的理论收益：它既能容纳我们关于世界主动的逻辑构建，同时不至于失去关于外部世界被动的因果应答。如布兰顿指出的那样，我们在实质语用语汇层次实现的是一种关于经验层次上所发生的事情的阐明（making explicit，explicitating）[②]，借助阐明的方法，我们通过对物与物之间相容性和不相容性，以及后果关系的揭露来表达（express）而非表征（represent）事物是什么。这种方法以世界中事项间基本的实质逻辑关联为起点，而非直接从"物自体"以及它施予我们的非概念化的感觉刺激出发，因而关于世界的理解既是主观的，因为认为事物之间有着怎样的实质逻辑关联已经渗透了主观的理解；这种理解也是客观的，因为它实质地关涉外部世界，是对世界实际状况的阐明，从而我们可以合理地持有一种普莱斯所谓的主观自然主义立场。[③] 在此意义上，布兰顿指出，我们的世界是由事实而非事物构成的，事实包括了"3M 事实"。

---

① See Brandom, Robert. "Facts, norms, and normative facts：A reply to Habermas." *European Journal of Philosophy* 8.3（2000）：365.

② See Robert Brandom, *Making It Explicit: Reasoning，Representing，and Discursive Commitment*, Cambridge, Mass.：Harvard University Press, 1994, p.206, p.219.

③ 参见普莱斯、周靖：《全局实用主义和表征主义的限度——普莱斯教授访谈》，载《哲学分析》2019 年第 1 期，第 188 页。

基于对论题（a）的上述理解，对（a）与（b）的区分则将能够帮助我们消除"3M 世界"问题带来的挑战。在近代经验主义哲学中，我们认为世界是由事物构成的，事物予以我们的因果刺激构成了知识的来源和基础，从而关于语言和外部世界间"认知性的规范关系"的探究必须能够保证对因果性的回应，这是论题（b）承诺的立场。然而，笔者在本节第一小分节中便曾指出，这是经验论者一项无望的事业。即便在"物—我"层面的朴素的承认线索中，"物"也是为作为欲求者的"我"所欲求的对象，是"我"可以对之做出可靠的有差异的反应的事实，"我"没有意在达至"事物"本身。布兰顿在一次访谈中明确指出，他的哲学目标仅在于获得关于事实的真判断，我们赋予句子以真值的规范能力并没有赋予我们说出"什么造就了事实"的能力，即实现对某种"物自体"的揭示。① "3M 世界"问题构成挑战的原因恰在于，它混淆了（a）和（b），认为语言开显的世界是物自体的世界，从而仍然要求在我们与之有着因果接触的由事物构成的世界中为语言能够开显的"3M事实"找寻位置。

　　基于对论题（a）的理解，"3M 世界"问题带来的挑战将烟消云散，因为我们的世界是由"事实"构成的，这在更新我们的世界观的同时，也更新了我们对同世界接触之方式的理解。我们与这些事实的关系既可能是因果的，也可能是逻辑的——至于具体的关系是什么，乃至两类关系在认知性的规范结构中有着怎样的比重和关联，取决于我们主要是在涉身世界的语用实践阶段（此时我们更多地受到来自外部世界的被动影响），还是在阐明世界的语义表达阶

---

① See Pritzlaff, Tanja. "Freedom is a matter of responsibility and authority: An interview with Robert B. Brandom." *European Journal of Political Theory* 7.3（2008）: 373.

段（此时我们更多地主动地构建关于世界的理解），也取决于语言对世界的开显发展至怎样的层次。在初始的层次上，例如在朴素的"物—我"承认的线索下，语言的确主要是在开显因果性的世界（需要注意的是，即便此时我们仍然是根据规范关系来理解因果性的，故而这一层面的世界也是由"事实"构成的），然而在更高阶的开显活动中，语言将可能开显在或多或少的程度上摆脱了因果性的世界，例如"3M 世界"。如上文布兰顿在阐明语用实践 P、语用实践语汇 V，以及元语用实践语汇 V'之间的关系时所指出的那样，语汇的更迭受到了越来越丰富的语用活动的影响，反过来说，语汇的发展也将影响到我们的实践方式，影响到我们对世界的理解和建构，影响到我们在世界中进一步的实践方式——我们关于自身和关于世界的理解是同步发展的。

我们有着塑造"世界"的能力，后来的"世界"比初始开显的因果世界无疑要丰富许多，它甚至能够包含"3M 事实"，在能够对我们的实践施加影响以及我们能够对之做出真、假判断的意义上，"3M 事实"同最初的那些因果性的事实有着同样的实在性。不同的是，"3M 事实"仅是在逻辑的意义上限制我们和"3M 世界"之间的认知性的规范关系，而非在因果的意义上限制我们和"现实世界"之间的认知性的规范关系。我们此时已经能够明白，无需将前一类规范关系还原为后一类，也无需为"3M 事实"在现实世界中找寻一个位置。根本来说，"3M 世界"和"现实世界"都是"我们的世界"。

我们是以扩大"世界"内涵，重塑世界观的方式来消解"3M 世界"问题带来的挑战的，那么仍然可能存在着这样一些易于提出的疑问，例如，"因果的"和"逻辑的"认知性规范之间究竟有着怎样的关系？如果语言开显的范围就是世界的全部范围，那么如何理解那些我们尚未认知的事物？就后一问题而言，"世界是由事实构成的"，这并不意味着我们会因此否认那些外在于我们已经开显的世界的事物的实在。布兰顿仍然接受来自"未知部分"的经验输入，这些输入可能会对语用实践活动产生影响，例如在实践中发现了"错误"，[①]"错误"既显示了外部世界之于我们的制约作用，也将促使我们修正语用实践以及相关的表达语汇，从而开显更为丰富的世界，建制更为完善的规范。

相比之下，如我们在上一章的讨论中指出的那样，布莱克本对"事物"做出投射主义式的而非直接的实在论承诺，普莱斯则抵制这种布莱克本式的依旧对外在事物做出"准实在"承诺的寂静主义立场。但在布兰顿看来，在使用语言所开显的"这个"我们的世界中，无须根据因果世界来理解逻辑性的"3M 世界"，这两类世界在"我们的世界"中可能并置、彼此重叠，或无甚多关联。"我们的世界"的丰富性既有语言和世界的认知性规范关系上的"深度"，也有主体间社会性的规范关系上的"广度"。

总结而言，根据布兰顿重塑后的实用主义世界观，世界是由事实而非事物构成的，我们因此不必试图为 3M 事实在同我们有着因果关联的外部世界中找寻位置，语言开显的世界能将 3M 事实纳入在内。语言在开显世界的层次上，不仅受到来自世界的因果作用，也在创制关于世界的认知规范的理解上，拓展着世界的内蕴以及我们同世界接触的方式。

普莱斯认为，当代表征论的核心错误在于，混淆了我们通过使

---

① See Robert Brandom, *A Spirit of Trust: A Reading of Hegel's Phenomenology*, Cambridge, Mass.: Harvard University Press, 2019, p.21, pp.93–94, p.712, etal.

用概念和命题所能谈及的内容（"内表征"）和在承诺语词—自然世界间符合关系之立场中谈及的世界对象（"外表征"），认为"内表征"与"外表征"是同一的，或至少是逻辑同构的。① 普莱斯与罗蒂一道指出，我们应该完全放弃关于外表征的谈论。这一立场为罗蒂式的社会实用主义叙事奠定了基础。

然而，在哈克与米萨克等人的叙事中，正确地理解外表征的认识论任务仍然是实用主义者需要承担的责任。在她们那里，实践是指直接与世界接触的活动，"做"的活动（doing）是理解外部世界的"触摸模式"；在这类模式中，外部世界以合乎规律的方式予以我们实在的影响；进一步地，透过对这些"影响"的"解释"或"判断"，我们能够理解这个世界。米萨克认识论的实用主义叙事恰凸显了对外表征轴向的强调。

笔者在本章中还讨论了布兰顿的第三种实用主义叙事，这种叙事兼纳了罗蒂和米萨克叙事中对"语言"和"经验"，"共同体"和"认知"特征的强调。笔者对布兰顿哲学的阐释旨在揭露这样的基本立场：语言的首要功能在于开显世界，并且在开显世界的层次上便有着语言和世界间认知性的规范关系以及主体间社会性的规范关系两个维度上的规范建制活动，这两个维度的规范互相制约，协同发展。这一立场有着诸多理论意义，例如，我们因此同时可以更新自身的语言观：否认语言是有着本质或普遍的理性结构的概念系统，它与世界有着同构性，我们可以通过对这类语言的使用而认知世界；相反，我们认为语言是直接开显世界的工具，世界在语言生成和发展的过程中也起到了积极且主动的作用。由此一来，在将世

---

① See Huw Price, "Wilfrid Sellars Meets Cambridge Pragmatism", in *Sellars and Contemporary Philosophy*, London: Routledge, 2016, pp.136–137.

界纳入语言视野的活动中，我们直接拥有世界，从而我们实际上也将拥有一种语言世界观。

通过对这三类实用主义叙事的勾绘，笔者相信，我们既能够在整体上把握实用主义谱系可能具有的形态，透过这些可能形态把握实用主义哲学的主要问题；同时，我们也能够认识到，剑桥实用主义与美国新实用主义能够并且已经展开了交流。

结　语

实用主义的未来

你是一个灵魂，它的生命

依靠你的身体来激荡。

这激荡而出的美

是你，但又不属于你。

……

你的身体不为你专有。它

在大地上走过，带着

比你的灵魂梦到的更多的东西。

——佩索阿《你所不是的那个你多么美丽》[1]

① 佩索阿：《我的心迟到了》，姚风译，浙江文艺出版社 2020 年版，第 4—5 页。

一个半世纪以来，尽管实用主义在二十世纪中叶经历过一段低落时期，并且常伴随着诸多因"望文生义"而来的误解，实用主义仍然保持着盎然的生命力，这或许主要是因为，实用主义本身不仅包含诸多有差异的丰富表述，它也一直在发展和更新，从未裹足不前。单就古典实用主义三大家皮尔士、詹姆斯和杜威而言，其思想间便包含着巨大的差别——这也是我们能够在第五章中对实用主义进行不同元叙事的原因。新一代的实用主义者，诸如罗蒂、普特南、布兰顿等人推动了实用主义的实质发展，罗蒂、韦斯特、卡维尔、哈克等人还将实用主义运用于诸如政治哲学、文艺学、法哲学等领域，这进一步为实用主义的发展带来了更为广阔的空间。

然而，我们对实用主义的讨论往往聚焦于它在美国的发展，认为它是具有美国特色的哲学形态，而不会具体关注它在英国，乃至整个欧洲的发展。本书聚焦于对英国实用主义的讨论，尝试从中构建出一道"剑桥实用主义谱系"。

在本书的构建中，剑桥实用主义的发展主要经历了三个阶段。第一阶段的剑桥实用主义或英国早期实用主义以威尔比夫人、奥格登，以及席勒等人为代表，他（她）们主要受到皮尔士和詹姆斯哲学的影响，强调关于外部世界的直接经验的首要作用。尽管我们看到他（她）们在不同的意义上理解"经验"这一概念——威尔比夫人从符号学视角理解"一切范围内"的经验，尝试探寻一切"意义"，奥格登部分承袭了威尔比夫人和皮尔士的思想，但他对意义的探究更多是在语词和指称之间的意义关系中加入经验性背景或实践语境，从而破除直接在词与物之间建立起意义和指称关系的"语词魔法"。相比之下，席勒则在心理学的意义上突出个体的兴趣和目的的重要价值——但他（她）们均吸收了古典实用主义的洞察，将承诺了"世界向我们的被动呈现"与"我们对这些呈现的主动再现"之间有着直接的和动态的认知关系的"实践"内蕴纳入对"经验"的理解。这种理解突破了内嵌了心灵与世界二元论的近代经验主义，但也与当时占据英国哲学主流位置的分析哲学格格不入。

第二阶段的剑桥实用主义或英国成熟时期的实用主义主要以兰姆赛和维特根斯坦为代表。兰姆赛在其生命最后四年的文章中，围绕"世界中发生的事件具有的客观或然性"和"相信这些事件发生的主观信念度"的关系问题，吸收了皮尔士的实用主义哲学，他将信念持有者视为在世界中"行动"的能动者，认为事件发生的客观"概率"仅是人们基于对经验的归纳提出的"假设"，但这一假设包含了可以指导行动的推论结构，也同时构成了主观信念度的根据。主观信念度和事件的客观或然性有着动态的同构性。兰姆赛的实用主义立场构成了理解其真理论、可靠主义知识论，以及对科学的理解的根据。此外，兰姆赛实用主义的一项重要特征或对剑桥实用主义谱系的贡献还在于，他的讨论融合了分析哲学与实用主义，具体而言，他根据实用主义立场来理解分析哲学中的关键论题，诸如真、命题指称/普遍判断等。兰姆赛帮助我们切实地认识到，那些在英国早期分析哲学家们看来是纯粹形式化的问题与我们现实的实践活动有着密切关联。这是第一代剑桥实用主义者们均强调却未能直接加以探查的一点。

维特根斯坦是剑桥实用主义谱系中毫无争议的最为关键的人物。本书对其早期、中期以及晚期思想进行了讨论，试图在挖掘其思想发展的内在连续线索的同时理清其实用主义思想。在讨论他的遵守规则、反私人语言、语言游戏、生活形式等一系列重要论题时，我们发现维特根斯坦与实用主义共享诸多立场，例如反表征论、反基础主义、工具论、关于意义的证实论，以及对社会维度的强调等。然而，与一些已有的观点不同，笔者认为维特根斯坦的实用主义与美国古典实用主义（具体是詹姆斯哲学）无甚多联系，我们也很难判定兰姆赛对维特根斯坦转向其后期哲学究竟产生了多大的影响。毋宁说，更好的说法是，维特根斯坦发展出了其自身版本的实用主义，即"维特根斯坦的实用主义"，它构成了剑桥实用主义谱系中最为丰沛的思想资源，也为第三阶段的剑桥实用主义或当代剑桥实用主义奠定了基础。笔者的这一判断有着两个层面上的理由，一是事实层面上的理由，我们很难从已有的文献材料中发现维特根斯坦对古典实用主义的直接阐释、理解或认同；二是学理层面上的理由，在语言与世界的关系上，维特根斯坦哲学始终贯彻着反表征论或反心理主义论题，他从未试图从某种外部世界或关于这类世界的心理感觉出发，构建理解和知识；他的分析更为注重语言一方的工作，这便让我们有理由认为维特根斯坦的实用主义与古典实用主义有着底色上的差别。

关于维特根斯坦的实用主义，笔者进一步认为应该在当代英国实用主义以及美国新实用主义的背景下来加以分析。第三阶段的剑桥实用主义或当代英国实用主义主要以布莱克本、普莱斯、米萨克，以及哈克等人为代表。我们发现新一代剑桥实用主义者将第一代剑桥实用主义者对经验维度的关注与维特根斯坦对语言的关注结合起来，在语言与世界的关系问题的框架下进行讨论。毫不令人意外地，当代剑桥实用主义者之间也有着显著的立场差别，在是否需要保留实在论，区域表达主义和全局表达主义，以及对"真"等问题的理解上，布莱克本、普莱斯、米萨克等人从未达成过一致意见。

立场上的分歧在厘清其中共有的思想基础上才能获得更好的理解。对剑桥实用主义谱系的建构不单单具有哲学史研究意义上的价值，在从中收获更为立体的实用主义谱系的同时，我们还能克服对实用主义的已有理解中包含的困难。就美国实用主义而言，我们一般将它划分为以"经验"为其核心概念的古典实用主义与以"语言"为其核心概念的新实用主义，尽管在"实用主义"这一共同的标签下，它们有着诸多共同的理论承诺，但表述上的差别意味着必然存在一些实质的问题。在20世纪50年代，经过第二次语言转向后复兴的实用主义，吸纳了分析哲学的探究方式，但这种探究在过于狭隘的意义上理解语言，即未加反省地将语言理解为形式化的、有着清晰逻辑结构的语言，从而在语言与世界的关系上产生了语言表述的范围究竟是否便是世界的实质范围这一问题。我们可以参照近代经验主义的困难来理解这一问题。粗略而言，在语言与世界的关系上，近代经验主义试图从世界进展至语言，这种"语义上行"的策略难以阐释世界予以我们的因果刺激何以获得可为我们理解的概念形态这一问题；相比之下，美国新实用主义则试图从语言进展到世界，这种"语义下行"的策略难以解决语义的阐明何以实质地关涉外部世界的问题。在对剑桥实用主义的讨论中，我们可以看到，英国实用主义的谱系中没有美国实用主义新、旧形态上的断裂，这或许是因为分析哲学本就是在英国的土壤上孕育的。然而，无论出于何种原因，对剑桥实用主义谱系的讨论，能够帮助我们理解与克服美国实用主义谱系叙事中的困难，进而构建出更为融贯和综合的实用主义谱系。

基于对实用主义更为综合的构建和描述，我们或许也能简单窥测实用主义未来的可能发展。

首先，笔者认为，未来实用主义需与认知哲学实现更多的结合。在罗蒂式的叙事中，认知科学的语汇仅是我们拥有的诸多"主观自然主义"语汇的一种，它不负有"认知"维度的责任；相比之下，尽管布兰顿叙事中仍然保留着对认知维度的关注，但他不认为我们需诉诸认知科学的探究来从事哲学工作，[①] 他提供的是一种"哲学叙事"而非科学的自然主义叙事。

然而，实际上，实用主义自其降生起，便与科学有着密切联系。皮尔士便是一名强科学主义者，他将"实用主义"界定为一种科学的探究方法，我们根据外部世界施加给我们的实在效果来进行科学的探究，确定关于世界的信念的一项重要任务是消除我们信念中的怀疑要素，而"为了消除怀疑，就有必要找到一种方法，以此方法，信念便可能不再是带有人类性情的东西，而是由某种外在的永恒之物——由某种绝对不受我们的思维影响的东西所产生"[②]。米萨克恰是基于皮尔士哲学才凸显了实用主义的认知维度。杜威关于自然与心灵关系的阐释仍然启发着如今认知哲学方面的探究。[③] 在哲学层面反思科学的发展——无论得出肯定还是否定性的结论——这仍是一项重要的事业。就认知哲学而言，不乏吸纳实用主义思想进而发展出相关立场的做法，但实用主义者本身还需更为积极地从事相关方面的研究。

其次，未来实用主义可能会更多地吸纳黑格尔哲学要素，进一步将实用主义从其康德阶段推向其黑格尔阶段。罗蒂在塞拉斯的《经验主义与心灵哲学》中做出过一个著名评论，他认为塞拉斯将分析哲学从其休谟阶段推进到了康德阶段，而布兰顿则将分析哲学

① 参见布兰顿：《在理由空间之内：推论主义、规范主义和元语言表达主义》，孙宁、周靖、黄远帆、文杰译，上海人民出版社 2019 年版，第 4、44 页。

② 皮尔士：《皮尔士论符号》，胡普斯编，徐鹏译，上海译文出版社 2016 年版，第 198 页。

③ 如神经实用主义方面的探究，参见 John Shook & Tibor Solymosi（Eds.）*Pragmatist Neurophilosophy: American Philosophy and the Brain*, New York and London：Bloomsbury Academic, 2014; Shook, J. & Solymosi, T.（Eds.）*Neuroscience, Neurophilosophy and Pragmatism: Brains at Work with the World*, Basingstoke: Palgrave Macmillan, 2014。

从其康德阶段进一步推进到了黑格尔阶段。① 向康德阶段的推进凸显了康德"内容无直观则盲"的一面，即对事物的觉识已然渗透有概念性的成分，而向黑格尔阶段的进一步推进则彻底放弃了近代哲学以来的表象主义语汇（塞拉斯仍然保留对表象的谈论），转而根据我们可以对之负责的判断和行动来理解世界。实践活动被理解为一种于主体间展开的规范活动而非基于因果信息的自然活动，这种转向体现了实用主义对黑格尔哲学的当代运用，这必然会带来或复兴关于这种对黑格尔的阐释是否合理，以及诸如规范性、自然意向性与社会规范性的关系、前现代性与现代性等问题的讨论。布兰顿的叙事能够最大范围地容纳关于这些问题的讨论，笔者在此意义上认为布兰顿叙事是本书在第五章中探究的三类实用主义元叙事中的最佳叙事。

最后，未来实用主义将会更为凸显皮尔士哲学的价值。在古典实用主义三大家里，皮尔士哲学可谓一座尚未得到充分挖掘的金矿，尤其是其符号哲学有着十分重要的意义和价值。尽管哈克和米萨克这两位女性实用主义者凸显了皮尔士在实用主义谱系中的奠基性角色，此外，还有胡克威和德瓦尔这些优秀的皮尔士的阐释者和实用主义者，但在笔者看来，皮尔士哲学在实用主义内仍然未能得到充分的重视、理解和运用。

笔者相信，实用主义虽然已有一个半世纪的"高龄"，但它仍值"壮年"，有着无限的开放未来。

---

① See Richard Rorty, "Introduction", in Wilfrid Sellars, *Empiricism and the Philosophy of Mind*, Cambridge, Mass.: Harvard University Press, 1997, pp.8 - 9.

参考文献

一、英文部分

Abel, R. *The Pragmatic Humanism of F. C. S. Schiller*, New York: King's Crown Press, 1955.

Anscombe, G. E. M. *An Introduction to Wittgenstein's Tractatus* (2nd version), New York: Harper & Row, 1963.

Asghari, M. & Haack, S. "From Analytic Philosophy to an Ampler and More Flexible Pragmatism: Muhammad Asghari talks with Susan Haack." *Journal of Philosophical Investigations* 14.32 (2020): 21–28.

Atkin, A. "Intellectual hope as convenient friction." *Transactions of the Charles S. Peirce Society: A Quarterly Journal in American Philosophy* 51.4 (2015): 444–462.

Ayer, A. J. *The Origins of Pragmatism: Studies in the Philosophy of Charles Sanders Peirce and William James*, London: Macmillan, 1968.

Baker, G. P. & Hacker, P. M. S. *Wittgenstein: Rules, Grammar and Necessity: Volume 2 of an Analytical Commentary on the Philosophical Investigations, Essays and Exegesis § § 185–242*. Vol. 2, New York: John Wiley & Sons, 2009.

Baldwin, J. (Ed.) *Dictionary of Philosophy and Psychology, Volume II*, New York: The MacMillan Company, 1902.

Bergman, M. *Peirce's Philosophy of Communication: The Rhetorical Underpinnings of the Theory of Signs*, London: Bloomsbury Publishing, 2009.

Blackburn, S. *Spreading the Word: Groundings in the Philosophy of Language*, Oxford: Oxford University Press, 1984.

Blackburn, S. *Essays in Quasi-realism*, Oxford: Oxford University Press, 1993.

Blackburn, S. *Ruling Passions: A Theory of Practical Reasoning*, Oxford: Oxford University Press, 1998.

Blackburn, S. "The landscapes of pragmatism." *Teorema: Revista Internacional de Filosofía* (2009): 31 - 48.

Blackburn, S. *Practical Tortoise Raising and Other Philosophical Essays*, Oxford: Oxford University Press, 2010.

Blackburn, S. "Pragmatism: All or Some or All and Some?", in *The Pragmatic Turn: Pragmatism in Britain in the Long Twentieth Century*, Misak, C. & Price, H. (Eds.), Oxford: Oxford University Press, 2019.

Boncompagni, A. *Wittgenstein and Pragmatism: On Certainty in the Light of Peirce and James*, London: Palgrave Macmillan, 2016.

Boncompagni, A. *Wittgenstein on Forms of Life*, Cambridge: Cambridge University Press, 2022.

Brandom, R. *Making It Explicit: Reasoning, Representing, and Discursive Commitment*, Cambridge, Mass.: Harvard University Press, 1994.

Brandom, R. "Facts, norms, and normative facts: A reply to Habermas." *European Journal of Philosophy* 8.3 (2000): 356 - 374.

Brandom, R. *Articulating Reasons: An Introduction to Inferentialism*, Cambridge, Mass.: Harvard University Press, 2001.

Brandom, R. *Tales of the Mighty Dead: Historical Essays in the Metaphysics of Intentionality*, Cambridge, Mass.: Harvard University Press, 2002.

Brandom, R. *Between Saying & Doing: Towards an Analytic Pragmatism*, Oxford: Oxford University Press, 2008.

Brandom, R. *Reason in Philosophy: Animating Ideas*, Cambridge, Mass.: Harvard University Press, 2009.

Brandom, R. *Perspectives on Pragmatism: Classical, Recent and Contemporary*, Cambridge, Mass.: Harvard University Press, 2011.

Brandom, R. *Analytic Pragmatism, Expressivism and Modality*, Nordic Lectures in Pragmatism 3, Helsinki, Finland, 2014.

Brandom, R. *From Empiricism to Expressivism: Brandom, Reads Sellars*, Cambridge, Mass.: Harvard University Press, 2015.

Brandom, R. *A Spirt of Trust: A Reading of Hegel's Phenomenology*, Cambridge, Mass.: Harvard University Press, 2019.

Brandom, R. *Pragmatism and Idealism: Rorty and Hegel on reason and representation*, Oxford: Oxford University Press, 2022.

Cavell, S. "The Availability of Wittgenstein's Later Philosophy. " *The Philosophical Review* 71.1 (1962): 67-93.

Carnap, R. "Empiricism, Semantics, and Ontology. " *Revue Internationale de Philosophie* 11 (1950): 20-40.

Colapietro, V. *Peirce's Approach to the Self: A Semiotic Perspective on Human Subjectivity*, New York: State University of New York Press, 1989.

Davidson, D. *The Essential Davidson*, Oxford: Oxford University Press, 2006.

Deely, J. *Four Ages of Understanding: The First Postmodern Survey of Philosophy from Ancient Times to the Turn of the Twenty-first Century*, Toronto: University of Toronto Press, 2001.

Deely, J. *Introducing Semiotic: Its History and Doctrine*, Bloomington: Indiana University Press, 1982.

Deely, J. *Purely Objective Reality*, Berlin: Mouton de Gruyter, 2009.

de Vries, W. *Wilfrid Sellars*, Kingston: McGill-Queen's University Press, 2005.

de Waal, C. *On Pragmatism*, Belmont: Wadsworth, 2005.

Deledalle, G. "Victoria Lady Welby and Charles Sanders Peirce: Meaning and Signification", in *Essays on Significs: Papers Presented on the Occasion of the 150th Anniversary of the Birth of Victoria Lady Welby (1837—1912)*, Schmitz, H. (Ed.), Amsterdam: John Benjamins Publishing Company, 1990.

Dewey, J. "F. C. S. Schiller: An Unpublished Memorial by John Dewey" (28 November 1937), Allan Shields (Ed.), *Transactions of the Charles S. Peirce Society* 3 (1967).

Forster, P. *Peirce and the Threat of Nominalism*, Cambridge: Cambridge University Press, 2011.

Garver, N. *This Complicated Form of Life: Essays on Wittgenstein*, Chicago: Open Court, 1994.

Gettier, E. "Is justified true belief knowledge?" *Analysis* 23.6 (1963): 121 – 123.

Gier, N. F. "Wittgenstein and forms of life." *Philosophy of the social Sciences* 10.3 (1980): 241 – 258.

Glock, H. J. "Ramsey and Wittgenstein: Mutual Influence", in *F. P. Ramsey: Critical Reassessments*, María J. Fráplli (Ed.), New York: Continuum, 2005.

Goldman, A. "A causal theory of knowing." *The Journal of Philosophy* 64.12 (1967): 357 – 372.

Goldman, A. "What is justified belief?", in *Justification and Knowledge: New Studies in Epistemology*, G. Pappas (Ed.), Dordrecht: Reidel Publishing Company, 1979.

Goodman, R. *Wittgenstein and William James*, Cambridge: Cambridge University Press, 2002.

Gordon, T. "Significs and C. K. Ogden: the Influence of Lady Welby", in *Essays on Significs*, Amsterdam: John Benjamins Publishing Company, 1990, pp.179 – 196.

Gordon, T. "The semiotics of C. K. Ogden." *The Semiotic Web 1990: Recent Developments in Theory and History*, De Gruyter Mouton, 2019.

Gupta, A. *Empiricism and Experience*, New York: Oxford University Press, 2006.

Haack, R. "Wittgenstein's Pragmatism." *American Philosophical Quarterly* 19.2 (1982): 163 – 171.

Haack, S. "Introduction: Pragmatism, Old and New", in *Pragmatism, Old and New: Selected Writings*, Haack, S. (Ed.), New York: Prometheus Books, 2006.

Haack, S. "Philosophy/philosophy, an untenable dualism." *Transactions of the Charles S. Peirce Society* 29.3 (1993): 411 – 426.

Haack, S. "Pragmatism and Ontology: Peirce and James." *Revue internationale de philosophie* (1977): 377 – 400.

Haack, S. "Realisms and Their Rivals: Recovering Our Innocence." *Facta Philosophica* 4 (2002): 67 – 88.

Haack, S. *Reintegrating Philosophy*, Göhner, J. F. & Jung, E. (Eds.), New York:

Springer, 2016.

Haack, S. "The world and how we know it: stumbling towards an understanding." *Journal of Critical Realism* 19.1 (2020): 78 - 88.

Haack, S. " ' We Pragmatists ··· , ' : Peirce and Rorty in Conversation ", in *Pragmatism, Old and New: Selected Writings*, Haack, S. (Ed.), New York: Prometheus Books, 2006.

Hacker, P. M.S. "Forms of life." *Nordic Wittgenstein Review* (2015): 1 - 20.

Hahn, L. *The Philosophy of Donald Davidson*, Library of Living Philosophers, vol. xxvii, Chicago: Open Court, 1999.

Hale, B. & Wright, C. " Assertibilist Truth and Objective Content: Still Inexplicit?", in *Reading Brandom: On Making It Explicit*, Weiss, B. &Jeremy, W. (Eds.), London and New York: Routledge, 2010.

Holton, R. & Price, H. "Ramsey on saying and whistling: A discordant note." *Noûs* 37.2 (2003): 325 - 341.

Hookway, C. "Ramsey and Pragmatism: The Influence of Peirce", in *F. P. Ramsey: Critical Reassessments*, María J. Fráplli (Ed.), New York: Continuum, 2005.

Hookway, C. *The Pragmatic Maxim: Essays on Peirce and Pragmatism*, Oxford: Oxford University Press, 2012.

Hookway, C. *Truth, Rationality, and Pragmatism: Themes from Peirce*, Oxford: Clarendon Press, 2002.

James, W. *The Meaning of Truth*, Cambridge, Mass.: Harvard University Press, 1975.

Kremer, M. "Representation or Inference: Must We Choose? Should We?", in *Reading Brandom: On Making It Explicit*, Weiss, B. & Jeremy, W. (Eds.), London and New York: Routledge, 2010.

Kuklick, B. "After Philosophy and the Mirror of Nature." *Analyse & Kritik* 41.1 (2019): 3 - 22.

Lamberth, D. *William James and the Metaphysics of Experience*, Cambridge: Cambridge University Press, 1999.

Lewis, C. I. *Mind and the World-order: Outline of a Theory of Knowledge*, New

York: Dover Publications, Inc., 1929.

Lillehammer, H. "Simile When You're Winning: How to Become a Cambridge Pragmatist", in *The Pragmatic Turn: Pragmatism in Britain in the Long Twentieth Century*, Misak, C. & Price, H. (Eds.), Oxford: Oxford University Press, 2019.

Loeffler, R. *Brandom*, Cambridge: Polity Press, 2018.

Macbeth, D. "Wittgenstein and Brandom on Normativity and Sociality." *Disputatio. Philosophical Research Bulletin* 8.9 (2019): 193 – 221.

Marion, M. "Wittgenstein, Ramsey and British Pragmatism." *European Journal of Pragmatism and American Philosophy* 4.IV – 2 (2012).

McDowell, J. *Having the World in View: Essays on Kant, Hegel, and Sellars*, Cambridge, Mass.: Harvard University Press, 2009.

McDowell, J. *The Engaged Intellect: Philosophical Essays*, Cambridge, Mass.: Harvard University Press, 2009.

McElvenny, J. " ' Ogden and Richards' The Meaning of Meaning and early analytic philosophy." *Language Sciences* 41 (2014): 212 – 221.

McGuinness, B. (Ed.). *Wittgenstein in Cambridge: Letters and Documents 1911— 1951*, New York: John Wiley & Sons, 2012.

Merrell, F. *Peirce, Signs, and Meaning*, Toronto: University of Toronto Press, 1997.

Methven, S. J. *Frank Ramsey and the Realistic Spirit*, New York: Palgrave Macmillan, 2015.

Misak, C. *Truth, Politics, Morality: Pragmatism and Deliberation*, London & New York: Routledge, 2000.

Misak, C. "Pragmatism and pluralism." *Transactions of the Charles S. Peirce Society: A Quarterly Journal in American Philosophy* 41.1 (2005): 129 – 135.

Misak, C. *The American Pragmatists*, Oxford: Oxford University Press, 2013.

Misak, C. "Rorty, pragmatism, and analytic philosophy." *Humanities* 2.3 (2013): 369 – 383.

Misak, C. *Cambridge Pragmatism: From Peirce and James to Ramsey to Wittgenstein*, Oxford: Oxford University Press, 2016.

Misak, C. "The subterranean influence of pragmatism on the Vienna Circle: Peirce, Ramsey, Wittgenstein." *Journal for the History of Analytical Philosophy* 4.5 (2016).

Misak, C. "Peirce and Ramsey: Truth, Pragmatism, and inference to the best explanation", in *Best Explanations: New Essays on Inference to the Best Explanation*, Kevin McCain and Ted Poston (Eds.), Oxford: Oxford University Press, 2017.

Misak, C. *Frank Ramsey: A Sheer Excess of Power*, Oxford: Oxford University Press, 2020.

Misak, C. & Price, H. (Eds.) *The Pragmatic Turn: Pragmatism in Britain in the Long Twentieth Century*, Oxford: Oxford University Press, 2019.

Moore, G. E. *G. E. Moore: Selected Writings*, Thomas Baldwin (Ed.), New York: Routledge, 1993.

Moore, "Prof. James' Pragmatism. " *Proceedings of the Aristotelian Society*, 1907—1908, New Series, Vol. 9 (1907—1908).

Moyal-Sharrock, D. (Ed.), *The Third Wittgenstein: The Post-investigations Works*, London: Routledge, 2017.

Moyal-Sharrock, D. "Wittgenstein on Forms of Life, Patterns of life, and ways of living." *Nordic Wittgenstein Review* (2015): 21 – 42.

Murphey, M. *The Development of Peirce's Philosophy*, Cambridge, Mass.: Harvard University Press, 1961.

Ogden, C. K. & Richards, I. A. *The Meaning of Meaning: A Study of the Influence of Language Upon Thought and of the Science of Symbolism*, Mansfield Center: Martino Publishing, 2013.

Olesky, M. *Realism and Individualism: Charles S. Peirce and the Threat of Modern Nominalism*, Amsterdam: John Benjamins Publishing Company, 2015.

Olin, D. (Ed.) *William James: Pragmatism in Focus*, London: Routledge, 1992

Peirce, C. S. *Philosophical Writings of Peirce*, Buchler, J. (Sd. and Ed.), New York: Dover Publications, Inc., 1955.

Peirce, C. S. *The Charles S. Peirce Papers, microfilm edition*, Cambridge: Harvard University Photographic Service. With the reference numbers by Richard Robin, Annotated Vatalogue of the papers of Charles S. Peirce. Amherst, MA: University of

Massachusetts Press, 1967.

Peirce, C. S. *The New Elements of Mathematics*, vol. 3 & 4, C. Eisele (Ed.), The Hague: Mouton Publishers, 1976.

Peirce, C. S. *The Collected Papers of Charles Sanders Peirce*, vols. 1 – 6, C. Hartshorne & P. Weiss (Eds.), with vol. 7 – 8, W. Burks (Ed.), Cambridge, Mass.: Harvard University Press, 1931—1935, 1958.

Peirce, C. S. *The Essential Peirce: Selected Philosophical Writings*, vol.1 (1867—1893), vol. 2 (1893—1913) the Peirce Edition Project (Ed.), Bloomington: Indiana University Press, 1998.

Peirce, C. S. *Chance, Love and Logic*, Morris Cohen (Ed.), Lincoln & London: University of Nebraska Press, 1998.

Peirce, C. S. *Writings of Charles S. Peirce: A chronological edition*, Edward C. Moore, Max H. Fisch, et al. (Eds.), Bloomington: Indiana University Press.

Peirce, C. S. "Prolegomena to an apology for pragmaticism." *The Monist* 16.4 (1906): 492 – 546.

Peregrin, J. *Inferentialism: Why Rules Matter*, Berlin: Springer, 2014,

Petrilli, S. *Signifying and Understanding: Reading the Works of Victoria Welby and the Signific Movement*, Vol. 2, Berlin: Walter de Gruyter, 2009.

Petrilli, S. "Sign, meaning, and understanding in Victoria Welby and Charles S. Peirce." *Signs and Society* 3.1 (2015): 71 – 102.

Porrovecchio, M. "F. C. S. Schiller's Last Pragmatism Course." *Transactions of the Charles S. Peirce Society: A Quarterly Journal in American Philosophy* 51.1 (2015): 57 – 107.

Price, H. *Naturalism Without Mirrors*, Cambridge: Oxford University Press, 2011.

Price, H. "Wilfrid Sellars Meets Cambridge Pragmatism", in *Wilfrid Sellars and Contemporary Philosophy*, London and New York: Routledge, 2016, pp.135 – 152.

Pritzlaff, T. "Freedom is a matter of responsibility and authority: An interview with Robert B. Brandom." *European Journal of Political Theory* 7.3 (2008): 365 – 381.

Putnam, H. *Pragmatism: An Open Question*, Oxford: Blackwell Publishing, 1995.

Quine, W. V. O. *From a Logical Point of View*, New York: Harper & Row, 1963.

Ramberg, B. T. "Being Constructive: On Misak's Creation of Pragmatism." *Transactions of the Charles S. Peirce Society: A Quarterly Journal in American Philosophy* 49.3 (2013): 396 – 404.

Ramsey, F. *F. P. Ramsey: Philosophical Papers*, D. H. Mellor (Ed.), Cambridge: Cambridge University Press, 1990.

Ramsey, F. *On Truth*, N. Rescher & U. Majer (Eds.), Dordrecht: Kluwer, 1991.

Ramsey, F. *The Foundation of Mathematics and Other Logic Essays*, R. B. Braithwaite (Ed.), London: K. Paul, Trench, Trubner & Company, Limited, 1931.

Rorty, R. "Realism, Categories, and the 'Linguistic Turn'." *International Philosophical Quarterly* 2.2 (1962): 307 – 322.

Rorty, R. "Pragmatism, relativism, and irrationalism." *Proceedings and addresses of the American Philosophical Association. American Philosophical Association*, 1980, 53 (6): 721 – 726.

Rorty, R. *Consequences of Pragmatism: Essays, 1972—1980*, Minneapolis: University of Minnesota Press, 1982.

Rorty, R. *Objectivity, Relativism and Truth*, Cambridge: Cambridge University Press, 1991.

Rorty, R. *The Linguistic Turn: Essays in Philosophical Method*, Chicago & London: The University of Chicago Press, 1992.

Rorty, R. *Truth and Progress: Philosophical Papers, Volume 3*, Cambridge: Cambridge University Press, 1998.

Rorty, R. *Philosophy and Social Hope*, London: Penguin Books, 1999.

Rorty, R. *Philosophy as Cultural Politics*, Cambridge: Cambridge University Press, 2007.

Rorty, R. "The world well lost", in *The Pragmatism Reader: From Peirce through the Present*, Talisse, R. and Aikin, S. (Eds.), Princeton: Princeton University Press, 2011.

Rorty, R. & Price, H. "Exchange on 'truth as convenient friction' ", in *Naturalism and Normativity*, de Caro, M. & Macarthur, D. (Eds.), New York: Columbia University Press, 2010.

Russell, B. *The Philosophy of Logical Atomism*, London and New York: Routledge, 1972.

Russell, B. "William James's Conception of Truth", in *William James: Pragmatism in Focus*, Doris Olin (Ed.), London: Routledge, 1992.

Sahlin, N.E. *The Philosophy of F. P. Ramsey*, Cambridge: Cambridge University Press, 1990.

Schiller, F. C. S. *Humanism: Philosophical Essays*, 2nd ed., London: Macmillan, 1912.

Schiller, F. C. S. *Logic for Use*, London: G. Bell, 1929.

Schiller, F. C. S. *Studies in Humanism*, London and New York: Macmillan, 1907.

Schmitz, H. (Ed.) *Essays on Significs: Papers Presented on the Occasion of the 150th Anniversary of the Birth of Victoria Lady Welby (1837—1912)*, Amsterdam: John Benjamins Publishing Company, 1990.

Sellars, W. *Empiricism and the Philosophy of Mind*, Rorty, R. & Brandom, R. (Eds.), Cambridge, Mass.: Harvard University Press, 1997.

Sellars, W. *In the Space of Reasons: Selected Essays of Wilfrid Sellars*, Scharp K., and Brandom, R. (Eds.), Cambridge, Mass.: Harvard University Press, 2007.

Sellars, W. *Science, Perception, and Reality*, Atascadero: Ridgeview Publishing Company, 1963.

Shook, J. and Solymosi, T. (Eds.) *Neuroscience, Neurophilosophy and Pragmatism: Brains at Work with the World*, Basingstoke: Palgrave Macmillan, 2014.

Shook, J. and Solymosi, T. (Eds.) *Pragmatist Neurophilosophy: American Philosophy and the Brain*, New York and London: Bloomsbury Academic, 2014.

Stern, D. "The 'Middle Wittgenstein': From logical atomism to practical holism", in *Wittgenstein in Florida*, Dordrecht: Springer, 1991, pp.203 - 226.

Stern, D. *Wittgenstein on Mind and Language*, New York: Oxford University Press, 1995.

Stern, D. (Ed.) *Wittgenstein in the 1930s: Between the Tractatus and the Investigation*, Cambridge: Cambridge University Press, 2018.

Sullivan, P. M. "IX—The Totality of Facts." *Proceedings of the Aristotelian*

Society. Vol. 100. No. 1 (2000).

Talisse, R. B. "Pragmatism Deflated." *Transaction of the Charles S. Peirce Society: A Quarterly Journal in American Philosophy* 54.3 (2018): 409 – 416.

Welby, V. *Links and Clues*, London: Macmillan & Co., Limited, 1881.

Welby, V. "Sense, Meaning and Interpretation", in *Signifying and Understanding: Reading the Works of Victoria Welby and the Signific Movement. Vol. 2*, Susan Petrilli (Auth. & Ed.), Berlin: Walter de Gruyter, 2009.

Welby, V. *Significs and Language: The Articulate Form of Our Expressive and Interpretative Resources*, London: Macmillan & Co., Limited, 1911.

Welby, V. *What Is Meaning? Studies in the Development of Significance*, London: Macmillan & Co., Limited, 1903.

Williamson, T. *The Philosophy of Philosophy*, Oxford: Blackwell Publishing, 2007.

Winetrout, K. *F. C. S. Schiller and the Dimensions of Pragmatism*, Columbus: Ohio State University Press, 1967.

Wittgenstein, L. *Tractatus Logico-Philosophicus*, C. K. Ogden (Trans.), London: Routledge & Kegan Paul, 1922.

Wittgenstein, L. *Tractatus Logico-Philosophicus*, D.F. Pears and B. F. McGuinness (Trans.), London: Humanities Press, 1974.

Wittgenstein, L. "Some remarks on logical form." *Proceedings of the Aristotelian Society*, Supplementary Volumes 9 (1929): 162 – 171.

Wittgenstein, L. *On Certainty*, G. E. M. Anscombe and G. H. von Wright (Eds.), New York: Basil Blackwell, 1969.

Wittgenstein, L. *Wittgenstein's Lectures, Cambridge, 1930—1932: From the Notes of John King and Desmond Lee*, Chicago: University of Chicago Press, 1982.

Wright, C. *Truth and Objectivity*, Cambridge, Mass.: Harvard University Press, 1992.

二、中文部分

安杰利斯:《相遇与埋伏》,陈英译,人民文学出版社 2022

年版。

博纳富瓦:《弯曲的船板》,秦三澍译,人民文学出版社 2019年版。

布考斯基:《这才是布考斯基:布考斯基精选诗集》,伊沙译,四川文艺出版社 2020 年版。

布莱克本:《真理》,李主斌译,生活·读书·新知三联书店 2021 年版。

布兰顿:《阐明理由:推论主义导论》,陈亚军译,复旦大学出版社 2020 年版。

布兰顿:《在理由空间之内:推论主义、规范主义和元语言表达主义》,孙宁、周靖、黄远帆、文杰译,上海人民出版社 2019 年版。

布伦特:《皮尔士传》,邵强进译,上海人民出版社 2008 年版。

陈波、江怡主编:《分析哲学——回顾与反省》(上下卷),中国人民大学出版社 2018 年版。

陈常燊:《语言与实践:维特根斯坦对"哲学病"的诊治》,上海世纪出版集团 2016 年版。

陈启伟:《西方哲学研究——陈启伟三十年哲学文存》,商务印书馆 2015 年版。

陈亚军:《超越经验主义与理性主义:实用主义叙事的当代转换及效应》,江苏人民出版社 2014 年版。

陈亚军:《形而上学与社会希望:罗蒂哲学研究》,江苏人民出版社 2009 年版。

戴维森:《真理、意义与方法——戴维森哲学文选》,牟博选编,商务印书馆 2008 年版。

丹尼特:《意向立场》,刘占峰、陈丽译,商务印书馆 2015年版。

迪利:《符号学基础》,张祖建译,中国人民大学出版社 2012年版。

杜威:《1916 年至 1917 年间的期刊文章、论文及杂记》,《杜威全集·中期著作》第十卷,王成兵、林建武译,华东师范大学出版社 2012 年版。

杜威:《经验与自然》,傅统先译,华东师范大学出版社 2019 年版。

杜威:《逻辑:探究的理论》,《杜威全集·晚期著作》第十二卷,邵强进、张留华、高来源等译,华东师范大学出版社 2015 年版。

杜威:《确定性的寻求:关于知行关系的研究》,傅统先译,童世骏校,华东师范大学出版社 2019 年版。

格丽克:《直到世界反映了灵魂最深层的需要》,柳向阳、范静哗译,上海人民出版社 2016 年版。

哈克:《理性地捍卫科学——在科学主义与犬儒主义之间》,曾国屏、袁航等译,中国人民大学出版社 2008 年版。

哈克:《证据与探究:对认识论的实用主义重构》,刘叶涛、张力锋译,陈波审校,中国人民大学出版社,2018 年版。

韩林合:《〈逻辑哲学论〉研究》,商务印书馆 2016 年版。

韩林合:《分析的形而上学》,商务印书馆 2013 年版。

韩林合:《维特根斯坦〈哲学研究〉解读》(上册),商务印书馆 2010 年版。

韩林合:《维特根斯坦〈哲学研究〉解读》(下册),商务印书馆 2010 年版。

怀特:《导读维特根斯坦〈逻辑哲学论〉》,张晓川译,重庆大学出版社 2018 年版。

江怡、马耶夏克主编:《心理现象与心灵概念:维特根斯坦心理学哲学的主题》,中国社会科学出版社 2020 年版。

康德:《未来形而上学导论》,《康德著作全集》第 4 卷,李秋零主编,中国人民大学出版社 2005 年版。

克里普克:《维特根斯坦论规则和私人语言》,周志羿译,漓江出版社 2017 年版。

拉金:《高窗》,舒丹丹译,上海人民出版社 2016 年版。

林从一:《思想、语言、社会、世界:戴维森的诠释理论》,允晨文化实业股份有限公司 2004 年版。

刘易斯:《对知识和评价的分析》,江传月译,社会科学文献出版社 2016 年版。

罗蒂:《后形而上学希望》,张国清译,上海译文出版社 2009 年版。

罗蒂:《后哲学文化》,黄勇译,上海译文出版社 2004 年版。

罗蒂:《罗蒂文选》,孙伟平编,孙伟平等译,社会科学文献出版社 2007 年版。

罗蒂:《偶然、反讽与团结》,徐文瑞译,商务印书馆 2003 年版。

罗蒂:《实用主义哲学》,林南译,上海译文出版社 2016 年版。

罗蒂:《哲学和自然之镜》,李幼蒸译,商务印书馆 2003 年版。

罗素:《逻辑与知识》,《罗素文集》第 10 卷,苑莉均译,张家龙校,商务印书馆 2012 年版。

罗素:《我的哲学的发展》,《罗素文集》第 12 卷,温锡增译,商务印书馆 2012 年版。

罗素:《我们关于外间世界的知识》,陈启伟译,上海译文出版社 2018 年版。

罗素:《西方哲学史(下卷)》,《罗素文集》第 8 卷,马元德译,商务印书馆 2012 年版。

罗素:《心的分析》,《罗素文集》第 4 卷,贾可春译,商务印书馆 2012 年版。

罗素:《哲学问题》,《罗素文集》第 2 卷,何兆武、徐奕春、林国夫译,商务印书馆 2012 年版。

骆长捷：《休谟的因果性理论研究——基于对"新休谟争论"的批判与反思》，商务印书馆 2016 年版。

麦克道威尔：《心灵与世界》，韩林合译，中国人民大学出版社 2014 年版。

麦克奎尼斯编：《维特根斯坦剑桥书信集：1911—1951》，张学广、孙小龙、王策译，商务印书馆 2018 年版。

蒙克：《维特根斯坦传：天才之为责任》，王宇光译，浙江大学出版社 2011 年版。

米萨克，周靖：《皮尔士和剑桥实用主义及其他问题——谢丽尔·米萨克教授访谈》，载《哲学分析》2021 年第 2 期。

摩尔：《伦理学原理》，陈德中译，商务印书馆 2018 年版。

尼采：《权力意志》（上卷），孙周兴译，商务印书馆 2007 年版。

佩特丽莉：《符号、语言与倾听——伦理符号学视角》，贾洪伟译，四川大学出版社 2020 年版。

佩特丽莉：《维尔比夫人与表意学：符号学的形成》，宋文、薛晨译，四川大学出版社 2019 年版。

皮尔士：《皮尔士论符号》，胡普斯编，徐鹏译，上海译文出版社 2016 年版。

皮尔士：《推理及万物逻辑：皮尔士 1898 年剑桥讲坛系列演讲》，凯特纳编，张留华译，复旦大学出版社 2020 年版。

普莱斯、周靖：《全局实用主义和表征主义的限度——普莱斯教授访谈》，载《哲学分析》2019 年第 1 期。

塞拉斯：《经验主义与心灵哲学》，王玮译，复旦大学出版社 2017 年版。

施托伊普、图里、索萨编：《知识论当代论争》，王师、温媛媛译，曹剑波校，上海译文出版社 2020 年版。

索姆斯：《20 世纪分析哲学史：分析的开端》，张励耕、仲海霞译，华夏出版社 2019 年版。

威廉姆森：《知识及其限度》，刘占峰、陈丽译，陈波校，人民出版社 2013 年版。

维特根斯坦：《战时笔记（1914—1917）》，韩林合编译，商务印书馆 2019 年版。

维特根斯坦：《逻辑哲学论》，贺绍甲译，商务印书馆 2009 年版。

维特根斯坦：《逻辑哲学论》，韩林合编译，商务印书馆 2019 年版。

维特根斯坦：《逻辑哲学论及其他》，陈启伟译，商务印书馆 2014 年版。

维特根斯坦：《维特根斯坦与维也纳学派》，魏斯曼记录，徐为民、孙善春译，商务印书馆 2015 年版。

维特根斯坦：《维特根斯坦剑桥讲演集》，《维特根斯坦全集》第 5 卷，涂纪亮主编，周晓亮、江怡译，河北教育出版社 2003 年版。

维特根斯坦：《哲学评论》，《维特根斯坦全集》第 3 卷，涂纪亮主编，丁东红、郑伊倩、何建华译，河北教育出版社 2003 年版。

维特根斯坦：《蓝皮书和褐皮书》，涂纪亮译，北京大学出版社 2012 年版。

维特根斯坦：《哲学研究》，韩林合编译，商务印书馆 2019 年版。

维特根斯坦：《关于"私人经验"和"感觉材料"的讲演笔记（1934—1936）》，《维特根斯坦全集》第 12 卷，涂纪亮主编，江怡译，河北教育出版社 2003 年版。

维特根斯坦：《文化和价值：维特根斯坦笔记》，许志强译，浙江大学出版社 2020 年版。

维特根斯坦：《关于心理学哲学的最后著作》，《维特根斯坦全集》第 10 卷，涂纪亮主编，涂纪亮译，河北教育出版社 2003 年版。

维特根斯坦：《杂评（1914—1951 年）》，《维特根斯坦全集》第 11 卷，涂纪亮主编，涂纪亮译，河北教育出版社 2003 年版。

西比奥克、德尼西：《意义的形式：建模系统理论与符号学分析》，余红兵译，四川大学出版社 2016 年版。

休谟：《人类理智研究》，吕大吉译，商务印书馆 1999 年版。

徐强：《论魏斯曼对"中期"维特根斯坦语言哲学的阐释与发展》，中国社会科学出版社 2020 年版。

詹姆士：《多元的宇宙》，吴棠译，商务印书馆 1999 年版。

詹姆士：《实用主义》，李步楼译，商务印书馆 2012 年版。

詹姆斯：《彻底的经验主义》，庞景仁译，上海世纪出版集团 2006 年版。

詹姆斯：《詹姆斯文选》，万俊人、陈亚军编，万俊人、陈亚军等译，社会科学文献出版社 2007 年版。

詹姆斯：《宗教经验种种》，尚新建译，华夏出版社 2012 年版。

张锦青：《哲海探骊：维特根斯坦〈逻辑哲学论〉研究》，牛尧译，东方出版中心 2020 年版。

张留华：《皮尔士哲学的逻辑面向》，上海人民出版社 2012 年版。

周靖：《表征论的多副面孔：当代英美哲学语境下的探究》，上海人民出版社 2021 年版。

周靖：《论语言在开显世界中的规范建制功能——基于布兰顿语言哲学的阐释》，载《哲学研究》2021 年第 5 期。

周靖：《推论、社会和历史——布兰顿哲学导论》，上海社会科学院出版社 2022 年版。

周靖、陈亚军：《布兰顿，何种实用主义者？》，载《世界哲学》2020 年第 6 期。

后　记

我寻找一个固定点

可以确定一个界限

我不会破界

但没有用：脑子里的其他起伏，

其他潮汐

会把我们的参照点搅乱

会把我们扔进血里。

——安杰利斯《之一 堑壕战》[1]

① 安杰利斯：《相遇与埋伏》，陈英译，人民文学出版社 2022 年版，第 128 页。

大抵是杜威说过这样的话：哲学中的许多问题不是得到了解决，而是被遗忘了。实际上，还存在的情形是，我们也常满足于对重要哲学问题的阐释或简单提及，而不试图推进对问题本身的理解。如何理解以及构建实用主义的谱系，便是面临如此窘境的一个问题。一般认为，实用主义是发轫和发展于美国的哲学思想。古典实用主义和新实用主义分别以经验和语言为其核心概念，实用主义谱系的建构往往围绕这两类实用主义叙事的连续性和矛盾性展开，其中的核心问题在于，古典实用主义改造了近代哲学中心灵与世界间的二分观念，经验或实践被认为是将世界直接纳入理性视野的具身的（embodied）活动；相较之下，新实用主义受分析哲学的影响，强调诉诸语言来理解世界，而使用语言的活动体现为人际无身的（disembodied）话语交往活动，这样一来，世界是由语义事实构成的，这些被表达的（expressed）事实与被表象的（represented）事物之间有着本体上的差别，而在古典实用主义那里，事物在实践活动中直接被触及。简言之，古典实用主义和新实用主义分别凸显了世界和语言关系中的"世界"一面和"语言"一面，从而至少在实用主义谱系内部带来了诸如如何理解语言和世界的关系、概念空间和自然空间的关系等难题；从实用主义谱系外部看，则带来了新实用主义究竟是什么意义上的实用主义，以及究竟什么是实用主义之类的基本困惑。

　　本书将理论目光转向 20 世纪以来的英国剑桥哲学，尝试梳理出三代剑桥实用主义者，并以此构建出直接围绕经验和语言关系展开的剑桥实用主义谱系。"经验"和"语言"两股脉络织成了一条贯穿剑桥实用主义谱系的线索，在此意义上，剑桥实用主义不存在美国实用主义发展中以"经验"为其核心概念的古典实用主义和以"语言"为其核心概念的新实用主义之间的叙事"断裂"问题。

"语言和世界的关系"这条线索串联起了哲学中的诸多重要问题：心灵与世界、意识与经验、意义与行动、真理与实在、规范性等。围绕这条线索，我们既能展现剑桥实用主义谱系的内蕴和特征，也能缓和古典实用主义与新实用主义间的紧张关系。

笔者期待本书能在实用主义谱系的建构上略尽绵薄之力，同时期待对诸如 20 世纪初英国分析哲学和实用主义遭遇的理论刻画、对兰姆赛哲学的分析、对维特根斯坦的实用主义的讨论，以及对实用主义三种元叙事的描绘等细节上的阐释，能引起读者方家的关注，或至少提供了可供攻击进而展开讨论的靶子。"剑桥实用主义"之名得自普莱斯和米萨克，但在听闻和拜读米萨克的《剑桥实用主义》一书之前，笔者便开始了梳理实用主义在现代英国哲学文脉中的线索这项工作。至于诸如维特根斯坦、布莱克本等人能否被列入"实用主义者"之列的问题，笔者无意就"贴标签"的质疑多作回应。实用主义从不是具有明确纲领的、由确定团体持有的具体理论，毋宁说，实用主义者是在一些特定论题上持有类似或可沟通立场观点的一类人。重要的是思想的涌动和通融，而非简单地"贴标签"之举。

但需要致歉的是，笔者发现自己近些年出版的专著间总是有着内容上的些微重复。《表征论的多副面孔：当代英美哲学语境下的探究》（上海人民出版社 2021 年版）中精练了《"世界"的失落与重拾：一个分析实用主义的探讨》（复旦大学出版社 2019 年版）中对戴维森哲学的讨论，这着实是因为笔者懒惰，别无他故。本书中关于布兰顿哲学的讨论则多已出现在《推论、社会和历史——布兰顿哲学导论》（上海社会科学院出版社 2022 年版）中，这则是因为写作《推论、社会和历史：布兰顿哲学导论》是一个非常偶然的决定，待有这一决定后便迅速与出版社签订合同，限期交稿付梓了，于是笔者不得不充分利用已有的文稿。实际上，本书成稿早于《推论、社会和历史：——布兰顿哲学导论》。笔者做出这一忏悔，既是在期待能够获得学界同仁和读者的谅解，也是在对未来的自己提出警告和更高的要求。此外，本书部分内容也已于《哲学研究》《学术月刊》《社会科学》《哲学评论》《现代外国哲学》等处刊发，感谢相关编辑老师和匿名审稿人的认可。

本书的出版得到了国家社科基金项目的支持和资助，在此表示感谢。最后向华东师范大学出版社的朱华华女士致以特别的谢意，朱老师曾给予我关键的帮助，此次本书的顺利出版也离不开她慷慨的支持。"平生得处，不在内外及中间。点检春风欢计，惟有诗情宛转，余事尽疏残。"（吕渭老《水调歌头·解衣同一笑》）"愿新春已后，吉吉利利。百事都如意。"（赵长卿《探春令·早春》）

周　靖

2023 年 1 月 2 日于上海